严文明文集

严文明　著

文物出版社

图书在版编目（CIP）数据

严文明文集 / 严文明著. -- 北京：文物出版社，
2025.3

ISBN 978 - 7 - 5010 - 8443 - 2

Ⅰ.①严…　Ⅱ.①严…　Ⅲ.①考古学 - 中国 - 文集
Ⅳ.①K870.4 - 53

中国国家版本馆 CIP 数据核字（2024）第 105585 号

审图号：京审字（2024）G 第 2222 号

严文明文集

著　　者：严文明

特邀编辑：韩建业
责任编辑：杨新改　秦　彧　彭家宇　乔汉英
　　　　　张晓雯　刘雅馨　谷艳雪
封面设计：李　红
责任印制：王　芳

出版发行：文物出版社
社　　址：北京市东城区东直门内北小街 2 号楼
邮　　编：100007
网　　址：http：//www.wenwu.com
邮　　箱：wenwu1957@126.com
经　　销：新华书店
印　　刷：宝蕾元仁浩（天津）印刷有限公司
开　　本：787mm×1092mm　1/16
印　　张：224.25　插页：2
版　　次：2025 年 3 月第 1 版
印　　次：2025 年 3 月第 1 次印刷
书　　号：ISBN 978 - 7 - 5010 - 8443 - 2
定　　价：1980.00 元（全九册）

作者照片

编辑说明

本文集收录了作者绝大部分考古学论著以及散记、诗作等，分为9卷。

第1卷为"历史学与考古学·考古学史"卷，分上、下篇。上篇为"历史学与考古学"，收入讨论考古学和历史学关系、考古学理论方法等文章41篇。下篇为"中国考古学史"，收入考古学史文章、纪念文章和为他人著作写的书序等共50篇。

第2卷为"中国远古时代·中国史前艺术"卷，分上、下篇。上篇为"中国远古时代·远古的北京"，其中"中国远古时代"部分是《中国通史》第二卷《远古时代》（上海人民出版社，1994年）中作者撰写的部分，后更名为《中国远古时代》单独出版（上海人民出版社，2010年）；"远古的北京"部分是《北京史》（北京出版社，1985年）中作者撰写的第一章。下篇为"中国史前艺术"，收入之前出版过的同名著作（文物出版社，2022年）。

第3卷为"中国新石器时代"卷，分上、下篇。上篇"中国新石器时代（1964年）"收入《中国考古学（二）：新石器时代》教材的1964年打印本，2017年改名《中国新石器时代》出版（文物出版社）。下篇"中国新石器时代（2005年）"，是2005年的教材未完稿。

第4卷为"中国史前文化的统一性与多样性"卷，收入讨论中国新石器时代（个别涉及旧石器时代）考古学文化、人地关系、器物、葬俗的论文和简报等62篇。

第5卷为"仰韶文化与彩陶研究"卷，除收入《仰韶文化研究》（增订本）（文物出版社，2009年）一书中的20篇文章，还收入其他有关仰韶文化、马家窑文化的论文、发掘报告等11篇，总共31篇文章。

第6卷为"中国农业的起源"卷，收入有关中国农业起源和传播的文章26篇。

第7卷为"中华文明的起源"卷，收入有关中华文明起源（单独讨论长江流域的除外）、早期中国、聚落形态、史前城址、古史传说等文章51篇。

第 8 卷为"长江流域文明的曙光"卷，分上、下篇。上篇"长江流域文明的曙光"为除良渚文化之外有关长江流域文明起源等文章，下篇为"良渚文化与文明起源"的相关文章，总共 41 篇。

第 9 卷为"足迹"卷，分上、中、下篇。上篇"足迹"是考古散记共 29 篇，中篇"浚哲诗稿"包括诗作、诗选序等共 50 首（篇），下篇"考古研究之路"收录访谈及会议纪要共 10 篇。最后还附录作者履历表、论著编目等。

需要说明的是，对于所收录的各篇文章（著作）尽量保持原貌，只是改正原来文中的错别字及不规范之处，并在编校体例方面进行了一些统一性的调整。

总 目 录

严文明文集

（第1卷）

严文明　著

文物出版社

本卷目录

历史学与考古学·考古学史

上篇 历史学与考古学

下篇　中国考古学史 附怀念师友

历史学与考古学

考古学与历史学

一　什么是考古学？

以田野考古为基础的考古学大约肇始于 19 世纪中叶，至今已有一百六十多年的历史。我国的考古学如果从 1921 年正式发掘河南渑池县仰韶村的新石器时代遗址算起，也已有九十多年了。可是究竟什么是考古学，并不是每个人都清楚的。有人说考古就是挖掘和鉴定文物的，如果是这样，就不会成为一门学科。有人说考古是为历史研究提供资料的，如果是这样，就不过是历史学的附庸，也够不上一门独立的学科。美国一些人认为考古学属于人类学，是研究过去的人类学。还有些学者认为考古学与自然科学技术密不可分，似乎不应完全划归人文科学。至于社会上还有很多奇奇怪怪的说法，这里就不一一列举。因此有必要清楚地说明究竟什么是考古学，考古学的性质是什么？如果说考古学是研究历史的，她跟传统的历史学究竟是什么关系？考古学跟人类学和自然科学又是什么关系？这个学科到底具有什么特别的地方？在考古学研究的实物遗存不断地遭受破坏的情况下，考古学还会有前途吗？这个学科发展的前景如何？我想这些都是大家所关心的问题，当然也是我时常思考的问题。让我们首先简单地回答一下究竟什么是考古学。

长期主持和领导中国考古学研究的夏鼐先生曾经专门写了一篇文章《什么是考古学》，发表在《考古》1984 年第 10 期上。他主编的《中国大百科全书·考古学》卷的总条目《考古学》，更是全面阐述考古学的重要著作。友人俞伟超也出版过一本论文集《考古学是什么》[1]。此外关于考古学通论或概论的书还有一些。看看这些文章和书籍，至少对考古学不会有太大的误解。不过话又说回来，即使是考古学家，究竟如何表述考古学才最合适，也还是有不同说法的。日本近代考古学的奠基人滨田耕作曾经师从于英国考古大家皮特利，他给考古学下的定义是："考

---

〔1〕　俞伟超：《考古学是什么》，中国社会科学出版社，1996 年。

古学者，研究过去人类的物质的遗物之学也。"[1]这有些像古器物学的定义。

法国的 G. 查尔 – 皮卡尔认为考古学是"历史学的一门辅助科学"。英国的格林·丹尼尔认为"这种说法是一个合理而且切实可行的定义概念"[2]。

苏联莫斯科大学的历史学家阿尔茨霍夫斯基说："考古学是历史科学的一个部门"，又说"考古学是根据实物史料来研究人类历史的过去的科学"[3]。以考古理论家著称的蒙盖特也有类似说法[4]。

美国的沙雷尔（R. J. Sharer）和阿什莫尔（W. Ashmore）说"考古学就是通过实物遗存研究人类历史的一门学科"[5]。

夏鼐先生说："考古学是根据古代人类活动遗留下来的实物来研究人类古代情况的一门科学。"[6]这里说研究古代情况，大概是觉得考古学研究的内容不限于人类历史吧。可是他和王仲殊为《中国大百科全书·考古学》卷所写的《考古学》总词条中却说："考古学是根据古代人类通过各种活动遗留下来的实物以研究人类古代社会历史的一门科学。"[7]这里把古代情况改成了古代社会历史，目的性更加明确了，似乎又还意犹未尽。

作为一门科学，不仅有它所依据的资料和研究的目的，还应该有它的理论和方法。经过再三考虑，似乎把考古学的定义作如下表述更为贴切一些："考古学是研究如何寻找和获取古代人类社会的实物遗存，以及如何依据这些遗存来研究人类社会历史的一门学科。"前半句话强调了田野考古学，它是近代考古赖以确立的基础；后半句话强调了研究的目的和主要内容，从而明确了考古学的性质。两个如何则强调了考古学理论和方法论的重要性，而这是过去所有定义中被忽视了的。

关于考古学的性质与特点，在上述定义中实际上已经说明白了。其中的要点有三。

（1）考古学研究的对象就是从人类起源开始的整个古代社会，包括古代社会

---

〔1〕〔日〕滨田耕作著，俞剑华译：《考古学通论》，商务印书馆，1931 年，6 页。

〔2〕〔英〕格林·丹尼尔著，黄其煦译：《考古学一百五十年》，文物出版社，1987 年，372 页。

〔3〕〔苏联〕A. B. 阿尔茨霍夫斯基著，楼宇栋等译：《考古学通论》，科学出版社，1956 年，1 页。

〔4〕〔苏联〕A. Л. 蒙盖特著，中国科学院考古研究所资料室译：《苏联考古学》，1963 年，4 页。

〔5〕〔美〕R. J. 沙雷尔、W. 阿什莫尔著，余西云等译：《发现我们的过去：考古学》，上海人民出版社，2009 年。

〔6〕夏鼐：《什么是考古学》，《考古》1984 年第 10 期。

〔7〕夏鼐主编：《中国大百科全书·考古学》，中国大百科全书出版社，1986 年，2 页。

的历史、文化和人类本身。因此考古学在本质上是一门历史科学。

（2）考古学研究的资料主要是与古代社会相关的实物遗存，其中绝大部分已经淹没于地下，需要有特殊的方法和技术来发现、获取、分析与研究，才得以尽可能多地提取正确的历史与文化信息。而这些方法和技术基本上是属于自然科学的。

（3）基于以上两个特点，考古学需要建构自己的理论与方法论，同时要有历史学的一般理论，在某些方面还可以借用人类学和其他相关学科的理论与方法。

考古学传统的理论是进化论，认为人类的历史是分阶段向前发展的。在实际操作上分别借鉴了地质学的地层学、生物学的分类学和人类学中的文化圈理论，逐步形成了考古学的地层学、类型学和考古学文化的理论或方法论。在一百多年的实践中，这些理论和方法经过不断的充实与改进，至今仍然是考古学研究的基本理论和方法。但在 20 世纪 60 年代，在美国兴起了一个以宾福德为代表的新考古学派，认为考古学就是人类学，其目的不单是要了解历史，而是要探讨人类行为的一般法则，研究人类行为的过程，因而被称为过程考古学。以后又有所谓后过程考古学、认知考古学、社会考古学和新马克思主义考古学等。其中有些明显是偏离历史研究的，但也各有所长，不可一概否定。

考古学既是研究人类社会历史的学科，那它实质上就属于广义的历史学。西方学者多认为研究历史要回答五个问题或五个 W——when，where，what，who and why？用中文说就是五个何——何时、何地、何事、何人、何以？考古学研究同样要回答这五个问题。不过我觉得还要加一个何，就是何用？我们不是为考古而考古，要明白考古研究的目的和意义是什么。

二　考古学是怎样发展起来的

人们很早就对古代遗留下来的古物感兴趣，往往进行有意地收藏与研究。中国最早对古物有研究的当推伟大的思想家和教育家孔子（公元前 551 ~ 前 479 年）。他自称"信而好古""好古敏求"。《国语·鲁语》中有很长一段文字记述根据孔子提供的线索，在陈国府库中找到西周初年北方少数民族肃慎贡献给武王的楛矢石砮。

有些考古学史的著作在谈到考古学中划分石器时代、青铜时代和铁器时代思想的萌芽时，往往提到古罗马诗人卢克莱修（Lucretius，约公元前 98 ~ 前 55 年）所著六卷本的《物性诗》，其中写道：

"人类最先使用的工具/是有力的双手、指甲和牙齿/还有石头、树枝和火焰……之后又发现了铜和铁/铜是在铁之前为人们所用的。"

卢氏仅仅排比了石头、铜器和铁器使用的先后，并没有指明具体的年代，而且最初使用的工具也不完全是石器。相比之下，据考证从战国即开始编写，而于东汉时人袁康编就的《越绝书·外卷·记宝剑第十三》中，谈到春秋时人风胡子对楚昭王（公元前 515～前 489 年在位）说的一段话，不但年代更早，而且清晰和准确得多。他说：

> "轩辕、神农、赫胥之时以石为兵，断树木为宫室，死而龙藏，夫神主使然。至黄帝之时以玉为兵，以伐树木为宫室，凿地。夫玉亦神物也，又遇圣主使然，死而龙藏。禹穴之时以铜为兵，以凿伊阙通龙门，决江导河，东注于海，天下通平，治为宫室，岂非圣主之力哉！当此之时作铁兵，威服三军，天下闻之莫敢不服，此亦铁兵之神。"

值得注意的是，这一段话中的"兵"不仅是指宝剑等能够威服三军的兵器，还包括能够伐树木为宫室、凿地、凿伊阙通龙门和决江导河的斧斤锄铲等生产工具。根据制造工具和武器的材料的演进来划分时代，正是丹麦 C. J. 汤姆森在 1836 年正式发表划分考古学时代的方法。可是风胡子比汤姆森早了两千多年！再者风胡子的对话中比汤姆森的分期多出了一个以玉为兵的时代，有些学者据此提出中国应该有一个玉器时代。多数学者认为，三期说至少在欧亚大陆各国的考古学界是通用的，如果在中间插入一个玉器时代，在中国勉强可以，在别的国家就行不通。况且在中国玉器最初流行的时代也是开始制造和使用少量铜器的时代，显然使用在考古学界比较通行的铜石并用时代比玉器时代要好一些。此话另当别论。令人惊奇的是风胡子所说石兵、玉兵、铜兵和铁兵的具体时代同现代考古发现的结果几乎完全一致。最早的石器时代就不用说了。玉器在新石器时代中晚期虽然已经出现，但是开始流行却要到铜石并用时代。人们估计这个时代同黄帝开始的五帝时代大致相当。夏商周是青铜时代，夏禹当然就是青铜时代的开始。铁器的使用除了个别的可早到西周晚期外，就是从风胡子所在的春秋时代开始的。

以上两例说明，早在春秋时代就有一些学者对古代的事情很感兴趣，而且有丰富的知识。从那以后，历代发现古物和对古物古迹进行调查研究者累有记述，到宋代更发展为一门研究古器物的学问。著名学者欧阳修和赵明诚等都有著作问世。根据容媛先生的统计，宋代流传至今的所谓金石学的著作还有 22 种，其中最重要者有吕大临的《考古图》（1092 年）和官修的《宣和博古图》（1098 年）等。

到清代由于乾嘉学派推动，金石学或古器物学得到极大的发展，留下的相关著作将近千种[1]。不过金石学或古器物学都没有建立起获取资料的科学方法，难以直接发展为考古学。真正意义上的考古学是在进化论思想基础上，借用地质地层学和生物分类学的方法并加以适当改造，才得以产生的。

关于考古学发生的具体年代，尽管有多种说法，但大致都指向 19 世纪中叶或略早。通常认为 1836 年由 C. J. 汤姆森主持的丹麦国家博物馆正式出版的参观指南《北欧古物导论》，依据工具和武器的质地划分为如前所述的三个时期奠定了近代考古学的基础。由于这一划分符合人类文化发展的实际情况，至今仍为考古学界普遍采用。不过当初只是根据博物馆的陈列品按照进化的逻辑推导出来的。之后汤姆森的学生和助手 J. 沃尔赛据说是通过考古发掘支持了三期说的正确。须知考古学毕竟离不开田野工作，而田野考古是建立在地层学基础上的。有两件事对考古学的发生影响很大。一是查尔斯·莱伊尔（Charles Lyell）于 1830～1833 年陆续发表四卷本的《地质学原理》（Principles of Geology），第一次建立起科学的地质地层学。接着即有旧石器时代遗址的陆续发现，特别是珀色斯于 1838 年在法国北部索姆河边的阿布维利（Abbeville）发现打制石器和现已灭绝的动物化石共存，引起了学术界的关注。为此英国考古学家伊文思（John Evans）和地质学家普利斯特维奇（Joseph Prestwich）于 1859 年进一步考察了这个遗址，确认这个发现是可靠的，而且意义重大。认为它大大延伸了人类在地球上居住的时间，并且给基督教堂和大学里讲授的年代学以毁灭性的打击。正是在这一年（1859 年），达尔文发表了进化论的奠基性著作《物种起源》，其中大量征引了莱伊尔的《地质学原理》。可以说地质地层学的建立，为达尔文的进化论学说提供了最有力的支持，也给科学考古学的建立开辟了道路。二是德国人施里曼（Heinrich Schliemann）从 1871 年开始，到 1883 年先后三次对特洛伊古城址进行了发掘，发现了七个层次的古城遗迹。这是把地质地层学的原理应用于早期文明时期多层遗址发掘的有益尝试，从而为建立考古地层学奠立了基础。此后考古地层学在应用中又有所改进，到 19 世纪末，英国的皮特·莱维尔斯（Pitt Rivers）将军在发掘波克利·德克（Bokerley Deke）遗址时不但划分地层，还注意按比例测绘平面图和剖面图。他在自己的博物馆中还曾将工具和武器按照进化的逻辑顺序排列，可以说是类型学的一种尝试。而类型学乃是支撑考古学的另一个基础理论，比考古地层学出现得晚，直到 1903 年瑞典人蒙特留斯（G. O. A. Montelius）的《古代东方和欧洲的文化分

---

〔1〕　容媛：《金石学录目》，中央研究院历史语言研究所单刊乙种之二，1930 年。

期》多卷本出版，其第一卷为《方法论：器物类型学》〔1〕则是考古类型学的奠基性著作。此后类型学方法才为考古学者陆续采用，对建立各地的文化谱系发挥了极大的作用。所以严格地说，真正科学考古学的建立，整整经历了半个世纪，到 20 世纪初才算完成。

三　田野考古是考古学研究的基础

考古学所研究的资料绝大部分已淹没在地下，需要有一套科学的方法来发现、发掘和记录。获取的资料还要进行科学的整理与分析，最后写出合格的考古报告，才能成为进一步研究的基础。这一套科学的方法和程序统称为田野考古学。如果不严格遵循田野考古的科学方法，就会失去许多有用的信息，甚至提供错误的信息，给进一步的科学研究带来许多麻烦和混乱。所以必须强调田野考古是考古学研究的基础。

为了寻找不同时期不同形态的考古学遗存，可以有不同的方法。一种方法是组织人力进行普遍调查，以便大范围地了解各种类型的考古遗存和文物古迹，为保护文物和进一步的考古研究做准备。较深入的调查有区域性调查和专题调查，前者多用于不同时期的聚落遗址调查，带有一定的综合性质；后者如旧石器遗址调查、矿冶遗址调查、长城调查、石窟寺调查、瓷窑调查、古建调查等，多由具有专门知识的学者担任。除了地面调查以外，为了对地下埋藏的情况有所了解，可以进行钻探或电磁探测。判读工业化以前的航空照片或利用遥感技术也可以收到很好的效果。能不能发现某种考古遗存，专业知识是很重要的。举两个例子。一是安阳殷墟甲骨文的发现。清朝末年的国子祭酒（相当于教育部部长）王懿荣1898 年在中药铺买来的所谓龙骨上发现刻有商王名号的文字，断定是商代的遗物，打听到那些"龙骨"是从河南安阳挖取的。后来中央研究院历史语言研究所考古组的董作宾到安阳殷墟调查，果然发现当地农民挖取带字甲骨卖钱，从而引发了后来安阳殷墟的大规模的考古发掘。如果不是王懿荣从"龙骨"上辨识出商代甲骨文，就不会有董作宾去安阳殷墟的调查，更不会有考古组持续多年的科学发掘，商代晚期的都城遗址就会失之交臂，或至少要推迟若干年才能发现。二是北京周口店龙骨山北京人遗址的发现。1918 年，当时担任中国政府矿政顾问的瑞典地质学家安特生发现那里因为开石灰矿挖出了许多"龙骨"，实际是古生物化

---

〔1〕　此书有两种中译本，一是郑师许、胡肇椿译，书名为《考古学研究法》（世界书局，1936 年）；二是滕固译，书名为《先史考古学方法论》（商务印书馆，1937 年）。

石。1921年，他在一个洞穴的堆积中采掘化石时发现了一块石英石，他认为那里不应该有那种石块，肯定是有人带进去的，从而引发了后来震惊学术界的北京人及其丰富的文化遗存的发现。如果没有深厚的地质知识和敏锐的观察能力，如此重要的遗址就会遭受毁灭而没有人察觉。

田野考古最重要的环节是发掘。埋藏在地下的考古遗存，只有通过科学发掘才可能获取符合实际的科学资料。考古遗存的形成有一个历史的过程，每个遗址就好比一部地书。书要一页一页地读，地书也要一层一层地揭开才可能读懂。只是地书要倒着读，从现在读到过去。而且每层的遗存往往很破碎，需要将各种迹象联系起来才可能勉强看懂。这就是考古地层学要研究的内容。

自从人类开始过定居的生活，就会出现各种形态的聚落，从大大小小的村落进而发展出市镇和都城，它们废弃后形成的遗址都有一定的面积。而考古发掘只可能从一个局部的范围开始。究竟选择什么地方首先动土，需要从全局出发，还要根据发掘者的学术目标，以及可能提供的人力、物力和时间等条件来考虑。要有科学的计划，尽量避免随意性。考古发现的遗迹如房屋基址、陶窑、水井等，要及时照相、绘图和记录，在提取必要的信息后要原地保护。各种可移动遗物则可以视需要尽可能提取，以便在室内进行修复、测试和研究。测试的范围是很广泛的。比如陶瓷器，通过原料成分的微量元素的分析可以追溯其产地，通过残留物分析可以了解是否为炊器，炊煮过什么食物；或是否为酒器，盛过什么酒之类。如果是石器，比如石斧或石刀之类，可以通过微痕研究了解其功能和功效。石磨盘和石磨棒可以通过残余的淀粉粒了解其是否加工过粟、黍等谷物，进而了解当时是否有农业。诸如此类，名目繁多，已经成为科技考古的重要内容。

在室内整理研究中的一项基础性工作应该是类型学研究。所谓类型学又称为标型学，在田野考古研究中主要是根据器物出土的层位关系进行排比，看看在形态上是否有明显的变化。实际上有的器物变化快，有的器物变化慢；有的器物有明显的逻辑演变序列，有的则看不出有什么变化规律。这只有在反复排比研究后才能明白。一般地说，那种常见的、形态复杂而又有明确变化规律的器物，即可视为标准形制的器物，就像古生物学中的标准化石一样。例如仰韶文化中的小口尖底瓶和商周考古中的陶鬲就是这样的标型器物。根据标型器物之间的组合关系和整个器物群的变化即可进行器物分期。在器物分期的基础上，一些无法辨别期属的遗存如动物骨骼、植物遗存和房屋基址等各种遗迹，都可以根据与标准器物的共存关系以确定其所属文化期。如果拿这些标准器物同别的遗址的出土物进行比较，便可以划分文化圈或探索不同文化之间的关系。如此可以看出类型学在考古学研究中特别重要的地位，进而理解为什么说田野考古学是考古学研究的基础。

四　考古学扩大了历史学研究的范围

关于考古学对研究人类历史的作用与贡献，澳大利亚出生的英国著名考古学家柴尔德有一个生动的比喻。他说：

> "考古学引起了历史学的变革：它扩大了历史研究的空间范围，犹如望远镜扩大了天文学对空间的视野一样；它把历史的视线往后伸展了一百倍，就像显微镜为生物学揭露了隐藏在巨大躯体内的最细微的细胞生命；最后，考古学又如放射性给化学带来的变化一样，改变了历史学的内容。"[1]

这个比喻相当形象地说明了考古学对于研究人类历史的巨大作用。一是扩大了历史研究的地域，二是延伸了历史研究的时间，三是拓展和充实了历史研究的内容。更为重要的是，正如望远镜和显微镜可以不断地改进，甚至进一步发明了射电望远镜和电子显微镜，视野更加开阔，观察更加深入细致。在考古学领域，由于现代科学技术的应用，能够探索和研究的领域也越来越宽广，越来越深入，对于人类历史的认识越来越科学化，越来越接近于历史的真实。这是考古学的一个非常重要的特点。须知只是在考古学产生以后才有史前社会的确立，早期文明的再现和古代历史内容的充实。而所有这些都是有科学基础的。

下面就考古学对研究历史的作用略作进一步的说明。

首先，考古学极大地扩展了历史研究的时间范围，为我们研究人类历史的全过程铺平了道路。人类历史究竟有多少年，在考古学产生以前是不知道的。传统的历史研究离不开文献记载，最早的历史文献距今不过三千多年，在此以前只有不确定的传说。中国传统的历史记载多从被称为人文始祖的黄帝开始，但并没有确凿的证据。西方许多人根据旧约圣经《创世纪》的说法，以为人类历史只有六千多年。所以当 19 世纪中叶英国和法国的一些地方发现了旧石器时代的遗存，并且得到地质学家和考古学家的确认后，西方被宗教笼罩的学术界所视为经典的《创世纪》的传说就不攻自破了。

考古学根据人类遗留的实物遗存来研究人类的历史，完全不受文献记载的限制。只要地球上出现了人类，而且留下了相关的遗存，经过考古学者的发现和研究，就可以在一定程度上复原当时的历史。但考古学遗存不是一下子都能够发现的。而且年代越久留存下来的越少，越不容易发现。探索最早的人类遗存需要多

---

〔1〕　V. Gordon Childe，1944. *Progress Archaeology*. Watts，London. p. 2.

年不懈地努力，还需要有理论上的突破。经过一百多年的努力，已经可以把人类和人类社会的历史一直追溯到两三百万年以前的起源时期，把人类社会的历史扩展了好几百倍。不过不少学者主张人类历史应该从十万年前现代人产生的时候算起，以前的两百多万年只能算是从猿到人的过渡时期。即使这样，也比文献记载的历史扩展了好几十倍。

　　就是到了发明文字以后，最早的文献也会因为难以流传而全部或大部分亡佚，只有通过田野考古才能重新发现。正是由于考古发掘获得的大量实物资料与文字资料，才建立了古代埃及史、古代两河流域史、古代印度史、古希腊的克里特和迈锡尼早期文明史等。中国商周时代的历史虽然有一些文献资料，但是远远不够；考古发现的大量甲骨文、金文、简帛文字以及大量的实物资料，已经有可能重建一部内容大大充实的商周历史。

　　其次是历史研究地域范围的扩大。传统的历史学主要是文化比较发达并且有自己文字记载的民族的历史。你打开地图来看，世界上有文字记载的国家和民族只占很小的一部分，大部分民族没有自己的文字。在十五六世纪的所谓地理大发现以前，许多民族甚至不为有文字的民族所知，他们的历史自然不会反映在历史文献之中。考古学则不会受到这样的局限，只是由于考古学者的不懈努力，才得以把大量没有文字记载的民族的历史揭示出来。例如殖民主义者进入以前的美洲的历史、大洋洲的历史、非洲中南部的历史都是由考古学逐渐探明的。中国大多数少数民族的历史虽然在统治民族的文献中有所反映，但是因为受到各种条件的局限而难以得到正确而全面地反映，这样也就需要考古学来进行复原历史的工作。

五　考古学充实了历史学研究的内容

　　没有文献记载的历史固然需要考古学来研究，即使有文献记载的历史也要靠考古学来充实。这个时期的考古学通常被称为历史考古学，以区别于史前考古学。中国的历史文献大概是世界上最丰富的，官修的正史如二十五史就有很大的分量。正史之外还有许多历史书籍和与历史有关的文献，是我们研究历史不可缺少的资料。不过文献记载的内容多偏重于上层社会的历史，诸如宫廷史、政治史、军事史、文化史和人物传记等方面，而比较缺乏下层民众生活的记述，对于生产和经济活动的记述比较少，且不大具体。优点是有具体的时间、地点、人物和情节，有些事情还有当时人的分析和评价。而考古学研究则不分阶层一例看待，发现的遗物有实感，对于经济、技术、造型艺术和人居环境等都可以有比较深切的认识，从而大大充实了历史学研究的内容。

比如根据文献记载，中国从什么时候开始使用铜器和铁器是很模糊的。这涉及中国何时进入青铜时代和铁器时代，在青铜时代之前是否还有一个铜石并用时代的问题。虽然《史记·封禅书》上有"黄帝采首山铜铸鼎于荆山下"的说法，还有蚩尤作兵和铜头铁额的说法，因为都是后人的传说，难以征信。考古发现则可以追溯到公元前 4500 年前后。例如陕西临潼姜寨一期的房子里就发现有黄铜片，西安半坡及稍晚的渭南北刘也发现有黄铜片。到仰韶文化晚期和龙山时代，铜器出土越来越多，可见中国确实有一个铜石并用时代。现在知道西亚是人类最早发明和使用铜器的地方。伊朗西部的阿里·柯什（Ali Kosh）发现用铜片卷成的铜珠，年代可以早到公元前七八千年。人工冶炼铜器也比中国早。但中国最早铜器的成分和冶炼技术都是独特的，可见中国最早的铜器应该以独立起源为主，也应该有西方因素的传入[1]。此后即进入青铜时代。中国的青铜铸造技术是世界上水平最高的，只要看一看三代青铜礼器种类之多，造型之复杂，纹饰的细密与繁复，就一目了然了。

中国什么时候开始制造和使用铁器？文献记载也是不明确的。虽然《尚书·禹贡》提到梁州"厥贡璆铁银镂"，但谁也不会相信大禹时期会制造铁和钢（镂）。因为《禹贡》本身就不过是战国时期的拟古之作。至于《左传·昭公二十九年》（公元前 513 年）记载晋国赵鞅等"赋晋国一鼓铁以铸刑鼎"，学者多认为鐵（铁）字为锤字之误。再说用铁铸鼎并将一部法律条文铸刻上去，在当时的技术条件下是很难想象的。只有到战国时期的《孟子》《管子》《荀子》《韩非子》等书中才有明确的铁器制造、使用和贸易的记载。但文献记载的是锻铁还是铸铁并不清楚，而这在铁器发展史上是十分重要的问题。考古发现确知人类利用铁器是从陨铁开始的。古代埃及格尔泽和两河流域的乌尔都发现了公元前 3000 年前后的陨铁制匕首。中国最早的铁器也是用陨铁制造的，只是年代要晚得多。河北藁城台西发现的铁刃铜钺和北京平谷刘家河发现的铁刃铜钺均属商代中期，年代不晚于公元前 1400 年。早年在河南浚县辛村西周大墓中也曾出土陨铁制作的铁刃铜钺和铁援铜戈。河南三门峡上村岭虢国大墓中，2009 号墓出土"虢仲作虢妃宝盨"的铜器。同出有三件陨铁制品，分别是铜内铁援戈、铜柄铁削和铜銎铁锛。虢仲是随平王东迁而从宝鸡的西虢东迁至三门峡地区的。因此这些陨铁应该是东周初年的物品。中国最早的人工冶铁制品出自新疆。哈密焉不拉克 31 号墓出土的刀、戒指和残剑等 7 件铁器，碳 – 14 年代在公元前 13 世纪以前。和静察吾呼和轮台群巴克出土铁器的年代也比较早。处于帕米尔高原塔什库尔干的香宝宝墓地也

---

〔1〕　韩汝玢、柯俊：《中国科学技术史·矿冶卷》，科学出版社，2007 年，213 页。

曾出土较早的铁器。内地较早的人工冶铁也见于虢国墓地。编号 2001 的虢季墓出土的玉柄铁剑就是用铁矿人工冶炼而成，年代相当的宝鸡益门出土的金柄铁剑也是人工冶炼的。

中国最早的铁器多为块炼铁。最早的生铁见于山西天马—曲村，年代为春秋早中期，即公元前 8～前 7 世纪。湖南长沙杨家山和窑岭各出土一件铸铁鼎，后者较大，口径达 33 厘米，年代约当公元前 5 世纪。如此大而形态复杂的铸件明显是青铜礼器的铸造方法发展而来的。中国的铸铁技术远远早于西方，应该与青铜礼器的铸造技术的高度发展有关。生铁的弱点是性脆易折，为此又很快发展出韧性铸铁、脱碳铸铁和脱碳钢。这些在文献记载中是完全不清楚的。

中国是著名的丝绸之国，但古代的丝绸到底是什么样子无法确知。湖南长沙马王堆出土了大量织造技术极高的丝绸衣物，见过的人无不叹为观止。那是西汉初年的遗物。湖北江陵马山 1 号墓出土的大量丝织品跟马王堆所出水平不相上下，而年代更早到战国时期！这些丝绸所体现的织造方法，衣物的种类和式样，印染技术，花纹的艺术风格以及服饰的礼俗等都可以进行深入的研究。这些在文献记载中都是很模糊或完全阙如的。

中国又是著名的瓷国。瓷器的起源、发展和不同窑系的特色及其演变的情况，只能靠陶瓷考古的研究才能明白。至于农业的起源乃至文明的起源等重大问题，更是只有依靠考古研究才可能回答。诸如此类还有许多，可说不胜枚举，从而极大地充实了历史研究的内容。但考古遗存不会说话，历史时期的考古遗存往往需要结合文献才能阐释明白，而中国恰恰具有极其丰富的历史文献，这正是中国考古学的优势所在。如果把两者结合起来，就会相得益彰，因而对建立比较完全的历史具有重要作用。

六　考古学使历史研究走上科学化的轨道

传统的以文献为基础的历史学属于人文学科，与自然科学很少发生关系。考古学就其研究人类历史的目的来说，也具有人文学科的性质；但就其研究方法来说，则基本上属于自然科学。这主要体现在田野考古和实验室考古以及若干分支学科，如环境考古、植物考古、动物考古、农业考古、冶金考古乃至天文考古和考古年代学等方方面面。

田野考古的内容已如前述，那基本上是运用科学方法和相关技术以获取可信的考古资料。由田野考古获取的资料有许多需要在室内进行测试，有些器物的功能则需要进行模拟试验。比如你发现一件铜器，除了要对其形制和花纹进行描述和比较研究外，还要了解是怎样制造的，是锻造还是冶铸，原料中是否有砷，是否掺锡或铅，比例如何，由此也可以进一步探讨其制作工艺的传承，还可以通过铅同位素分析等探索其原料的产地。如果发现一件陶器同样也要研究是怎样制造的，陶土的产地在哪里，有什么掺和料。假如是彩陶或彩绘陶，彩料是什么，是否有不同的产地。如果是盛储器、食器或炊器，则可以通过残留物分析以了解其盛储了什么物品，盛过或炊煮过什么食物。如果是漆木器或丝麻等纺织品，首先要考虑如何能有效地保护，进而研究其制作工艺，诸如此类。如果要测定年代，可以用碳 – 14、铀系、钾氩法、热释光等许多方法。如果要了解环境状况，可以对地质、水文状况以及动植物群落的研究来获得。植物的研究除了种子或茎秆等标本外，还可以通过土壤中的孢粉或植硅石的组合来提取信息。以上种种已经发展出一个科技考古的学科分支。随着现代科学技术的不断发展，科技考古也随之不断发展。考古学研究的科学水平就会不断提升，从此整个历史学研究就逐步走上了科学化的轨道。

七　结论

过去有一种说法，认为考古学和历史学好比车子的两个轮子，一个以文献为基础，一个以实物为基础，缺一不可。事实是在考古学产生以前就有了以文献为基础的历史学，考古学是直到近代才随着自然科学的发展而发展起来的。不过文献史学虽然有漫长的历史，其发展却很缓慢，只是在考据、校勘或理论、方法上有所进步。由于史料浩如烟海，真正要把这些资料弄懂弄通是很不容易的。一个合格的历史学家必须是才学识兼备，其中尤以史识为最重要。考古学既然也是研究历史的，一个合格的考古学者自然也需要才学识兼备，只是具体要求有所不同而已。考古学不涉及在历史学中占有极为重要地位的近现代史，现在西方有些人搞所谓工业考古，无非是用考古的手段来研究早期工业的遗存，说不上真正的考古学。如果从总体上来看，考古学既然极大地扩展了历史学研究的范围，又在许多方面开拓了历史学研究的内容，并且使历史学走上了科学化的道路，实际上就是对传统历史学的一场革命。实事求是地说，只是有了考古学，并且同文献史学结合起来，才有谱写比较完全的人类历史的可能。

当然，考古学研究历史也有其天然的局限性。首先就受到资料的局限。因为人类历史是活的社会演变的历史。人们的语言、思想、社会活动，以及社会制度、社会组织等，有的无法保存，有的只能通过实物遗存间接地反映。而实物遗存又历经多年自然与人为的破坏，只有少部分能够保存下来。年代越久，能够保存下来的概率就越小。即使保存下来了，还不一定能够被考古发现；发现之后也不一定都能够被科学地记录和研究。至于更深入地开展发掘，就只能选择重点来进行。考古发掘是一项慢功夫，要一面发掘一面研究，稍一不慎就会出错。一个大型的遗址，可能要几代人接连去做。例如安阳殷墟从 1928 年开始连续进行了 15 次发掘，获得了重大的成果，初步显现出商代晚期都城的面貌。中间因为抗日战争等中断了一个时期，从 1950 年开始直到现在，每年都进行发掘，多少年了！北京周口店旧石器时代遗址从 1926 年开始发掘，断断续续挖了几十年，到现在也还在继续。我想在发掘水平不断提高的情况下再挖几十年，也不能说就完全清楚了。用一句通俗的话来说，只有进行时，没有完成时。至于发掘出土的东西要进行科学测试、分析和研究，随着科学的发展，分析和测试的手段会不断进步，甚至相关的科学理念都会有新的发展乃至更新。在这种情况下，考古学的研究自然也会越来越深入，越来越接近于历史的真实，这个过程同样也只有进行时而没有完成时。我想这既是考古学的局限，也正是考古学的魅力之所在！

（本文据 2005～2007 年在北京大学国学研究院为博士班讲课的内容充实修改而成。原载《考古学初阶》，文物出版社，2018 年）

什么是考古学

对考古学的定义大概有十几种，但是大都差不多，不过要下一个很明确的定义却并不容易。我们国家的考古学泰斗——夏鼐先生曾写过一篇文章，叫《什么是考古学》，后来又组织编写了一大部《中国大百科全书·考古学》，在卷首有一个总论也说到了考古学的定义。他前后的两个表述就不太一样，一个说考古学是研究人类古代生活的情况，另一个则说是研究古代社会的历史，这也就是说夏先生本人也有一个认识的过程。不管有多大差别，有两项内容是离不开的：一是必须通过实物；二是要研究历史，人类古代的历史。这样的认识并不是大家都很明白的，其实就算是考古学家、考古学者的认识也不是完全统一、非常明确的。

我说一个故事，我当学生的时候，毕业那年（1957 年）要进行实习，在河北省的邯郸。我因为有事儿在学校里耽误了几天，到工地附近的时候，我不知道这个工地具体在哪，就问一个老乡："您知道这儿有一个考古的在哪儿啊？"

他不知道："考古的？"

我就说："就是往地下挖的。"

"哦，"他说："就是挖宝的啊！"

我说："不是挖宝的，就是……"我就跟他怎么解释都解释不清楚。后来，他当了我们的民工，他还是怀疑。

我说："你说我们是挖宝，你看我们天天挖的是什么？很多都是陶片啊、石器啊，都是这些东西，你还不明白吗？"

"嗨，你们就是骗我们的，我们白天就挖这些玩意儿，晚上你们就再挖下面呗。"

所以那个时候，很多人不能理解我们挖那些东西有什么用，你跟他几句话哪能解释得很清楚。

我教了几十年的书，也看了不少考古学的著作，看了很多著名的学者对于考古学是怎么表达的。后来我琢磨了一个定义：考古学是研究如何寻找和获取与古代人类社会相关的实物遗存，以及如何根据这些遗存来研究人类社会历史的一门学科。

我解释一下，这里面首先讲考古学。刚才有位同学跟我说，考古学是研究实物遗存。没错，但实物遗存在哪里呢？你不得寻找吗？它不是直接摆在那儿的，所以考古学也要研究如何去寻找。等寻找到了有实物遗存的地方，你还得探讨怎样获取它。在考古学上讲就是发掘，你得把实物挖出来。通过寻找和发掘取得了资料，这是一套学问。这个学问在考古学里面叫作"田野考古学"，并不是随便什么人都可以去干的。农民有时候也能刨出一些东西来，但那不是考古，即便他不是为了挖宝，他刨出东西捐献给国家，那也不是考古。考古学一定得有一定的方法。

考古学家主要在野外工作，野外天地那么大，究竟到哪里去找呢？不可能到处都有遗址，所以得有一套寻找遗址的办法，我们称作"考古调查"。调查到遗址，我们还得根据具体的学术目标考虑哪些遗址值得发掘。关于怎么发掘，还得有一套办法，叫作"田野考古学"。当然，学科本身是不断发展的。一开始最基本的是在地面上进行发掘，但是有的时候我们还会到海洋里调查，这叫"水下考古"，比如近年来的南海一号、南澳一号。此外还有航空考古，有些地方我们人不太容易去；或者说我们也能去，但是在地面上不容易看清楚，在天上反而可以看清楚。就像一个地毯，地毯上面有花儿，如果一只猫在地毯上玩，地毯上的花它看不清楚，但是一个人站在地毯上一看，这个花儿就看得清清楚楚，这叫作猫视和人视。航空考古就相当于人视，它站得高，一下就可以看到整个的情况，所以我们发展了航空考古。

还有卫星考古。也有一个故事，有一个美国资源卫星项目主持人的儿子，在非洲跟一些考古学家进行发掘。考古学家说，我们搞这些古老的东西，你爸爸可是搞最先进的，跑到天上、跑到太空去了，你能不能给我们之间架一个什么桥梁呢？他说，我在你们这里发掘不就是桥梁吗？考古学家说，那不行，你对你爸爸的那套根本不懂。然后他回去就跟他爸爸讲了，他爸爸说可以考虑。后来，他在卫星照片上看到，在希腊科林斯（科林斯地峡）曾经修过一条运河，我们在地面上找不到，可是在卫星图片上地峡就是一条线，那条运河就出来啦。根据不同的红外、远红外的波段，不同东西对于土壤的不同反应就显示出来啦。所以不要小看了田野考古学，新的科学技术都可以用到上面，它是一门科学。

根据定义，考古学既然是研究人类社会，那么它当然属于历史学科。有人问我恐龙怎么样，我说，我不懂恐龙。越过人的界限，就不是我们考古学研究的内容了。

考古学的发现和研究是一个过程，也许是一个漫长的过程。一个遗址，我们往往要挖很多年，比如大家熟知的，中国学者自己最早发掘的安阳殷墟。安阳殷墟是 1928 年中央研究院历史语言研究所里面一个考古组开始着手发掘的。一开始听说那里有甲骨，还有甲骨文。有甲骨文就可能跟殷代有点关系，便开始了实地发掘。1928 年到现在已经 87 年了。很早就在那儿发现了宫殿，发现了王陵，商代晚期的，出了很多甲骨，甲骨文的档案都出来了，一个坑的甲骨文。但是作为整体的殷墟考古，一直到现在还年年都在发掘，年年都在勘查，完全清楚了吗？不，还早着呢。所以考古工作是一个漫长的过程，不会一下子就出来一个很明确的结论，它是一个逐步发现、不断研究深化的过程。在过程中，考古学所应用的手段会不断地提高，不断地科学化，所以它是一门生长的学科。刚才我讲的调查、航空考古、水下考古乃至卫星考古，都不是一开始就有的，卫星本身也没有多少年。总而言之，考古学是随着自然科学的发展而发展的一个学科。

考古学既是历史学又是一门独立的科学，它跟以文献为基础的历史学是不一样的。科学是什么意思？科学要实证，是可以验证的。比如说水分子，我们学过初等化学，一个水分子，是两个氢原子和一个氧原子构成的，你不信你就做实验，而实验结果都是这样。它是可以被验证的、可以重复的。考古呢，当然不像氢氧原子构成水分子那个实验法。它在时间上是可以验证的。我们经常讲考古地层学，就是说压在下面的东西要比上面的东西早，早的东西你总不能钻到底下去验证吧？我们考古学之所以讲地层，是因为地层是一层一层的，底下的早，上面的晚，这是不会改变的，不信你可以去验证。举例来说，我们发现一个存在黑陶的地层在一个出红陶的地层上面，根据这个现象就可以认为黑陶比红陶晚，你不相信可以再挖，肯定是红陶的地层在下面，黑陶的在上面，不会反的。所以说考古学是一门科学，它可以验证。

在澳大利亚出生的英国著名考古学家戈登·柴尔德说过一段话："考古学引起了历史学科的变革，它扩大了历史学的空间方位，犹如望远镜扩大了天文学的天空视野一样，它把历史的视野往后伸展了一百倍，就像显微镜为生物学揭露了隐藏在巨大躯体内的细胞组织结构一样，考古学就像放射性给化学带来了变革，改变了历史学的研究内容。"这段话我解释一下，他都是拿自然科学的东西来打比喻，这种比喻就说明了考古学的科学性，它跟科学分不开。

举例说明。柴尔德说考古学像望远镜一样，扩大了历史学的研究范围。我可以告诉大家，我们的历史学多是研究历史文献，但如果是研究早期文明，像最早的几个文明：古代埃及、古代两河流域、古代印度、古代中国，那就出问题了。前三个地区的面积加起来还不到全世界面积的 1%～2%，把中国加上也不到3%～4%。但是，除了南极洲以外，那百分之九十几的地方也有人啊。这些地方也有历史，只是他们没有文字，不知道自己的历史是什么。拿我们中国来讲，中国有 56 个民族，但有几个民族有文字，有自己的历史记载？除了汉族以外，大概还有蒙古族、藏族、朝鲜族，别的民族几乎没有。如果只是用文献来研究历史的话，那大部分地区的人民、大部分民族，难道都没有历史吗？当然也有，他们的历史是口口相传的。可口口相传的历史能传几千年、几万年吗？不可能的。但是这些地方只要有人生活，就会有实物遗存，所以都有可能利用考古学去研究他们的历史，这样考古学就一下子拓展了历史学的研究空间。

然后他又说"它把历史的视野往后伸展了一百倍"。什么意思呢？现在大家都有一个常识，人类最早的历史——古埃及的历史，是公元前 3000 多年，也就是离现在 5000 多年。但是，人类的历史可不止 5000 多年。人类的历史究竟有多少年呢？这个说法不一。一种说法是说从猿到人，走入人类这条支系以后大概有 200 万~300 万年。一种认为那不算人，那都叫作直立人、早期智人，应该从晚期智人算起，或者称为现代人，现代人也有好多万年。如果从两三百万年前算起的话，那人类的历史可就不止被提前一百倍了。所以考古学，只要有实物遗存留下来，就可以进行研究，它不受文字的限制。

第三，从考古学的研究内容来看，我们现在的历史包括这么几段，一是史前史（或者叫作原始社会史）；一是早期文明的历史，早期文明的历史就是之前我讲的古埃及、两河流域、古印度的历史，也包括古代中国早期的历史。但除了古代中国以外，那几个古代文明几乎都没有文献记载，都是靠考古发现的。具体来讲，考古除了发现实物以外，也发现了很多文字，像古代埃及的文字、两河流域的楔形文字、古希腊的文字。

西方有一部片子，叫作《寻找失落的文明》，就是说那些文明已经失落了，那些文字谁也不认识，是后来靠一些学者去探讨、研究，最后才好不容易把它释读出来。所以，中央电视台就有人找我说，严先生，您能不能主持一个我们中国版的寻找失落的文明。我说，我们中国没有失落的文明，我们中国的文明清楚得很。为什么呢？我们中国，比如说商代，这是中国的一个早期文明了，它有文字，这个文字就是甲骨文，没有失落啊！一个完全没有学过甲骨文的人，给你拿一片甲骨来，有的字你立刻就能认，因为过去字的规律跟现在是一样的，一横就是一，两横就是二，三横就是三。即使有些字变了样，但语法跟现在是一样的。所以，你看一片甲骨上的文字，它里面多半是占卜、问神、问祖先的句子，每片基本都差不多。即使你完全没有学过这个，你多念几遍可能也就会了，因为当时的语法跟现在是一样的。再说古埃及文明，现在古埃及地理范围内的埃及人是阿拉伯人，不是原来古埃及人的后裔。同样，两河流域、古印度也都是这样的。所以，只有中国的文明是没有中断的文明，中国文明不是一个失落的文明。我们需要寻找古代的文明、早期的文明，但不必找失落的文明。

既然考古学建立了史前史，建立了早期文明史，那么对于文献已经比较丰富的历史阶段，考古学还有什么作用吗？我认为照样有非常大的作用。

比如说，我以前在北京大学国学院指导过一些博士、硕士（国学院招收文、史、哲、考古四个方面的学生）。其中有一个原来读中文系的学生，他对汉赋很有研究，特别是对《二京赋》——就是长安跟洛阳非常感兴趣。《二京赋》讲得那么生动，两京到底是什么样的呢？文学作品记载的历史又有多少真实性呢？当你从考古学角度来看，汉长安城和汉魏洛阳故城的情况就很清楚了，我们甚至可以知道城里面的布局。像汉长安城里面的未央宫、唐长安城的外郭里坊，这些都是很清楚的。所以，后来那个学生把考古学资料和文学资料结合起来研究，写出了一篇很成功的博士论文，当时学校就很欣赏这种做法。所以不是说有了历史文献记载，考古学就没有用武之地了。

我们知道秦始皇这个人很残暴，好大喜功，修了长城。虽然长城在历史文献上有记载，但长城到底是什么样子的呢？我们现在完全可以去调查。哪是秦长城，哪是汉长城，哪是明长城，哪是新修的长城。文献记载秦始皇发 70 万刑徒（奴隶）修骊山秦陵，但秦始皇帝陵到底是什么样子的呢？通过考古学研究，我们基本弄清了它的整体格局。目前，我们仅仅挖了几个秦俑坑（就是给他陪葬的坑），其中一号坑还只挖了一部分，就已经让这里变成了非常吸引人的地方。原来谁能想象到这里的塑像有那么高的艺术水平？从历史文献上我们只能了解到秦始皇很残暴，发 70 万刑徒去修他的墓，但具体修成了什么样呢？虽然我们现在也不是全部了解，但通过考古工作，皇陵的规划、布局是清楚的，包括秦俑坑的情况。

我们中国是丝绸之国，中国的丝绸有历史。但中国古代的丝绸有着什么样的水平？是怎样织的？我们不知道，因为通过文献记录你是不可能知道的，也没法知道。马王堆汉墓发掘以后，那里面有大量的丝绸，各种各样的织法，其工艺水平可以说跟现代差不多。其中有一件蝉翼纱。一件纱，一件上衣，为什么叫蝉翼纱？因为那种纱衣像蝉的翅膀一样半透明。刚挖出来的时候，因为它是出土的东西，有点土色，当时摆在一个临时展柜里。可有一位姑娘她不知道那是文物，看到桌子上有不干净的地方，就把它拿来擦桌子，这可了不得。这件事把后面知道的人吓坏了，赶紧拿去清理，还好着呢，一点没坏，干了以后才知道这是一件上衣。有多重呢？49 克，一两还不到。这是汉代的水平。我可以告诉大家，在湖北的江陵，有一个马山 1 号战国墓，比马王堆汉墓还要早。因为是一种特殊的保存条件，衣服都保留下来了，其中的丝绸跟马王堆差不多，织的水平也非常高。像这样的东西从文献上怎么去了解？没法了解。

还有中国的铁。在古代社会，铁是很重要的，那是战略物资。什么时候开始有铁的呢？不知道。但我们现在慢慢知道了，中国的人工冶铁，大概是从春秋时期或者西周晚期开始的，也就是距今两三千年。中国因为此前制作青铜器，有一套非常高的冶炼技术，可以直接拿来冶炼铁，所以在春战之际，大约也就是公元前 500 年，就知道把铁化成水，倒模子铸生铁了。冶炼铁是很难的，跟冶炼铜不一样，欧洲能够制造冶炼铁要迟至 17 世纪。所以，我们从文献上能知道春秋战国可能有铁了，但是什么铁呢？不知道。考古的好处就是：你不但能发现铁，还能知道这个铁是怎么制造的。我们还发现了很多冶炼铁的炉子，还有做铁器的模子，有陶的，泥的，还有铁的。从这些例子来看，考古学大大充实了历史学研究的内容。

再说陵墓制度。考古学家发掘过几座帝王陵墓，知道等级制度在墓葬里体现得非常清楚。比如，周代有所谓的用鼎制度，天子九鼎，诸侯七鼎，卿大夫就只能用五鼎，这个很清楚。如果我们没有发现这些墓葬，就不清楚。墓葬一挖，里面这个人是什么等级就清清楚楚。

考古学补充了很多历史学的内容，社会史、经济史、生产史、技术史，还包括艺术史等等。现在能够留下来的古画，最早不过唐宋时期。但是通过发掘，墓葬里面的壁画可以一直追溯到汉代，甚至春秋战国。

很多历史文献无法讲清楚的事情，可以通过考古学展现出来。因此，总体来讲，考古学是历史学的一次革命，是历史学发展的一个高级阶段。无论是年代、研究地域，还是研究内容，都大大丰富了。不是像有些学者讲的，历史学和考古学像一个马车的两个轮子，研究历史缺一不可，一定要有一个文献的历史，也一定要有一个实物的历史。你们看我刚才讲那么多，就不像两个轮子，两个轮子不相称，考古这个轮子太大了，对吧？所以它们不是并行的，考古学是历史学发展的一个高级阶段，改变了历史学的面貌，是历史学本身的一个革命。

我讲了半天，好像考古学是个万能的学科，其实考古学也有很大的局限性。局限在哪里？首先，考古学的目标是研究人类社会的历史，而人类的社会，不管是比较低级的还是比较高级的，它都不是全部以实物遗存的形式留下的，不全都是表现在实物上的。比如说，我现在讲话，这个话本身并不是实物，但我讲的内容也是我们现在历史的一部分，考古学就一无所知。我打个不太恰当的比方，比如说，我们在座的各位，一旦有地震来了，大家都被埋了，以后考古可以发现地层下面有很多的座位，我这有这么一个座位，我肯定是讲课的，你们一定是听课的，或者是我在做报告，你们是听报告的。可能会有黑板，或者有一些辅助我讲课的东西，仅此而已。你还能有更深的了解吗？所以，考古学最大的局限就在于它只是实物，而它的目标却是研究社会。这是有差距的，并且这个差距不是很容易就能弥补上的。所以，很多考古学的理论、方法论都是想拉近这中间的差距。

其次，即便是实物遗存，也不一定都能留下来。比如我们研究旧石器时代，靠什么来研究人？得靠化石，就是说人的骨头都变成石头了。这得有条件，人如果死了，腐烂掉了，在地面上不可能变为化石，即使是被土掩埋了也不可能变为化石。它需要在一种特殊的条件下被掩埋，掩埋的环境得有地下水，里面包含钙质，钙质不断取代骨头里的有机质，使它慢慢石化，变成石灰石。如果没有这个条件，那化石就没法形成。所以，不是什么都能以实物形式表现出来，不是什么实物都能留下来。

另外，即使是能够留下来的遗存，我们也不一定都能发现。尽管我刚才讲了半天，说我们有套办法，但也不能把什么都发现；其实，绝大部分是发现不了的。那么，发现了以后，有多少能够发掘呢？也是很少很少的。我们发现的遗址数以万计，而我们发掘的遗址最多也就以百计，而且也不是每一个遗址都完整地发掘了，很多都只挖了一部分。刚才我讲的殷墟遗址，挖了87年也没有挖完，只能挖一部分。我还要强调，这发掘的一部分中，能够做到科学发掘，一点不失误的，只占更少的一部分。

这样得来的资料，要复原古代的社会、历史，谈何容易？所以不断有学者想建构一些方法，搞一些理论的思维，比如中程理论之类的。这在西方比较流行，有过程考古学、后过程考古学等等各种各样的理论。改革开放以后，这些东西一下进来了。当时很多年轻人问我，严先生，他们这些理论，一个人这么说，一个人那么说，到底哪个对啊？我说，你不要被那些理论吓倒。有好多人的考古实践很少，却说得天花乱坠，好像头头是道，是那么回事儿，其实不一定。什么样的方法能让你最正确地了解、寻找和发掘实物，就是好的方法。什么样的理论能使这些资料得到科学的解释，可以用它来解释人类的历史，就是好的理论。

考古学既有优越性，又有局限性。作为一个考古工作者，一定要做到头脑清醒，即使你不是学考古的，看到有些考古报告，或者考古论文，讲得天花乱坠，也不要轻信，再检验检验。

最后我再谈谈考古学的危机。我们现在每天都在高速地建设，你们知道，通过南水北调工程从丹江口水库把水调到北京来，挖掉了多少遗址，毁掉了多少遗址！我们的高铁比世界上任何国家都发展得快，一个高铁也要经过很多地方。还有更严重的，叫城市化。城市化是什么意思？是大量地毁灭，大量地建设。把历史文化都给毁灭了，甚至盖些不伦不类的东西。很多人怀旧，寻找旧北京，哪有啊？就一个天安门，就一个故宫。这是一个非常严重的问题。还有现在所说的遗址公园，现在大量地在搞遗址公园，但哪个公园没有建设，建设就要动土，动土就难免毁坏地下的东西。

最近我从微信上看到，冯骥才写了一个东西，写得还不错，他虽然不懂考古，但这些东西讲得挺好。他说现在的建设性破坏非常厉害，大家都觉得是在干好事，其实是在破坏。所以考古学有危机，非常大的危机。那么怎么办？就得普及考古学知识，让比较多的人了解考古学是怎么回事儿。把这些东西完全毁灭了等于把我们的根脉给断了，我们不知道我们从哪儿来，这是不可以的。

所以这些年，我发现了一个相当流行的词，叫作"公众考古"或"大众考古"。我看了一些材料，如果大家有兴趣的话，可以看南京大学办的《大众考古》杂志（图一）。这个杂志办得不错，图文并茂，懂考古的、不懂考古的都可以看。总之，我们要唤起民众，要珍视祖宗的历史，珍视自己的根脉。保护文化遗产，是一个非常重大的任务。我就讲到这儿，还有点时间，大家可以提提问题。

学生：严先生，您刚刚提到了公众考古，我想知道您怎么看待它在中国的发展。

严先生：我们过去，特别是学校里，有一些实习。我们发掘出来一些东西以后，常常在当地做一个展示，给当地老乡们讲一讲。首先是那些民工，我们平常就和他们天天在一起，给他们讲；还会办一些展览，让大家了解我们不是怪物，我们是在进行考古工作，这实际上就是公众考古。过去和现在不同，如今"公众考古"这个词一出来，大家觉得这个事儿很重要，有不少单位也很重视，开展公众考古活动。但目前做得好的并不多，我自己了解的就是《大众考古》杂志，一般的活动最多也就几百人参与，影响不会有多大，而这本杂志全国都可以看到。总之这件事情还是应该提倡，应该让更多的人有机会去了解考古学是怎么回事儿，因为每个人都有责任保护古代的遗产。当然，要每个人都很懂考古学是不可能的，我们也不能那么去要求。

学生：严先生您好，您能否介绍一下您是如何走上考古学这条道路的？还有，我们这些后辈应该如何来开展自己的考古研究呢？谢谢您！

严先生：我小时候迷恋自然科学，想当爱因斯坦。我考北大，北大不是以民主科学著称吗？一个"德先生"，一个"赛先生"，我就是冲这个赛先生来的。结果呢，没有考上物理系，因为我选的专业太窄了。我就喜欢理论物理，理论物理一年只招10个学生，后来我就跑到历史系了。当时我们考古专业的主任苏秉琦先生找到我，他不知道从哪儿打听了一下，跟我说："听说你喜欢理科呀，你来学考古吧，虽然它是个文科，但考古是个边缘学科。"他说："第一呢，考古会用到很

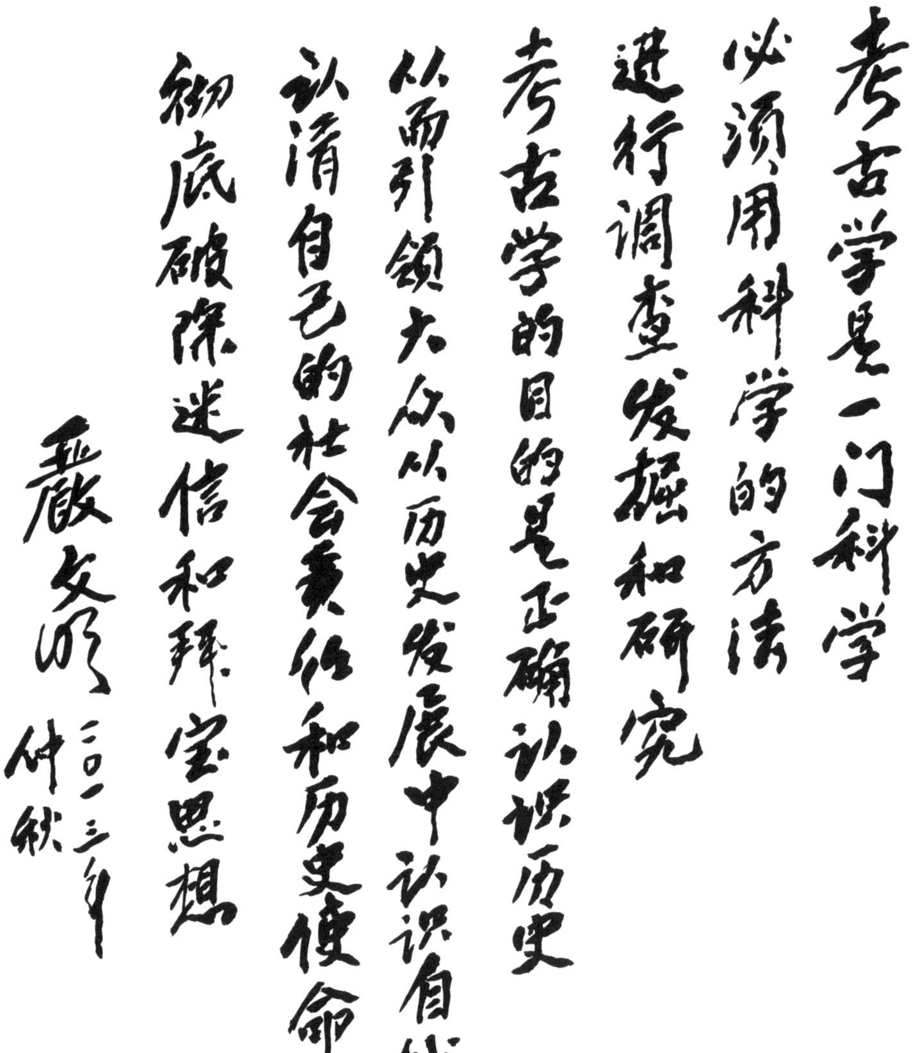

考古学是一门科学

必须用科学的方法

进行调查发掘和研究

考古学的目的是正确认识历史

从而引领大众从历史发展中认识自我

认清自己的社会责任和历史使命

彻底破除迷信和释宝思想

严文明 二〇一三年仲秋

图一　为《大众考古》题词

多理科的东西；第二呢，好像你也喜欢画个画之类的，考古经常要画图的，你过来吧！我们这正好缺一个班长，你来当班长。"我就是这么过来的。

过来当然也还是不知道考古是怎么回事。我看见刚才有几个同学拿着我那本《足迹：考古随感录》。《足迹：考古随感录》是我走的足迹，里面介绍了我是怎么走上考古之路的。第一篇就讲的是裴文中先生带我在内蒙古实习。裴文中，大家应该都知道吧，其实那个时候他才 50 多岁，我们都说他是个老专家，都"裴老""裴老"地叫。裴老这个人非常风趣，他能把一个很深奥的问题讲得让你挺开心，觉得是那么回事儿。我开始知道，考古学还是一个很有趣的，可以拓展人思路的学科。这是起了一个头。

我真正进入考古学是在邯郸实习的时候。在那里我认真地发掘了两个遗址，才知道什么叫作地层学，什么叫作类型学，这么一套方法整个顺下来以后，我可以把龙山文化分为早晚两期，我还把早商和西周的遗存也分了两期。这个西周遗址的两期，就是到现在照样没有错。这是我第一次实习，当时我还是个学生，为什么我能做到这个样子？是因为我按照考古学的这套基本方法认真地去做了。我作为一个学生都能做到这样子，自然就为我研究考古学奠定了一定的信心，然后就不断地深入，这以后的路子就长了。

我一毕业就留校当老师，而且不但当老师，还到了我们教研室当秘书。这样我就势必要考虑怎样教学的问题；势必要考虑作为一个秘书该怎么工作，整个学科该怎样布局的问题。当老师有时候有好处，它逼着你，不能只研究一个地方，要懂全国的，甚至还要懂一点世界的；要懂考古学的方法、理论，要指导学生，要告诉学生怎么学习和研究。所以当老师有当老师的好处，我是深深地体会到了。

学生：严先生您好，非常荣幸今天有机会听您精彩的报告。您很早就提出稻作农业起源于中国长江中下游地区，而且认为它分布于野生稻边缘地带。您能否给我们讲一下这个理论是如何提出的？谢谢！

严先生：关于稻作农业，我有一本书叫作《长江文明的曙光》，这本书里面有一篇比较长的文章叫作《稻作文明的故乡》。还有一篇我跟一位日本学者，号称"日本的郭沫若"的梅原猛先生的文章。梅原先生兴趣非常广泛，他写了两百多部书，原来是研究西洋哲学的，后来又对东方哲学产生了兴趣。他觉得西方哲学过分强调"个人"，强调"人定胜天"，改造自然；东方则强调人与自然的和谐，"天人合一"。现在看来，在解决一些社会问题上，好像东方哲学更有效。比如说原来以为东方哲学是落后的、保守的，后面"亚洲四小龙"一起来，中国发展得这么快，那显然不是落后的、保守的，所以他就转向研究东方哲学。那么东方哲学也应该有个基础，他说"西方哲学是建立在小麦、大麦的基础上，建立在旱作农业的基础上。东方应该建立在稻作农业的基础上"。因为东方这些国家基本上都是吃大米的，比如韩国、日本、东南亚、印度等，中国其实大部分也是吃大米的。他一听说我是研究农业起源的，就一定要跟我对谈，我们对谈了两次，然后在日本出版了这本《长江文明的曙光》。

我一直认为，水稻的起源地是长江，而不是华南。过去一些农学家认为水稻起源于印度，或者起源于东南亚，又或者起源于云南、缅甸到印度阿萨姆山地一带，没有人讲是从长江起源的。我从考古发现、历史上关于野生稻的记载以及现代野生稻的分布几个方面琢磨来琢磨去，认为应该是从长江流域起源的。为什么？我提出了一个边缘论。因为在华南、东南亚和印度野生稻多得很，到处都有野生稻。不但野生稻多，别的食物也很多，果子也很多（就是可以吃的根茎类），所以那里采集经济一直比较发达。我有时候跟广东人开玩笑，我说你们老是喜欢吃生猛海鲜，就是你们老是采集，对于北方的种植农业和在种植农业基础上产生的这些烹饪技术你们不懂。这一方面是开玩笑，一方面也确实有关系。

长江流域为什么是稻作农业的起源地呢？因为长江流域无论是历史记载，还是现代的发现，都有野生稻，但是不多，它是野生稻分布的边缘。那么边缘是什么意思呢？比如说江西的东乡现在还有野生稻，我专门在那调查过；湖南茶陵也还有野生稻，但是不多。长江流域的文化很发达，文化发达人口就多，人口多对食物的需求就多，而长江流域又有一个比较长的冬季，冬季的食物比较匮乏。食物匮乏，就必须得有一种可以称作食物的东西能够储存到冬季。什么东西能储存？稻谷能储存。开始不会很多，但当个补充总有点好处。所以，人们就开始驯化稻子，把野生稻慢慢驯化，逐渐演变成栽培稻。这个过程是在长江流域实现的，不是在华南，更不是在东南亚和印度实现的。

我的这个理论一出来，美国的几个考古学家很感兴趣。有个考古学家叫马尼士，在墨西哥做过 40 年玉米的考古，在西亚也做过小麦、大麦的考古，就没做过水稻，所以他就一定要找着我。后来我们合作在江西的仙人洞和吊桶环遗址做了两年考古。非常遗憾我们没有发现稻子，但是发现了很多稻子的植硅体，大体上也能说明那里比较早就开始有驯化的过程。正在这个时候，湖南道县玉蟾岩发现了两粒稻子，这个稻子又像野生稻又像栽培稻，我们也正需要这玩意儿。后来美国哈佛大学有个学者叫作巴尔·约瑟夫又找到我，跟我合作在道县玉蟾岩发掘了两个季度，非常遗憾，我们挖的那个地方倒是出了一些稻子，就是有点扰动，考古一有扰动，就不能作为实证了。但是我们做了很多其他的研究，比如植硅石之类的研究证明一万多年以前确确实实已经开始驯化野生稻，但是正式变成栽培稻，变成另外一个种，比较晚，得出现水稻田。现在，中国也好，世界也好，最早的水稻田是在长江流域发现的，这不就是考古实际证据嘛。

我给你们说个笑话。稻谷里面有两种稻子，我们中国汉代就有这两个词儿，一个叫粳，一个叫籼，就是粳稻和籼稻——稻谷的两个亚种。日本只有粳稻，就是圆粒大米；而泰国、东南亚只有籼稻，就是长粒大米。我们中国这两种都有。虽然在汉代这两个词儿就出现了，但是农学家不知道啊。因为日本都是种的粳稻，农学家就把这种稻子叫作日本稻；那种比较长的就叫作印度稻，农学家认为这种稻子是从印度起源的。随着考古工作的开展，日本的很多学者也都觉得不管是粳稻还是籼稻，都是从中国过去。那么是怎么从中国过去的呢？就得找通路。他们认为是从长江口过去的，中国在浙江河姆渡发现了比较早的稻子，河姆渡离长江口不远，便是从那儿过去的。

但我说那怎么过得去呀？因为传播发生在公元前好几千年，公元前四五千年也就是距今六七千年。那个时候能够在海上航行的人，只能是渔民，不可能是农人。那渔民会带稻谷吗？即使他也吃一点稻米，那也是带大米呀，不可能是带稻谷，对吧？而且他怎么到日本呢，他怎么知道那边有个日本呢？他不知道的。也就是说是很偶然的机会，有个什么狂风之类的把他吹过去的。当然不能排除这种可能，但就算真的吹过去了，这人也是九死一生了，九死一生的人上岸，日本人不认为那是一个怪物吗？不把他宰了才怪呢。他会教日本人种稻谷吗？种稻谷不是说我拿了东西给你，你就会种了，那是一个文化发展的过程。你要知道什么时候种，什么时候收，收割以后的稻谷也不能直接吃，还得把它加工成大米。

这个过程怎么教会日本人呢？不可能的。我给你们打个比方，我们云南有一个苦聪人，住在山野里面，没有房子，当然也不种植任何东西，靠采集野果子为生。1949 年以后，我们觉得苦聪人这些兄弟太苦了，就把他们找回来，给他们盖房子，也给他们送大米吃，教他们怎么做饭，教他们怎么种田、种水稻。可他们觉得这样苦死了，搞了一段时间就跑了，跑了以后又把他们找回来，如此六次才基本上定下来。那被暴风吹到日本的几个渔民，既没有共产党干部的那种干劲，那种民族政策，也没有那么高的文化，他都九死一生了，怎么可能会教日本人搞这种东西，不可能的。

我们那时候很有意思，我们好几个人一块儿对话。樋口隆康先生也算我的老朋友，比我年纪还大，他就认为水稻是从长江口传播过去的，结果其他人都站在我这边来攻击他，那时候正好要打伊拉克的萨达姆·侯赛因，他说我又不是萨达姆·侯赛因，你们为什么老攻击我。所以，水稻的传播行为，只能是从长江到胶东，从胶东到辽东，从辽东到朝鲜半岛，再从朝鲜半岛到日本，这是一个接力的过程。这里面有很多说法，我今天不展开了。这是有很多事实证明的，年代顺序也合适，所以现在大家基本上都认可我这个说法。

学生：严先生您好，谢谢您做的这个报告，使我受益匪浅。有一个问题，我是外行的，想问一下您，考古地层学都关注哪些方面？

严先生：考古学所谓的地层，就比如说，有一个房屋倒了，它就会形成很多垃圾，地下就成层了，你要是把它切开，它上面的一层就是房屋的垃圾，下面的就是原来的地层，不就是两层吗？或者我们平时倒垃圾，老在一个地方倒垃圾，那垃圾慢慢就形成一个层，各种各样的情况都可以形成地层。你说的这个问题很有意思，有很多初做考古的人不懂地层形成的过程，以为在一个遗址里面，一个时期就是一个地层，不可能的。一个时期可以形成很多地层，而地层往往都是局部的，不可能把一整个遗址都覆盖上，除非有一个人为的活动，要把这个地平一平，再垫垫土，那不是自然形成的地层。所以地层其实就是一块一块土叠上去的，这样势必有一些在下面，有一些在上面。下面的地层是早的，上面的会晚，晚的时候不可能把东西堆到早的地层下面去，对不对啊？这个很好理解的。

有的人根据地层中偶然发现的一个东西，比如说，上面的地层出来根粉笔，而下面的出了个杯子，就认为这个杯子比这个粉笔早，但要我说那可不一定。我们要明白地层与它里面的遗物之间的关系，因为东西是制造的时候形成的，不是废弃的时候形成的。那么，再比如说，我家里有一个现在的瓷器，我家小孩不小心把它给打碎了，我把它扔了；后来，我买了一个明清时期的瓷器，小孩又不小心把它打碎了，我又把它扔了。那么很明显，明清的瓷器就扔在上面，反倒当代的瓷器在下面，你不能根据这么一个地层就说，当代的瓷器早于明清的瓷器，不是的。所以要分开。

那么考古学又是怎样根据地层来把这些器物的早晚分开的呢？这就有个概率的问题。就是说，不能老是现代打碎的都在下面，明清打碎的都在上面，这不可能的。所以，类型学的创始人，瑞典学者蒙特留斯认为，这样的过程应该重复三十次，才可以从偶然性变为必然性。我们根据多年考古工作的经验发现，不需要三十次，有那么几次就可以了。如果是一群器物，一两次就可以了；如果是单独一件器物，就得重复多次。这是一个概率的问题，不是说在下层的东西一定早，在上层的东西一定晚。

学生：严老师您好，我想请问一下考古学研究对于现代社会有什么意义？您刚才讲了考古学的危机，我感觉它主要就是和现在的社会建设有一定矛盾。如果我们能够发现它的矛盾并给予一些帮助，扩大这种社会影响，是不是可以缓解一下这种危机？谢谢。

严先生：这就是刚才讲的公众考古学的功能。到底我们古代这些东西有什么用？有的人会发问，你学历史有什么用，学考古有什么用，又不能吃，又不能穿。我说，人生活在世界上，并不只是为了吃和穿，当然没有吃、没有穿是不行的。你说我们发射卫星花多少钱哪，那能吃能穿吗？但它代表了我们科学技术的发展，而且它是资源卫星也好，国防卫星也好，确实是有用的。很多学科都不是为了能吃能穿的，但是能提高人的素质。一个人生活在世界上，他应该有个追求，应该成为一个有文化的人。我们现在不是有很多议论嘛，说中国人怎样怎样，你们可以打开微信看一看，这些事太多了，那些人都缺乏文化修养。而考古学作为一个学科，对你的科学素养，对你的传统文化素养都是有帮助的。比如说人从哪里来这个问题。上帝造人是不是也还有可能啊？中国古人说的盘古开天地有没有可能啊？了解了考古学，你就不会问这种问题了。

学生：严老师，我是一个考古爱好者，对于我来讲我非常关注您刚才说的一件事情。刚才您提到目前发现了很多遗迹，您说发现的遗迹是数以万计的，但发掘的只不过数以百计。我也能理解咱们现在可能是由于科学技术的限制，比如说秦始皇陵或者明十三陵这样的很多皇陵都没有被发掘。从考古爱好者的角度来讲，我个人是特别着急的，我特别想知道这些皇陵里到底有什么东西。我想您作为一个考古专家也特别想了解那里面有什么东西吧，目前有没有一个发掘规划，还是就一直这样等下去呢？我想请问您是怎么看这个问题的。

严先生：为什么我们不挖古代帝王陵墓啊？这是因为我们现在的技术，特别是保护的技术不过关。挖出来挺好，但是你怎么保护呢？不如留给子孙后代，当科学技术更加进步，保护条件更好的时候，人家有兴趣，再挖开。

但是一个非常偶然的机会，我们最近挖了一个帝王陵——隋炀帝陵。为了保护运河，我们在运河旁边的一些地方适当地做了点考古发掘，挖了个很小的墓，但谁也没想到这是个帝王陵。虽然很小，但是墓志说得清清楚楚，就是他。所以我说这是个大好事。什么大好事呢？我们历来都认为隋炀帝是个花花公子，花了国家多少钱去修了那么一条运河，就为了到江南去看琼花。历史不就是这么记载的吗？你现在看看秦始皇是个什么陵，再看看隋炀帝是个什么陵。秦始皇干了什么，秦始皇焚书坑儒；隋炀帝干了什么，隋炀帝建了一条运河。长城在当时是起了点作用，但也不都是秦始皇修的，早就有了，他把它们连到了一块而已。运河这么长，水只能从高处往低处流，它怎么修呢，当时用了很多科学技术。比如说，山东南旺那个地方，有好几层梯级的提水坝，把水提过去。而且运河现在还在用啊！世界上哪有第二条运河有这么长，有哪条运河从隋代（当然后来还有继续再修，隋代没有京杭运河，它是到洛阳）到现在还在用，还在发挥作用？运河起到的经济效益有多大，对民族交融、南北交融的作用有多大，世界上没有第二个。

我就觉得应该申请世界文化遗产，果然一下子就通过了。连长城都可以成为世界文化遗产，运河比长城价值高得多，为什么不能？反过来说呢，应该给隋炀帝翻案。

学生：严先生您好，非常荣幸今天能听到您的讲座。最近在石峁发现了城址，它的规模比南方的良渚城还大。那么我们怎样认识在这样一个地区存在这样一个城，在这样一个新石器时代存在这样一个阶段？我想请问您对此有什么看法？

严先生：石峁我们也都感到很惊讶。石峁城在陕西的北部，属神木县，这地方现在还比较荒凉。新石器时代的先民在山上修了一个三四百万平方米的城，有内城、有外城、有皇城。我虽然年纪比较大，但石峁城我还真上去看了一下，为此我还写了一首词。因为我知道，范仲淹曾经戍边就是在这个地方，那时叫麟州，有首词叫《渔家傲》："塞下秋来风景异，衡阳雁去无留意。四面边声连角起。千嶂里，长烟落日孤城闭。浊酒一杯家万里，燕然未勒归无计。羌管悠悠霜满地。人不寐，将军白发征夫泪。"我小时候就念过这首词，到了那里我一看，不就是石峁！在龙山晚期到相当于二里头的这段时间，也就是公元前2000年前后，在山上有这么大个城，出了很多的玉器。

后来我自己也填了一首词："石峁山城风景异，老夫迈步登石级，走进东门寻彩壁。残迹里，红黄白色皆鲜丽。巍巍皇城居重地，层层叠石围墙壁。礼玉琳琅璋与璧，惊未已，文明火炬边城起。"因为东门那儿有彩绘的墙壁，石头砌得非常好，而且画的彩画，有红的、黑的、绿的、黄的，好几种颜色，非常鲜艳。但可惜了，它不可能都留在墙壁上，很多都垮下来了，有的一块一块还是可以看得清楚。石峁城还有个皇城，也都是石头砌的，砌得非常非常好。

但是如果你光看这座城，你是看不明白的。后来我们将这城里发现的东西与周围的进行比较，比如说一些陶鬲，跟山西陶寺遗址的几乎一样。它作为一种文化，差不多能覆盖整个陕北，甚至还覆盖了二里头的一些地方。为什么我们认定它的年代可以晚到二里头呢？因为它的一些遗物和二里头几乎是一样的。它跟北面的游牧文化也有非常密切的关系，比如很多人头的雕像，跟游牧文化的差不多。所以在当时，这里很可能是游牧民族跟农业民族交会的地方，这种交会的地方，往往有冲突。游牧民族经不住冬天的大雪，冬天来一场大雪把他们的牲畜都冻死了，他们吃什么，怎么办？最便捷的办法就是去南边，找农业民族要东西。农业民族不给，他就抢，一抢，人家就要抵抗，所以我们中国历史上，整个长城沿线，都在不断地冲突。长城就是一个农牧交界区，但作为内地的统治者，也不能完全将它阻断，所以就留了几个关口，还是可以进行贸易的。或者实行和亲政策，不然没有什么办法管理啊。可是在那个年代，是没有这样有力的政权来做这件事情的。石峁这个地方，很可能就是当地先民想法子抵御这种冲突，或冲突起来了也有能力来管控的这么一个地方，不然不会在这个地方建城。我想就是这么回事儿。

[本文是根据 2015 年 3 月 18 日在首都师范大学所做讲座整理的文字稿，略有删节。原载《公众考古学》（第一辑），上海古籍出版社，2020 年。后收录在《耕耘记——流水年华》，文物出版社，2021 年]

伦福儒《考古学：理论、方法与实践》读后

（1）本书在引论中试图对考古学的学科定位提出自己独特的见解，即作为历史学的考古学、作为人类学的考古学和作为科学的考古学。三驾马车齐头并进，显然不太合适。应该说考古学主要是研究人类历史的，但是它和传统的历史学相比，在研究的时间、空间和内容三个维度上都有大幅度的扩展，因此是历史学发展的新阶段，而不宜纳入人类学或自然科学之中。不过由于考古学研究的资料主要是古代人类社会的实物遗存，要正确获取和研究这些实物遗存，必须有科学的方法和技术手段。而且随着科学技术的发展，在考古学中的应用会越来越广泛而深入，从而大大提高考古学的研究水平。但不能因此就说考古学也是一门自然科学。人类学主要是研究近现代的人类社会的学科，它的某些理论、方法和概念有与考古学相通的地方，在考古学研究中也可以适当地引用，但不能说考古学就是人类学。

（2）由于有以上缺陷，所以在许多问题的研究上缺乏历史性的把握。例如关于农业起源、社会演进等方面的叙述就是这样。

（3）本书最大的优点是用了大量篇幅介绍科学技术在考古学研究中的应用，有许多生动的例子。在第二次世界大战后，特别是在 20 世纪 60 年代以后，科学技术在考古学中的广泛应用，确实在尽量少挖的情况下而获得了尽可能多的信息，使人们大开眼界，尤其是环境考古十分精彩。中国学者也做了不少努力，相比之下还是做得很不够，许多考古人员也缺乏这方面的素养，今后必须大力加强。

（原载《丹霞集——考古学拾零》，文物出版社，2019 年）

考古学导论

第一章　什么是考古学

一　考古学的语源和定义

"考古"一词，在我国始于北宋吕大临编著的《考古图》（成书于 1092 年），当时还有以"博古""集古"为名的书籍，如王黼主编的《宣和博古图》，王俅的《啸堂集古录》和欧阳修的《集古录》等，都是属于古器物学一类的著作。赵明诚和李清照夫妇编著的《金石录》一书，主要收录有铭文的铜器和石刻，也属于同一类。这种古器物学虽然盛极一时，却没有产生一个统一的名称，到清代才有人统称之为金石学。西方的"考古学"一词大约始见于 18 世纪，1770 年在英国伦敦开始出版"*Archaeology*"杂志，这个杂志的名称是从公元前四世纪古希腊哲学家柏拉图在"希庇阿斯"的对话中使用的术语借用过来的，原来的意思是指研究古代的学问。在此之前，大约从文艺复兴时期起，欧洲有不少人对古希腊、罗马的美术品大感兴趣，并且有系统地进行收藏和研究，以后又逐渐扩大到其他领域，以至于形成一种学问，称为古物学或古器物学（Antiquarianism）。从 17 世纪到 19 世纪中叶，古器物学和考古学常常交替使用。丹麦国家博物馆馆长汤姆逊 1836 年发表的参观指南，虽然被视为近代考古学奠基之作，书名却是《北欧古物导论》而不是考古学导论。直到 19 世纪中叶以后，以田野调查和发掘为基础的考古学才正式成立。我国到 20 世纪初年才正式使用考古学一词。梁启超、王国维都提到过考古学，刘师培写的一篇文章的名称就是《论考古学莫备于金石》[1]。

考古学名称的变化，反映了人们对考古学认识的变化。究竟什么是考古学？

---

〔1〕　载于《国粹学报》第 3 年第 35 期，1907 年。

人们所下的定义不下十几种，总的趋势越来越精确和深化，有时也反映了不同学派的观点。举几个例子。

日本近代考古学的奠基人滨田耕作曾经从师于英国考古大家皮特利，他给考古学下的定义是："考古学者，研究过去人类的物质的遗物之学也（Archaeology is the science of the treatment of the material remains of the human past. ）。"[1]这有些像古器物学的定义。

苏联莫斯科大学的历史学家阿尔茨霍夫斯基说："考古学是历史科学的一个部门。"它"是根据实物史料来研究人类历史的过去的科学。"[2]这个说法代表了苏联考古学界的共同观点[3]。

我国著名的考古学家夏鼐说："考古学是根据古代人类活动遗留下来的实物来研究人类古代情况的一门科学。"[4]这里说研究古代情况，大概是觉得考古学研究的内容不限于人类历史吧。可是他和王仲殊为《中国大百科全书·考古学》卷所写的《考古学》总词条中却说："考古学是根据古代人类通过各种活动遗留下来的实物以研究人类古代社会历史的一门科学。"[5]这里把古代情况改成了古代社会历史，目的性更加明确了。

作为一门科学，不仅有它所依据的资料和研究的目的，还应该有它的理论和方法。考虑到这一点，似乎可以把考古学的定义作如下表述："考古学是研究如何寻找和获取古代人类社会的实物遗存，以及如何依据这些遗存来研究人类社会历史的一门学科"。前半句话强调了田野考古学，它是近代考古赖以确立的基础；后半句话强调了研究的目的和主要内容，从而明确了考古学的性质。两个如何则强调了考古学理论和方法论的重要性，而这是过去所有定义中被忽视了的。

二　考古学的性质与特点

关于考古学的性质与特点，在考古学的定义中实际上已经说明白了。其中的要点有三。

〔1〕　〔日〕滨田耕作著，俞剑华译：《考古学通论》，商务印书馆，1931 年，6 页。

〔2〕　〔苏联〕A. B. 阿尔茨霍夫斯基著，楼宇栋等译：《考古学通论》，科学出版社，1956 年，1 页。

〔3〕　〔苏联〕A. Л. 蒙盖特著，中国科学院考古研究所资料室译：《苏联考古学》，1963 年，4 页。

〔4〕　夏鼐：《什么是考古学》，《考古》1984 年第 10 期。

〔5〕　夏鼐主编：《中国大百科全书·考古学》，中国大百科全书出版社，1986 年，2 页。

第一，考古学研究的对象就是古代社会，包括古代社会的历史、文化和人类本身。因此考古学在本质上是一门历史科学。

第二，考古学研究的资料主要是古代社会遗留下来的实物遗存，其中绝大部分已经淹没于地下，需要有特殊的方法和技术来发现、获取、分析与研究，才能尽可能多地提取正确的历史与文化信息。而这些方法和技术基本上是属于自然科学的。

第三，基于以上两个特点，考古学需要建构自己的理论与方法论，同时要有历史学一般理论的指导。在某些方面还可以借用人类学和其他相关学科的理论与方法。

考古学既是借助于古代社会的实物遗存来研究历史，就跟传统的以文献为基础的历史学很不相同。这主要表现在以下三个方面。

首先，人类的历史有两三百万年，发明文字的历史只有几千年，而有文献记载留下来的历史最多不过两千多年。因此，传统的历史学只能研究两千多年的历史，再早一些就只有传说，早过几千年连传说都没有，只有逻辑的推测或驰骋幻想的神话。考古学不靠传说和想象，全靠科学的证据，可以把人类和人类社会的历史一直追溯到两三百万年以前的起源时期，把人类社会的历史扩展了好几百倍。即使到发明文字以后，最早的文献也会因为难以流传而全部或大部分亡佚，只有通过田野考古才能重新发现。正是由于考古发掘获得的大量实物资料与文字资料，才建立了古代埃及史、古代两河流域史和古代印度史。中国商周时代的历史虽然有一些文献资料，但是远远不够；考古发现的大量甲骨文、金文、简帛文字以及大量的实物资料，已经有可能重建一部内容大大充实的商周历史。

其次，传统的历史学主要是文化比较发达并且有自己文字记载的民族的历史，世界上大部分民族没有自己的文字，在十五六世纪的所谓地理大发现以前，许多民族甚至不为有文字的民族所知，他们的历史自然不会反映在历史文献之中。考古学则不会受到这样的局限。例如殖民主义者进入以前的美洲的历史、大洋洲的历史、非洲中南部的历史都是由考古学逐渐探明的。中国大多数少数民族的历史虽然在统治民族的文献中有所反映，但是因为受到各种条件的局限而难以得到正确而全面的反映。这样也就需要考古学来进行复原历史的工作。人们往往过分强调哥伦布 1492 年发现美洲的历史意义，说是揭开了地理大发现的序幕。其实是揭开了欧洲人向世界各地殖民的序幕。因为那些被"发现"的地方早就有人类居住。从技术上说，发现美洲的难度比发现太平洋上那些小岛的难度要小得多。而考古发现美拉尼西亚的拉皮塔文化已经有约 4000 年的历史，即使那远离大陆和其他岛屿数千千米的复活节岛，在哥伦布发现美洲之前也早就有人登上该岛，并且创造了以巨石雕像为代表的伟大文化。这也是由考古学所逐渐揭示出来的。

第三，文献记载往往着重于上层社会的历史，诸如宫廷史、政治史、军事史、文化史和人物传记等方面。优点是有具体的时间、地点、人物和情节，有些事情还有当时人的判断不足之处是比较缺乏下层民众生活的记述，对于生产和经济活动的记述比较少而且不大具体。而考古学研究则不分阶层一例看待，发现的遗物有实感，对于建立比较完全的历史具有重要作用。再者考古学研究的实物遗存是可以测试的，考古信息的精确度也是可以随着科学技术的发展而不断提高的。因此考古学对于建立科学化的历史也是至关重要的。

三　考古学科的结构与分支学科

考古学的结构大体上可以分成三个部分：一是资料获取方法的研究，二是依据这些资料进行的历史、文化研究，三是考古学理论的研究。在这些研究的基础上形成了众多的分支学科和交叉学科。

近代考古学是以田野考古调查和发掘为基础的，随着科学技术的发展又发展了多种考古技术和边缘学科。在这个领域有田野考古学、实验室考古学、航空考古、水下考古、环境考古等分支学科。

关于历史文化研究方面，又可以按时代划分，或者按照地域、国别或民族划分，或者按照研究专题来划分。

按照时代划分，一般有两种方法：一种是按照工具和武器等的质地和制造方法划分为旧石器时代考古学（包括中石器时代考古）、新石器时代考古学（包括铜石并用时代考古）、青铜时代考古学、早期铁器时代考古学等；一种是按照与文献记载的关系划分为史前考古学、原史考古学和历史考古学等。也有按照社会形态来划分的。中国考古学一般是既考虑到考古学科的特点，又考虑有文献记载的历史较长的特点，往往划分为旧石器时代考古、新石器时代考古、夏商周考古、汉唐考古和宋元考古。各地的情况不同，具体划分的方法也不尽相同。

按照地域划分，可以有欧洲考古、西亚考古、中亚考古、东南亚考古、美洲考古等；按照国别划分，可以有中国考古学、埃及考古学、印度考古学和日本考古学等；按照民族划分可以有斯基泰考古、印第安考古等。这也是根据实际情况来灵活掌握的。

按照研究专题划分，大致有古人类学、民族考古学、古文字学、陶瓷考古、美术考古、宗教考古、玉器研究、青铜器研究、石窟寺考古等等，随着学科的发展，一些新的研究领域不断出现，从而又产生许多新的分支学科。

四　考古学与其他学科的关系

考古学的性质决定了它与许多学科发生密切的关系。考古学研究的目标与大部分内容属于人文科学或社会科学，但其研究的方法和手段多属于自然科学和技术科学，体现了多种学科体系的交叉与横向联系。马克思在预测科学的未来发展时说："就像人文科学将包含自然科学一样，自然科学最终将包含人文科学：那将是一个统一的科学。"[1]近年来，在科学方法论上系统论得到了广泛的发展，它本身也是一个统一的科学。考古学也用得着系统论，例如美国的所谓新考古学就常常用系统论的方法进行研究。

本章参考书目：

1.〔英〕保罗·巴恩著，覃方明译：《当代学术入门：考古学》，辽宁教育出版社、牛津大学出版社，1998年。

2. 夏鼐：《中国大百科全书·考古学》卷首条目，《考古学》，中国大百科全书出版社，1986年。

3. Colin Renfrew，Paul Bahn，1991. *Archaeology*：*Theories*，*Methods and Practice*. Thames and Hadson Ltd. New York.

4. B. G. Trigger，1995. *Archaeology as Historical Science.* Varanasi，India.

第二章　考古学是怎样发展起来的

一　考古学的萌芽

人们很早就对古代遗留下来的古物感兴趣，往往进行有意的收藏与研究。中国最早对古物有研究的当推伟大的思想家和教育家孔子（公元前551～前479年）。他自称"信而好古""好古敏求"。《国语·鲁语》中有很长一段文字记述根据孔子提供的线索，在陈国府库中找到西周初年北方少数民族肃慎贡献给武王的楛矢石砮。

人们在论述考古学中划分三个时代的思想的萌芽时，往往提到古罗马诗人卢克莱修（Lucretius，约为公元前98～前55年）。在他所著六卷本的《物性诗》中

---

〔1〕〔德〕马克思：《1884年经济学哲学手稿》，人民出版社，2000年。

写道：

> "人类最先使用的工具是
>
> 有力的双手、指甲、牙齿、石头、树枝和火焰
>
> ……
>
> 之后又发现铜和含铁矿层
>
> 铜是在铁之前为人们所用"

卢氏仅仅排比了石头、铜器和铁器使用的先后，并没有指明具体的年代，而且最初使用的工具不是石器，而是与指甲、牙齿和树枝等一块儿使用的石头。相比之下，据考证从战国即开始编写，而于东汉时人袁康编就的《越绝书·外卷·记宝剑第十三》中，谈到春秋时人风胡子对楚昭王（公元前515～前489年在位）说的一段话，不但年代更早，而且清晰和准确得多。他说：

> "轩辕、神农、赫胥之时以石为兵，断树木为宫室，死而龙藏，夫神主使然。至黄帝之时以玉为兵，以伐树木为宫室，凿地。夫玉亦神物也，又遇圣主使然，死而龙藏。禹穴之时以铜为兵，以凿伊阙通龙门，决江导河，东注于东海，天下通平，治为宫室，岂非圣主之力哉。当此之时作铁兵，威服三军，天下闻之莫敢不服，此亦铁兵之神。"

特别值得注意的是，这一段话中的"兵"不仅是指宝剑等能够威服三军的兵器，还包括能够伐树木为宫室、凿地、凿伊阙通龙门和决江导河的斧斤锄铲等生产工具。根据制造工具和武器的材料的演进来划分时代，正是汤姆森划分考古学时代的方法。可是风胡子比汤姆森早了两千多年！再者风胡子的对话中比汤姆森的分期多出了一个以玉为兵的时代，有些学者据此提出中国应该有一个玉器时代。多数学者认为，三时期说至少在欧亚大陆各国的考古学界是通用的，如果在中间插入一个玉器时代，在中国勉强可以，在别的国家就行不通。况且在中国玉器最初流行的时代大致相当于考古学上的铜石并用时代，显然用在考古学界比较通行的铜石并用时代比玉器时代要好一些。此话另当别论。令人惊奇的是风胡子所说石兵、玉兵、铜兵和铁兵的具体时代同现代考古发现的结果几乎完全一致。最早的石器时代就不用说了。玉器在新石器时代中晚期虽然已经出现，但是开始流行却要到铜石并用时代。人们估计这个时代同黄帝开始的五帝时代大致相当。夏商周是青铜时代，夏禹当然就是青铜时代的开始。铁器的使用除了个别的可早到西周晚期外，就是从风胡子所在的春秋时代开始的。

以上两例说明，早在春秋时代就有一些学者对古代的事情很感兴趣，而且有丰富的知识。从那以后，历代发现古物和对古物古迹进行调查研究者累有记述，到宋代更发展为一门研究古器物的学问。

二　近代考古学的发生

三　战后考古学的发展

本章参考书目：

1. 王世民：《中国考古学简史》，《中国大百科全书·考古学》，中国大百科全书出版社，1986 年，689～695 页。

2. 陈星灿：《中国史前考古学史研究（1895～1949）》，生活·读书·新知三联书店，1997 年。

3. 杨建华：《外国考古学史》，吉林大学出版社，1995 年。

4. 〔英〕格林·丹尼尔著，黄其煦译：《考古学一百五十年》，文物出版社，1987 年。

5. 〔英〕保罗. G. 巴恩主编，郭小凌等译：《剑桥插图考古史》，山东画报出版社，2000 年。

6. Bruce G. Trigger，1989. *A History of Archaeological Thought*. Cambridge Univ. Press.

第三章　考古学研究的资料

一　考古资料的范围

考古学研究的资料，概括起来说就是历史上经过人工活动遗留下来的实物遗存。这其中包括：1）许多人工制品，诸如生产工具、生活用具、武器、装饰品、艺术品和宗教用品等；2）人工建造的遗迹，诸如……

二　考古资料的分类

三　考古资料的形成

四　考古资料的特性

五　考古资料的保护与研究

本章参考书目：

1. 尤玉柱：《史前考古埋藏学概论》，文物出版社，1989 年。

2. 同第一章参考书目 3 第一编第二章。

3. 《中国大百科全书·考古学》中遗迹和遗物类各条目。

4. 《中华人民共和国文物保护法》，1982 年 11 月 19 日公布。

第四章 考古学的田野考察方法

一 田野考古调查
二 航空考古与水下考古
三 田野考古发掘
四 田野考察中的地层学研究

本章参考书目：

1. 中国社会科学院考古研究所：《考古工作手册》，文物出版社，1982 年。

2. 严文明：《考古遗址的发掘方法》，《考古学研究（二）》，北京大学出版社，1994 年。

3. 吴理：《考古发掘方法论》，商务印书馆，1934 年。

4. W. Flinders Petrie，1905. *Methods and Aims in Archaeology*. London.

5. M. Wheeler，1961. *Archaeology from the Earth*，Middlesex：Penguin Books Ltd.

6. P. Barker，*Techniques of Archaeological Excavation*，3rd ed. London，Batsford.

7. E. C. Harris，*Principles of Archaeological Stratigraphy*，2nd ed. London，Academic Press.

8. O. G. S. Crawford，1953. *Archaeology in the Field*. London.

9. 日本文化厅文物保护部：《地下文物发掘调查手册》，文物出版社，1989 年。

第五章 考古学的室内研究方法

一 室内整理研究的重要意义
二 资料整理的内容和步骤
三 标型学研究的基本方法
四 标本的测试与分析
五 考古报告的编写与资料归档

第六章 考古资料整理中的类型学研究

本章参考书目：

1. 〔瑞典〕Oscar Montelius 著，滕固译：《先史考古学方法论》，商务印书馆，1935 年。

2. 严文明：《考古资料整理中的标型学研究》，《考古与文物》1985 年第 4 期。

3. 俞伟超：《关于考古类型学问题》，《考古类型学的理论与实践》，文物出版社，1989 年。

第七章　考古学时代的划分与年代学研究

一　考古学时代的划分

考古学时代的划分，通常是根据制造工具和武器的材料演进的阶段性来确定的。一般划分为旧石器时代、新石器时代、青铜时代和铁器时代，在旧石器时代和新石器时代之间有一个过渡性质的中石器时代，在新石器时代和青铜时代之间也有一个过渡性质的铜石并用时代。

早在 1816 年，开始担任丹麦国立博物馆馆长的汤姆森（C. J. Tomson，1788～1865 年）就将博物馆的藏品分为石器、铜器和铁器三大类，1819 年更进一步建立石器时代陈列室、青铜时代陈列室和铁器时代陈列室。1836 年出版博物馆参观指南《北欧古物导论》，正式提出了石器时代、青铜时代和铁器时代的所谓三期说，一直沿用至今。

1865 年，英国学者卢波克（J. Lubbok，1834～1913 年）提出应该将石器时代再划分为旧石器时代和新石器时代，而汤姆森所说的石器时代实际上只相当于新石器时代。他在《史前时代》一书中写道：

"对我们祖先传下来的遗物加以注意和深刻研究的结果，可以将史前时代考古学划分为四个大的时代：

1. 砾石层时代：在猛犸象、洞熊、披毛犀等动物绝灭之际，正是人类在欧洲居住的时代，我称这一时代为旧石器时代（Palaeolithic）。

2. 比较新的磨光石器的时代：这一时代以用燧石或其他岩石制造的精美的武器和工具为特征。然而，如果说人们有时用黄金做装饰品，其实他们对于金属的知识还是一无所有。这一时代我提议称为新石器时代（Neolithic）。

3. 青铜时代：已知用青铜制造各种利器。

4. 铁器时代：武器、斧头和刀等由青铜改而由铁制造，锋刃以外的附属部位如剑或其他武器的把手等仍然使用青铜。"

中石器时代（Mesolithic）的文化首先是由法国考古学家皮埃特（E. Piette，1827～1906 年）发现的。他于 1887 年于阿齐尔洞穴（Mas Azil）发现在旧石器时代的马格德冷文化层与新石器时代文化层之间有一个未知的文化层，1895 年他发表资料时称之为阿齐尔文化，认为它具有从旧石器时代向新石器时代过渡的性质。

同类遗存后来陆续又有发现。1892 年英国学者布朗就曾经将此类遗存称为中石器时代文化，但没有多少人响应。直到一次大战后才逐渐被普遍接受。

铜石并用时代（Aneolithic）是意大利学者 G. 基耶里克于 1877 年首先提出来的，认为是从新石器时代向青铜时代过渡的一个时期。这时期有时又称为红铜时代（Chalcolithic），因为那时的铜器多用天然的红铜制造而不知道合金的技术。我国有时翻译为金石并用时代，因为我国古代称铜为金。

上述时代划分主要适用于欧亚大陆，非洲中南部习惯上把整个石器时代划分为早、中、晚三期，而美洲和大洋洲则完全不用这样的分期。在欧洲，从旧石器时代到早期铁器时代都属于史前考古学的范畴，之后是历史考古学，也有在二者之间插入一个原史考古学的。在一些古代文明发达的地区，例如西亚、北非、南亚和东亚的中国，史前考古只限于青铜时代以前。

二　相对年代与绝对年代

考古学研究的实物资料只有放在明确的时间和空间维度里才可能正确地阐明其意义。由于任何遗址的空间位置是确定的，所以考察任何遗存的年代便成为考古学研究的重要课题。不仅如此，由于考古学的根本任务是研究人类社会历史的，而历史本身就是一个过程，没有年代就无法说明事物的来龙去脉和相互关系，无法说明历史演变的规律和具体途径。所以年代学的研究对于考古学来说是具有头等重要意义的。

考古学的年代表示法通常有相对年代和绝对年代两种。相对年代是指某一遗存相对于其他遗存的早晚关系。地层关系是确定相对年代的最直接的依据，但只有在同一遗址上才能发生地层叠压或打破关系。要把这种关系引申为不同遗址或不同文化的年代对比，还必须进行类型学研究，即对遗迹、遗物或花纹的形态变化规律进行研究。把地层学研究和类型学研究结合起来。早在 20 世纪 30 年代，梁思永根据河南安阳后冈发现的三叠层，确立了小屯文化（殷文化）晚于龙山文化，龙山文化又晚于仰韶文化的相对年代序列[1]。50 年代苏秉琦根据西安开瑞庄（即客省庄）三个遗迹相互打破的地层关系，以及三个遗迹中出土的遗物同西安地区其他遗址的对比研究，确立了周文化晚于客省庄二期文化（即文化二），客省庄二期文化又晚于仰韶文化的相对年代序列[2]。两者都是我国考古年代学研

〔1〕　梁思永：《小屯龙山与仰韶》，《梁思永考古论文集》，科学出版社，1959 年。

〔2〕　苏秉琦：《西安附近古文化遗存的类型和分布》，《苏秉琦考古学论述选集》，文物出版社，1984 年。

究中的奠基性的工作，其结果至今仍然是有效的。在全国发现众多地层关系和大量遗物的情况下，考古学家运用这种方法，逐步确立了绝大多数新石器文化的相对年代，有些早先建立的相对年代也一再受到检验，从而使我们得以对全国新石器文化的发展序列有一个基本的认识。关于夏、商、周考古的分期以及全国各青铜文化的分期，也是采用这种方法。实践证明，用这种方法进行文化分期和谱系研究是非常有效的。

这种方法也有其难以克服的局限性。第一，它只能应用于同一文化或相近文化的分布范围以内，如果两个文化相距较远，文化面貌又十分不同，就无法进行类型学的对比，因而也就无法确定其相对年代。第二，它所表示的年代只是相对早晚关系，不能说明相隔多长的时间。可以相差很多年，也可以只隔很短的时间。过去英国的皮特里（F. Petrie）在研究埃及考古时，曾经试图弥补这一缺陷而设计过一种序数年代或假数年代。他假设古代埃及的年代为一百，中间分为若干期，每期根据其物质文化变化的程度各给予一定的年代假数，使人多少有点时间长短的概念。他依据陶器和石制容器的变化分出从 30 到 80 年的间隔，30～45 年为黑陶和红陶时期，45～50 年为灰黄陶和红陶时期，50～80 年为红铜时期。前后各留下一段空白以便日后有新的发现可以填补上去[1]。但是物质文化有时变化得快，有时变化得慢。用变化的大小程度来量度时间的长短本身就是有问题的，何况它同真实年代仍然没有联系，所以后来没有人采用他的办法。克服这一缺陷的方法只能是绝对年代的研究。

所谓绝对年代是指以太阳年为计算单位的年代。有些可以很精确，如一些有纪年的碑刻和墓志等；有些则难以十分准确，所以就用大约或左右等词语。比如说蓝田人距今 115 万年左右，北京人距今 70 万～24 万年左右，仰韶文化大约在公元前 5000 年至前 3000 年左右等等，都是一种绝对年代的表示方法。放射性碳素测年往往在给一个中心值后再加一个正负若干年，或者用一个年代区间来表示，虽然不是很精确，总还可以给人以比较明确的时间概念。可见绝对年代并不是意味着绝对准确的年代，反而相对年代倒是具有绝对的意义，早就是早，晚就是晚，不是大约或左右。因此在考古年代学研究中，总是尽可能把相对年代和绝对年代的研究结合起来。

三　传统的绝对年代学研究

以往绝对年代的研究主要依靠文字记录。有的遗物上有明确的纪年，例如墓

---

〔1〕　W. Flinders Petrie, 1905. *Methods and Aims in Archaeology*, London.

志、碑刻、某些铜器铭文等。有的虽然没有明确的纪年，但是可以通过所记人物或事件来间接推导，例如西周铜器铭文的编年有些就是用这种方法推导出来的。还可以根据文献中有关日食、月食或其他天象的记载来推导发生的时间，这要求文字记载明确和准确。过去这类研究的问题常常出现在文献记载不够明确和准确，或者文献本身的可靠性成问题。例如用《尧典》中四仲中星的记述推导帝尧在位的年代，就因为《尧典》形成的年代较晚，所说四仲中星的位置是不是帝尧时期的真实情况无法确定，由此推导出来的结论自然难以置信。至于用所谓仲康日食来推导夏纪年的作法更是不足凭信。

　　毕竟有文字记载的时间是很短的，对于史前时期的年代则需要想出别的办法。地质学家首先想到了冰川季候泥的用处。

四　战后绝对年代测定技术的进展

　　自从美国物理学家利比于 1949 年创立碳 – 14 断代方法以来[1]，绝对年代的研究已有很大的进展，陆续又发展了许多新的断代方法，碳 – 14 方法本身也有了许多改进，测定的精确度越来越高，可测年代的幅度也越来越大，已成为考古年代学研究不可或缺的重要手段。

　　碳 – 14 是碳的放射性同位素之一，半衰期大约为 5730 ±40 年，在空气中一般以二氧化碳的形式存在，其含量约占碳的总量的十万亿分之一。如果碳 – 14 只是放射而不断衰减，它在碳的总量中的比值就会逐渐降低。但是因为高空宇宙射线产生的中子流不断撞击游离的氮，使它转变为具有放射性的碳 – 14。这样一减一增，便能大体上取得平衡。地球上的生物因为要呼吸和吸取碳水化合物的养料，不断与空气中的碳进行交换，故其碳 – 14 的比量与空气中的比量基本保持一致。一旦生物死亡，与空气的交换即行终止，而体内碳 – 14 的衰变仍然不停，并以其固定半衰期的速度逐年递减。如果采集到古代的有机标本如木块、木炭、果核、骨骼或贝壳之类，并测量其中所含碳 – 14 的比量，就可以反过来推算出标本死亡的年代。借助于被测标本所在的地层单位，又可通过共存关系推知有关考古遗存和所属文化的绝对年代。

　　碳 – 14 断代方法产生之后，通过对一些已知年代的标本的测量，发现同真实年代不尽一致，其偏差似有一定的规律性。后来发现，太阳上的黑子活动，宇宙间超新星的爆发和地球磁场的变化，都会影响大气中碳 – 14 的比量，从而直接影响到年代换算的准确性。补救的方法就是用有真实年代记录的标本进行校正，而

---

〔1〕　W. F. Libby, 1952. *Radiocarbon Dating*, Chcago Uni. Press.

考古学导论 45

应用最广的是用树木年轮年代校正。人们制定了各种各样的校正曲线、校正公式和校正表。目前国内流行用 1972 年公布的达曼校正表，它有一个中心值，符合一般人的心理习惯，但从准确性来说并不能认为是最理想的表现方式。1982 年公布了根据国际碳－14 年代校正专题会议决议而建立的新校正表[1]。该表采用了可置信的年代区间表示法，它同 1973 年公布的拉尔夫校正表比较接近。

碳－14 年代除了需要校正上述误差外，还要考虑因同位素分离效应引起的误差，测试时间及温度不同引起的误差，设备精确度不同引起的误差，以及因计算衰变规律而引入的统计误差等。由于这些误差难以消除，使得碳－14 年代很难达到十分精确的程度[2]。

在有些场合，碳－14 年代的误差是由于考古工作方面的原因造成的。如果采集标本的方法不当或不够小心而受到了现代碳元素的污染，年代就会偏近；如果在石灰岩地区或火山多发地区，容易受到古代"死碳"的干扰，年代就会偏老；如果标本是长生命物资如木头、木炭之类，靠近树心的年代就比靠近表层的年代要早；有些树木早经砍伐，过了很久才被利用，它所代表的年代自然比所属遗迹为老。还有一点也是十分重要的，就是在文化层中，下层的标本可能被扰动而混入上层。如果是特征明确的遗物，可以通过类型学排比予以纠正；但如果是木炭、骨骼、贝壳之类的东西，就只好作为上层标本处理，而它们的实际年代则至少要早到下层形成的时期。鉴于有这些情况，除了在采集标本时必须尽量防止现代污染外，在引用已经测过的碳－14 年代时，不能不逐个地加以分析，以便把干扰缩小到最低限度。

为了拓展碳－14 测年的方法，近年来又发展出用加速器质谱计数的方法，简称为 AMS 法（Accelerator mass spectrometry）[3]。而原有碳－14 测量的方法则被称为常规碳－14 断代法。两种方法都是测量标本中碳－14 的比量以推算其年代的。两者的不同在于常规法是用探测器记录一定量的样品在一定时间内碳－14 原子衰变的数目，可称为衰变计数法；而加速器质谱法是将加速器同质谱仪联合起来并加以改进，成为超高灵敏度的质谱仪，可以直接测量样品中所含碳－14 原子的数目，可称为原子计算法。因为碳－14 的半衰期为 5730 ±40 年，假如样品中有

[1] J. Klein, J. C. Lerman, P. E. Damon, et al., 1982. Calibration of radiocarbon-dates-table based on the consensus data of the workshop on calibrating the radiocarbon time sale. *Radiocarbon*, 24 (2), pp. 103 – 150.

[2] 仇士华：《中国^{14}C 年代学研究》，科学出版社，1990 年。

[3] 仇士华：《碳十四断代的加速器质谱计数方法》，《考古》1987 年第 6 期。

一万一千多个碳－14 原子，用常规法在一年中才能记录到一个原子的衰变。这就要求测量的样品量较大，测量的仪器要特别精密，否则就会出现较大误差，乃至根本无法测量。而原子计数法是直接计算碳－14 的原子数。距今 4 万年的 1 克碳样品中有碳－14 原子 4.7 亿个，在 1 小时中衰变的原子则只有 6.48 个。所以原子计数法所需要的标本量很少，一般有千分之一克就可以了，而测量的年代则可以扩展到 7.5 万年以至 10 万年的范围以内。

这一方法的优越性首先在于它大大拓展了可测标本的范围。在考古发掘中常常难以采集到常规碳－14 方法所需的标本量，即使采到了足够的样品，在许多情况下难以判断是处在原生地层还是下层扰上来的。这使常规方法的应用受到很大的局限。而加速器法所需样品极少，常常可以直接测量用常规方法无法测量的珍贵标本。例如早期的谷物标本是探讨农业起源的重要资料，为了防止晚期混入的可能性，直接测量谷物本身就可以了；为了断定某些关键性甲骨文的年代，只要取一点甲骨片的碎末就可以了。判断某些炊器的年代，刮一点外面的烟炱或里面的锅垢就足够了。由于测试的标本就是考古学研究的重要遗物，即使脱离开地层也无妨碍，这就可以使考古年代学建立在更加准确可靠的基础上。不过由于所需标本量极少，稍有污染就会产生很大的误差，所以从采样、制靶到测试都要严格按规定操作，不能有一点马虎。

加速器质谱的碳－14 断代法虽然有很大优点，但因设备昂贵，一般实验室难以配置。我国目前常规碳－14 实验室已有 50 多个，大部分用于地质年代测定，用于考古年代测量的也有好几家。而加速器法仅有北京大学重离子加速器实验室兼测一些考古与地质标本。随着科技事业的发展，测量精度的不断提高，今后的应用前景还是很广阔的。

测量新石器时代考古标本年代的另一较有效的手段是热释光断代法（Thermoluminescent dating）。它的基本原理是这样的：在泥土和许多造岩矿物中都含有微量放射性物质，它们放出的粒子撞击周围的原子，使其外围的电子跃迁到亚稳层。如果把标本加热到 400℃以上，那么处在亚稳层的每一个电子就会放出一个光子并回复到原来的位置。当陶窑或炉灶使用时，或者陶器在入窑烧成时，都会远远超过 400℃的温度。这时所有处在亚稳层的电子都会回复到原来的位置。以后烧土和陶器中的微量元素继续以一定的年率放射粒子，使相应的电子跃迁到亚稳层。若干年后，用人工方法加热标本，用光电倍增管计算所放出的光子数目，就可以换算出炉灶或陶器烧成的年代。

这个方法至少有三个优点。第一，可供测试的标本甚多，只要是曾被烧过的泥土或岩石，都可以作为测量的对象。而这在新石器时代是十分普遍的，不像碳－14法的标本那样难以采集。第二，热释光法所测的陶器本身就是类型学研究的主要对象，所测年代直接就是陶器的年代。不像碳－14法要求的有机碳标本那样可能与共存的遗迹、遗物的真实年代不一致，也不会受到大气中碳－14比量变化的干扰。第三，一般地讲，年代越古的标本，可能记录的热释光越多，计算的误差会越小。不像碳－14标本那样年代越古含量越少，测试越困难，计算的误差越大。由于这样，碳－14法测量年代的幅度不能不受到很大的限制，一般难以超过四万年；而热释光法所测年代可达数十万年甚至更长。热释光的这些优点既然都是碳－14法的缺点，所以人们乐于发展这种技术，以作为碳－14法的补充。自从1966年首次发表用于考古断代的结果以来，已经有许多地方进行了试验和应用。

热释光法同碳－14法一样，都是利用某些物质的放射特性来计算时间的，人们往往称之为核子钟。正如所有核子钟都存在着许多难以克服的困难一样，热释光法也有许多缺点和麻烦之处。首先是它本身存在着非线性和反常衰变，其次是样品周围土壤的含水量和氡气的逸失问题，都能影响所测年代的精确度，其误差比碳－14年代的误差要大许多。

除了以上几种方法外，测量新石器时代的年代还可以用考古地磁法、黑曜石水合法、氨基酸法和电子自旋共振法等[1]。考古地磁法是根据泥土中所含铁分子在加热时活跃起来，并按当时的地磁方向排列，冷却后即固定不变，而地磁本身的倾角、偏角和强度仍将不断地发生变化这一现象来制定的。如果根据已知年代的样品建立标准的随时间变化的实验曲线，那么反过来根据所测标本剩磁的参数，即可换算出最后一次被烧的年代。这个方法适用于陶窑、炉灶、被烧毁的房基土等标本的测量。由于实验曲线本身不可能十分精确，故换算出来的考古地磁的年代也有比较大的误差。

黑曜石水合层法测试的对象是用黑曜石制造的石器，它埋在地下后可以同水分子发生水合作用。经验证明水合层厚度的平方与时间成正比。精确测量黑曜石水合层的厚度，可以推知它埋入土中的年代。因为水合作用随温度的高低而发生变化，所以测量年代的准确性比较低。

氨基酸法的原理是，动物死后，其骨骼中的氨基酸旋转方向因消旋作用而改变的比率随着年代的推移而改变。如果测量骨骼中的氨基酸旋转方向改变的比率，就可以推知它的年代。这种方法在美洲考古研究中应用较多，但问题也不少，至今尚没有被多数考古学家所接受。

〔1〕 李士、秦广雍：《现代实验技术在考古学中的应用》，科学出版社，1991年。

现在新的测量年代的方法还在不断涌现，已有的方法也都在不断改进之中。尽管每种方法测出的结果都有误差，甚至是比较大的误差，总还可以告诉我们一个大致的年代的幅度。如果把几种方法测得的结果加以比照，哪些较为可靠，哪些还有问题，就会看得比较清楚。因此，积极发展各种测量年代的手段仍是很重要的一项工作。

如上所述，相对年代和绝对年代的确定都有其优点，又都有其局限性。如果把二者结合起来，就能发挥各自的优点而避免某些局限性。现在我国新石器时代的许多文化都已有比较可靠的分期，也就是确立了每期文化的相对年代；而已经测定绝对年代的标本还不够多，分布也很不平衡。如果把两者结合起来，那么每期文化就只需要测量为数不多的标本。其余大量的遗址虽然没有测量数据，只要是属于同一文化期，完全可以估定其绝对年代。有些文化期即使没有测过任何标本，只要其先行和后续文化期都已测过，那么中间这一期的绝对年代也就不言而喻了。有些绝对年代数据的误差较大，如果与经由地层学和类型学研究确定的相对年代发生矛盾，应该以相对年代为准来进行适当的调整。如果同一文化期测量了许多标本，绝大多数数据相互接近，只有个别数据相差甚远，就要舍弃后者而不要同其他数值进行平均计算。

有了不受地区性因素影响的绝对年代数据，就可以避免地层学和类型学的局限，使远地文化的年代对比建立在科学的基础上，从而大大改变了过去的一些不正确的传统观念。过去总以为日本的陶器出现得晚，现在根据碳－14、热释光和黑曜石水合层等多种方法的测量，都证明日本在一万多年以前就已经有了豆粒纹和隆线纹陶器。而一向被认为是新石器时代革命最早的西亚地区，陶器的出现反而比日本晚几千年。过去有人认为河南彩陶是从甘肃传播过来的，实际上河南和陕西彩陶发生的年代远比甘肃早，传播方向应该是从东向西而不是相反。过去认为水稻起源于印度，或者起源于阿萨姆到云南的山地，现在长江流域发现的水稻遗存远远早于那些地区，长江起源说已被学术界普遍接受。这类的例子实在太多，充分说明碳－14 等绝对年代的研究对于新石器时代考古学具有十分重要的意义，它使我们有可能重新构筑史前文化发展的谱系。如果说以碳－14 方法为代表的绝对年代测量方法引起了史前考古的革命性变革，是毫不夸张的。而创立碳－14 方法的利比因此而获得了 1960 年的诺贝尔奖，也是应得的荣誉。

本章参考书目：

1. 仇士华：《中国 ^{14}C 年代学研究》，科学出版社，1990 年。

2. 中国社会科学院考古研究所：《中国考古学中碳十四年代数据集 1965～1991》，文物出版社，1991 年。

3. 李士、秦广雍：《现代实验技术在考古学中的应用》，科学出版社，1991 年。

4. W. Flinders Petrie，1905. *Methods and Aims in Archaeology*，London.

5. W. F. Libby，1952. *Radiocarbon Dating*，Chicago university press.

6. Frederick E. Zeuner，1958. *Dating the Past：An Introduction to Geochronology*，London，4th ed.

第八章　考古学文化研究

一　什么是考古学文化
二　考古学文化的基本结构
三　考古学文化的区系类型研究
四　考古学文化演变与发展的原因

本章参考书目：

1. 夏鼐：《关于考古学上文化的定名问题》，《考古》1959 年第 4 期。

2. 苏秉琦：《关于考古学文化的区系类型问题》，《苏秉琦考古学论述选集》，文物出版社，1984 年。

3. 严文明：《关于考古学文化的理论》，《走向 21 世纪的考古学》，三秦出版社，1997 年。

4. 林沄：《考古学文化研究的回顾与展望》，《辽海文物学刊》1989 年第 2 期。

第九章　环境考古学研究

一　什么是环境考古学

环境考古学是研究古代人类生存环境的学科，是现代考古学的一个分支。

人类的出现是自然历史演进到一定阶段的产物。从这个意义上来说，人类的历史也是自然历史的一部分。人类不但是从自然界产生的，而且人类的生存和发展一刻也离不开自然界。人类赖以生存和发展的自然因素包括土地、阳光、空气、水，以及动物、植物和矿物资源等，所有这些就构成了人类生存的自然环境。

就整个地球来说，不同的纬度、不同的地形和地理位置的气候不同，生态环境不同，交通条件也大不相同。虽然大部分地区都能够提供人类基本的生活条件，但是具体内容却千差万别，从而对于人类经济、文化和社会诸方面的影响也各不相同。一般来说，好的环境有利于人类文化的发展，不好的环境则可能阻碍或延缓人类文化的发展。但环境的好坏并不是绝对的，例如农人对环境的评价跟狩猎—采集民会很不相同，跟牧民也大不相同。进入工业社会，大规模地开发矿藏，兴建铁路和大型商埠，对资源的开发利用又跟农业社会发生极大的差别。在人类历史上，农业革命、城市革命和工业革命也是人类利用和改造环境的三次大革命。

不同地区的环境虽然是相对稳定的，但是从总体上来说又是不断变化的。有的变化缓慢以至于人们几乎感受不到，有的变化明显甚至十分剧烈。有的变化可以加深人们对环境的认识，进而有利于人类社会的发展。有的变化则可能造成灾难。从一定意义上来说，人类社会发展的历史，就是一部不断地认识自然、适应自然、利用自然和改造自然的历史。人与自然的关系，在当前已成为全世界普遍关注的头等大事。研究环境考古不但会了解历史上环境的变迁及其与人类文化发展的关系，而且有可能对当前环境的研究与治理提供多方面的启迪与参考。

人们很早就注意对环境的观察与研究。中国历史上有不少关于环境与物候等方面的记载。比较系统地对全新世环境进行研究的首推北欧的学者。早在 19 世纪末期，德格尔（De Geer）和他的学生就对北欧各国的冰川季候泥进行了广泛的研究，布利特（Axel Blytt）则研究了沼泽沉积中的植物遗存和孢粉，将当地全新世划分为五个时期。后来的研究证明，这一分期在整个北半球都具有重要的参考价值。

自从斯图尔特（Steward）提倡文化生态学，加以孢粉分析、植硅石分析、动物考古和地质考古等方面的广泛应用，西方考古界开始对环境进行系统的研究。1964 年美国芝加哥大学的巴泽尔（K. V. Butzer）发表《环境与考古学》[1]，全面论述了第四纪人类诞生以来环境与人类文化发展的关系。从此环境考古日益受到人们的重视，成为考古学研究中不可或缺的内容。

我国从近代考古学传入的 20 世纪 20 年代起，就不断有过一些研究古人环境的尝试，只是不大系统。大约从 20 世纪 80 年代以来，随着考古学研究的不断深入，自然科学手段在考古学中的应用日益广泛，环境考古也越来越受到人们的重视。在全国范围内相当广泛地开展了环境考古学的研究，出版了一批环境考古学的著作。1994 年，在中国第四纪研究委员会下成立了环境考古分委员会，先后在西安、洛阳和济南召开了三次全国性的环境考古会议，有力地推动我国环境考古研究的顺利发展。

关于环境考古学的研究方法，大致有以下几个方面。

---

〔1〕　K. W. Butzer, 1964. *Environment and Archaeology*. Aldine Pub. Co. , Chicago.

首先是第四纪地质与地貌的研究。这方面的内容很多。首先是遗址中地层形成过程的研究。第四纪有几次冰期和间冰期，全新世也有几次气候波动，有可能在地层堆积中反映出来。地壳局部的升降有时会对遗址产生影响。例如湖南洞庭湖东部湖底发现有新石器时代的坟山堡遗址，江苏澄湖里发现有良渚文化以来的水井群，说明这些湖的相关部分是因为地壳下降才形成的。至于历史上有名的巨野泽和云梦泽的消失，可能是地壳上升，也可能是泥沙淤积。古河道的变迁也常常对遗址产生影响。例如安阳东部有两条基本平行的坡岗，叫作茶店坡和广润坡，上面有许多新石器时代的遗址，中间则没有任何遗址，因为中间是一条古河道。

其次是动物遗存的研究。

第三是植物遗存以及孢粉和植硅石等方面的研究。

二　聚落遗址环境的研究

聚落遗址环境的研究是一种局域性研究，是以遗址为中心的小范围的环境考古研究。过去对北京周口店、西安半坡、余姚河姆渡、舞阳贾湖、民和喇家和安阳殷墟等许多遗址的环境资料的研究就属于这一类。通过对各遗址的动物骨骼、植物枝叶和籽实以及孢粉等遗存的研究，大致了解到该遗址所在地方过去的动植物群落及其所反映的古气候等环境信息。现在看来这些工作虽说取得了一定的成绩，但从当代考古学研究所要达到的目标来说还是远远不够的。遗址地层的形成往往是一个复杂的过程，除了人为的因素以外还伴随有自然的因素。应该从地学的角度来研究这些地层中各种堆积的来源、堆积的过程和营力、堆积时的环境以及堆积以后的变化等，这样才能比较正确地揭示各个时期的自然环境和人与环境的关系，以及这种关系的历史变化过程。动物遗骸的研究也不要只是进行种属的鉴定和区分家养与野生动物，还应该注意各种动物骨骼的数量，分布的状况，破碎的痕迹及其原因。根据某些贝壳的纹理或鹿角脱落的情况，还可以了解人类捕捞或猎取某些动物的季节。除了大动物以外还要注意昆虫和寄生虫的研究。有些昆虫对环境是很敏感的，人的粪便中常有寄生虫卵，其中有些是专门寄生在人体中的，有些是食物中携带过来的。据说蛔虫与吃大米有关，日本人本来没有蛔虫，等到稻作农业传入以后就有了这种寄生虫。人类所吃的鱼鸟家畜和野兽等往往有它们各自特有的寄生虫，通过寄生虫卵的分析也可以了解人的食谱。这可以说是动物考古学的延伸。我想只要拓开视野，可以研究的问题和可能采用的手段将会越来越多，对于古代环境和人与环境的关系的认识就会越来越深刻，过去的发展事实上已经证明了这一点。

聚落遗址的研究还应该扩展到遗址周围的环境。因为人类的活动不会局限于他们所居住的聚落本身，一定要出外狩猎，采集各种有用的植物，从事农耕或放养家畜家禽，这都是维持人类的生计所必须进行的活动。这些活动又必须要有适宜的地域，而这种地域总是离聚落越近越好，因此任何聚落都会有一个最基本的活动半径。如果我们对这个基本的活动半径内的环境缺乏了解，就不能说对古人的生活环境和他们与环境的关系已经有了全面而深刻的了解。

三　小区域的环境考古研究

所谓小区域的环境考古是指依托于小河流域或小盆地的某个文化区的环境的研究。现在已经或正在进行的有内蒙古岱海盆地古遗址与环境的研究，山西与河南交界处的垣曲小盆地、河南洛阳地区和陕西周原等地的古遗址与环境的研究，甘肃东部葫芦河流域古文化与环境的调查，北京地区和成都平原古环境的研究，珠江三角洲和胶东贝丘遗址与古环境的研究等。此类课题正越来越受到有关方面的重视，不断有新的项目展开，可以说是方兴未艾。各个小区的情况很不相同，研究的内容自然也不大相同。不过一般总是要研究其地形地貌，古遗址的分布状况和动植物群落等，以了解其生态环境及其变化对人类文化发展的影响。

四　宏观范围的环境考古研究

宏观范围环境的变化对人类文化的发展往往具有方向性的影响。所谓宏观范围，小则相当于我国综合自然区划方案中的一级自然区，大则可以从全球范围来考虑不同大区的环境。按照我国综合自然区划方案，全国应分为东北、华北、华中、华南、西南、内蒙古、西北和青藏八个自然区。它跟我国古代文化的分区固然不是一回事，但有相当大的一致性。这一事实极好地说明了人与自然的密切关系。

华北是我国以粟作为主的旱地农业发生发展并且逐步形成体系的地区，是新石器文化十分发达和孕育了灿烂的夏商周文明的地区。环境考古学应该研究这个地区广泛分布着的黄土的特点，半湿润和半干旱的北亚热带季风性气候，黄土易于侵蚀和黄河易于泛滥所造成的地形地貌的特殊情况，包括动植物资源在内的生态环境等等。应该研究所有这些环境因素如何在本区人类文化的产生和发展中发挥作用的，特别是在形成本地文化的特点和传统方面究竟起到了什么样的作用，在人类文化发展起来以后又对本地环境造成过什么影响，都是很值得研究的。

华中是稻作农业的起源地区，历史上一直是水稻的主要产区。这里同样是新石器文化十分发达并且是较早地进入文明时代的地区。有些文明的因素甚至比黄河流域发生得还要早，某些工艺品的制作水平也比黄河流域的高些。但在政治上和军事上则往往不如黄河流域那样强大。这里面固然有许多方面的原因，有些原因现在一时还说不清楚，但可以肯定有环境方面的原因。这个地区的气候湿热，雨量丰富，红土特别发育，生态环境同黄河流域相比有很大的差别，这是大家所知道的。我们不但要深入研究这个地区环境的特点及其历史变化的过程，还要研究这些特点如何影响到本区古代文化的特点及其发展过程，特别要把这两个地区的环境和古代文化作深入的比较研究，这很可能是解开我国古代文化发展特殊道路的一把钥匙。

由于华北和华中自然环境的条件优越，地理位置又比较适中，所以从古至今成为我国经济文化发展的核心地区。其他各区的发展则相对滞后。例如东北区因为纬度较高，年平均温度较低，所以农业发展较晚，农业在经济中的比重较小，这自然会影响到当地文化的发展。内蒙古、西北和青藏三区或因纬度较高，或因地势较高，又都距海洋较远，具有干燥寒冷的大陆性气候，大大制约了古代文化的发展。华南和西南纬度较低，气候湿热，天然资源十分丰富。人们毋须费很大的气力便可以得到必需的生活资料，这种情况反而限制了农业的发展。加以地形比较破碎，不容易联合成强大的社会政治力量，因而这两区古文化的发展也远落后于华北和华中地区。由此可见，正是中国特殊的自然地理条件造成了中国古代文化发展的向心结构。中国历史上各民族文化之所以有那样大的凝聚力和连续不断的发展，从环境考古的角度是可以得到合理的解释的。

在对全国进行环境考古研究时，要特别注意几个气候敏感带。例如长城地带便是华北区与东北内蒙古与西北三区的分界线，也是旱地农业区与畜牧狩猎区的分界线。气候的变化特别是雨量的变化不但会使这条线南北移动，而且跟着会造成巨大的社会动荡和文化变迁。秦岭—淮河是华北与华中区的分界线，也是旱地农业与水田农业区的分界线。南岭则是华中与华南区的分界线，也是水田农业区与农业采集和狩猎并重区的分界线。后两条线对气候的敏感虽然远不如长城地带，但在气候变化剧烈时也是有反应的。再一个敏感带是海岸地带，这特别表现在第四纪几次冰期和间冰期的变化时期，到全新世也还有小的波动。例如最后一次大冰期时的海平面就比现在的海平面低约 130 米，现在的大陆架和浅海区在当时都成了陆地。海进海退必然引发人口的迁移和文化的变迁。

从全球的角度来看，环境考古应力求回答诸如人类是在什么地方，在什么样的环境下起源的，农业为什么只在少数几个地方起源，那些地方的环境到底提供了哪些特殊的条件使得农业有可能在那里发生而不是在别的地方发生。人类的早期文明又为什么只在少数几个地方发生，各自发生的环境条件又是什么？这是环境考古的最高层次。有一件事情是应当特别提及的。就是青藏高原的隆升对人类自身及其文化发展的影响。据地质学研究，在第三纪末期，青藏地区海拔只有一两千米。气候温湿，到处生长着阔叶树林。可是从第四纪起由于大陆板块的挤压而不断升高，严重影响行星风系的走向，造成强烈的环境效应。青藏高原和蒙新高原成了广大的高寒和干旱的地区，严重地阻碍东西方的交通，使得以两河流域和希腊、罗马为代表的西方和以黄河、长江流域古文化为代表的东方长期沿着各自的道路自行发展。造成东西文化的特质和价值观念的巨大差别。只是在人类文化发展到一定阶段以后，人们才逐渐克服地理上的障碍相互往来，增进了解。现在由于科学技术的进步，东西方的距离已经大大缩短了，东西方的文化在许多方面也发生了融合，但是各自在特有的自然环境下经过漫长的岁月所形成的文化传统及其特色，还是会持下去的。

从上面简单的叙述中大致可以看出环境考古研究的课题是十分广泛的，随着新的技术手段的不断引进，提取的信息将不断增加和精确化，环境考古的研究也将不断深入和提高，许多重要的历史问题将会得到比较合理的解释，这是可以预期的。

五　环境与文化的相互关系及其演变历史的研究

本章参考书目：

1. 周昆叔：《环境考古研究》（第一辑），科学出版社，1991年。

2. K. W. Butzer，1964. *Environment and Archaeology*. Aldine Pub. Co.，Chicago.

3. J. G. Evans，1978. *An Introduction to Environmental Archaeology*. Cornell Univ. Press，New York.

4. 徐馨、沈志达：《全新世环境》，贵州人民出版社，1990年。

第十章　聚落形态研究

一　什么是聚落形态考古
二　聚落形态的层次结构
三　聚落形态与自然环境
四　聚落形态与社会组织
五　中国史前聚落形态的演变
六　聚落考古的作业方式

本章参考书目：

1. 张光直：《谈聚落形态考古》，《考古学专题六讲》，文物出版社，1986年。

2. 严文明：《聚落考古与史前社会研究》，《走向 21 世纪的考古学》，三秦出版社，1997 年。

3. K. C. Chang，1972. *Settlement Patterns in Archaeology.* Addison-Wesley Pub. Co.

第十一章　墓葬与墓地研究

一　埋葬是处置人类尸体的主要方式

人死之后如何处置尸体是人类普遍关注的问题。历史上曾经有几种处理尸体的方式，最流行的是土葬和火葬，其他还有天葬、水葬和塔葬等。天葬流行于中亚的拜火教和我国西藏等地，我国东北和西伯利亚个别少数民族也有实行天葬的。

二　墓葬的起源和埋葬制度的形成

三　墓葬形制的分类与演化

四　葬具、葬式与随葬物品

五　墓地研究

六　埋葬制度与社会制度的关系

七　中国埋葬制度的演变

本章参考书目：

1. 王仲殊：《中国古代墓葬制度》，《中国大百科全书·考古学》，中国大百科全书出版社，1986 年，665～670 页。

2. 严文明：《仰韶文化研究》，《半坡类型的埋葬制度与社会制度》，文物出版社，1989 年。

3. 王世民：《中国春秋战国时代的冢墓》，《考古》1981 年第 5 期。

4. 徐苹芳：《中国秦汉魏晋南北朝的陵园和茔域》，《考古》1981 年第 6 期。

第十二章　技术与经济研究

一　石器制作技术与功能的研究

二　制陶工艺的研究

三　金属工艺及其他技术研究

四　从采集经济到生产经济

五　手工业和商业经济研究

本章参考书目：

1. S. A. Semenov，1964. *Prehistoric Technology.* Cory，Adams & Mckay，London.

2. P. M. Rice，1987. *Pottery Analysis*，*A Sourcebook.* The Univ. of Chicago，Chicago.

3. 佟柱臣：《仰韶、龙山文化石质工具的工艺研究》，《文物》1978 年第 11 期。

4. 佟柱臣：《仰韶、龙山文化工具的使用痕迹和力学上的研究》，《考古》1982 年第 6 期。

第十三章　人类体质的研究

一　人体骨骼的基本知识

二　人类体质发展的基本阶段

三　人类种族谱系的研究

四　人类生活状况和疾病的研究

本章参考书目：

1. 吴汝康：《古人类学》，文物出版社，1989 年。

2. 韩康信：《中国原始文化论集》，《中国新石器时代种族人类学研究》，文物出版社，1989 年。

第十四章　现代考古学的主要流派

一　苏联考古学派及其演变

二　美国新考古学派的流变

三　欧洲当代主要的考古学流派

四　走向 21 世纪的中国考古学

本章参考书目：

1. 布尔金：《苏联考古学的成就和问题》，《史前研究》1985 年第 4 期。

2. 斯蒂芬·申南：《考古学是人类学还是考古学》，《考古学的历史·理论·实践》，中州古籍出版社，1996 年。

3. 杨建华：《外国考古学史》，吉林大学出版社，1995 年。

4. 严文明：《走向 21 世纪的中国考古学》，《走向 21 世纪的考古学》，三秦出版社，1997 年。

全书参考书目

1. 夏鼐、王仲殊：《考古学》，《中国大百科全书·考古学》卷首条，中国大百科全书出版社，1986 年。

2. 苏秉琦：《华人·龙的传人·中国人——考古寻根记》，辽宁大学出版社，1994 年。

3. 张光直：《考古学专题六讲》，文物出版社，1986 年。

4. 俞伟超：《考古学是什么》，中国社会科学出版社，1996 年。

5. 张忠培：《中国考古学：实践·理论·方法》，中州古籍出版社，1994 年。

6. 严文明：《走向 21 世纪的考古学》，三秦出版社，1997 年。

7. 杨建华：《外国考古学史》，吉林大学出版社，1995 年。

8. 中国社会科学院考古研究所：《考古学的历史·理论·实践》，中州古籍出版社，1996 年。

1990 年 4 月起稿

（编辑按：此文应为作者在北京大学同名本科课程的讲义提纲）

考古学与历史学（教学大纲）

一　课程内容和教学要求

本课为国学研究院博士班开设，相关学科的学生亦可选修。内容主要是讲考古学与历史学的关系，考古学科的性质与特点，考古学科的研究方法，考古学在研究古代历史方面取得的主要成就，以及如何阅读和引用考古书刊资料等。是一门理论与实用兼具的基础课。有一定文科基础的学生均可选修。

二　讲课提纲

第一讲　人类历史与历史学

自然史与人类史　人类历史的基本内涵　历史发展的前进性、阶段性和加速度性　历史记述与历史学的发生　历史学要回答的基本问题　历史观与历史学流派　历史与现实的关系　以史为鉴的历史传统

第二讲　考古学与历史学的关系

文献史学的发展及其局限　考古学的发生与发展　人类起源的探索　史前社会的确立　早期文明的恢复　古代历史的充实　完整历史学的建立

第三讲　历史学与考古学研究资料的比较

文献资料的分类与考订　文献目录学　版本、校勘、辑佚与辨伪　文献资料的价值与局限　文化遗存与考古资料　古文字学与出土文献资料的研究　实物遗存的递减与考古资料的递增　考古资料的局限与潜力

第四讲　考古学的研究方法

田野考古调查　航空考古与水下考古　考古发掘与地层学研究　室内整理与类型学研究　标本的测试、分析与鉴定　实验考古学研究　考古学文化研究　民族考古学研究　与文献历史的比照研究

第五讲　历史与考古年代学研究

古代历法与天文历法　考古年代学的建立　相对年代与绝对年代　碳十四断代的基本原理　各种断代方法的科学性与局限性

第六讲　技术与经济研究

器物材料、制作与使用功能的研究方法　石器的制作与使用功能　陶瓷器的工艺研究　金属工艺及其他技术的研究　从采集经济到生产经济　从家庭手工业到作坊手工业　从实物交换到商业的出现

第七讲　聚落形态演变的研究

聚落形态研究的基本内容　聚落形态与自然环境　聚落形态与社会组织　中国史前聚落形态的演变　聚落考古的作业方式

第八讲　埋葬制度与社会制度研究

墓葬、墓地与陵园　墓葬形制的分类　葬式、葬具与随葬品　从埋葬制度研究社会制度　中国埋葬制度的演变

第九讲　社会意识形态研究

要用科学的方法研究社会意识形态　艺术的起源与演变：绘画、雕塑与音乐　宗教遗迹与宗教意识　特殊风俗习惯种种

第十讲　如何阅读考古学文献

考古学文献的分类　调查报告与发掘报告　考古简报　综合研究与专题研究资料集成与工具书　如何判断考古文献中资料的真实性与准确性　考古学文献的评价问题

三　参考书目

1. 夏鼐主编：《中国大百科全书·考古学》，中国大百科全书出版社，1986 年。

2. 张光直：《考古学专题六讲》，文物出版社，1986 年。

3. 俞伟超：《考古学是什么》，中国社会科学出版社，1996 年。

4. 严文明：《走向 21 世纪的考古学》，三秦出版社，1997 年。

5. 〔加〕布鲁斯·炊格尔著，蒋祖棣等译：《时间与传统》，生活·读书·新知三联书店，1991 年。

6. 〔英〕科林·伦福儒、保罗·巴恩著，中国社会科学院考古研究所译：《考古学：理论、方法与实践》，文物出版社，2004 年。

7. 白寿彝：《史学概论》，宁夏人民出版社，1983 年。

8. 翦伯赞：《史料与史学》，北京大学出版社，1985 年。

9. 郭圣铭：《西方史学史概要》，上海人民出版社，1983 年。

10. 〔英〕阿诺德·汤因比著，刘北成等译：《历史研究》，上海人民出版社，2005 年。

11. 仇士华：《中国^{14}C 年代学研究》，科学出版社，1990 年。

12. 李士、秦广雍：《现代实验技术在考古学中的应用》，科学出版社，1991 年。

13. 陈铁梅：《定量考古学》，北京大学出版社，2005 年。

四　教学进度安排

每周二学时，讲授 12 周共 24 学时。具体安排如下：

第一讲　第一周

第二讲　第二周

第三讲　第三周

第四讲　第四、五周

第五讲　第六周

第六讲　第七周

第七讲　第八周

第八讲　第九周

第九讲　第十周

第十讲　第十一、十二周

2006 年 2 月

考古学专业简介

一　培养目标

考古学是研究如何发现和发掘古代人类社会的实物遗存，以及如何依据这些实物遗存来研究人类社会历史的一门学科。本专业研究生应热爱祖国历史文化，尊重一切人类历史文化遗产。硕士生应掌握马克思主义关于历史学与考古学的基本理论，具有本专业的基础知识和基本技能，能够独立从事田野考古工作和研究工作，掌握一门外语。古文字方向和夏商周考古以后各方向要求有比较坚实的古汉语和古文献基础。能够胜任考古、文物、博物馆和古代历史研究等方面的工作，包括在高等院校担任相关学科的教师。博士生应该有比较高的马克思主义理论修养，能够正确认识和对待考古学的各种流派；具有比较深厚的考古学知识，能够胜任田野考古领队的工作和从事较高层次的考古学研究；一般应掌握两门外语，其中至少有一门达到四会的水平。就业范围与硕士生同。

二　业务范围

主要是中国考古学，包括各种历史文化遗存的调查、发掘、整理、研究与管理等方面的工作；其次是考古学各分支学科（如下面研究方向所列各个分支学科）和外国考古学的研究。

三　研究方向

旧石器时代考古，新石器时代考古，夏商周考古，秦汉—唐宋考古（或再分为秦汉—隋唐考古与宋辽金元考古两个方向），东北与东北亚考古，西北与中亚考古，西南与南亚考古，东南与东南亚考古，古人类学，民族考古学，古文字学，科技考古，陶瓷考古，宗教考古和古代建筑等。

四 学位课程

硕士学位课程：考古学理论与方法，考古学史（以及各专业方向研究史），各专业方向的考古研究，田野考古实习。此外各专业方向应该有 3～4 门相关学科的选修课，有条件的应该开设计算机课程。硕士学位论文。

博士学位课程：本专业方向和相关学科的基本文献（包括外文文献）的阅读与讨论，田野考古实习，教学实习。博士学位论文。

1992 年 5 月 10 日

（原载国务院学位委员会主编《授予博士、硕士学位和培养研究生的学科专业简介》。后收录在《耕耘记——流水年华》，文物出版社，2021 年）

考古遗址发掘中的地层学研究

前　言

在田野考古工作中，遗址的发掘是一个十分重要的环节，发掘工作是不是做得好并不单纯是一个技术问题，而首先是一个方法论的问题，这个方法论的核心，就是对于地层学的研究。考古工作者不但要熟知地层学的基本原理，还要根据遗址的具体情况来灵活运用，同时要在广泛实践的基础上不断总结经验，不断地改进发掘方法，使我们的考古工作水平逐步地得到提高。

要发掘遗址，首先就要了解遗址，而古代人们留下的遗址是各种各样的。在旧石器时代，人类常常住在山洞，形成洞穴遗址；到新石器时代，才有各种类型的村落；从阶级社会开始，就有城市和乡村的对立，还有军事工程、水利设施、矿坑和宗教遗迹等；在城市中又有宫殿、苑囿、寺庙、市场、街坊和各种手工业作坊。对于不同类型的遗址，具体发掘方法虽略有不同，但基本原理都是一样的。在这里，我们准备着重讨论农业村落遗址和城市遗址的发掘。因为这两类遗址在我国考古工作中是最经常遇到的，从某种意义上讲也是最重要的。

遗址同墓葬相比，能够更全面、更直接、也更生动地反映当时的社会生活；但是就完好程度来说通常不如墓葬。墓葬是人们有意识地埋在地下的，除腐烂和被盗外，它本身是一个完整单位；而建筑遗址就大不相同，不可能在地下发现一座完整的房屋建筑，平常所说某座房子保存完好等等，实际只是有一个完整的地基，顶多还有一些倒塌下来的堆积，遗址中的器物也很破碎，其中绝大多数都是陆续被扔掉的废品。遗址中的地层关系，通常也比墓地复杂得多，因此遗址的发掘既是非常重要的，又是相当困难的，往往要做大量的复原工作。

遗址发掘的目的，在于比田野调查更深刻、更详细地了解遗址面貌，获得复原古迹的第一手资料，以便为室内整理和进一步的研究打下坚实的基础。每一个从事发掘的同志，都要有强烈的责任心和严肃认真的科学态度，因为考古发掘同别的科学实验不同，挖掉一个就少了一个，不能拿遗址做实验，如果发掘工作做得不好，不但是人力物力的浪费，而且直接破坏了遗址，造成不可弥补的损失，这一点是必须力求避免的。

一　发掘前的准备

正式发掘之前，有两项准备工作是必须完成的。一是制定发掘计划，二是组成发掘队和提供必要的物资装备。

古代的居民点和其他活动场所，有很多因为长年的自然侵蚀或人们无意识的破坏，已不复存在了；尽管如此，现在还留下残迹的遗址数目仍然相当巨大，往往在一个省就数以千计。全部发掘这些遗址是不可能的，也不一定是必要的。科学的发掘好比解剖麻雀，同样的麻雀，解剖一两个就行了，其余的可以类推，对于遗址，应当按照时代、地区和它们本身的性质，分门别类，选择具有重要历史价值和科学价值的，或者保存较好而且有代表性的，加以保护，然后根据学术研究的需要和工交建设、农田水利工程进展的情况，分别轻重缓急，有计划有步骤有重点地进行发掘。这样做，可以使战线不至拉得过长，避免盲目性和被动局面，能够较快地取得成果，解决一些最迫切需要解决的问题。

不但选择遗址要有计划，具体到一个遗址的发掘，也要有一个可行的规划，有些较大的遗址，常常有许多单位的人员参加发掘，而且要持续进行许多年，统一的规划尤为必要。

为了做好规划，事前应当对遗址进行详细的勘查，包括地形和环境的考察，暴露遗迹和遗物的考察等等，以便对遗址的文化性质、分布范围和中心区的位置等做出切合实际的估量。为了初步掌握文化层的情况，应当尽量利用现有剖面，如地坡和沟渠的两壁等，如果没有这些条件，可以进行适当的钻探。除实地踏查外，最好有一份1/2000或1/5000的地形图。如果没有现成的地形图，应当组织力量进行测绘。在地形图上，往往能反映出遗址的大致范围，以及遗址同重要遗迹的分布状况，可以作为进一步勘查的参考。

在一个较大的遗址范围内，往往有许多遗迹，其中有一些在地形图上即有明显的反映，有些则需要进一步地了解。经验证明，新石器时代的农业村落往往分为居住区、窖穴区、垃圾区、墓葬区等。有的另有儿童瓮棺葬区，有的还有烧制陶器的窑场。而居住区的房屋分布也有一定规律，或是围成一圈，或是分成几群。这些情况，如能事先有所了解，发掘起来就主动多了。

中国古代的城市，常常有一定的区划。先秦古籍《考工记》讲："匠人营国，方九里，旁三门，国中九经九纬，经涂九轨，左祖右社，面朝后市。"这里可能包含过分理想化的成分，后来封建社会的城市也还有一个发展的过程，但有一定的规划和制度，则是我国城市建设的传统。有些城市在历史上有比较详细的记载，有些还留下了当时的地图（如宋平江府等），这些都可作为制定发掘计划的重要参考资料。

为了进一步掌握遗迹分布和地层的情况，应当尽量利用现成剖面。人们为了在遗址上造地和开挖水渠，往往于无意中制造了地层的剖面；有时自然的冲沟分割了遗址，也可形成良好的剖面。从这些剖面可以了解遗址的堆积状况及其性质，有些保存很好的遗址没有现成剖面，可以适当地进行钻探，甚至还可以开几条探沟，尽量多掌握一些情况，做到心中有数。

当对整个遗址进行初步了解以后，就应当着重研究首先发掘的具体地段。这一点十分重要，否则挖了许多，还不能对整个遗址的性质和学术价值做出确切的估计，从而难以制订进一步的发掘计划，工作上往往陷于被动的局面。而要争取主动，就要选择最能代表遗址性质的关键地段首先动土。

那么，就通常情况而言，什么是最重要的关键地区呢？过去有些人认为，堆积越厚，层次越多，遗物越丰富的，就越是重要的关键地区，其实不然，经验证明，遗址边缘往往灰层较厚，遗物较多，而重要宫殿或居住区是很少甚至没有灰层的。层次越多，相互打破现象也比较严重；层次越单纯，遗迹才保存得越好，发掘起来也比较容易。

当然，在作具体规划时，还要考虑到人力、物力和时间各方面的条件。假如暂时没有那么大的力量，就最好不要一下子挖开最重要的地段，省得打开摊子收不了场。

发掘地区确定之后，就要设立测量基点。这个基点可以利用遗址旁边的永久性标志，如果没有这种标志，最好立水泥桩，刻上标志，并同大地测量的标志点取得联系，这样就能正确地标示发掘区域的位置和高程。一个需要继续多年发掘的遗址，特别要注意树立永久性的测量基点，只有这样才能够把历年的工作衔接起来。

比较大的遗址，有时要划分若干工区。例如 1958～1959 年陕西华县的发掘划分了四个工区，江陵纪南城划分了许多考古大方（实际上也是一种工区）等等。这对于发掘力量的组织，乃至发掘以后资料、档案的整理与保存都有好处。

一次规模较大的发掘，乃是许多人参加的集体行动，要使工作进行得好，就得配备必要的专业人员，并且要有一定的组织和分工。工地应有一个总负责人，他要负责拟订和调整发掘计划，在发掘过程中给探方和各种遗迹统一编号，及时收集各探方发掘的情况进行分析，决定各方的发掘进度和人力调配，绘制工地指挥图和编写工作日志等。其他人员包括以下几个方面。

（1）具有田野发掘能力和经验的业务人员若干，每人负责若干探方的实际发掘和记录工作；

（2）具有发掘经验的技术工人若干，他们有比较熟练的操作技能，可以担当一些难度较大的遗迹、遗物的清理工作；

（3）库房管理一至二人，负责出土遗物的出纳、登记和保管工作。人们有时忽视工地的库房管理，其实这是一项十分重要的工作。因为在发掘期间大家的注意力主要集中在分析地层和清理遗迹等项工作上，对遗物还来不及整理分析，只是按一定要求采集。如果没有专人负责管理并有严格的出纳制度，就难免不会弄乱，给今后的整理造成很大困难。

此外视工作的需要还应有测绘人员、器物修复人员等。发掘工人也绝不是消极的参加者，要向他们讲清楚考古发掘的意义，并逐步教给他们一些基本的操作技能。大家为了一个共同的目标组织起来，又各司其职，整个发掘工作才能顺利地进行。

田野发掘的物资准备包括以下几个方面。

（1）发掘和钻探工具：小铲、抓钩、小十字镐、平锹、竹签、棕刷、扫帚、木橛、小线、探铲和运土工具等。小铲是最主要的工具，一般每人配备一把尖头铲（桃形或三角形）和一把平头铲。近年来有些地方将两种小铲的功能合而为一，做成一种起脊的梯形铲，也很合用。平锹是为切边和铲平地面用的，要求平整锋利，一般农用的铁锹不大好用。探铲俗名曰洛阳铲，很好用，但要尽量控制使用，切忌在工地到处打眼。

（2）采集和包装标本的用具：蒲包（或麻袋、尼龙口袋等）、麻纸、棉花、木箱、纸盒、玻璃试管等。

（3）测绘仪器：平板仪、袖珍经纬仪、水平尺、垂球、皮尺、测绳、钢卷尺、绘图铅笔、三角板、比例尺、云形板等。

（4）照相器材：除一般相机外，还要配备广角镜头和滤色镜片，要有一套闪光灯装置，工地如有条件应设简易暗房。

（5）记录资料：遗址发掘记录本、墓葬发掘记录本、小件器物登记本、标签本、工作日记本、照相登记本和各种规格的米格纸等。

装备应本着适用和节约的原则，不断地改进和更新，并应积极地引用现代科技成果。

二 探沟和探方

在田野发掘的早期阶段，究竟用什么方法来揭露遗址，并没有形成统一的制度。比较普遍的办法，是开挖几条探沟或几个探井。如果碰上了遗迹就顺藤摸瓜，把整个遗迹发掘出来；如果探沟正好打在遗迹的空隙里，就免不了要发生遗漏，这可说是一种碰运气的做法，常常依靠偶然的机缘而无法对遗址进行全面的揭露。有些发掘虽然是全面揭露，但是没有严格的坐标，并往往采取轮番发掘的办法，发掘一片，跟着就回填一片，如此往复进行，也不留下隔梁和关键柱，不便于统一核对地层，也不便于对大型建筑遗迹进行整体观察和照相。

中华人民共和国成立前的发掘，同样有一些不大科学的地方。那时不论遗址大小，也不论是试掘还是大规模发掘，绝大多数都用探沟。甚至像安阳殷墟那样大型的宫殿群遗址，也还是采取隔一定距离（一般为一米）开一条探沟的方法，始终没有进行全面揭露。那时的探沟大小也没有一定之规，一般都比较狭窄，有的只有一米宽，有的是一米半宽。个别地点的发掘虽然划分了方格网，但是很小，仅为 2 米见方，既不留隔梁，又不画剖面，山西夏县西阴村遗址的发掘就是那样办的，它同我们现在的探方制度并不相同。

我们现在所采用的以探方为主，探沟为辅的制度，是中华人民共和国成立以后逐步建立起来的。这一制度是严格地按坐标划分遗址，既便于全面控制地层，又便于从整体观察遗址，分析遗迹和遗物纵的和横的联系。

所谓探方，就是把遗址划分为若干正方形的块块，以便按照这些块块进行发掘。探方的大小应当视遗址的性质而定。在这方面，我们曾经走过一段摸索的路程。1955 年发掘湖北京山屈家岭遗址时，用的是 2 米见方的小方；1955～1957 年陕西西安半坡的发掘，主要用的是 5 米见方的探方；1956～1957 年河南陕县庙底沟的发掘，采用了 4 米见方的探方；1958～1959 年陕西华县柳子镇的发掘，用的是 10 米见方的大方；1962 年安阳纱厂的发掘，用的是 5 米×4 米的探方；1975 年江陵纪南城 30 号台基的发掘，是在 10 米见方的大方中再分为甲乙丙丁四个小方。现在看来，根据我国绝大多数遗址的情况和多年的实践经验，以 5 米见方和 10 米见方较为适宜。太大了不宜控制地层，太小了会把可能遇到的建筑遗迹分割得过分破碎，不便观察各方面的联系，而且也不便于施工。具体到一个遗址究竟采用多大的探方，要依它本身的情况和对遗址的了解程度而定。如果地层较厚、较复杂，或者遗迹的规模较小，如新石器时代的村落遗址，最好采用 5 米见方的探方。如果地层比较单纯，遗迹的规模较大，如唐长安大明宫的发掘、元大都的发掘，以及陕西周原凤雏西周宫室基址的发掘，都是用10米见方的大方，效果较好。

为了便于控制地层，探方之间要留隔梁。以往有一种办法，是把每个探方的四周都留半米或20厘米宽，与邻方的合起来就有一米或40厘米宽。这样做在量坐标和测绘遗迹图等方面都较麻烦，现在一般已不采用。通常的做法是留在每一探方的东边和北边，宽度以一米为宜，太窄了易崩塌，太宽了占面积太大，影响对遗迹和地层的观察。当然，为了出土方便，例如为了便于用小推车在隔梁上行走，少数隔梁还可适当放宽，但以不超过1.5米为好。

当绝大多数探方均已做到底，或做到了重要遗迹不宜再往下挖时，即可打掉隔梁，但是还要留下纵横隔梁相交处的关键柱。关键柱的作用，是为了最后一次核对地层，检查完毕，并把地层图绘完后，即可打掉。个别地点为了长期供人观察地层堆积，少数关键柱也可长期留下（图一）。例如半坡遗址已建成遗址博物馆，中间还留有少量的关键柱。

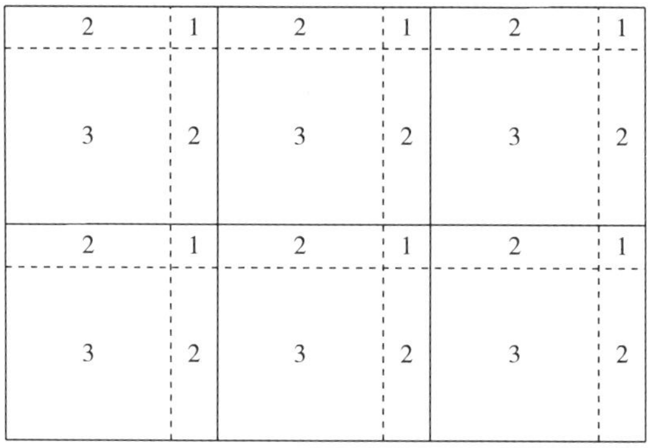

图一　探方、隔梁和关键柱
1. 关键柱　2. 隔梁　3. 首先发掘部分

探方的方向，以正磁北为宜，这样有利于遗迹的测绘。在特殊情况下，也可根据地形和遗迹的走向确定方向。

探方的编号有两种方法，一种是坐标法，一种是序数法。坐标法通常把零点定在发掘区的西南角，因此只有一个象限；有的遗址较大，也可把零点定在正中，划分为四个象限。具体把零点设在何处，要依遗址的布局，经过仔细考虑而定。这种方法的好处是探方号本身即能标出它所在的位置，也就是只要设下零点，每一个地点都有了自己的探方号，以后任何遗迹、遗物的发现，都极便于记录（图二）。序数法自一号起顺次往下编，在试掘或小规模发掘时最方便，大规模发掘也可采用，但要注意按一定次序排号（图三）。这样做，当然需要对遗址情况有较深的了解，否则布了方的地方没有遗迹，而没有布方的地方

A4	B4	C4	D4	E4	F4
A3	B3	C3	D3	E3	F3
A2	B2	C2	D2	E2	F2
A1	B1	C1	D1	E1	F1

图二　探方编号方法之一：坐标法

T1	T2	T3	T4	T5
T6	T7	T8	T9	T10
T11	T12	T13	T14	T15
T16	T17	T18	T19	T20

图三　探方编号方法之二：序数法

又出现遗迹，势必出现许多空号，中途还要增加方号，致使号次排列紊乱。应当注意的是，方号一经确定就不宜改动，否则记录、器物标签等都要做相应的更改，造成不必要的麻烦。

　　实际发掘时开方要尽量集中，不要东挖一块，西掏一坑；探方的规格也要力求一致，不要大的大小的小。

　　有些文化层特别厚，地层关系特别复杂而遗迹保存不好的遗址，用探方发掘反而不便，就可以用探沟进行发掘。有些遗址在大面积发掘之前，为了进一步掌握情况，也可用探沟进行试掘。甚至在已经划定的探方内，也可以先开探沟，然后再扩大为探方。探沟的宽度以 2 米为宜，太窄不便于操作，太宽即无异于开探方，失去了探沟最易控制地层的优越性。探沟的长度应依实际情况而定，以 5 米至 10 米为宜，超过 10 米，最好留下隔梁，另开探沟。探沟的编号用序数法。

三　地层的划分

遗址发掘，最紧要的事情是要分清地层，自始至终都要贯穿地层学的研究，否则把不同时期的现象搅在一起，无法对遗址进行历史的考察，失去了进一步研究的科学基础。

考古学划分地层的方法，最初是受到地质学的启发，逐步发展起来的。尽管如此，考古学研究的地层，同地质学研究的地层并不相同。因为前者是人类活动造成的，而后者是自然力量形成的。自然力量除在地上发生堆积和侵蚀作用外，地球内部的活动对于地层也造成很大影响，因此出现断层、褶皱、向斜、背斜、不整合等现象，考古学上没有这些东西。人类的活动都必须以地面为基础。除一般的堆积外，还因为修建动土而形成各种复杂的打破关系。在田野考古学发展的早期阶段，常常有一些地质学家兼做考古发掘。他们不懂得自然地层同人工地层的本质区别，往往拿地质学划分地层的方法来生搬硬套，自然造成许多错误。在20世纪20年代初，瑞典地质学家安特生，在被聘为北洋政府的矿业顾问时期内，曾在我国许多地方进行考古发掘。在发掘方法上，既没有任何规划，也没有严密的探沟和探方制度，更不懂得考古学地层（文化层）和地质学地层（自然层）的本质区别，根本不知道什么是打破关系，因而把许多时期的东西混在一起，认为都是属于同一地层同一时期的，造成了许多人为的混乱。

毛泽东同志说："科学研究的区分，就是根据科学对象所具有的特殊的矛盾。因此，对某一现象的领域所特有的某一种矛盾的研究，就构成某一门科学的对象。"（《毛泽东选集》第284页）考古发掘中的地层学研究，就是探讨由于人类活动所造成的叠压和被叠压、打破与被打破等特殊矛盾，研究这些矛盾的各种表现形式，这同地质学中的地层学是很不同的。

为了说明地层学中的特殊矛盾，首先要了解什么是文化层，以及文化层形成的一般规律。

究竟什么是文化层呢？广义地说，凡属经过人类活动所造成的地层，都可以叫作文化层。比如经过人工挖过，翻耕过，回填、夯筑或用其他方式加工过的土，都应当算为文化土，或者称为熟土、活土；日常生活中抛弃的垃圾和其他废弃物资的堆积，建筑物毁坏以后形成的堆积等，都应当称为文化堆积；而由文化土、文化堆积所形成的地层就叫作文化层。当然，在文化层的形成过程中，也免不了夹杂一部分自然力的作用，如日晒雨淋，刮风扬尘，植物的生长与腐烂，以及野生动物的活动等等，但是起主要决定作用的是人类的活动。没有人类活动的单纯自然形成的土，应当称为生土、死土或老土，由这种土形成的地层就是自然层。

有时候，文化层和自然层发生多次交叠现象。一个时期在某个地方住了人，形成了文化层；后来当地居民迁走了，在相当长时期内发生了自然的堆积；以后上面又住了人，又形成文化层，如此往复进行多次。旧石器时代的遗址，这种情况是常见的，著名的北京猿人产地周口店第一地点，可以划分十三层之多。实际上只有第四、八、九层为文化层，第十层底部有点灰烬，其他都是自然堆积。新石器时代的遗址，比如河南登丰双庙沟，就是由文化层与自然形成的上水石层交替叠压，往复达四次之多。再如湖南石门皂市，在早商文化层下为生土，即自然层，只是因为探工打探铲偶然在更深的地层中提出了陶片，才发现生土层下还有一个新石器时代早期的文化层。但这种情况毕竟是很少的。从新石器时代以后，绝大多数情况是文化层与文化层互相叠压，自然作用尽管也有影响，但因为时间不长很少形成必须加以区别的地层。

假如两个或两个以上的文化层发生了重叠现象，不论中间是否夹杂自然层，都应叫作叠压关系。很明显，在叠压关系中，只能是晚期地层叠压在早期地层之上。这是一个重要的原则，根据这一原则，就能够利用叠压关系确定一系列地层及其相关的遗迹遗物的相对年代。中华人民共和国成立后，我国新石器时代和商周时代的分期工作取得了很大的进展，其中一个重要原因，就是在大规模的田野发掘工作中，发现了许许多多的地层叠压关系，从而提供了划分相对年代的可靠根据。例如河南淅川下王岗遗址，下面两层是早期和中期仰韶文化，中间一层是屈家岭文化，较上两层是早期和晚期"龙山文化"，再上是先商文化，最上一层是西周文化，七个依次叠压的地层，代表了七个相继发展的文化时期（图四）。现在被认为是夏代或商代早期的二里头文化之所以能划分为四期或五期，郑州二里岗的商代前期文化之所以分为两期，也都是因为有明确的地层叠压关系作为依据。

假如人们在已成废墟的遗址上重建居民点，在那里盖房子、挖窖、打井、筑围墙、开挖排水沟等等，必定要破坏原有的文化层，有时还要破坏原有的遗迹，从而发生打破关系。很明显，在打破关系中，只能是晚期的遗迹打破早先的文化层，或者打破早先的遗迹，这是又一个重要的原则。根据这一原则，就能像利用叠压关系一样，利用打破关系来确定一系列地层和遗迹的相对年代。比如仰韶文化的半坡类型和庙底沟类型的关系，曾经是长期争论的问题，其实1955～1956年西安半坡的发掘，1960年河南洛阳王湾的发掘和1962年陕西彬县下孟村的发掘，都曾发现庙底沟类型的灰坑或瓮棺葬打破半坡类型的地层或房屋遗迹的地层关系。由此可以断定半坡类型是早于庙底沟类型的。又如在中华人民共和国成立初期，曾经在西安客省庄发现过一座西周墓葬打破一个客省庄文化的灰坑，后者又打破

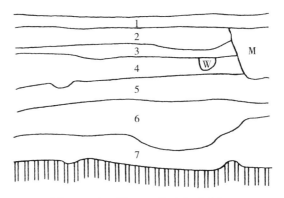

图四　下王岗 T11 北壁部分剖面

1. 耕土　M. 汉墓　2. 西周文化层　3. 先商文化层　W. 瓮棺葬　4. "河南龙山"文化层
5. 屈家岭文化层　6、7. 仰韶文化层（据《文物》1972 年第 10 期第 15 页插图改绘）

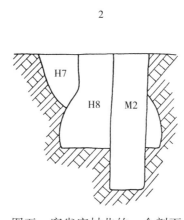

图五　客省庄村北的一个剖面

1. 耕土　2. 西周文化层　M2. 西周墓葬　H8. 客省庄文化灰坑　H7. 仰韶文化灰坑
（据《考古通讯》1956 年第 2 期第 32 页插图改绘）

一个仰韶文化的灰坑。从而证明了在那个地方的仰韶文化早于客省庄文化，而客省庄文化又早于西周文化（图五）。

在实际工作中，常常是叠压关系和打破关系交织在一起，形成很复杂的地层关系。例如河南洛阳王湾，每个探方挖下去都会碰到十几个地层和很多灰坑、房屋、墓葬的叠压与打破，因而可以进行很细致的分期。最下层的仰韶文化可以分为五期。它上面的龙山时代遗存可分为三期，再往上依次是西周、春秋、战国、西晋和北朝的堆积，除西晋外，其余四个时代的堆积本身还可以分期（图六）。像这样复杂的地层关系，无异是从新石器时代直到北朝时期历时几千年的一个年表，

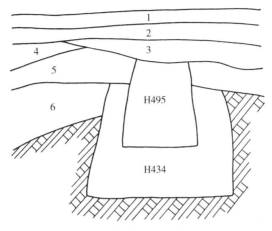

图六　王湾的一个地层剖面

1. 耕土　2. 北朝层　3. 西周层　4. "河南龙山"晚期地层　H495. "河南龙山"晚期灰坑
5. "河南龙山"早期地层　H434. 仰韶文化晚期灰坑　6. 仰韶文化中期地层（据《考古》
1961 年第 4 期第 175 页插图改绘）

对于建立我国中原地区的考古学的年代序列提供了最好的科学证据。

需要说明的是，考古学上的地层关系，仅仅表明有关的地层或遗迹形成的时间序列，说明哪个早些，哪个其次，哪个晚些。至于究竟早多少年，晚多少年，单靠地层是无法解决的。甲层叠压乙层，或者某甲打破某乙，甲乙之间也许只隔几年甚至几天，也许相隔几十年、几百年以至几千年，但是甲比乙晚这一点是可以确定的。

同样的道理，每一个文化层或遗迹本身的年代长短，单靠地层也是不能确定的。一个地层就代表一个文化时期的情况总是比较少的，大多数情况是同一文化期会形成许多地层。1974 年发掘湖北黄陂盘龙城遗址时曾经划分为六层。其中第4 层又分为四个小层，它们同第 5、6 层一起都是属于商代二里岗上层时期的。1956～1957 年发掘的河南陕县庙底沟遗址，有非常复杂的打破关系。其中有一组灰坑依次连续发生了七次打破关系，而这些灰坑都是属于仰韶文化庙底沟期的，只不过它们相互间有早晚而已。

在发掘过程中，自始至终都要研究地层关系，当按照既定的探方揭去表土后，即应将四边切直，地面铲平，看看土质土色有什么变化。如有变化，即应在四壁和平面上找出分界线，看看是否有遗迹现象，或者是不同地层的分界。地层本身是立体的，而我们能够观察到的只有五个剖面，即探方周围的四个纵剖面和探方底部的一个横剖面。因此，一定要把纵剖面和横剖面，这一纵剖面和那一纵剖面结合起来观察，才会有立体的感觉，才会明了遗迹或地层的走向。

如果在平面上看出有两种或两种以上的土，界线明确，那么它们可能是属于不同地层的土，也可能是一种遗迹现象，还可能是在同一地层中局部的土质土色变化。

假如是属于第一种情况，它们的分界线往往不很规则，而且必定会延伸到探方边上，并在剖面上反映出来。如果刚刚露头，可以在紧靠探方边的地方稍稍下掘几厘米，这时在剖面上就会清楚地出现一个倾斜度很大的交界线，一看就可以断定是哪一块土压着哪一块土。

假如是属于第二种情况，它们的分界线通常比较整齐，也比较明晰。这时不必急于从剖面上了解情况，而是要在平面上进行追踪，找出一条封闭线，遗迹的形状就清楚了。如果遗迹很大，要同邻近的探方联系起来进行观察，才会看得清楚。

假如是属于第三种情况，平面上往往会出现一个不甚规则的封闭曲线。但一个不甚规则的封闭曲线并不一定就是无意义的局部的土质土色变化。这时可在交界线上进行试验性的解剖，如果曲线的土很快向里收缩，那多半就是属于第三种情况。如果交界线倾斜度不大的向下延伸，仅仅稍稍向里收缩，那多半是一个不规则形的灰坑。如果曲线内的土反而很快地向外扩大，那就可能是刚刚露头的下一个地层了。

分析上述情况，是为了及时地判断地层和遗迹形成的先后关系，做到心中有数，以便有条不紊地逐层下掘，不至于因为做过了头或做反了关系而造成混乱。如果不及时铲平地面，划清土层分界线，并且将平面和剖面结合起来，或者将这一探方和那一探方的情况联系起来进行分析，做出必要的判断，而是一个劲地向下挖，尽管在隔梁的剖面上画出了清楚的地层和遗迹分界线，也已为时过晚。那时遗迹被做坏了，遗物被混在一起了，按照叠压关系和打破关系确定相对年代的依据也就不存在了。所以，认真的考古工作者总是不断地、及时地铲平地面和剖面，观察地层的变化，做到随时对探方内的地层变化心中有数。

划分地层，主要是根据土质土色的变化，而确定每一地层的大致年代则要看其中包含的遗物。在发掘期间，关于地层的年代和文化性质不必深究，而根据土质土色的变化划分的地层线是必须力求准确的。问题在于，同一层位的土质土色并不是绝对不变化的，而不同层位的土质土色也不见得有一望即知的不同。这是因为在同一时期往往可以形成许多不同的堆积，诸如灰烬、垃圾、碎砖烂瓦、腐草等等。人们丢弃这些东西，不会去有意识地掺和均匀。所以在一个很短时期内的堆积，就会有各种不同的土质和土色。而在不同时期，人们照样会抛弃灰烬和垃圾等。在这种情况下，究竟怎样能够根据土质土色的不同来正确地划分不同时期的地层呢？

　　事实上，绝大多数地层，不论它的厚薄是如何的不同，本身形成的时间并不很长，有的甚至是一下子就堆成的。比如房屋倒塌的堆积就是如此。一个地层基本形成之后，往往有一个较长的稳定时期，这或者是因为居民点暂时迁移了，只有自然的堆积和侵蚀在极其缓慢地起作用，或者是再次兴起了建筑，或者在废墟上重辟街道和广场，这些地面在相当长时期内都不会有多少堆积。若干年后，房屋再次倒塌或拆毁，或者又成为垃圾堆，又会很快地形成一个新的地层。在这两个地层交界的地方，不是路土，就是自然形成的很薄的一层土，这个分界既然是客观存在的，因此是可能划分清楚的。

　　在实际工作中，确实存在着有的地层线非常明显，有的地方就不那么明显。还有些地方在同一层位中有许多的小薄层，界线也非常明显，但它们仅仅是局部范围的，如果都单独划分为一层就不胜其烦，也未必有多大意义。因此，在划分地层时一定要从全局着眼，排除那些看来是非常明显的，但并非本质的现象，全力找出虽不明显但在整个地层的连接上具有重要意义的关键分界线。

　　每出现一个新的地层，都要从上至下地给予序号，以便及时地按照层次采集和登记遗物。在编地层号时，最好从整个遗址通盘考虑，而不要每个探方自编一套。假定一个遗址曾经三次住过人，形成了三个地层，三次的住地不会那么凑巧地完全重合。因而有的地方是三层，有的地方是两层，有的地方只有一层。假定最早的居民点在外围，那里就只有第三层，要是每个探方自行编号，就会编为第一层，这对于把各探方的地层进行相互对比是不利的。倘若探方相距较远，地层不相衔接，则不必强求统一，否则反而造成混乱。

　　在继续发掘时，要坚持自上而下分层动土的原则，就一个探方而言，只有把上一层做完之后，才可做下一层，要依地层本身的深浅进行清理，而不要按照同一水平深度下挖。就整个发掘区而言，则要力求使探方的进度取得一致，以便观察同一时期的地形，研究那时各个房屋和其他遗迹之间的相互联系。整个工地要协同动作，而不要各行其是，不要在大多数探方挖到第1、2层时，个别探方孤军深入，一下子就挖到第5、6层。

　　在我们的工作中，有些同志往往把包含不同时代遗物的地层称为扰乱层，这是一种未经深思熟虑的提法。事实上，凡属有几个地层的遗址，较晚的地层中总是或多或少地混杂较早地层中的遗物。因为人们既然在早先的废墟上重建家屋，总要动土，这就免不了要破坏早期的文化层，而形成新的文化层。此时动过的土，哪怕原先全是下一层的文化土，里面包含的遗物也几乎全是早期的，还是应当算作晚期文化层的一部分，而不宜算为扰乱层，更不应当作早期文化层。

　　有些山坡边上的遗址，或是丘岗上遗址的边缘，因为塌坡或水流的侵蚀，形成一种次生堆积。有时这种堆积也可分层，但是由于原先是上部的较晚的地层首先塌下，下部较早地层的堆积反而盖在原先是较晚堆积的上头，如果只看遗物似乎是一种倒转的地层。实际上，这种地层应当算是一种自然层，它的年代应当以塌陷的时间为准，仍然是下面的早于上面的。在华南丘陵地带，这一类情况比较常见，发掘时应当留心，不要把次生地层误作原生地层。

发掘任何遗址，既经开方动土，就要把工作做完，不要中途而废。不要看这个探方不丰富，就半途抛弃又去挖另一个探方。一个遗址是一个整体，总有一些遗迹遗物比较集中的地方，也总有一些院子、场地等遗迹遗物稀少的地方，都要通过发掘把它们弄清楚。一定要树立全面的观点，要耐心地做平凡的有时是很单调的工作。又要善于做关系纷繁复杂，需要十分细致小心的工作，整个发掘工作才能取得圆满的结果。

当一层一层地发掘下去时，如果没有十分重要的遗迹现象，应当一直挖到生土为止。倘若出现了重要遗迹，即使它的下面还有更早的文化层，也应加以保护，不要再往下挖了。某些国家的考古界有一种提法，说什么考古学家的责任就是要挖到生土为止，并把它作为田野考古发掘工作必须遵守的信条，这显然是片面的，缺乏分析的，等于号召人们向生土进军，模糊了田野发掘的目的和任务。

四 遗迹的清理

在田野发掘工作中，遗迹的清理是一项非常重要而细致的工作。当发现遗迹后，第一件要做的事就是找清楚它的地层关系。如果存在着叠压和打破关系，重点要了解压着它的各地层中，最早的是哪一层；打破它的各遗迹中，最早的是哪一个；而被它所打破的地层或遗迹中，则要看最晚的是哪一个，只有这样才能将该遗迹的相对年代限制在最小的范围。

在谈到遗迹的地层关系时，有一种似是而非的说法，就是那个房子属于某一层，或者说那是某一层的房子，或者换一种说法，那个窖穴开口在某一层等等。这是不可能的，遗迹不能属于某一层，也不能在某一层中开口，它只能被某一层压着，同时又打破某一层或某一遗迹。有人争辩说，西周的房子不属于西周层，又属于哪一层呢？提出这样的问题，说明他没有真正了解地层、遗迹和文化期的关系。

在地层学研究中，一个地层就是一个最小的共存单位，在这个单位中的全部堆积和出土遗物之间的关系称为共存关系。同样，一个遗迹也是一个单位，遗迹本身及其所包含的堆积物与遗物也是一种共存关系。在单位与单位之间可以没有直接关系，如果发生关系，无非表现为叠压关系或打破关系，而不可能有共存关系。因此一个单位既不可能包含另一单位，也不可能属于另一单位。

至于文化期，那是一个比较大的时间概念。在一个文化期内，可以有许多地层和遗迹，发生许多叠压和打破关系，并不是一个文化期就只有一个地层。所以西周的房子并不见得就一定属于某个西周层，它可以比那一个层早，也可以比那个层晚，只是他们的年代都不越出西周的范围。

在搞清楚遗迹的地层关系的同时，应当找清楚整个遗迹的范围，初步确定它的性质，看看究竟是房屋，还是窑址、灰坑或墓葬，并及时给予编号。

凡属有两个或两个以上的遗迹发生打破关系，一定要先做晚的，再做早的，不能倒过来，也不能同时清理，这是一个重要的原则，它同发掘地层时必须先挖上层再挖下层是一个道理。要坚持自上而下一层一层地揭，由晚而早一个单位一个单位地清理，才不至于搞乱。

在特殊情况下，比如晚期的遗迹很窄很深，而被打破的早期遗迹较浅，按上述原则挖很困难。那就不妨先把晚期遗迹清理到低于早期遗迹的部位，照相、画图并做好记录，再作早期遗迹，使上部稍稍开阔，最后才完成晚期遗迹尚未清理完毕的工作。

有时候会碰到一种情况，从上部看来两个遗迹是分离的，实际上它们是一种口小底大的袋形窖穴，或口小底大的墓葬，或者是洞室墓等等，在下面发生了打破关系。当开始发现口部时，自然难以预测下面的情况。为了防止把关系做反，在清理时应特别注意，看看是否都能脱边，如果发现有哪一块地方无法脱边，而坑外的土仍是熟土时，就要暂时停工，看看那边有没有遗迹。如果那边确有一种口小底大的遗迹，应当把它做下去，弄清楚打破关系，知道了谁早谁晚，再决定先把哪一个做完。

在清理任何遗迹时，一定要注意它本身的地层关系，研究它本身形成和废弃的过程。因此在清理时要留下剖面，不要一下子整个地挖下去。大型的房屋，占据好多探方的面积，探方的隔梁本身就提供了很好的剖面。较小的房屋，应留纵横两个剖面，一般灰坑留一个剖面就可以了。因此在挖小型房屋或灰坑时，应先做二分之一或四分之一，留出剖面，绘好图再做其余部分。或者在中间留隔梁，由上而下地分层清理。有的遗迹很狭小又很深，清理时无法留剖面，也可以整个清理下去，到一定深度土质土色发生变化时，进行测绘，制出剖面图，如此一层一层地做下去。

下面把一些最常见的遗迹的情况和做法做一简单的说明。

（1）灰坑

灰坑是田野考古发掘中常用的术语，用来指一切窖穴和虽由人工挖成但不知道其确切用途的坑穴。

灰坑的形状大体上有以下几种。

第一种是口小底大的，一般口、底都是圆形，底部平坦，正如一个圆锥台，又好像一个口袋，故称为袋形灰坑。其中有的有阶梯盘旋而下，有的底部和周壁抹泥，经过拍打，有的底部和周壁抹白灰面。绝大部分可能是窖穴，有些特别大的或者是一种特殊的房子。

第二种也是圆形的，周壁直立，底部有的平坦，有的略向下凹。周壁往往有挖掘时留下的工具痕迹。

第三种口部略呈圆形或椭圆形，不那么规整，四壁内收呈锅底形，建造很不讲究。

第四种为长方形竖穴，有的有上下的脚窝，新石器时代早期的磁山文化和商代遗址中有一些，其他时代少见。

不论灰坑的用途如何，做成以后，总要用一个时期，这时它周围的地面是稳定的。大多数情况应当有路土。只有在灰坑废弃后，它里面才会逐步为垃圾和其他文化土所填没。因此，被灰坑打破的地层同叠压在它上面的地层会有一个比较清楚的界面。至于灰坑中的堆积同压在灰坑上的地层，则可以有清楚的界面，也可以没有。如果灰坑废弃后很快被后期堆积所填没，并继续不断地堆积，那就不会有清楚的界面，灰坑中的堆积就可以同上面的地层算作一层。如果灰坑填没后的地面继续保持稳定，或堆积后又被平地去掉，那么灰坑中的堆积就会同上面的地层断然分明，应当作为两个单位来处理。

有些曾作为窖穴的灰坑，底部留有原来放置的器物或粮食等，是断定灰坑时代和用途的直接证据，一定要与灰坑废弃以后的堆积分开。有些较大的灰坑，它的堆积往往不是一下子形成，而是经过较长时期，分几次形成的，因此需要分层，每一层应作为一个单位对待。为了分层，应当先做一半，再做另一半，或者在中间留隔梁，总之不要一下子全面挖下去。

灰坑的口部很容易被后期破坏，因此计算灰坑原来的深度，应以保留坑外地面的为准，其他的只能说是现存的实际深度，而不是原来的深度。

（2）房屋

在清理房屋的时候，要十分注意地层关系，一方面要注意同其他地层或遗迹的叠压与打破关系，一方面又要注意它本身的地层关系。根据房子同其他地层或遗迹的关系，可以确定它的相对年代。这一点是大家容易理解的，也必定会注意到的。至于房子本身的地层关系，可以解决它的建筑工序，修补、增建、使用和废弃的年限问题则是容易被忽视的。这里打算着重谈一谈，以便今后把房屋的发掘工作做得更好些。

盖房子时总是要动土的，半地穴式的房子，挖出来的土往往填在房屋四围；平地起建的房屋，会用干土或红烧土等筑成房基；较大型的建筑，往往用夯土筑成较高的台基，这是最底下的一层文化土。在台基上，有时要挖墙基，挖柱子洞，甚至挖窖穴和水井等，形成打破关系，但这种打破关系仅仅是表明建筑工序的先后，相距的时间是很短的。

房子使用期间，有时会增加间次，郑州大河村仰韶文化晚期的房子，原先只有两间，以后又增建两间，连在一起。对于间数较多的房屋，应当注意有没有这种情况。

房子使用时期，室内和附近的室外地面是稳定的，但稍远一点就会有垃圾堆，它比房子建造的年代要晚一些。

房子毁弃后，会很快形成一大层堆积，有时会把室内某些未搬走的器物压在下面。这些器物代表的时期，应较房屋倒塌的时期稍早。

因此，一座房子从建造、使用到毁弃，往往有较长的时期，形成几个地层。当有许多建筑物在一起时，有些比较坚固，使用时间很长，在其使用期间旁边可能又盖了房子，直到它倒了，原先那座坚固的房子还没有倒。这种参差不齐的情况，使得村落和城市遗址的地层非常复杂。但是只要我们注意划分房屋本身的层次，以每一层而不是以整个房屋作为一个共存单位，问题就可以搞清楚。

房屋的结构随着时代的不同而有很多变化，同一时代因地区差别或用途不同也有许多类型。例如我国新石器时代的房屋，从平面布局看就有圆形的、方形的、长方形的，单间的、双间的和多间的等许多种；从结构看则有半地穴式窝棚，平地或低台建筑的房舍，以及架在木桩或竹桩上的干栏式建筑等；从用途看则有居室、公共活动的大型房屋和经济建筑物等。到商周时代，开始出现了宫殿、宗庙等大型的成组建筑，以及各种手工业作坊。在建筑技术上，新石器时代多是木骨泥墙草泥顶，后来逐步有夯土墙、土坯墙乃至砖墙瓦顶，地面也从一般的泥土面到白灰面或青灰色的三合土面，后来又有铺地花砖等。一个田野考古工作者起码应当具备这些基本知识，这样在清理房屋遗迹时就会有一定的预见性，做出一个切合实际的清理方案，否则就会盲目动土，造成损失。

在通常情况下，清理房屋的基础是比较容易的，而清理房屋倒塌的堆积是最困难的。做得好可以从中取得很多难得的资料作数据，可以复原房屋乃至家庭的生活图景；而如果做得不好，就很可能当作一堆乱土给清除掉，最后只留下一个房基的轮廓。

要清理房屋倒塌的堆积，最好是分步骤来做。先搞清楚房顶结构，再了解墙壁和门窗，最后是室内设施和器物。清理房顶的堆积时，先要剔除浮土，看看屋面是怎样做的，有没有装饰，有没有天窗设施，有没有瓦，瓦的排列方向如何等等，弄清楚后及时照相、绘图并做好文字记录。有的构件要编号，并在图上一一注明，然后才能清除。有些草泥顶的房屋被火毁后，房顶部分被烧成了红烧土，变得相当坚硬，把这层屋顶翻开来，往往能够看到清楚的苇束和木椽痕迹，可据以复原房顶的构架和建筑工序。在清理这种屋顶时，最好在旁边划出一块同样大小的空地，然后把屋顶红烧土一块一块地翻转过来，按原来的相对位置排列，椽架结构就会一目了然。待照相、绘图并做出详细记录后，应将所有红烧土块编号并包装收集起来。清理墙壁倒塌的遗迹，首先要注意倒塌的方向，看看墙顶到墙基有多少距离，是否可能复原墙壁的高度。再就要研究墙体结构，如是木骨泥墙，看看有无竹筋或苇子痕迹；如是夯土，要看看夯层厚度和夯窝形状，还要注意墙壁的厚度和收分；如是土坯或砖石砌成的墙，则要了解每块的大小和砌法，以及墙面的加工、有无壁画等等。在有些墙壁倒塌的遗迹中还可以了解门窗的位置和结构，把这些情况弄清楚并作必要的记录以后才能清除。最后研究室内的设施，如土床、土台子、火塘或地窖等等，东北有些房子有火炕。有些房子因为失火，室内东西来不及搬走，通通被压在房顶和墙体之下了。做这种房子很有兴趣，同时也应特别注意，看看地面是否有炕席的痕迹，有些什么陈设，各种东西摆在什么地方等等。有些器物如陶罐、瓷瓶之类，在屋顶塌下来时会被砸碎，破片会飞离原来的位置，但底部一般不会离开多远。所以要了解原来放置的确切位置，应该以底部的位置为准。

五　遗物的采集和保管

在发掘过程中，凡属小件器物如石器、骨角牙器、金属器以及可复原的陶器、瓷器和瓦当等，都应全部采集；陶片和动物骨骼等一般也应全部采集。至于贝丘遗址中的贝壳，秦汉以后的砖瓦等，因为重复件很多，可以择样采集。

有时可能发现房屋建筑的构件，包括梁柱、地板以及石质和金属构件等，也应尽量采集。

为了进行孢粉分析，应有选择地采集各层土样；为了测量年代，应采集一定数量的木炭或其他含炭标本用作碳素分析，或者采集窑或火塘的烧土标本用作古地磁分析。

除此以外，还可能有些重要的痕迹，如在坑壁上留下的被工具挖过的痕迹、夯窝或版筑痕迹等，应当翻模或硬化取样。

　　所有采集的标本均须记明出土层次，假如有个别器物介于两个地层之间，一时不好判断属于哪一层，则应暂时归于上一层。在整理时再看拼对情况确定是否可能属下一层。若是层次不清楚，就只能作为采集品处理，采集品的器物顺序号前一般要加一个零。

　　凡小件器物都要测量所在位置，由于探方一般是在东、北两边留隔梁，所以总是以西南角地面为基点，用三向坐标量度。探方的南边为横轴（X），西边为纵轴（Y），从基点向下的垂直线为竖轴（Z）。在实际测量时，总是先量器物到探方西壁的垂直距离，即 X，再量到南壁的距离 Y，最后拉水平线量距西南角地面的深度 Z，并用数字记录下来，所用单位一般为米。如一个器物的横坐标（到探方西壁的距离）为 3 米，纵坐标（到南壁的距离）为 1.8 米，深为 0.82 米，就可记为 $3 \times 1.8 - 0.82$，此处的 × 和 − 号并非意味着乘和减，只是一种约定俗成的联系符号而已。

　　量好坐标后应写标签，一般标签上应包括顺序号、器物名称、质地、出土单位或层次、坐标、记录者和年月日等栏目。标签应用变色铅笔书写，一式两份。

　　所有小件应个别包装，一张标签放在包里，一张贴在包外以便查找。陶片、骨骼等可以依层次集中包装起来。

六　发掘记录

　　发掘记录应当全面而准确地反映文化堆积的实际情况，所谓全面，就是所有可能做出的遗迹、遗物和遗痕都应得到反映，不是任意挑选一部分而丢弃另一部分。所谓准确，包括准确地判断地层和各种遗迹的性质，并且准确地进行量度等等。这样，人们就可以根据记录重建整个遗址，恢复发掘前的本来面目。为了达到这个目的，需要采用文字、绘图和照相等各种手段。因为三者各有其长处又各有其局限性，把它们结合起来，就能比较充分地反映发掘的对象。

　　文字记录主要有工作日记和遗址发掘记录两项。工作日记是每个从事发掘的业务人员的工作记录，带有流水账的性质，必须随身携带，遇有重要现象随时记录，每天收工前再作必要的补充和归纳。所记内容应包括日期、天气、参加发掘人员，开始如何计划当天的工作，发掘过程中发现了何种现象，当时是如何判断的，发掘的结果又是怎样的，以便逐步地积累田野工作经验。当发现重要的地层关系、遗迹和遗物时，也都要及时记录，并附以适当的草图。在发掘过程中画了什么图，照了什么相，取了哪些标本等等，也都要一一记明。工作日记是最原始最直接的记录，是填写正式发掘记录的重要依据，工作完毕后应该集中存档而不要留在个人手里，以便正式编写发掘报告时查对和参考。

除了每个业务人员的工作日记外，工地的总负责人还必须有总的工作日记，把整个工地的情况记录下来。栏目与各人的工作日记类似，只是反映的是整个工地情况，并且更多地注意与各探方之间的联系等。

遗址发掘记录乃是更为正式的记录，有一定的格式，并且要按照单位进行编号。一个探方就是一个单位，一所房子、一个灰坑、一座陶窑、一口水井等等都各是一个独立的单位，应该各有序号，并各有其发掘记录。单位的编号应包括发掘年份、发掘地点、单位类别和序号四个部分，发掘年份只用公元纪年的最后两位数字，发掘地点通常包括所属县市和遗址所在的最小地名，各用拼音文字的第一个字母代替，如岐山县为 Q，凤雏村为 F 等等。单位的类别也用拼音文字的第一个字母作为代号，如探方和探沟均为 T，房子为 F，灰坑为 H，窑为 Y，井为 J，沟为 G，墓为 M 等；有时把儿童瓮棺葬单独划一类别，代号为 W。这样，76QFF1 就是代表 1976 年在岐山县凤雏村发现的第一号房屋，75JMY1 就是代表 1975 年在江陵县毛家山发现的第一号陶窑，以此类推。

各种记录都应有一定的格式，分为各种条目逐项填写，以便于将各单位的同类项目进行比照研究，也便于个别项目资料的查对。切记不要写大块文章，不要发些不着边际的空泛议论。通常探方或探沟的发掘记录应包括以下几个项目。

（1）探方或探沟的编号、位置、方向和大小。

（2）绘图号、照相号、记录者和记录日期。

（3）发掘经过：包括参加人员，发掘日期，重要发现；对某些重要现象开始是如何判断的，怎样发掘的，结果如何，取得了何种发掘经验，是否还存在没有研究清楚的问题等等。

（4）层次和出土物：要从上到下逐层地叙述深度厚度、土质土色和包含遗物等，然后对该层堆积所属时代做一初步推断。

凡探方内有遗迹的，应说明各遗迹的地层关系。假如有个 H5 是被第 2 层叠压而又打破第 3 层，就应在写完第 2 层后把这一关系交代一下，再写第 3 层。至于 H5 的具体情况如形状大小、堆积状况等，将另有单份记录，在探方记录中可以从略。

灰坑的记录一般应包括以下几个项目。

（1）灰坑的编号和位置。

（2）绘图号、照相号、记录者和记录日期。

（3）发掘经过，写法同于探方记录。

（4）地层关系：指该灰坑被哪一层所压，或被哪个遗迹打破，它本身又打破了什么遗迹或地层等。

（5）形状、结构和大小：通常灰坑有袋形、圆筒形、长方形和不规则形等，不论哪种形状，都要具体描写，并应有口径、底径和深度等详细尺度。结构指其构筑方法，如有的有阶梯，有的壁面抹草拌泥或白灰，有的有上下的脚窝，有的壁面有工具痕迹等。

（6）堆积状况和出土物：包括土质土色，遗物多少，最有代表性的是哪些等。如灰坑中的堆积可以分层，便应逐层描写。

（7）时代和用途推测：时代只要求有个大略的估计，具体时代或期别要在室内整理阶段确定。用途主要是根据形状结构和堆积状况进行推测，如没有什么根据就宁可阙如，不要勉强。

以上是一些最基本的条目，其他的遗迹发掘记录可依这一格式适当变通。房屋结构比较复杂，记录当然也要相应地增加条目，尽量做到详尽而不遗漏。

发掘记录至少要一式两份，一份留在底册上，一份连同该单位的测绘图纸和小件登记表等共同放在一个资料袋里，注意每一个单位都要单独设一个资料袋，不要把几个单位的放在一个资料袋里，否则不易查找。资料袋上应写明发掘地点、单位编号、资料内容、记录者和记录日期等，并依顺序排列存档，以备室内整理期间或以后核查资料之用。

绘图记录在考古发掘中也是绝不可少的，它的优点在于比文字记录更加形象化。但考古现象是非常复杂的，例如土质土色的变化，包含遗物的状况等等，有些单靠绘图是难以表现或无法充分表现的，这就需要用文字加以说明，所以两种记录是相辅相成的，缺一不可。

考古绘图同艺术性的绘画不同，一般不讲透视，不讲明暗，而是以实测为基础，按照投影几何的原理，用一定比例进行缩绘，反过来又可按照一定比例进行复原。当然，在某些场合，也可以画一些素描，有意识地突出某些特点。这种素描比一般考古绘图更富有真实感，但它毕竟不能代替以实测为基础的绘图记录。在发掘遗址的过程中，起码应有以下几种实测图。

（1）遗址地形图：其范围应包括整个遗址及其附近的地形、地物，如河流、小山、村落、庙宇等。最好测出等高线，比例以 1/1000 或 1/2000 为宜。

（2）发掘坑位图：包括整个发掘工区的探沟探方及遗迹的平面图，以 1/50 或 1/100 为宜。

（3）探方平面剖面图：以 1/50 为宜。所谓平面图实际是俯视正投影图，可以表示探方内的遗迹及其相互打破的关系。剖面图则是在探方挖完后，从四壁的平面上可能看到的地层及遗迹的轮廓线，要注意平面图和剖面图的衔接以及四个剖面图的相互衔接，如果衔接不起来，就可能是测量错了，应该及时检查并改正之。

（4）遗迹平面剖面图：包括灰坑、房屋、窑、井、沟、墓等各种遗迹的平面和剖面图，以 1/10 或 1/20 为宜。每一遗迹至少应有一个平面图和一个剖面图，结构较复杂的应视情况增加几个剖面图和细部图。细部图的比例可依实际需要画 1/10 或 1/5 甚至更大一些。

画平面图的时候一定要标明方向，由于在实际工作中总是用磁针测量方向，磁针总是指向地球磁场的南北极，它与地球本身的南北极并不相合，各地的磁偏角均不相同，同一地点的磁偏角也随时间的变化而逐步发生变化。所以在图上画方向标时一定要写明磁北而不要只写一个北字，并且要注明测绘的年份方妥。

画剖面图一定要定水平。遗迹的剖面图通常有两种表现方法，一种是仅仅画出剖面的轮廓线，一种是除画出剖面外，还同时表现从该剖面向纵深看去的投影图，在同样大小的画幅内，后一种表现的内容比前一种要多，效果也比较好（图七）。

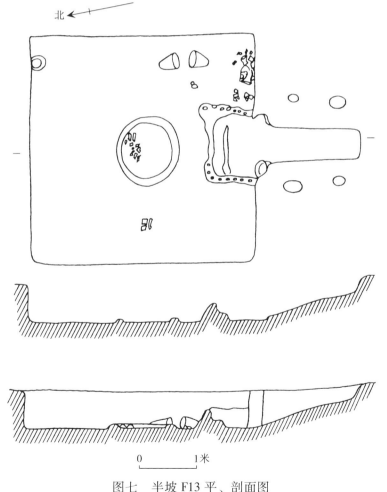

图七 半坡 F13 平、剖面图

上．平面图 中．只画剖面轮廓线的剖面图 下．剖面及侧视正投影合图
（据《西安半坡》第 12 页插图改绘）

　　不管是哪一种图，都必须注明图名（如是遗迹，就一定要写出它的编号）、比例、绘图者和日期等。

　　绘图虽然比较形象化，而且具有适当的比例关系，但毕竟只能勾出轮廓线而缺乏质感，这就有必要进行考古摄影。照片能够比较充分地反映事物的本来面貌，细致、生动、逼真，但无法表示各部分的具体尺寸，所以照相和绘图是互为补充的，两者缺一不可。

　　照相的内容应包括遗址动工前、发掘中及完工后的工地全景和特写，工作相和各种遗迹相等。基本要求是主题突出，尽量减少周围的干扰。一般用自然光线，深暗部分（如较深的窖穴和水井等）可用人工闪光。有些面积较大的遗迹或是工地全景等，为了取得较好的角度可以搭起架子来拍照，有些遗迹最好从顶部拍摄，那就需要一种特制的轻金属三脚架，如图八，照相机安在顶端，用电线连接快门进行拍照，用这种架子每张照片大约可拍40平方米左右，如果需要拍摄更大的范围，可以移动三脚架分片拍摄，然后把照片拼接起来。必要时还可以与有关单位联系用气球拍照或拍摄航空照片。

图八　鸟瞰照相的轻金属三脚架

　　每次照相后都要及时登记，要有专门的照相登记簿，其中应列出以下栏目：胶卷编号、张次、拍照内容、方向、天气、时间、光圈、速度、拍摄者和拍摄日期，至少前四项和后两项是必须填写的。

当有重大发现时，应进行录像或摄制记录电影。

附记：

本文与《考古资料整理中的标型学研究》（载《考古与文物》1985 年第 4 期）是 1976 年 9～10 月在陕西周原考古工地讲授《田野考古学》的讲义，当时听课的有北京大学考古研究班的学员、西北大学考古专业的工农兵学员和周原亦工亦农考古训练班的学员等。讲稿曾多次打印散发。后来又一直用作北京大学考古专业本科生的教材并略有修改。《资料整理》部分发表后，不少同志希望把整个《田野考古学》讲义整理发表，或至少先将《遗址发掘》部分发表。考虑到全部稿子还有许多不成熟的地方，修改需要较多的时间，所以还是先发表《遗址发掘》部分。由于稿子完成得比较早，有关遗址发掘中的聚落形态研究和浮选法的应用等都没有涉及。好在近年来已有一些文章介绍这些方法，读者阅读本文时可以参考。

为了进一步了解考古遗址的发掘方法，特别是发掘中的地层学研究，读者可以参阅下列著作：

1. 〔英〕吴理著，胡肇椿译：《考古发掘方法论》，商务印书馆，1935 年。

2. 〔日〕滨田耕作著，俞剑华译：《考古学通论》，商务印书馆，1931 年。

3. 夏鼐：《田野考古方法》，《考古学基础》，1956 年。

4. 石兴邦：《略谈新石器时代晚期居住遗址的发掘》，《考古通讯》1956 年第 5 期。

5. 石兴邦：《田野考古方法——调查、发掘与整理》，《考古工作手册》，文物出版社，1982 年。

6. 易漫白：《考古学概论》，湖南人民出版社，1985 年。

7. 苏秉琦：《地层学与器物形态学》，《文物》1982 年第 4 期，又收入《苏秉琦考古论述选集》，文物出版社，1984 年。

8. 张忠培：《地层学与类型学的若干问题》，《文物》1983 年第 5 期。

9. 俞伟超：《关于考古地层学问题》，《考古学文化论集》（第一集），文物出版社，1987 年。

10. 黄其煦：《考古发掘工作中回收植物遗存的方法之一——泡沫浮选法》，《农业考古》1986 年第 2 期。

11. 日本文化厅文物保护部著，李季译：《地下文物发掘调查手册》，文物出版社，1989 年。

12. 白云翔：《日本古代水田址的发现与研究》，《农业考古》1991 年第 3 期。

13. Graham Webster, 1974. *Practical Archaeology*, Adam & Charles Black, London.

14. Brian M. Fagan, 1978. *Archaeology: A Brief Introduction.* Little, Brown & Company, Canada.

15. Martha. Joukowsky, 1980. *A Complete Manual of Field Archaeology*, Prentice-Hall, INC. , Englewood Cliffs, New Jersey.

16. Philip Barker, 1982. *Techniques of Archaeological Excavation*, B. T. Batsford Ltd London.

17. Colin Renfrew, Paul Bahn, 1991. *Archaeology: Theories, Methods and Practice*, Thames and Hudson Ltd, New York.

（原载《考古学初阶》，文物出版社，2018 年）

考古资料整理中的标型学研究

一　资料整理和标型学研究

资料整理是整个田野考古工作中最后的，并且是非常重要的一个环节，从田野考古学的角度来看，调查、发掘和资料整理，是一个先后衔接而不可分割的完整过程。没有事先的调查，不可能组织考古发掘；没有发掘得到的资料，当然也谈不上资料整理；而如果不进行整理，就不能很好地消化发掘所得到的资料，更无法写出具有科学水平的发掘报告。

在大多数情况下，一个遗址往往包含不同时期的堆积，并可划分为若干层次。考古资料整理的方法，主要是根据田野发掘时划分的典型地层单位，对出土器物进行排比，分出早晚不同的时期，再依据不同时期的标型器物，对所有遗迹、堆积和一般遗物进行分期，最后在这个基础上描述各期文化的特征及其与其他文化的关系。这是一个认识深化的过程。因为第一，在田野发掘阶段，主要是进行地层学的研究，以便把各种文化堆积层次和遗迹的先后关系搞清楚。但地层关系只能表示文化堆积的先后顺序，而不能反映早晚相差的程度。上下两个文化层可以相差几百几千年，也可以只差几年甚至更短的时间。所以，划分地层只是进行文化分期的根据和出发点，并不就等于分期本身；要确定文化分期，还必须看器物和其他文化因素是否有明显的变化。其次，因为种种原因，晚期地层中往往包含有或多或少的早期遗物，给晚期文化面貌造成假象，需要通过适当的方法加以排除。如果只按地层划分，就会把这些混入物归入晚期阶段，从而模糊了早期和晚期文化之间的界限。第三，地层叠压或打破关系在整个遗址中有时仅仅是局部现象，其余没有直接地层关系的文化遗存，只有靠出土器物的对比才能确定其相对年代。何况单纯靠直接的地层关系根本无法越出遗址进行远地对比，而器物则是可以在不同遗址间进行比较的。所以，地层关系最后必须落实到器物型式的变化上来，才能正确地进行文化分期以及探讨各期文化同其他地方文化的关系。由此可见，资料整理的目的乃是把田野发掘中获得的原始资料，来一番去粗取精，去伪存真，由此及彼，由表及里的改造制作功夫，以达到对考古学文化有更深刻、更本质的理性认识。要达到这个目的就必须进行标型学的研究。

标型学又称类型学，是专门研究考古遗迹遗物和花纹等形态变化规律的学科。宇宙间的万事万物都是不断地变化和发展的，考古学上的遗迹、遗物和花纹也是不断地变化和发展的。在一定地区一定时期表现为一种形态，在另一地区或另一时期里又表现为另一种形态。如果运用标型学的方法，不但可以设法了解它们的变化规律，而且还可以根据这种规律去推断其他有关遗迹、遗物和花纹的相对年代及其发生、发展和传播的具体过程。

在田野考古学发展的初期，人们还不懂得用标型学的方法来研究遗物的发展规律，当时各国博物馆的陈列品通常是按质地和用途分门别类，而不是按历史发展的顺序排列的。从 19 世纪后半叶起，进化论的思想得到了广泛的传播，有些博物馆学者试图按照进化论的观点来改进陈列，开始研究器物质地和形式的变化规律。有些田野考古学者也注意到器物形态的变化规律，例如英国的博物馆学家和考古学家皮特·莱维尔斯（Pitt Rivers，1827～1900 年）在博物馆藏品陈列时将斧、矛、匕首等分别从最原始的一直排到最进步、最完善的。但他过分地强调了人类文化发展的一致性而忽视了民族特色和地区之间的不平衡性，因而不能严格地按年代顺序进行排比。例如他把旧石器时代的手斧与 18 世纪塔斯马尼亚人的打制石斧放在一起，仅仅因为它们都是很原始的，这最多只能算标型学的萌芽。与此同时，法国的旧石器时代考古学家莫尔梯列（A. de Mortillet）建立欧洲旧石器时代分期体系时也曾提出标型学的名称。但标型学的真正奠基人还是瑞典人蒙特留斯（G. O. A. Montelius，1843～1921 年），他首先将北欧与南欧的青铜器、陶器以及希腊、埃及和西亚的古代装饰花纹等进行了排比，对照了一些考古发掘中的地层关系，证明确有规律可循。他树立了青铜斧、剑和扣针等若干标型器物，探讨了各种方式的器物组合，并用这些标型器物及其组合来推断其他共生器物的年代。他一生有许多著作，最后的一部集中讲标型学方法的书，是 1903 年出版的《古代东方和欧洲的文化分期》第一卷《方法论——器物类型学》[1]。蒙特留斯研究的对象，大部分是墓葬的随葬器物和传世品，未免有点局限。稍后一些，英国的考古学家皮特利（W. F. Petrie）根据自己多年从事埃及考古的经验，于 1905

---

〔1〕　Oscar Montelius, 1903. *Die Aelteren Kultur Perioden in Orient und in Europa*, No. 1. *Die Methode*, Stockholm. 中译本改名为《先史考古学方法论》，滕固译，商务印书馆，1935 年。

年出版了《考古学的方法与目的》一书[1]，把标型学方法又向前发展了一步。

自从标型学产生之后，很快就为各国考古学者所广泛应用，成为划分时期、区别文化，乃至探讨各地文化的来龙去脉及其相互关系的有力工具。特别是对那些经过大面积发掘的居住遗址和墓地，出土遗物极其丰富，地层关系又非常复杂，如果不应用标型学方法，简直就没有法子整理清楚。

需要指出的是，标型学最初是在进化论思想推动下产生的，它将考古学遗物进行历史的考察，确认是有规律可循的，这是它的基本的值得肯定的方面。但有些著作把器物当作像生物一样的东西，以为只是受到某种自然规律的制约，而忽视社会条件的影响；有的甚至以为器物可以不受制约而自行发展，这显然是不对的。再者从标型学产生到现在已有 80 多年的历史，在考古研究的广泛应用中已经积累了很多新的经验。因此，当我们讨论标型学的基本原理，或是运用这种方法于考古学研究的实践时，不但要尽量吸收前人的成果，而且有必要依据辩证唯物主义认识事物的方法来加以改造。这当然不是个人的能力和水平所能达到的，需要有很多考古学家的共同努力。这里讲述的基本原理和方法，只能算是我学习中的一些粗浅体会。

二 标型学的基本原理

标型学首先要探索器物发展的规律，为此必须先了解遗物在地层中的关系，我们就从这里讲起。

1. 遗物在地层中的关系

遗物一般是出在地层中的，遗物之间的关系需要借助地层关系来确定，而地层关系无非是叠压关系和打破关系，也就是先后关系。不同遗物出在同一个地层单位之中则叫作共存关系。

一般说来，凡属出于有叠压或打破关系的各地层单位中的遗物，其年代可能有早晚之别：凡属有共存关系的器物，其年代可能同时。比如甲器物出在第 1 层、乙器物出在第 2 层，第 1 层叠压在第 2 层之上因而较晚，若是借助地层来确定甲和乙的年代关系，最大的可能是甲比乙晚；假如甲乙出于同一地层单位，从地层学的角度来看，一个地层单位（如一个地层、一个灰坑、一座墓葬等）本身是不可能再分的最小单位，以它来判断年代，甲乙就有可能为同一时期之物。

---

[1]　W. Flinders Petrie, 1905. *Methods and Aims in Archaeology*, London.

要特别提请注意的是，仅仅根据一个地层关系，只能说是可能同时，或可能有早晚差别，而决不能确定它们一定同时，或一定有早晚之别。道理很简单，因为器物的形态总是在制造时而不是在废弃堆积时确定的，有些器物使用的年限很长，有些器物使用的时间甚短，同时制造的不一定同时堆积，而同时堆积的不一定是同时制造的。在地层上有先后关系的器物也是如此。甲出在上层、乙出自下层，只能说甲比乙埋入土中的年代要晚，不见得甲比乙制造的年代也晚。假如甲是 30 年以前制造的，用了 20 年才损坏；乙是 20 年以前制造的，用了 5 年就损坏了。假如两者的残片恰好被抛在同一地方，而它们的堆积又可分开层次，当然乙会在下层而甲反位于上层。为了避免因这种偶然事例而把器物的年代弄颠倒了，实践中应当引用尽可能多的地层关系进行互证而避免孤证。这里存在着一个或然率的问题。假如两种器物发生共存，说明它们被制造出来的年代可能相差不久，也可能就是基本同时的。假如只有一例，这种或然率还比较小；假如共存的事例很多，或然率就很高；假如达到了相当大的一个数目，可能性就会变为必然性，证明两者确属同时。在地层上有先后关系的也是如此。如果有关的器物不是一两种而是一群，那么重复的次数并不需要很多，就可认为是确实的。器物群越大，这种确实性也越大。

其次还要对地层单位进行分析。一般地说，墓葬或窖藏的器物是一次埋入的，属于同时的可能性较大。但也有一些特殊情况，如广东曲江石峡的二次葬，每墓都有两套东西，第一次随葬的因搬迁而碎了[1]，第二次随葬的则较好，时间明显有先后之分，显然不应视为一个单纯的共存体或地层单位。有些洞室墓的死者不止一人，往往不是一次埋入，随葬品有时也有先后。窖藏东西有时不成套，且年代先后差距较大，如陕西周原庄白一号窖藏即是如此。不过，这种情况毕竟是比较少的，绝大多数墓葬和窖藏都可以作为单一的地层单位，而且是很好的地层单位。

灰坑、窖穴、水井等废弃以后，会逐渐填充起来，这些填充物往往延续一段时日，但一般不会太长。在发掘过程中这类单位的边界比较容易确定，所以其中包含遗物的同时性虽比墓葬要差，但仍然是比较好的。

一般地层堆积的时间往往比灰坑中堆积延续的时间要长得多，发掘时划分上层和下层的界线很难像做遗迹那样一点都不出差错，因此同一地层中出土的遗物，其同时性就比较差了。

最后对器物本身也要有个分析。一般地说，耐用品比非耐用品使用的年限要

---

〔1〕　广东省博物馆、曲江县文化局石峡发掘小组：《广东曲江石峡墓葬发掘简报》，《文物》1978 年第 7 期。

长，例如石器、玉器、铜器等耐用品，从其形制的确定到埋入土中，时间的伸缩性很大，因而根据它们在地层中的先后关系或共存关系来反证其制作年代的误差就可能很大。陶瓷器等容易破碎的器物，使用的年限一般甚短，从而根据其所在地层关系反证其本身的年代（即制成年代）的误差就比较小。不仅如此，珍贵品和大路货也不一样，有些珍贵品尽管并不结实，人们可能保藏很长时间；而普通的大路货容易更新，使用年限自然较短。还有实用品和明器的差别，前者或长或短总要使用一段时间；而后者制造出来就是专为死人随葬的，时间的误差最小，根据其所在墓葬的叠压打破关系来排比年代是最准确的。

总之，根据地层关系排比器物的年代，其可靠程度要视具体情况而定。如果是较好的地层单位，如墓葬、窖穴等；又是时限比较短的器物，如陶器或明器之类；并且不是单个的，而是整个器物群，那么地层关系只有一个两个，也能确切地证明器物制作的相对年代。如果不是这种情况，所需的地层关系的证据就要加多，否则就只能说有某种程度的可能性，而不能认为是确实可靠的。

2. 标准形制与分型定式

当我们根据地层关系将器物的年代顺序排比出以后，就会发现有些器物变得快，有些器物变得慢；有些器物存在的时间很短，而另一些器物在很长时期内都只有微小的变化，量度年代，总是越精确越好。因此我们总是选择变化较快或存在时间较短的器物和花纹等作为断代的标准，这类器物和花纹就叫作标准形制。

在通常情况下遗物的变化比遗迹要快一些，花纹的变化比遗物又快一些。在遗物中，容器和某些武器的变化比生产工具要快一些。所以在考古研究中，经常用容器和花纹等进行排比，如陶器、瓷器、青铜容器、铜剑和铜镜花纹等，都是标型学研究的有用资料。

在各种容器中，也有变化快慢的区别。一般是形制复杂一些的变化快，比较明显而易于把握；形制简单的碗、碟之类变化小，有时不易觉察。所以人们总是选择前者作为标型器物，例如仰韶文化中的小口尖底瓶、大汶口文化和龙山文化中的鬶、龙山时代和商周时代的鬲，都是形制复杂、变化明显的标型器物，它们的数量又多，因而成为量度年代的最好标尺。

有的时候，某些遗迹、遗物或花纹的某一局部具有相对的独立性，并且变化规律明显，也可作为标准形制进行排比，如中国古代建筑上的斗拱、瓦当和藻井花纹，新石器时代的陶鼎足和小口尖底瓶的口部、商周铜器上的饕餮纹、石窟造像中的衣褶背光等都是。

根据实际情况，可以选择一种或几种标型器物或花纹进行排比。假如选择了小口尖底瓶，其中有杯形口的、环形口的和喇叭形口的，检查地层，杯形口的在下，环形口的在中，喇叭口的总是在上，没有相反的例子，这样不仅可以确定其相对年代关系，而且可以确定每一时期的标准形制。为简便起见，可以分别将其定为Ⅰ、Ⅱ、Ⅲ式，其中Ⅰ式最早、Ⅱ式为次、Ⅲ式最晚，西安半坡仰韶文化遗址的情况就是如此（图一）。

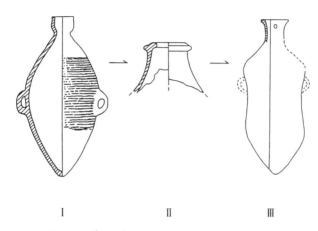

Ⅰ　　　　　　　　Ⅱ　　　　　　　　Ⅲ

图一　半坡遗址小口尖底瓶的发展阶段

Ⅰ. 杯形口瓶，半坡早期　　Ⅱ. 环形口瓶，半坡中期　　Ⅲ. 喇叭口瓶，半坡晚期

假如选择了陶鬲，其中有卷缘高档的、有方唇高档的、有宽缘矮档的，还有高领高档的、宽缘扁档的等等。检查地层，卷缘高档的常在最下面，而宽缘矮档的常常在上面，其他几种也各有位置，把各种鬲按地层排列，从形制的变化上不容易看出规律，如说档是从高变矮，有的晚期鬲档也很高，如说缘部由卷缘向宽平缘发展，有些早的并不卷缘。这就需要根据地层关系和器物形制反复排比。如将这些鬲排成两行，变化的脉络就会比较清楚。因为它们一是商文化的鬲，一是周文化的鬲，两者各有其变化规律。遇到这种情况，应将每一行定为一型，分别定名为 A 型、B 型；每型中依年代顺序发生的变化仍名曰式，A 型分Ⅰ、Ⅱ、Ⅲ式，B 型也可分成或多或少的式。如果情况更加复杂，A、B 两型之外，还可以分成 C 型、D 型以至更多的型。为什么有些器物只有一型，有些器物有较多的型，原因是多方面的，其中包括不同传统文化的交流和影响。有几种文化接壤的地方，最容易形成复杂的情况，以至按单一的系列无法进行排比，而必须分成不同系列（即型），才能把形态变化的脉络理顺。

通常用拉丁字母代表型，表示一个完整的系列；用罗马数字代表式，表示一系列中的某一发展阶段。用这些符号是为了更好地说明器物演化的规律，不是什么故弄玄虚。否则就要增加许多说明和解释的词句，既啰嗦又不容易表达得十分确切。

型和式都是对于一定形态的本质的概括。型是较大的概念，一个型可以包括若干式。一个式乃是许多个体（器物或花纹）的某种共性的概括，一般是表示某个型在某个时期的突出特征，因而舍弃了许多非时间性的因素，也舍弃了许多个体变异。型则是若干式的共性的概括，其中舍弃了各式区别于其他式的那些特征。不能稍有不同就分出一型或一式，那样将会有很多的型和式，反而会弄得条理不清，模糊了对于变化规律的认识。

3. 祖型和遗型

在许多讲标型学的著作中，常常谈到祖型和遗型的问题，究竟应当怎样评价和认识这个问题呢？

标型学的奠基人蒙特留斯最初创立了原型（prototype）的概念，认为凡是具有原始性或单纯而自然的形式者就是原型。有些著作中把原型又称为祖型或母型，都是指某种东西的最初形制。任何遗迹、遗物或花纹都有其发生的历史，因而都应有一个祖型或原型。由于事物的发展往往是由低级到高级，由简单到复杂，所以祖型也往往表现为比较简单、低级、原始。但事物的发展又是不平衡的，一些高级的复杂的东西产生以后，仍然存在着大量的低级的简单的东西，它们在演化的谱系树上可以被认为是一种祖型，但实际存在的年代并不一定很早。正如生物的进化是从原生动物发展到脊椎动物乃至人类，时间经历了若干亿年，而现今生物界差不多还有代表每一发展阶段的若干物种，包括原生动物在内。人类是从原始社会逐渐发展到社会主义社会的，但就整个人类社会而言，一种新制度的诞生并没有能够完全取代前一种社会制度，当今世界上仍然存在着五种社会形态，尽管有的在周围的环境影响下已发生了很大变化。考古学研究的遗迹、遗物和花纹的变化规律也不例外。从最原始的形态出现以后，过一定时期就会出现一些新的形态，也会淘汰一些旧的形态，但有些旧的或比较落后的东西往往会以稍稍变化的形式遗留下来。它们在形态上可以被认为是某种祖型或原型，而本身的年代并不是最早的。由此可见，最早的东西往往表现为祖型，而可视为祖型的东西并不一定是最早的。

还有一种情况，就是某些地方的某些文化因素有时会出现暂时的退化现象。例如山东地区龙山文化的陶器绝大部分是轮制的，器壁薄，火候高，颜色深黑，而它以后的岳石文化和珍珠门文化的陶器则逐渐退化为手制为主，红色为主，器壁厚重，火候甚低。从夏家店下层文化到夏家店上层文化，从齐家文化到辛店文化，从良渚文化到湖熟文化，也都有类似的倾向，只是程度有所不同。这种退化阶段的陶器，尽管看来比较低级、粗劣，显然并不是什么祖型，更不能认为它们的年代很早。

所谓遗型或者称为失效体，原意是指器物上的某个部件如把、嘴、足之类，后来因用途转化或制造方法的变化，逐渐退化为无用的东西，像盲肠一样只剩原来的大致形状而失去了早先应有的效用。因此凡属保持遗型的器物，在年代上就比该部件仍保持效用的器物为晚。在实际生活中，这样的遗型是经常可以看到的。蒙特留斯举了这么一个例子：北欧的一种青铜斧，安柄的部位原来是缠绕许多圈铜丝的，后来成了铸成的空首斧，不需要铜丝来固定斧柄了，但有趣的是在柄端仍然做出铜箍状的花纹，这花纹就是铜丝的一种遗型。大汶口文化的背水壶，本来是有双耳和一个钩形泥突的，发展到后来双耳都成了泥突状的遗型，不能再起器耳的作用了（图二）。

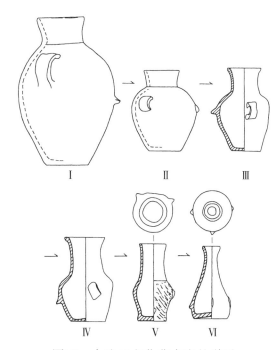

图二 大汶口文化背水壶的谱系

Ⅰ、Ⅱ. 大汶口 M81∶8、M98∶13　Ⅲ、Ⅳ. 西夏侯 M6∶11、M11∶63　Ⅴ、Ⅵ. 大范庄 M11∶2、M3∶26（Ⅴ、Ⅵ器耳已成遗型）

安阳商代晚期墓中的陶瓤、爵等明器，也是越发展到后来越不适用。爵本来是有流有把的，后来做得仅仅略有痕迹，最后甚至连一点痕迹也没有了，如果不同以前各期的爵联系起来看，根本就看不出那还是爵，更不用说流和把了（图三）。

应当指出的是，并不是任何器物发展到后来都会出现遗型，而且有时候还会

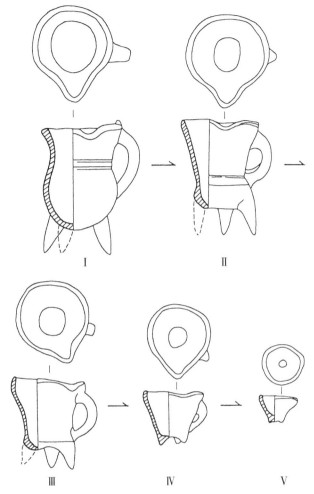

图三　殷墟随葬用陶爵的谱系

Ⅰ. M360：3　Ⅱ. M422：1　Ⅲ. M287：2　Ⅳ. M461：2　Ⅴ. M445：8

（图示流和把逐渐变为遗型乃至消失）

遇见似乎正相反的情况。例如大汶口文化有大量的觚形杯，发展序列也很清楚。觚形杯底部有三足，但最早的三足仅为三个小泥饼，根本起不到足的作用；再早一些，三个泥饼竟贴在近底的外壁，这似乎是失效体，实际是尚未发挥足的效用而仅起装饰作用的原型或祖型。觚形杯足往后发展是越来越宽，最后竟连成一起成了圈足，显然不是失效而是更有效的起到了支撑作用，自然不能把它们看作遗型（图四）。

　　有时候，一部分器物在退化，另一部分器物并不如是。上举安阳的陶觚爵明器是明显退化的例子，但同时代的铜觚爵并不退化。如大司空村 M53 中随葬的陶觚爵只是略具其形，是遗型物，而铜觚爵完全是适用的。假如说具有遗型的陶觚

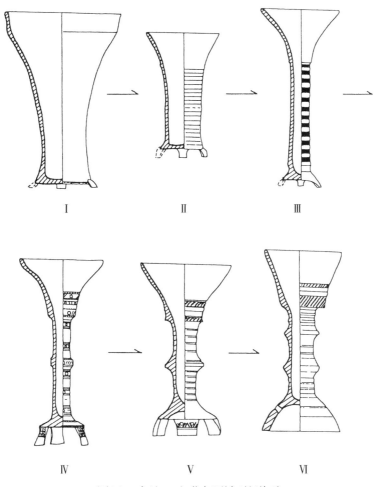

图四　大汶口文化觚形杯的谱系

Ⅰ、Ⅱ、Ⅲ. 刘林 M219：1、M218：1、M83：1　Ⅳ. 大墩子 M17：2　Ⅴ. 大汶口 M48：2　Ⅵ. 野店

爵必定比还在有效使用的铜觚爵为晚就会闹出笑话，因为它们共存于一墓，是同一时期的东西。

因此，判断某种似乎不适用的部件是否为遗型，或虽为遗型，其年代是否比同类的所有适用器物为晚都要按照地层关系具体分析其形制演变规律才能确定。不能想当然，不能设想某种固定不变的模式，否则就会把事情弄乱。

4. 形制发展的逻辑序列

人们制造器物，刻划花纹，总是在既有的文化传统和现实条件下进行的。由一种形制变化为另一种形制，有时是突变，但在很多情况下还要经过一系列的中间环节，因而可以分为若干式别，式别与式别之间往往存在着一种逻辑的发展序列。例如带嘴壶，有高颈、中颈、矮颈三种，不论其早晚关系如何，中颈总应放在中间，才符合逻辑的序列。又如鬲，有高裆、中裆、矮裆三种，同样不论其早晚关系如何，中裆鬲只能放在中间，这就叫作形制发展的逻辑序列。任何器物的发展，只要是有规律可循的，就存在着逻辑的序列。根据这一原理，可以解决实际工作中的一系列问题。比如一个墓地有几百座墓葬，只有个别的存在着打破关系。根据墓中出土的器物可以排出几个逻辑序列，只要其中有某一序列的两式器物在地层中分别出于早晚不同的单位，就可以确定该序列的发展方向，再根据共存关系和器物组合，便可将整个墓地分为若干期。当然，正如前面已经指出的那样，单是一个地层关系的排比是不可靠的，地层关系越多，便可有多次验证和补充，可靠性就会增加。但根据形制发展的逻辑序列，并不需要每一式别都有直接的地层关系，在排比墓地随葬器物和传世物品时，这一原理是尤为重要的。

这里有一点需要注意，就是排比形制发展的逻辑序列要有一定时间范围的限制，时间太长，某些原来的特征又可在新的基础上重复出现。如原来是由圜底变平底，以后又可能出现新的圜底，遇到这种情况可以划分为几个序列，不能把什么都放在一个逻辑序列之中。当实际进行排比时，还应该按同一类器物的其他方面的特点以及共存器物的情况，以确定一个逻辑序列的范围，才能做到安全可靠。

5. 组合和器物群

各种器物和花纹的变化总是不平衡的，有的快，有的慢，有的淘汰了，有的又新产生出来，新陈代谢，生生不息。要探索这一规律，除了从各种器物和花纹的型式变化来研究以外，还应当从它们的相互联结上，从组合上来进行研究。

所谓组合，是指在一定时期内，某几种形制经常共存，形成相对稳定的关系，这几种形制就称为某某时期的组合。例如仰韶文化半坡期随葬器物的组合多数是钵、瓶、罐，西周至春秋随葬器物多鬲、盆、罐，春秋战国之交多鼎、豆、壶，战国多鼎、敦、壶和鼎、簋、壶，到了西汉成了鼎、盒、壶。人们一提到某某组合，就知道是什么时期的墓葬。所以组合是一种时代特征的最集中的概括。

组合不仅表现在不同器物的联结上，也可表现为几种器物或花纹的特有型式的联结上，甚至可以是器物、花纹和特定遗迹型式的联结。比如杯形口尖底瓶、圜底钵和宽边彩纹是仰韶文化半坡类型的组合；而环形口尖底瓶、卷缘曲腹盆和回旋勾连纹则是庙底沟类型的组合，两个类型的标型器物和花纹的不同式别，又可各自联结为不同的组合[1]。

---

〔1〕　苏秉琦：《关于仰韶文化的若干问题》，《考古学报》1965年第1期。

有时候，不同的组合不但有划分时期的意义，还有区别文化与族别的意义。例如同属于龙山时代，龙山文化多鬶、鼎和蛋壳黑陶；造律台类型多甗、鼎和方格纹；后冈二期多鬲、甗和绳纹；王湾三期多斝、方格纹和篮纹；齐家文化多双大耳罐和蜂窝状绳纹等等。

组合是几种最普遍而突出的特征在一定时期的结合，与器物群的概念不同。一个器物群应包含一定时期内的各种器物，作为一个整体，当然也是代表一个时期的特征。换句话说，就是在不同的时期存在着不同的器物群。

三　器物形制和花纹的谱系研究

关于标型学方法的实际应用，主要有三个方面，即单独一种器物或花纹的谱系研究、墓葬和遗址的分期以及考古学文化的分区和分期等。由于研究具体对象不同，做法上也应有所不同。下面谈到的一些方法仅仅是最基本的和举例性的，详细的研究，最好去看有关的论文著述[1]。让我们先从一种器物的标型学研究谈起。

凡属标准形制的某种遗迹、遗物或花纹，原则上都可以单独进行标型学研究，以弄清其发展谱系及其所反映的某些文化现象和社会历史问题。但在实践中，往往较多地注意于某一种器物的研究，如我国考古学家多年来对于陶鬲、陶鬶、铜鼎、铜剑、铜镜和石刀等的研究都是如此。

把研究对象集中到一种器物，便于从微观的角度对其形制进行细致的解剖和比较分析，把它的发展谱系建立在牢固的科学基础之上；同时因为对象单纯明确，易于确定它在时间和空间上的范围，从而也便于从宏观的角度探讨它所反映的各种文化现象。自然这种研究方法不能代替对整个器物群和整个考古学文化的研究，甚至也不能完全脱离那种研究，但它毕竟有方便之处和独到之处。

如果一种器物只限于某一小地区的人们使用，影响这种器物变化的原因也比较单纯，那么只需要根据地层进行归类，再按器物发展的逻辑序列对地层进行检

---

[1]　关于这方面的文章和专著甚多，谨向读者推荐下列五种：

a. 苏秉琦：《斗鸡台沟东区墓葬》附录：《瓦鬲的研究》，1949年。

b. 中国科学院考古研究所：《洛阳中州路》（西工段）第五章：结语，科学出版社，1959年。

c. 山东省文物管理处、济南市博物馆：《大汶口——新石器时代墓葬发掘报告》，文物出版社，1974年。

d. 高广仁、邵望萍：《史前陶鬶初论》，《考古学报》1981年第4期。

e. 林沄：《中国东北系铜剑初论》，《考古学报》1980年第2期。

验核对；或者先按逻辑序列排比，再用地层关系检验核对，最后分为几个式别以示器物发展的几个阶段也就可以了。但如果一种器物曾经在许多地区的不同族系的人们中广为流传，各地各族人民的文化传统不同，风俗习惯不同，社会经济发展的状况也不尽相同，它们都会成为影响器物变化的原因，此外还可能有别的原因，使器物的变化复杂起来。上述鬲、鼎、剑、刀等便都有这种情况。

具体研究可以从大处着眼，细处着手。还举仰韶文化的小口尖底瓶为例来说明之。如以潼关为界，西边的全部比较粗短，比高（通高与最大腹径之比）一般不超过 2，东边除粗短型者外，还有瘦长的一种，其比高往往在 3 以上。这样便可大体分为两型。假如把粗短的定为 A 型，瘦长的即为 B 型。根据地层关系及形态变化，每型又可分为若干式。最早的为杯形口鼓腹，有双耳，底部夹角甚小，一般在腹中段饰较整齐的绳纹。第二阶段为环形口，A 型瘦腹无耳；B 型常为亚腰，有双耳，底部夹角稍稍变大，通体饰乱而稀的线纹。第三阶段为喇叭形口，最大腹径上移，形成广肩，亚腰，有耳或无耳，底部夹角更大，甚至变为钝角，通身饰篮纹或绳纹。根据上述情况，就可以将小口尖底瓶分为 I、II、III 式。A、B 两型各自发展的道路有些是一致的，有些并不一致，但在发展阶段上还基本上是同步的。这样一个小口尖底瓶的发展谱系，同它所属的仰韶文化是分不开的，两型的划分反映了仰韶文化本身的分区，而式别的划分则反映了仰韶文化本身的分期。

由于一个考古学文化不止一种器物，也往往不只有一种标型器物，各标型器物的发展虽有联系，但不一定总是同步的，所以器物的分式同文化分期也是有联系而不总是相一致的。同样，器物分型的原因很多，文化传统只是其中之一，故器物分型同文化分区也是有联系而并不总是一致的。这里不过是为着叙述的方便举出一个比较简单的例子。至于更复杂的器物，方法也还是一样的，只不过要分出更多的型和式罢了。

有时候，一个型的器物在发展中产生了新的分支，各自沿着不同的轨道发展，就可以分为新的型或者亚型，正同文化分区可以分为次级区或亚区一样。有时式的下面也还可以有更小的一个层次。如 I 式、II 式不能反映最基层的划分，则可细分为 Ia、Ib、IIa、IIb 等更小的式别，这些都要视具体情况而定。

在划分器物的型式时，需要有总体的观察，也要对全器进行分解，以便考察各部分的变化情况。上述小口尖底瓶就可以分解为口、腹、耳、底、纹饰五个小部分。如果更细致一些，口又可以划分为唇、缘等若干细部。特征的描述除形状外，在可能的情况下还应有量的界标，如小口尖底瓶的比高即是一例。这样可使某些式的划分更确切些，也有利于现代数学方法的应用。

四　墓葬和遗址的分期研究

在考古资料整理工作中，更常见的是墓葬分期和遗址分期。要做好这个工作，首先要对出土器物进行标型学研究并划分时期，在这个基础上才能进行文化分期。

不论墓葬还是遗址中的器物，都不是单独一种，而往往是以器物群的形式存在的。不过墓葬和遗址出土器物的情况还是有差别的。因为随葬器物是人们有意识安排的，常有一定的组合，并且是完整或可以复原的；遗址的情况要复杂得多，大多数遗物是无意中抛弃的，并且十分残破，花费极大功夫进行拼对复原也只能补救于万一。尽管遗址和墓葬器物分期的基本原理相同，但在做法上不能不有所区别。比较起来，随葬品的标型学研究要简单一些，这里就先从墓葬的随葬品标型学研究讲起。

1. 随葬物品的分期

可以有两种做法。第一种做法是选择一种最好的标型器物，根据地层关系（如有纪年铭文或其他可以确定年代的物品亦可）和形制发展的逻辑序列排成一行或数行，将其分型定式。再将第二种和第三种标型器物照此办理，最后检查其组合关系和共存关系。为了醒目起见可以列出一张各式器物的共存关系总表，检查表中有无互相倒置等矛盾现象，一个一个地追查原因。无非是地层关系搞错了或者是型式搞错了，查出后即加以纠正。在反复核对无误以后，再看其他随葬物品的情况有无矛盾，如有矛盾也要查明原因加以纠正。完成这步工作之后，再对各种随葬器物的变化进行综合考察，如果大部分标型器物发生了变化，或者组合发生了变化，就可以分为一期，如此一期一期地排下去，随葬器物的分期也就完成了。

第二种做法是将具有叠压和打破关系的墓葬分为若干组，依器物丰富的程度顺次进行对比，每新对比一组，都对前面的各组起到验证和补充的作用，发现矛盾即查找原因，如此将有关各墓排成一个统一的系列。然后把没有叠压打破关系的墓一个一个地进行对比，其中必定有一些基本相同的，可以放在一起，有些根据器物发展的逻辑序列适当插入，最后将全体墓葬分为若干期，并将每期的标型器物分型定式，制成总的分期表。

随葬器物分期确定之后，每个墓葬的期属也就确定了。在这个基础上可以进一步考察各期墓葬的分布规律，头向的变化、墓坑、葬具、葬式、随葬器物的种类和放置位置等。其他特殊的埋葬风俗，也都要分期加以考察，看看有什么变化。

有时候，不同身份和职业的死者会有一些特殊葬俗，应分别加以研究。但其分期总还是一致的，必须做统一的考虑。这就是墓地的分期，它是总的文化分期的组成部分。

2. 遗址器物的分期

一个遗址往往有许多地层和单位，有许多叠压和打破关系，要进行器物分期，第一步就要按照地层单位中堆积年限的长短、遗物是否丰富和发掘工作是否做得理想这三条标准，把所有地层关系排队，选择最好的作为典型，首先进行器物排比。

假定选择了 H1 打破 H2，H2 又打破 H3 这样一组地层关系；假定三个灰坑中的器物都比较丰富，而且发掘工作也是完全可信的，那么首先就把最早的一个单位即 H3 的标型器物按类别排成一横排，暂定它们是 A1、B1、C1。接着把 H2 的标型器物按照同样的顺序进行排列，其中可能包含有三种器物：一种是和 H3 完全一样的，这部分可以放在一边；第二种是和 A1、B1、C1 同型而略有变化，应分别放在该型的纵列位置上并暂定其为 A2、B2、C2；第三种是新出现的形制，暂定它是 D1。最后排比 H1 的标型器物，无非也是由三部分组成：第一部分是和 H2、H3 所出完全相同的，不管是多是少，是完整还是残破，先把它放在一边；第二部分是和 H2 所出器物同类而略有变化，应分别放在各该型的纵列位置上，有些早先的形制这时也许已经消失，因此 A 行阙如，剩下的便可能是 B3、C3、D2，至于新出现的器形，则可暂定为 E1。其关系正如表一所示。

表一

单位	标　型　器　物				
H3	A1	B1	C1		
H2	A2	B2	C2	D1	
H1		B3	C3	D2	E1

这里有几点需要加以说明。

第一，由于器物发展不平衡，有的变化得快，有的变化得慢，在同一时期内 A 型可能分二式，B 型就可能分三式四式，这是一般的情况，只要注意横的关系和共存关系，注意同一时期的形制组合和器物群就行了。

第二，在排比较晚单位的器物时，总是把同较早单位出土器物相同的那一部分放在一边，这是同排比墓葬器物不同的地方。因为遗址的情况复杂，晚期遗迹或地层形成之时，往往混入早期的东西，有时这种混入物占了全部器物的绝大部分，为了清楚地表示晚期特征，这部分器物自然应该排除。其次，在发掘过程中，有些地层很难不做过头一点，两层交界处的器物在不能确知属于哪一层时，总是归并入上面的一层，其中不免有一部分原先是属于下层的，也应当用上述方法加以排除。退一步说，即使被排除的器物在当时还是正在使用的，排除后也不影响大局。因为这种排比是为了寻找两个时期在器物上呈现的差别，如果只是个别器物相同，排除之后差别更加明显，有利于器物分期；如果大多数器物相同并被一一排除在一边，那就表示两个单位的年代相距甚近，可以合并为一期，不必分开排了。

第三，遗址中的器物多系无意识地抛弃和堆积而成的，不像随葬器物有一定的格式，因而具体到某一地层单位究竟有几种器物带有很大的偶然性。在上述三个灰坑的出土器物中，D1 可能是和 A2、B2、C2 同时的，也可能是和 A1、B1、C1 同时而混入 H2 的；D2、E1 可能是和 H1 同时的，也可能是和 H2 乃至 H3 同时而混入 H1 的。要确定它们的时期，需要将每一个地层单位的出土物进行对比。在这一步工作进行以前，首先要排比其他组的地层关系，用以检验或补充第一组地层关系排比的初步结果。如此一组一组地做下去，最后用那些虽无直接叠压打破关系但出土遗物丰富的单位来进行检验和补充，从而确定整个遗址的器物分期。

正像墓葬器物的分期一样，绝不能仅仅根据一个地层关系就把整个遗址的分期以及各期器物的型式确定下来。器物因时期不同而有差别是客观存在的事实，人们对这个事实的认识是否正确，首先依靠方法对头，其次要靠反复的检验，未经检验的认识不能算是完全的认识。检验的结果可能会纠正某些错误，更可能补充某些期，每一期中又补充某些器物，形成一个较完整的器物群。

遗址标型器物的分期确定以后，应当用它衡量每一个遗迹和地层单位，从而将各种遗迹和自身的时代特征不很明显的其他物品（如动物骨骼、植物痕迹、编织物遗存等）也一一进行分期，在这个基础上对每一期文化的具体内容进行描述，诸如房屋、窖穴等遗迹的分布和特征，生产工具的种类和器形特点，经济发展水平的估计，生活用具的种类和特征，宗教和艺术品反映的意识形态状况等等，这就是文化分期。当然不应只停留在对各期文化遗存的描述上，如有可能，还应探讨各期文化的关系及其同其他文化的关系，客观地分析遗址各期文化的学术价值，一个遗址的分期才最后完成。

前面说过，一种器物的标型学研究应同墓葬和遗址的分期联系起来（当然是在可能的情况下才能如此），而一个遗址和一个墓地所表现的文化现象，乃是整个考古学文化的一个部分，最好也能联系起来进行研究。至于考古学文化的分区分期研究，乃是标型学方法实际应用的另一个重要方面。由于问题本身的复杂性，不易用很短的篇幅讲清楚，本文前文提及的《洛阳中州路》（西工段）和《大汶口——新石器时代墓葬发掘报告》两书谨供参考，此处从略。

（原载《考古与文物》1985 年第 4 期。后收录在《考古学初阶》，文物出版社，2018 年）

关于考古学文化的理论

一　什么是考古学文化

考古学文化同一般意义上所称的那种区别于政治、经济而属于意识形态的文化有所不同，它是专指能够在考古学遗存中观察到的，存在于一定时期和一定地域，并具有一定特征的共同体。这一特定的概念是在考古学研究的长期实践中逐步形成的。

19 世纪后半叶，以田野考古为基础的近代考古学获得了初步的发展。那时大部分考古学家的注意力集中在划分地层和编制分期系统，用进化论的观点来阐述这些系统在人类文化史上的地位。对于考古遗存的地区性差异则未能进行充分的研究。到 20 世纪初，实测绘图法在考古工作中被普遍应用，严格的比较类型学的研究成为可能。人们把相同类型的遗迹、遗物或花纹在地图上标示出来，往往形成一些与地理分区或历史上的民族分区相联系的文化区。这同当时在民族学研究中依据某些文化因素的相似而划分成各种文化圈（如德、奥文化历史学派所做的那样）的道理是相通的。

在确立考古学文化的理论并将其运用于考古学研究方面，英国考古学家柴尔德曾经起过很大作用。他在 20 世纪 20 年代写的《欧洲文明的曙光》[1] 和《史前的多瑙河》[2] 等著作，就是按照考古学文化来划分欧洲史前遗存，借以研究各地史前文化的起源、发展、传播及其同历史上各民族的联系。他认为确立一种考古学文化，必须有一群具有明确特征的类型品，这些类型品还不止一次地发生共存关系，在不同的遗址出土。单独一种器物或孤立一个遗址是无法构成一个考古学

〔1〕　V. G. Childe, 1925. *The Dawn of European Civilization*, London.

〔2〕　V. G. Childe, 1929. *The Danube in Prehistory*, Oxford.

文化的[1]。

考古学文化通常适用于史前研究，尤以新石器时代考古研究中用得最多。例如我国新石器时代的磁山文化、仰韶文化和龙山文化等，都是很好的例子。旧石器时代有时把一个遗址的文化遗物也称为某某文化，如周口店文化、山顶洞文化等，因为那时发现的遗址很少，几乎是一个遗址一种面貌，难以进行全面比较。以后发现多了，自然也要按照一定时期、一定地域并具有一定特征的考古遗存这一标准来进行划分。至于有文献记载的历史时期，虽可以按照王朝来称呼某某文化，如商文化、周文化乃至秦汉文化等，其含义与一般意义的考古学文化已略有区别了。

二 考古学文化命名的原则

考古学文化一经确定，便要给予一个名称。历史上大致有三种命名的方法。第一种是以该文化中最突出的特征命名。例如巨石文化、石棺墓文化、古坟文化等是以其具有突出特征的巨石、石棺墓、古坟等遗迹命名的；细石器文化、骨灰瓮文化、钟杯战斧文化等是以其具有突出特征的细石器、骨灰瓮、钟杯战斧等遗物命名的；彩陶文化、绳纹文化、线纹文化等则是以其具有突出特征的纹饰来命名的。用这种方法命名的文化一般范围较大，难以确定明确的界限。例如日本以绳纹为特征的新石器文化称为绳文文化，我国和东南亚许多新石器文化中也有很发达的绳纹陶器，却不可以统称之为绳文文化。相反只要是以彩陶为突出特征的，不论分布在什么地方，都可以称为彩陶文化。细石器文化和巨石文化也是如此。由于用这种方法命名的考古学文化分布范围比较大，故有时又被称为某某时代。如日本的绳文文化又称绳文时代；细石器文化也有被称为细石器时代的。这已经同划分考古学文化的原则不尽相符了。

第二种方法是以最先发现的典型遗址所在的小地名命名。例如仰韶文化便是因为最先发现的典型遗址位于河南省渑池县仰韶村旁而得名的，磁山文化则是因为最先发现的典型遗址位于河北省武安县的磁山而得名的。所谓最先发现的典型遗址，至少包含有三个方面的内容。一是典型，在那个遗址中应具有一群足以代表该文化特征的遗物或遗迹，也就是柴尔德所说的一群具有明确特征的类型品。由于有这些类型品的发现，才有可能识别它所代表的那个考古学文化。这样的遗

---

[1]   V. G. Childe, 1956. *Piecing Together the Past: The Interpretation of Archaeological Data.* London, pp. 123 – 128.

址不会只有一个，所以第二个条件就是要限定在最先发现的那一个。但田野考古的历史表明，有些最先发现的遗址往往并不认识，当然也就无从命名。因此还要有第三条限制，即所谓最先发现应是指最先被认识的。例如大汶口文化是因为最先被认识的典型遗址在山东省泰安市大汶口而得名的，后来得知比大汶口发现更早的滕县岗上村遗址等也属于同一文化，只是因为那时还不知道它们代表着一个新的文化，所以没有命名。考古学文化虽然是客观存在的，对一个考古学文化的发现和认识却是逐步实现的。早先被确认为典型的遗址，到后来可能发现并不处在它所属的那个考古学文化的中心地带，它的遗物不一定能代表整个文化的基本特征，在年代上也不一定能代表该文化自始至终的全过程。这样的遗址自然就不能认为还是整个文化的最具有典型意义的遗址。而地理位置比较适中，遗迹、遗物更为丰富也更为典型的遗址可能会不时地被发现。如果每发现一个更好的遗址就更改一次考古学文化的名称，势必不胜其烦，并且容易引起混乱。因此名称一经确定就不要随意更改，如有必要可以适当作些说明。最明显的例子是仰韶文化。它由以命名的遗址是 1921 年发掘的。那时中国的田野考古刚刚起步，发掘方法还存在不少问题。后来发现遗址中几乎有一半属于龙山文化时期的遗存，应该从仰韶文化中分离出去，而当时却被视为仰韶文化的组成部分。现在被划归仰韶文化的遗址数以千计，其中不乏比仰韶村遗址更为典型的遗址，但并未因此而改变仰韶文化的名称。

随着考古学日益走向成熟，考古学主要是依据实物遗存研究人类历史这一目标的明确化，第二种命名方法便为越来越多的考古学家所采用，成为考古学文化命名的主要形式，有的地方则几乎成了唯一的形式。第一种方法命名的考古学文化已很少被继续研究，但并没有从考古著作中消失，在一定范围内仍有其历史价值和积极意义。

除了这两种命名的方法以外，某些已进入成文历史时期或接近于历史时期的文化，如果它所代表的族属已经比较明确时，也可以用族别来命名，如楚文化、吴越文化、斯基泰文化等。不过这种命名方法要十分慎重，如果没有把握最好不用。例如一般认为岳石文化应是夏代东方夷人的文化，却并没有命名为东夷文化。几种命名方式的考古学文化的含义并不完全相同，因而可以从不同的角度去使用不同的称呼。比如湖熟文化是以最先发现的典型遗址命名的；也可以说它是江南几何形印纹硬陶文化的一支，这就是用突出的文化特征来命名；如果说它还可能是吴越文化的重要组成部分，则是用族别的命名来称呼了。

近年来由于田野考古的规模越来越大，新的发现不断涌现，跟着提出了不少新的考古学文化的名称；对于过去早已确认的考古学文化也有重新加以研究或重新划分的，从而又提出了一些新的名称。这些新考古学文化大体是按照一定时期、一定地域，并且具有一定特征的考古学遗存这一标准来划分，又按首先发现和识别的典型遗址来命名的，应该没有什么问题。但实际上各人掌握的标准仍然有很大差别，在具体操作上发生很大分歧。为什么会出现这种情况呢？我想主要的问题在于考古学文化本身存在着层次结构。关于这一点后文还将比较详细地讨论，这里需要指出的是，考古学文化的任何层次都是存在于一定时期、一定地域、具有一定特征的，可以从实物遗存中观察到的共同体。例如仰韶文化就是在公元前5000～前3000年间，主要分布于黄土高原，具有小口尖底瓶等一群特征明确的类型品。人们据此可以清楚地把它同周围的大汶口文化、大溪文化、红山文化和马家窑文化等区别开来；也可以把它同更早的老官台文化、磁山·裴李岗文化和更晚的中原龙山文化区别开来。而仰韶文化的半坡类型则是在公元前5000～前4000年，主要分布于关中渭河流域，以短体杯形口尖底瓶等一群类型品为特征。据此可以把它同仰韶文化的其他类型区别开来。请注意两者划分的原则完全相同，只是在文化特征的掌握上有所不同，因而划分出来的时空范围就有所不同。如果只强调小口尖底瓶这一级，划出的时空范围就比较大；如果强调到短体杯形口尖底瓶这一级，划出的时空范围就比较小。对于仰韶文化和它下属的半坡类型来说，把它作为两级或两个层次处理就可以了。但如果是两个没有多大关系的文化共同体，就很可能各划为一个考古学文化。因为什么样的特征可以作划分文化的标准，什么样的特征只可以作划分类型的标准，是没有法子加以界定的。所以在考古学发展史上，有的国家划分的考古学文化比较大，另一些国家则划分得比较小。例如日本新石器时代就只有一个考古学文化，就是绳文文化；而东南欧一些国家的新石器时代和铜石并用时代就划了许多考古学文化。我国的考古学文化划得比日本的小些，比东南欧的大些，适当两者之间。这是历史形成的情况，没有法子也没有必要加以统一。但在一个国家内则不宜有太大的差别。为了把这个问题处理得妥当一些，我曾提出要掌握两个原则。一是要尊重历史，过去已确认的考古学文化尽可能不要改动。这当然不是说绝对不可以改动，标准是原有名称是否完全不合适，是否会引起不必要的误会，否则不宜改动。过去也不时有提出要改名的意见，夏鼐先生曾经针对这种倾向专门写了文章，指出"旧的名称既已通行，如果并不引起误会，那么'约定俗成'，似可不必多所更动，反而引起混乱"[1]。不但如此，在新划分考古学文化时掌握的尺度也要和历史上已确定的考古学文化接轨，大体保持在一个级别上。二是要有全局观念，要考虑全国的考古学文化是

〔1〕　夏鼐：《关于考古学上文化的定名问题》，《考古》1959年第4期。

怎样划的，在划分新的考古学文化时就不会过于失衡。一些跨省区的考古学文化在划分范围和命名时尤其要从全局出发，不能你划你的我划我的，否则就会造成人为的混乱。

三　考古学文化的形成和发展

为什么不同时期和不同地区的考古学实物遗存明显不同，而在一定时期和一定地域范围内却表现出很大的一致性呢？换句话说，客观存在的考古学文化究竟是怎样形成和发展的呢？我想这首先是因为古代人类社会各有不同，又各自遵循着一定的规律向前发展，作为那些社会遗留下来的实物遗存，自然会在一定程度上反映那时的情况。有人争辩说，考古研究的实物遗存首先是反映人的行为。一个社会可以有不同的人群从事不同的活动，同一人群也可以在不同的地方从事不同的活动，在这些活动中可以使用不同的工具或其他用品。如果发现这些东西不同就划分为不同的文化，这种考古学文化还有什么意义呢？因此他们认为考古学文化纯粹是一些考古学家主观划出来的，根本没有什么客观的基础。这种意见表面看起来似乎有些道理，其实是不了解考古学家的工作。没有一个人会只凭一两处遗址的零星出土物品就匆忙地划分文化。如果是在全面比较的基础上进行观察，就不难发现考古学文化客观存在的事实。因为影响考古学文化形成的主要有三个方面的原因，即自然环境、人文环境和共同的文化传统，而这三者也都是客观存在的。

自然环境包括地理位置、地形地貌、水文条件、气候条件和动植物群落等许多方面。任何人都必须在一定的自然环境中才能生存。人和自然环境的关系无非是适应环境、利用环境和在一定的条件下适当地改造环境。因此环境的因素总是在人类文化的发展中打上深深的烙印。比如森林草原地带的原始居民主要从事狩猎和采集一类的经济活动，生产工具自然就以枪、矛、弓箭、砍砸器、切割器和刮削器为主；而气候、水文、土壤条件较好的地区发展了原始农业，就会有铲、锄、镰刀、磨谷器或杵臼等农业工具。经济类型不同，生活方式必然有些差别，作为主要生活用具的陶器自然也会有所不同。我国北方冬季较冷，气候干燥，房屋建筑多采用半地穴或窑洞的方式；南方炎热多雨，气候潮湿，房屋自然只能从地面起建，或者先筑台基再建，低洼的地方甚至要先立桩柱，铺上地板，再在上面盖房。而生产工具、生活用具和房屋建筑等正是考古学文化研究的主要资料，它们的类别和形态对考古学文化的形成当然有非常重要的作用。

人文环境是指周围存在的其他考古学文化。任何考古学文化都不会孤立存在，总是在与周围文化发生这样或那样关系的情况下生存和发展的。文化关系可以表现为各种状态，从内容来说有经济的、政治的、军事的、文化的、宗教的和风俗习惯的等许多方面，从方式来说有和平的、渐进的影响、吸收、借用与融合，也有激烈的碰撞、征服、统治和同化等等。在一个考古学文化的形成和发展的过程中，同周围文化的关系可能有不同的内容，也可能采取不同的方式。不同的考古学文化一旦发生关系，它们的实物遗存就会出现某些相同或相似的因素。人们往往根据这种因素的多少和相似的程度，来推断它们之间关系的性质和程度。但各种文化因素的情况是不同的。有些因素的相同或相似必须依赖实际的接触才能实现，有些因素则并不如是。相同或相近的自然地理条件可以造成许多文化因素的相同与相似；相同或相近的经济技术发展水平也能创造出同样的结果。有时候还会遇到个别因素的偶然相似而不一定有什么明确的原因。所以，凡属看到不同的考古学文化间有某些因素相近，一定要进行具体分析，看看究竟是什么原因造成的，而不应一概归之于文化的直接接触或传播。在弄清楚考古学遗存中确实有外来因素之后，还要研究一下哪些是没有被吸收融合的外来因素，哪些原本是外来因素，后来被吸收融合为本文化的有机组成部分。只有后一种情况才会对文化的形成起到积极的作用。

形成考古学文化的第三个原因是共同的文化传统。人们不难发现，两个考古学文化所处的自然环境基本相同，甚至人文环境也很相似，而文化特征并不相同。特别值得注意的是那些功能相同而形制和花纹却有很大差别的东西，用自然环境的影响是无法解释的。例如仰韶文化和大汶口文化都在黄河流域，自然环境相同，文化特征却很不相同。大汶口文化的居民流行拔牙风俗，仰韶文化没有；大汶口文化的陶器中常见鼎、鬶、背水壶、觚形杯和高柄杯等，仰韶文化中基本没有这些器物，即使有一些也明显是受大汶口文化影响的结果；而仰韶文化中特有的尖底瓶在大汶口文化中根本找不到踪影。功能相同的器物，在不同的文化中有时具有不同的形态。同是石斧，有的地方有肩，有的地方无肩；同是石锛，有的地方有段，有的地方无段；同是陶釜，有的地方腹深，有的地方腹浅，有的地方有腰沿，有的地方没有；同是陶支脚，有的地方为塔形或弯角形，有的地方为倒靴形。这样的例子可说是俯拾皆是，不胜枚举。它们的差异与自然环境并无关系，也无法用人文环境的影响来进行解释，看来这类性质的差别主要是反映不同的人群各自具有自己的历史文化传统和风俗习惯。从这个意义上来说，考古学文化同人们的族属有一定联系，但决不可以等同起来。因为考古学文化的形成还有其他几方面的原因，文化传统只是其中之一。再说任何历史文化传统和风俗习惯都不是一成不变的，只是变得比较缓慢，有比较大的惯性和稳定性罢了。何况自然环境和人文环境的影响也可以是形成文化传统的因素。居住在黄土高原上的新石器时代的人们曾经利用黄土的特性挖掘窑洞，后人在相同的环境条件下继续挖掘窑洞，就形成当地人民居住风俗的一个传统。可见即使具有共同的文化传统，是不是就可以同族群等同起来，也还是需要进一步研究的问题。

上述三个方面对考古学文化的影响是有差别的。自然环境首先是制约人类经济活动的方向，进而影响到文化区域的形成。例如我国在新石器时代就形成了旱地农业文化区、水田农业文化区和采集狩猎文化区等，这是一种经济文化区，而历史文化传统则往往与一定的人们共同体有关，特别是与族群有关。史前社会虽没有形成民族，但那时的部落也自觉或不自觉地形成集团，实已具有准族体的性质。所以因历史文化传统影响而形成的考古学文化区，应称之为民族文化区[1]。至于人文环境的影响，也主要是在民族文化区方面，对经济文化区的影响很小。在通常情况下，经济文化区的范围较大，有时可以包括几个民族文化区；在极个别的情况下，一个民族文化区也可能属于不同的经济文化区。过去苏联民族学家在研究世界各地的民族文化时，曾经提出了经济文化类型和历史民族区两个概念，其含义与考古学上的经济文化区和民族文化区上是基本相通的。

考古学文化一经形成，就会不断地向前发展。一般地说，考古学文化的发展总是向前的，分阶段的，而且是不平衡的。人类的历史从石器时代、青铜时代、铁器时代一直发展到现在的原子能时代和信息时代，就是一部不断向前发展的历史，不过这种向前发展的过程并不是平直的，而是曲折的和阶段性的。为什么是向前发展而不是像某些历史学家所主张的循环往复呢？因为考古学文化都是人创造的，人类为了生存就必须进行生产。要生活得好一点就必须发展生产，必须不断地改进生产工具和有关的技术，这就必然会改变许多制成品的形态，还会不断创造出新的产品，人类的文化成就是可以积累和传承的，后人不必重复前人的经历，而可以在前人已经达到的成就的基础上继续前进，不断地改善人们的物质生活和精神生活，以至推动整个社会的进步。这就是为什么考古学文化的发展总是具有前进性的根本原因。再说人们的生产总是具有社会性的，即使个人的劳作，也无不受到社会的制约。换句话说，人们在生产中总要结成一定的关系，包括所有制关系、分配关系和交换关系，总称为生产关系。这种关系一旦形成就具有一定的稳定性，只有当它完全不适合生产力发展的性质时才会改变成新的生产关系，进而引起一系列社会关系的改变，诸如家庭形态、社会组织、政治制度、风俗习

〔1〕〔苏联〕C. П. 托尔斯托夫等主编，周为铮等译：《普通民族学概论》（第一册），科学出版社，1960 年，32～46 页。

惯、艺术风格和宗教信仰等各个方面都会受到影响，从而表现为社会发展的阶段性，在实物遗存上则表现为考古学文化的不同发展阶段甚至发展为不同的文化。在考古学上，因为发展阶段不同而划分为不同文化的情况是很多的。例如大汶口文化和龙山文化属于一个系统，因为发展阶段不同而划分为先后相继的两个文化。仰韶文化和中原龙山文化，大溪文化、屈家岭文化和石家河文化，马家浜文化、崧泽文化和良渚文化等也莫不如此。这样看来，考古学文化发展的根本原因就在它所代表的社会内部。自然环境和人文环境不但对考古学文化的形成有重要作用，在考古学文化的发展中同样有非常重要的作用。自然环境可以促进或限制考古学文化的发展，也可以影响考古学文化的经济活动方向；人文环境也可以促进或限制考古学文化的发展，有时甚至可以兼并或消灭一个考古学文化。我国长城地带是一个自然地理分界线和民族文化分界线，又是一个气候敏感带。气候好一些农业文化区可以往北推进一些；气候条件差一些，农业文化区就会退缩一些；而游牧文化区就会往南推进一些，此种南移往往伴随着对农业文化区的掠夺和破坏。可见这里是一个自然环境和人文环境作用十分明显的地带，但其作用不论有多么大，却不能说明考古学文化的发展何以具有前进性和阶段性，不能说明何以一种考古学文化会发展为性质不同的另一种文化。这就是为什么我们不同意环境决定论的原因。

考古学文化发展的不平衡性是由许多因素决定的。其中包括各文化内部的矛盾冲突和所处自然环境与人文环境的差别。由于这些因素本身是变动的，所以考古学文化的不平衡状态也是经常变动的。从新石器时代到铜石并用时代，燕辽地区的红山文化和江浙地区的良渚文化都已发展到同时期诸考古学文化的前列。到了夏商周时期，中原地区的发展水平显然跃居最高的位置，燕辽和江浙地区则相形见绌了。由一种不平衡状态发展到另一种不平衡状态，可以看作是考古学文化发展的通例。

四　考古学文化的成分结构与层次结构

考古学文化是一个复杂的共同体，怎样认识这一共同体呢？夏鼐先生曾举例说："我们在考古工作中发现某几种特定类型的陶器和某类型的石斧和石刀以及某类型的骨器和装饰品，经常地在某一类型的墓葬（或某一类型的住宅遗址）中共同出土。这样一群的特定类型的东西合在一起，我们叫它为一种'文化'。"[1]夏

---

[1]　夏鼐：《关于考古学上文化的定名问题》，《考古》1959年第4期。

先生在这里提到认识和划分一个考古学文化要考虑到生产工具、生活用具、装饰品、住宅和墓葬等几个方面是十分重要的，但是在实践中往往偏重于几种特定类型的陶器，甚至仅仅根据一些陶片的特征来划分文化或文化期。在考古学发展的初期，这也许是不可避免的。再说在新石器时代到青铜时代乃至早期铁器时代，陶器的确有很大的代表性。它的形态变化丰富而又有规律性，在实际操作中易于把握，这也是人们偏爱陶器的重要原因。但陶器毕竟只是考古学文化中的一个组成部分，它的变化同其他部分的变化有密切的关系，却不一定完全一致。在田野考古已有新的发展，聚落形态研究也已普遍展开的今天，对考古学文化的认识和界定似乎应当提出更高的要求。我想从新石器时代到早期铁器时代，考古学遗存似可划分为五大门类或五个组成部分：一是聚落形态，包括聚落内的房屋、窖穴、水井、作坊等各种遗迹的形态；二是墓葬形制，包括墓地结构及单个墓葬的结构、墓坑、葬具、葬式等方面；三是生产工具和武器，四是生活用具，五是装饰品、艺术品和宗教用品等。后三者都应包括类别和形制特点。如果按五个组成部分各自的特征进行分析，再把它们综合起来，作为识别和界定每个考古学文化的依据，这样的认识应该是比较全面，比较符合客观实际情况，也是比较符合考古学文化的本义的。如果用系统论来处理考古学文化，这五个部分可视为五个子系统，整个考古学文化则为一个系统。如果要进一步探索实物遗存所反映的人类社会的各个方面，则需要有另一种分类方法，例如技术、经济、社会和意识形态等。也可以按照生产力和生产关系、基础和上层建筑、社会存在和社会意识几对矛盾来进行研究。路易斯·宾福德主张将考古学研究的人工制品区分为技术经济、社会技术（或社会组织）、意识形态三类，用系统论来观察，三者是考古学文化这个母系统下的三个子系统[1]。这是把实物遗存同它所反映的社会历史问题相混淆了。因为同一件实物常常可以反映几方面的问题。例如宾福德把皇冠和骑士的漂亮手杖放在社会技术类，实际上两者既反映技术经济（这是不言而喻的），也反映社会问题（它们的使用者的社会地位，王国体制和骑士制度）和意识形态（皇权思想、艺术风格等）方面的问题。所以考古学文化的研究应该分两步走，一是实物遗存的分类研究，二是通过实物可能研究的社会历史问题。不能两步并作一步走，更不可以说某种实物只能反映某一类的社会历史问题。

近年来对于考古学文化的研究日益深入，已有可能将其划分为不同的层次。假如我们把文化作为第一层次，文化本身可以分期，下面还可以分为若干地方性

〔1〕 路易斯·宾福德：《作为人类学的考古学》，《当代国外考古学理论与方法》，三秦出版社，1991年。

文化类型，这已是第二个层次了。例如仰韶文化即可分为四期，最早的半坡期又可分为半坡类型、东庄类型和后冈类型等，其后的庙底沟期和西王期也可分为若干类型。目前我国的新石器时代考古学文化中进一步分期和划分类型的做法非常普遍，只是具体划分方法和所用名称尚未协调一致。有些著作把一个文化内的期别也称为类型；有些文化一时难以分期，只好暂时把不同特征的遗存分别归类，也称之为某某类型。最初把仰韶文化分为半坡类型和庙底沟类型就是出于这样的考虑。国外的一些考古学文化也常分为若干期，有的也分成许多文化相或小区，也就是地方类型的意思。例如日本的绳文文化分为早、前、中、后、晚五期，近年来又在前面加了一个草创期，每期又分为许多小区，所出陶器多以各小区的典型遗址命名。可见在考古学文化之下，一般都可以划分出第二个层次。

地方文化类型并不是划分的终结，它本身仍可分期，下面则可以分为几个小区，这是考古学文化的第三个层次。例如仰韶文化的半坡类型便可分为早晚两期，两者又至少可分为四个小区。如果再进一步分析，每个小区内的文化特征也不完全相同。循此以往，某些地方也许还能划分出第四个层次，从而把考古学遗存中所能观察到的共同体缩小到与部落或部落集团大体相当的规模。如果把这种划分层次的方法同聚落形态的研究结合起来，将使复原远古时代的社会历史面貌，探索氏族部落集团的分布、相互关系和发展历史的任务，变成为一种现实可行的方案，而不仅仅是一个美好的愿望。

不仅考古学文化本身可以划分为多级层次，在考古学文化之上也还有不同的层次。例如仰韶文化、红山文化、马家窑文化、大溪文化和大汶口文化等，不但大体上属于同一时代，而且分布区域邻近，相互间有很密切的关系，许多因素相似甚至相同，从而构成为一个特殊的文化群或文化集团。这个文化群不但区别于同时代的细石器文化群，也区别于其他地方的彩陶文化群。龙山文化和同时代有密切关系的其他文化也有类似的情形。这种文化群究竟应给予什么样的名称才算合适，可以暂时置之不论。但它作为一个层次则是客观存在的事实。苏秉琦先生曾经把中国新石器时代到青铜时代的文化分为六大区，又说根据已有的资料可以划分的区域不下十块之多，由此提出了划分考古学文化的区系类型问题[1]。如果把眼光放得更大一些，还可以概括出更高的层次，终至把全世界分为几个大文化区和大的文化系统。这样，我们就会对全世界的考古学文化有一个系统的了解，对各地居民给予人类文化的贡献，也就可以有较为准确的认识。

---

〔1〕 苏秉琦：《关于考古学文化的区系类型问题》，《苏秉琦考古学论述选集》，文物出版社，1984 年。

　　把单个考古学文化的研究发展为分层次的研究，进而复原古代社会历史的面貌，特别是复原各个级别的人们共同体的分布、相互关系和发展演变的历史，当然还有许多困难。因为古代社会已经一去不复返了，当时的实物资料只有很少一部分保存下来，考古调查发掘所得到的又只是其中更小的一部分，局限性是可想而知的。再说考古学文化同族的共同体尽管有密切的关系，毕竟还不是一回事，不能在两者间画等号。要通过考古学文化来研究与族类有关的问题，还需要从实践和理论上来加以论证。不过人类社会的历史是有规律地发展的，各项事物的具体表现形式尽管多种多样，总还是有机地联系着的。考古学资料虽然不可能反映当时社会的全貌，总还是那个社会的直接遗留和缩影。通过它不仅对当时社会的许多方面可以有形象的真切的认识，也能了解整个社会大致的轮廓及其发展轨迹，从中得出一些规律性的认识。这应当是现代考古学所追求的主要目标。

（原载《考古学初阶》，文物出版社，2018 年）

新石器时代考古的年代学

　　历史是随着时间的推移而不断发展的，考古学所研究的一切事物，只有依照时间的顺序排比才是可以理解的，因而年代学的研究在整个考古学研究中从来就占有十分重要的地位。对于新石器时代考古来说，年代学的研究也许显得更加重要和迫切一些。因为那时还没有文献记载，不像历史时期的考古那样有现成的纪年资料可以利用；也不像旧石器时代考古那样可以借用第四纪地质年代学的研究成果。新石器时代考古的年代学是在本身的田野工作中逐步摸索和建立起来的，因而最具有考古学的特色。它的发展大体上可分为两个阶段。以 1949 年为界，前段主要依据地层学和类型学建立相对年代；后段则由于碳－14 断代等一系列测定年代的方法相继出现，才使绝对年代的研究成为可能。而将相对年代和绝对年代相结合以建立整个新石器时代的年代学，已成为当前的一项重要的课题。

　　考古学上所称的相对年代，是指不同的文化遗存孰早孰晚的相对关系。地层关系是确定相对年代的最直接的依据，但只有在同一遗址上才能发生地层叠压或打破关系。要把这种关系引申为不同遗址或不同文化的年代对比，还必须进行类型学研究，即对遗迹、遗物或花纹的形态变化规律进行研究。实践证明，用这种方法确定的相对年代是可靠的。早在 20 世纪 30 年代，梁思永根据河南安阳后冈发现的三叠层，确立了小屯文化（殷文化）晚于龙山文化，龙山文化又晚于仰韶文化的相对年代序列[1]。20 世纪 50 年代苏秉琦根据西安开瑞庄（即客省庄）三个遗迹相互打破的地层关系，以及三个遗迹中出土的遗物同西安地区其他遗址的对比研究，确立了周文化晚于客省庄二期文化（即文化二），客省庄二期文化又晚于仰韶文化的相对年代序列[2]。两者都是我国考古年代学研究中的奠基性的工作，其结果至今仍然是有效的。在全国发现众多地层关系和大量遗物的情况下，

---

　　[1]　梁思永：《小屯龙山与仰韶》，《梁思永考古论文集》，科学出版社，1959 年。
　　[2]　苏秉琦：《西安附近古文化遗存的类型和分布》，《苏秉琦考古学论述选集》，文物出版社，1984 年。

我们的考古学者运用这种方法，逐步确立了绝大多数新石器文化的相对年代，有些早先建立的相对年代也一再受到检验，从而使我们得以对全国新石器文化的发展序列有一个基本的认识。

这种方法也有其难以克服的局限性。第一，它只能应用于同一文化或相近文化的分布范围以内，如果两个文化相距较远，文化面貌又十分不同，就无法进行类型学的对比，因而也就无法确定其相对年代。第二，它所表示的年代只是相对早晚关系，不能说明相隔多长的时间。可以相差很多年，也可以只隔很短的时间。过去英国的皮特里（F. Petrie）在研究埃及考古时，曾经试图弥补这一缺陷而设计过一种序数年代或假数年代。他假设古代埃及的年代为一百，中间分为若干期，每期根据其物质文化变化的程度各给予一定的年代假数，使人多少有点时间长短的概念。他依据陶器和石制容器的变化分出从 30 到 80 的间隔，30~45 为黑陶和红陶时期，45~50 为灰黄陶和红陶时期，50~80 为红铜时期。前后各留下一段空白以便日后有新的发现可以填补上去[1]。但是物质文化有时变化得快，有时变化得慢。用变化的大小程度来量度时间的长短本身就是有问题的，何况它同真实年代仍然没有联系，所以后来没有人采用他的办法。克服这一缺陷的方法只能是绝对年代的研究。

所谓绝对年代是指以太阳年为计算单位的年代。比如说仰韶文化大约在公元前 5000~前 3000 年，良渚文化大约在公元前 3300~前 2000 年等，虽然不是很精确的，总还可以给人以比较明确的时间概念。

从前绝对年代的研究主要依靠文字记录，对于史前时期虽然也做过种种努力，终究收效甚微。自从美国物理学家利比于 1949 年创立碳－14 断代方法以来[2]，绝对年代的研究已有很大的进展，陆续又发展了许多新的断代方法，碳－14 方法本身也有了许多改进，测定的精确度越来越高，可测年代的幅度也越来越大，已成为考古年代学研究不可或缺的重要手段。

碳－14 是碳的放射性同位素之一，半衰期大约为 5730±40 年，在空气中一般以二氧化碳的形式存在，其含量约占碳总量的十万亿分之一。如果碳－14 只是放射而不断衰减，它在碳的总量中的比值就会逐渐降低。但是因为高空宇宙射线产生的中子流不断撞击游离的氮，使它转变为具有放射性的碳－14。这样一减一增，便能大体上取得平衡。地球上的生物因为要呼吸和吸取碳水化合物的养料，不断与空气中的碳进行交换，故其碳－14 的比量与空气中的比量基本保持一致。一旦

---

〔1〕　W. Flinders Petrie, 1905. *Methods and Aims in Archaeology*, London.

〔2〕　W. F. Libby, 1952. *Radiocarbon Dating*, Chicago Uni. Press.

生物死亡，与空气的交换即行终止，而体内碳 – 14 的衰变仍然不停，并以其固定的半衰期的速度逐年递减。如果采集到古代的有机标本如木块、木炭、果核、骨骼或贝壳之类，并测量其中所含碳 – 14 的比量，就可以反过来推算出标本死亡的年代。借助于被测标本所在的地层单位，又可通过共存关系推知有关考古遗存和所属文化的绝对年代。

碳 – 14 断代方法产生之后，通过对一些已知年代的标本的测量，发现同真实年代不尽一致，其偏差似有一定的规律性。后来发现，太阳上的黑子活动，宇宙间超新星的爆发和地球磁场的变化，都会影响大气中碳 – 14 的比量，从而直接影响到年代换算的准确性。补救的方法就是用有真实年代记录的标本进行校正，而应用最广的是用树木年轮年代校正。人们制定了各种各样的校正曲线、校正公式和校正表。目前国内流行用 1972 年公布的达曼校正表，它有一个中心值，符合一般人的心理习惯，但从准确性来说并不能认为是最理想的表现方式。1982 年公布了根据国际碳 – 14 年代校正专题会议决议而建立的新校正表[1]。该表采用了可置信的年代区间表示法，它同 1973 年公布的拉尔夫校正表比较接近。

碳 – 14 年代除了需要校正上述误差外，还要考虑因同位素分离效应引起的误差，测试时间及温度不同引起的误差，设备精确度不同引起的误差，以及因计算衰变规律而引入的统计误差等。由于这些误差难以消除，使得碳 – 14 年代很难达到十分精确的程度[2]。

在有些场合，碳 – 14 年代的误差是由于考古工作方面的原因造成的。如果采集标本的方法不当或不够小心而受到了现代碳的污染，年代就会偏近；如果在石灰岩地区或火山多发地区，容易受到古代死碳的干扰，年代就会偏老；如果标本是长生命物资如木头、木炭之类，靠近树心的年代就比靠近表层的年代要早；有些树木早经砍伐，过了很久才被利用，它所代表的年代自然比所属遗迹为老。还有一点也是十分重要的，就是在文化层中，下层的标本可能被扰动而混入上层。如果是特征明确的遗物，可以通过类型学排比予以纠正；但如果是木炭、骨骼、贝壳之类的东西，就只好作为上层标本处理，而它们的实际年代则至少要早到下层形成的时期。鉴于有这些情况，除了在采集标本时必须尽量防止现代污染外，在引用已经测过的碳 – 14 年代时，不能不逐个地加以分析，以便把干扰缩小到最低限度。

---

〔1〕　J. Klein, J. C. Lerman, P. E. Damon, et al. , 1982. Calibration of radiocarbon-dates-table based on the consensus data of the workshop on calibrating the radiocarbon time sale. *Radiocarbon*, 24（2）, pp. 103 – 150.

〔2〕　仇士华：《中国 14C 年代学研究》，科学出版社，1990 年。

为拓展碳－14测年的方法，近年来又发展出用加速器质谱计数的方法，简称为 AMS 法（Accelerator mass spectrometry）[1]。而原有碳－14测量的方法则被称为常规碳－14断代法。两种方法都是测量标本中碳－14的比量以推算其年代的。两者的不同在于常规法是用探测器记录一定量的样品在一定时间内碳－14原子衰变的数目，可称为衰变计数法；而加速器质谱法是将加速器同质谱仪联合起来并加以改进，成为超高灵敏度的质谱仪，可以直接测量样品中所含碳－14原子的数目，可称为原子计算法。因为碳－14的半衰期为 5730±40 年，假如样品中有一万一千多个碳－14原子，用常规法在一年中才能记录到一个原子的衰变。这就要求测量的样品量较大，测量的仪器要特别精密，否则就会出现较大误差，乃至根本无法测量。而原子计数法是直接计算碳－14的原子数。距今 4 万年的一克碳样品中有碳－14原子 4.7 亿个，在一小时中衰变的原子则只有 6.48 个。所以原子计数法所需要的标本量很少，一般有千分之一克就可以了，而测量的年代则可以扩展到 7.5 万年以至 10 万年的范围以内。

这一方法的优越性首先在于它大大拓展了可测标本的范围。在考古发掘中常常难以采集到常规碳－14方法所需的标本量，即使采到了足够的样品，在许多情况下难以判断是处在原生地层还是下层扰上来的。这使常规方法的应用受到很大的局限。而加速器法所需样品极少，常常可以直接测量用常规方法无法测量的珍贵标本。例如早期的谷物标本是探讨农业起源的重要资料，为了防止晚期混入的可能性，直接测量谷物本身就可以了；为了断定某些关键性甲骨文的年代，只要取一点甲骨片的碎末就可以了。判断某些炊器的年代，刮一点外面的烟炱或里面的锅垢就足够了。由于测试的标本就是考古学研究的重要遗物，即使脱离开地层也无妨碍，这就可以使考古年代学建立在更加准确可靠的基础上。不过由于所需标本量极少，稍有污染就会产生很大的误差，所以从采样、制靶到测试都要严格按规定操作，不能有一点马虎。

加速器质谱的碳－14断代法虽然有很大优点，但因设备昂贵，一般实验室难以配置。我国目前常规碳－14实验室已有 50 多个，大部分用于地质年代测定，用于考古年代测量的也有好几家。而加速器法仅有北京大学重离子加速器实验室兼测一些考古与地质标本。随着科技事业的发展，测量精度的不断提高，今后的应用前景还是很广阔的。

测量新石器时代考古标本年代的另一较有效的手段是热释光断代法（Thermo-luminescent dating）。它的基本原理是这样的：在泥土和许多造岩矿物中都含有微

---

[1] 仇士华：《碳十四断代的加速器质谱计数方法》，《考古》1987 年第 6 期。

量放射性物质，它们放出的粒子撞击周围的原子，使其外围的电子跃迁到亚稳层。如果把标本加热到 400℃ 以上，那么处在亚稳层的每一个电子就会放出一个光子并回复到原来的位置。当陶窑或炉灶使用时，或者陶器在入窑烧成时，都会远远超过 400℃ 的温度。这时所有处在亚稳层的电子都会回复到原来的位置。以后烧土和陶器中的微量元素继续以一定的年率放射粒子，使相应的电子跃迁到亚稳层。若干年后，用人工方法加热标本，用光电倍增管计算所放出的光子数目，就可以换算出炉灶或陶器烧成的年代。

这个方法至少有三个优点。第一，可供测试的标本甚多，只要是曾被烧过的泥土或岩石，都可以作为测量的对象。而这在新石器时代是十分普遍的，不像碳－14法的标本那样难以采集。第二，热释光法所测的陶器本身就是类型学研究的主要对象，所测年代直接就是陶器的年代。不像碳－14法要求的有机碳标本那样可能与共存的遗迹、遗物的真实年代不一致，也不会受到大气中碳－14比量变化的干扰。第三，一般地讲，年代越古的标本，可能记录的热释光越多，计算的误差会越小。不像碳－14标本那样年代越古含量越少，测试越困难，计算的误差越大。由于这样，碳－14法测量年代的幅度不能不受到很大的限制，一般难以超过四万年；而热释光法所测年代可达数十万年甚至更长。热释光的这些优点既然都是碳－14法的缺点，所以人们乐于发展这种技术，以作为碳－14法的补充。自从1966年首次发表用于考古断代的结果以来，已经有许多地方进行了试验和应用。

热释光法同碳－14法一样，都是利用某些物质的放射特性来计算时间的，人们往往称之为核子钟。正如所有核子钟都存在着许多难以克服的困难一样，热释光法也有许多缺点和麻烦之处。首先是它本身存在着非线性和反常衰变，其次是样品周围土壤的含水量和氡气的逸失问题，都能影响所测年代的精确度，其误差比碳－14年代的误差要大许多。

除了以上几种方法外，测量新石器时代的年代还可以用考古地磁法、黑曜石水合法、氨基酸法和电子自旋共振法等[1]。考古地磁法是根据泥土中所含铁分子在加热时活跃起来，并按当时的地磁方向排列，冷却后即固定不变，而地磁本身的倾角、偏角和强度仍将不断地发生变化这一现象来制定的。如果根据已知年代的样品建立标准的随时间变化的实验曲线，那么反过来根据所测标本剩磁的参数，即可换算出最后一次被烧的年代。这个方法适用于陶窑、炉灶、被烧毁的房基土等标本的测量。由于实验曲线本身不可能十分精确，故换算出来的考古地磁的年代也有比较大的误差。

---

〔1〕 李士、秦广雍：《现代实验技术在考古学中的应用》，科学出版社，1991年。

　　黑曜石水合层法测试的对象是用黑曜石制造的石器，它埋在地下后可以同水分子发生水合作用。经验证明水合层厚度的平方与时间成正比。精确测量黑曜石水合层的厚度，可以推知它埋入土中的年代。因为水合作用随温度的高低而发生变化，所以测量年代的准确性比较低。

　　氨基酸法的原理是，动物死后，其骨骼中的氨基酸旋转方向因消旋作用而改变的比率随着年代的推移而改变。如果测量骨骼中的氨基酸旋转方向改变的比率，就可以推知它的年代。这种方法在美洲考古研究中应用较多，但问题也不少，至今尚没有被多数考古学家所接受。

　　现在新的测量年代的方法还在不断涌现，已有的方法也都在不断改进之中。尽管每种方法测出的结果都有误差，甚至是比较大的误差，总还可以告诉我们一个大致的年代的幅度。如果把几种方法测得的结果加以比照，哪些较为可靠，哪些还有问题，就会看得比较清楚。因此，积极发展各种测量年代的手段仍是很重要的一项工作。

　　如上所述，相对年代和绝对年代的确定都有其优点，又都有其局限性。如果把两者结合起来，就能发挥各自的优点而避免某些局限性。现在我国新石器时代的许多文化都已有比较可靠的分期，也就是确立了每期文化的相对年代；而已经测定绝对年代的标本还不够多，分布也很不平衡。如果把两者结合起来，那么每期文化就只需要测量为数不多的标本。其余大量的遗址虽然没有测量数据，只要是属于同一文化期，完全可以估定其绝对年代。有些文化期即使没有测过任何标本，只要其先行和后续文化期都已测过，那么中间这一期的绝对年代也就不言而喻了。有些绝对年代数据的误差较大，如果与经由地层学和类型学研究确定的相对年代发生矛盾，应该以相对年代为准来进行适当的调整。如果同一文化期测量了许多标本，绝大多数数据相互接近，只有个别数据相差甚远，就要舍弃后者而不要同其他数值进行平均计算。

　　有了不受地区性因素影响的绝对年代数据，就可以避免地层学和类型学的局限，使远地文化的年代对比建立在科学的基础上，从而大大改变了过去的一些不正确的传统观念。过去总以为日本的陶器发生得晚，现在根据碳－14、热释光和黑曜石水合层等多种方法的测量，都证明日本在一万多年以前就已经有了豆粒纹和隆线纹陶器。而一向被认为是新石器时代革命最早的西亚地区，陶器的发生反而比日本晚几千年。过去有人认为河南彩陶是从甘肃传播过来的，实际上河南和陕西彩陶发生的年代远比甘肃为早，传播方向应该是从东向西而不是相反。过去认为水稻起源于印度，或者起源于阿萨姆到云南的山地，现在长江流域发现的水稻遗存远远早于那些地区，长江起源说已被学术界普遍接受。这类的例子实在太多，充分说明碳 – 14 等绝对年代的研究对于新石器时代考古学具有十分重要的意义，它使我们有可能重新构筑史前文化发展的谱系。如果说以碳 – 14 方法为代表的绝对年代测量方法引起了史前考古的革命性变革，是毫不夸张的。而创立碳 – 14 方法的利比因此而获得了 1960 年的诺贝尔奖，也是应得的荣誉。

（原载《考古学初阶》，文物出版社，2018 年）

现代考古学研究方法之一：定量考古

　　陈铁梅教授积二十多年从事定量考古学的研究心得和教学经验，老当益壮，以惊人的毅力写成了《定量考古学》一书。他拿着厚厚的一叠书稿给我，命我作序。我虽然不懂数学，看他的书稿也有些吃力，但仅凭一点数学常识也知道定量分析在考古学研究中的重要价值，所以很乐意在这里写几句话。

　　在人文科学中，考古学是应用自然科学方法和数学方法最多的一个学科。考古学是通过实物资料来研究历史的。所有实物资料都是有形和可以量度的，量的关系乃是各种事物之间的十分重要的关系。通过量的关系的考察可以揭示事物的本质属性和特征，这是定量考古学得以产生和发展的客观基础。由于考古学研究的人类历史有数百万年，在这漫长的岁月中，反映人类社会历史的实物遗存不断积累又不断遭受自然与人为的破坏。考古学家的任务就是根据残剩下来的实物遗存来尽可能地再现已经消逝的历史。实际上这只是一个不断追求的学科目标，要真正做到谈何容易！可是考古学家和相关的学者就是那么锲而不舍，孜孜以求，运用各种方法，包括数学方法来进行探索。残剩的实物遗存绝大多数已经掩埋在地下，需要考古学家去寻找。寻找固然要有一定的方法，更需要一个过程，一个永无止境的过程。你不可能把所有实物遗存都找到，找到的部分跟实际存在的部分是什么关系？这里便有一个概率问题。实际存在的部分跟被长期破坏之前原本应有的部分又是什么关系？也有一个概率问题。根据找到的遗址固然可以研究某些历史问题，但要了解得清楚一些或真实一些就必须发掘。你不可能把所有找到的遗址都发掘完，选择哪些遗址进行发掘以及发掘遗址的哪个部位，在一定程度上说是随机的。发掘的结果能在多大程度上反映遗址的整体情况，还是有一个概率问题。

　　在整理资料进行器物排队和分期研究时也常常遇到概率问题。比如有两种器物共存，我们说两者有同时的可能性，如果有两次三次共存，就意味着同时的可能性比较大。如果共存的次数再多一些，意味着同时的可能性更大一些，或者用很可能、十分可能、非常可能等词语来加以说明。共存的次数达到一定数目，我们就说两者可视为同时或就是同时。这当然也是一个概率问题。我们用的词语再丰富也总是有限的，不够确切的。如果用数学逻辑来思考并用数学语言来表述就会明确得多。天气预报说今天有雨，降水概率为 80%，而不说有很大可能性，就是这个道理。不过我们要明白的是，概率表述再明确也是统计性的而不是绝对的。降水概率 80% 自然不是降 80% 的水。回过来说用共存关系来判断同时性的问题。如果有三件或更多的器物共存，只要重复一两次，凭经验就可以知道它们同时的可能性非常大。共存的器物越多，需要重复的次数越少。为什么会是这样，道理很难说得清楚，可不可以用概率统计来加以说明呢！

其实考古学研究中需要运用数学的地方多得很，方法也不止概率统计一项。所有实物遗存都需要测量。大到遗址的形状大小及与其他遗址的关系，遗址中房屋、灰坑、窖穴、墓葬、城墙、壕沟、道路等的形状大小、分布状况及相互关系，小至一件器物的形状、大小、厚薄和各种比例关系，人体和动物骨骼测量中的各种数据和比例关系等，这需要用数字、图表和必要的运算来加以说明。许多难以直观做出判断的事例，通过数学演算就可以有比较清晰的认识。问题在于并不是所有数量关系都可以通过初级的四则演算就可以解决问题的，这就需要考古学家学一点数学，学一点数理统计的知识。现在已经有一些学者试图用数学方法来研究考古学中的一些问题。例如对某些器物的类型学研究，对史家等地墓葬分期的研究，区域调查中对大量遗址及其关系的多角度研究，通过对陶瓷器或青铜器化学元素和微量元素组成的数值变量来追溯原料产地的研究等等，都进行过一些有益的尝试。在体质人类学、动物考古学、植物考古学和地质考古学的研究中更是离不开数学方法。这些研究有的明显深化了原本的认识，有的更开拓了新的研究领域。但也有一些研究与传统方法得出的结论不一致，甚至与常识相悖。出现这种情况可能有不同的原因，而大多数情况是对考古资料的性质认识不清，运算的前置条件设置不恰当，或者不适于用某种数学方法来处理。因此一些考古学上的问题能不能用数学方法处理，或者用何种数学方法来处理，也是考古学研究本身的问题。本书作者一再呼吁考古学家要学习和掌握基本的数学方法，正是看到了问题的症结所在而发出的肺腑之言。

本书针对大多数考古学者不甚熟悉数学方法的情况，从基本概念讲起，由浅入深地讲述考古资料定量研究的各种方法。每种方法又着重讲述基本原理、应用范围和应用方法，讲明应用这些方法的前提条件，同时说明要正确解读定量分析的结果。所有这些都结合了考古学研究中的实例，读起来不觉得枯燥和深奥难懂，反而令人有似曾相识或恍然大悟的感觉，能够引发人们运用数学方法的兴趣和自觉性。作为一部专著，本书很好地总结了我国定量考古学进展的情况、取得的成果和存在的问题，同时介绍了国外的有关情况以供参考。内容充实，逻辑严密，图表配合也很好，在国内是第一部全面论述定量考古学的力作。作为一部教科书，本书比较全面地讲述了定量考古学的基本原理和方法，包括使用相关软件的方法，由浅入深，循序渐进，书末还附有相关的习题，非常切合高等学校的教学和有一定基础的考古人员的自学之用。我希望本书的出版将有助于提高考古专业的定量考古学教学水平，同时吸引更多的考古人员学习和掌握定量考古学的方法，促进我国定量考古学的发展，最终为提高我国考古学研究的水平而做出贡献。

（原为陈铁梅著《定量考古学》序，北京大学出版社，2005 年。后收录在《考古学初阶》，文物出版社，2018 年）

聚落考古与史前社会研究[*]

　　聚落考古是以聚落遗址为单位进行田野考古操作和研究的一种方法。称谓不一，定义也不尽一致。有的叫聚落形态研究，有的叫空间位置分析等。特里格尔说，聚落考古是"用考古的材料对社会关系的研究"[1]。张光直说："聚落考古是在社会关系的框架之内来做考古资料的研究。"[2]总之他们都认为聚落考古是一种社会考古学的研究方法。但聚落考古也特别强调聚落与生态环境的关系，所以也有环境考古学的研究内容。倒是美国聚落考古的开拓者威利的说法比较全面，他给聚落形态所下的定义是："人类将他们自己在他们所居住的地面上处理起来的方式……这些聚落要反映自然环境，建造者所实用的技术水平，以及这个文化所保持的各种社会交接与控制的制度。"[3]此外，大家都同意聚落考古只是一种手段，一种方法；而不是某种高层次的理论，也不是独立于传统考古学之外的另外一套方法论体系。

　　聚落考古在美国的考古研究中是一种比较热门的方法。美国学者一般认为威利在 1953 年发表的《秘鲁维鲁河谷史前的聚落形态》[4]是聚落考古的奠基性著作。不过他们在追溯聚落考古的起因时往往要提及 20 世纪 30 年代柴尔德（V. G. Childe）的著作。当时柴尔德曾多次提出要改变那种仅仅研究文化分期、年代、起源、发展与相互关系的所谓文化史的研究方法，而要努力去研究人，研究社会。只是他自己的田野考古实践并不很多，他的这些想法主要不是产生于自己

---

　　[*]　本文为 1996 年 8 月 5 日在辽宁绥中举行的聚落考古与史前城址讨论会上的发言改写而成。

　　〔1〕　B. G. Trigger，1967. Settlement Archaeology – its Goals and Promise，*American Antiquity*，32，p. 151.

　　〔2〕　张光直：《考古学专题六讲》，文物出版社，1986 年，86 页。

　　〔3〕　G. R. Willey，1953. Prehistoric Settlement Patterns in the Viru Valley，Peru，*Bulletin* 155，Bureau of American Ethnology，Smithsonian Institution，p. 1.

　　〔4〕　G. R. Willey，1953. Prehistoric Settlement Patterns in the Viru Valley，Peru，*Bulletin* 155，Bureau of American Ethnology，Smithsonian Institution.

的考古实践，而在很大程度上是受到了苏联考古学影响的结果。

从 20 世纪 20 年代末到 30 年代初，苏联考古界酝酿着重大的变化。一批年轻学者起而批评传统的考古学是单纯器物观，批评类型学是用生物学观点解释历史的庸俗进化论，提出要用马克思主义指导来研究考古学，特别是要研究人和人的社会[1]。尽管他们自己对马克思主义和考古学都谈不上有多么深的研究，他们的批评也不免有片面和过于武断的地方。但他们思想敏锐，富有革命热情和实践精神，在考古学的发展史上仍然做出了一定的贡献。其中一项突出的事例便是对乌克兰境内特里波列文化的研究。特里波列文化早在 19 世纪就由赫沃伊科等进行过考古调查和研究，但得不到要领。苏联的年轻学者决定开展大规模的田野考古工作，以便用新的观点重新研究特里波列文化。当时由苏联科学院和乌克兰科学院联合组成了特里波列考古队，从 1934～1940 年进行了一系列考古调查与发掘，揭示了属于特里波列中期（BⅡ期）的科罗米辛Ⅱ和符拉基米罗夫克以及特里波列晚期（CⅠ期）的科罗米辛Ⅰ等许多铜石并用时代的聚落遗址，同时对早年发掘的皮亚尼什科夫（BⅡ期）等聚落遗址也有了全新的认识[2]。科罗米辛Ⅰ共有 39 座房子，围成内外两个圆圈。由于在房子内发现了妇女塑像，曾被解释为母系氏族社会的典型聚落遗址。符拉基米罗夫克位于布格河流域，遗址面积达 800 米×900 米，是特里波列文化中最大的村落遗址。1940 年发现有房屋 154 座，后因卫国战争中断。1946 年又发掘了 15 座房子，加上调查资料，可知该遗址至少有 200 座房屋，分为几个圆形区。发掘者认为是由于氏族不断扩大分化在聚落形态上的反映。

为了更好地研究聚落遗址所反映的社会组织状况，特里波列考古队在田野考古发掘中进行了一系列改革，创立了按坐标划分探方以便进行大面积揭露的方法。后来在别的国家也陆续采用了类似的方法。由此可见苏联是最早采用聚落考古的方法的，只是那时主要是对单个聚落进行研究，很少注意聚落之间的关系和聚落形态的历史演变。应该指出的是，苏联的聚落考古是在马克思主义社会发展史理论的框架下进行的；而美国的聚落考古则是在新进化论和文化人类学理论的框架下进行的，所以经常采用人文地理学和民族学关于聚落研究的模式来解释考古资料。两者不尽相同而又有相通的一面。

---

[1]　〔苏联〕B. A. 布尔金、LeQ. C. 克伦、J. C 列别杰夫著，刘茂译：《苏联考古学的成就和问题》，《史前研究》1985 年第 4 期。

[2]　T. C. 帕谢克：《特里波列文化的分期》，《苏联考古学资料与研究》第 10 册，苏联科学院出版社，1949 年。

　　我国在 20 世纪 50 年代全面学习苏联，考古界也不例外。就聚落考古而言，1954~1957 年西安半坡的发掘是最有代表性的一项工作。当时为了把工作做好，曾经相当详细地介绍了特里波列的考古发掘方法及其所取得的成果，并且尽可能地用来指导半坡的考古工作。发掘者意识到他们揭示的将是一个繁荣的母系氏族公社的聚落遗址，最后出版的发掘报告也正是以这样的成果形式奉献给读者的[1]。从这个意义上来说，半坡的发掘可以算是我国聚落考古的开始。不过半坡是一个延续时间很长的多层遗址，包括了仰韶文化从早到晚的各个时期。如果从聚落考古的角度来看，那里应该有先后相继的几个聚落而不是一个聚落，这是和特里波列很不相同的。可惜发掘者在这一点上没有给予足够的注意，以致造成一定的失误[2]。不管怎样，半坡的发掘在我国新石器时代考古历史上还是具有划时代意义的。后来对宝鸡北首岭、华县元君庙、华阴横阵村乃至临潼姜寨等一系列仰韶文化遗址或墓地的发掘与研究，都可以说是半坡式聚落考古的继续与发展。

　　到 20 世纪 80 年代，通过张光直等在北京大学的讲学，比较全面地介绍了美国聚落考古的情况[3]，从而又推动我国聚落考古的进一步发展。北起辽宁和内蒙古，南到长江流域以及广东，到处都展开了聚落考古的实践活动，同时也发表了一些聚落考古的研究文章。不过由于涉及范围非常广阔，各人对聚落考古的理解并不完全相同，具体做法也有差异，需要在适当的时候讨论一下。1993 年 3 月 16 日，我曾在珠海平沙召开的全国考古工作汇报会上作了"考古学的聚落形态研究"的报告，主要是结合中国考古学的实际情况谈了一些自己的看法，得到与会许多朋友的热情鼓励与响应。现在由《文物》杂志编辑部召集全国各地处在聚落考古第一线的各位学者一起来汇报成绩，交流心得，总结经验，是一件非常有意义的事情。我希望大家能够讨论一下，看看我们过去到底有哪些成功的经验，有些经验能否上升到方法论的高度来加以认识？实践中还有哪些问题和不足之处，如何克服这些问题以便改进我们的工作？本着这个精神，我不揣冒昧地再就有关问题谈谈自己的看法，作为交换意见的基础。

　　所谓聚落考古，一般应包含三个方面的内容，即（1）单个聚落形态和内部结构的研究，（2）聚落分布和聚落之间关系的研究，（3）聚落形态历史演变的研究。三个方面是既有区别又有联系的。我就按这三个方面来谈一些不成熟的看法。

[1]　中国科学院考古研究所、陕西省西安半坡博物馆：《西安半坡》，文物出版社，1963 年。
[2]　严文明：《半坡仰韶文化的分期与类型问题》，《仰韶文化研究》，文物出版社，1989 年。
[3]　张光直：《考古学专题六讲》，文物出版社，1986 年，86 页。

1. 单个聚落形态和内部结构的研究

聚落，中国古代一般指村落或人们聚居的地方。汉代就有聚落的名称，例如《汉书·沟洫志》说"稍筑室宅，遂成聚落"。《史记·五帝本纪》有"一年而所居成聚"的说法，张守节正义说："聚，谓村落也"。《左传·庄公二十五年》又有"城聚"一名，是城也可以包括在聚落之中。而英语 Settlement 也是指聚居地或村落，有时也把城镇包括在内。考古学所研究的聚落实际上是指聚落遗址，而一个考古学遗址不一定就是一个聚落遗址。这一点要特别提请注意。且不说有些考古学遗址如像铜绿山那样的矿冶遗址或古战场遗址等根本不是普通意义上的聚落遗址，就是一般的考古学遗址，本来是聚落所在地，也会因为具体情况不同，有的可能只有一个聚落，有的可能先后存在过几个聚落。在后一种情况下，有的位置变动很小，有的虽有较大的变动，而从考古学遗址的角度来看，只要是连成一片的就可以算是一个遗址。例如当年梁思永发掘安阳后冈遗址时发现了小屯、龙山与仰韶文化的三叠层，但三者的空间分布范围并不一样，只有一部分是相互叠压的。即使每一个文化期只有一个聚落，每个聚落的面积自然比整个后冈遗址小得多。明白了这个道理，就不能把考古调查中发现的一个个遗址直接看成是一个个聚落遗址，进而论述某种聚落形态或聚落之间的关系等等，否则就不可能得到正确的认识。

假定一个考古学遗址先后有不同的社群居住，时间不相连续，聚落本身自然也不相连续。这种情况在考古发掘时是容易从地层上区分开来的。假定一个考古学遗址只有一个社群居住，时间较长，社群本身也小有发展变化，反映在聚落形态上自然也会有些改建、扩大等情况。只要基本的格局没有发生本质的变化，还是应当作为一个聚落遗址来对待。这个聚落存在期间所发生的变化，也是可以通过地层学的方法等观察出来的。

有些聚落，特别是城镇一类的聚落，当被新的人群占领或仅仅换了统治者时，旧有的房舍往往会继续沿用一个时期，而后才开始比较彻底的改造。有时甚至仅有不大的变动而不进行彻底改造。在这种情况下，聚落形态的变化同聚落使用者的变化会形成不整合的现象。在研究夏、商或商、周交接时期一些城址的性质时，应该估计到这种可能性。当然也不排除占领者一开始就乱拆乱建、大兴土木的情况。

在一般情况下，单个聚落形态的研究至少应包含三个方面：一是整体形状，二是聚落内各种遗迹的形态，三是聚落布局或聚落内部各种遗迹相互联系的方式。

影响整体形状的主要有两个因素：一是地理位置和地形，二是社会组织结构。

房屋建筑的形状有时也会影响到聚落整体的形状，例如长屋就不大容易围成圆圈。

地理位置和地形影响聚落形态的情况是到处可见的。例如河旁或道路旁边的村镇常常呈长条形，山坡上的村落常常按等高线排成若干弧形，平原地带则容易形成圆形、方形或两者的变化形式。此外在河口多见贝丘遗址，海湾时有沙岗遗址等，则是在特殊地理位置的特殊生态环境在聚落形态上的反映。

社会组织结构对聚落整体形状的影响不如对聚落布局和内部结构的影响那么明显，但也可以看到一些迹象。例如北方新石器时代中晚期的聚落常呈圆形或椭圆形，后来变成不大规则甚至呈散点形，再后出现的城址又变成方形或稍稍变动的形式，就不能说与社会组织结构的变化没有关系。

聚落内部的遗迹有许多种，不同聚落内部的遗迹也有很大差别。比较常见的有房屋、灰坑、手工业作坊、牲畜圈栏、宗教遗址、给排水工程、交通和防卫设施等，有时还包括墓葬。

房屋是最复杂又最能反映社会面貌的一类遗迹。房屋中最多的是住宅，此外还有库房、作坊、宫殿、衙署、庙宇、商店等许多种。住宅的形态也是很复杂的。因为自然环境不同，黄河流域及其以北的史前文化中常见地穴或半地穴式建筑，黄土地带还常见窑洞式建筑。长江流域及其以南的史前文化则多地面起建的房屋，有时在沼泽或河湖岸边还采用干栏式建筑，即一种架在桩柱上的悬空式房屋。浙江余姚河姆渡遗址就发现了一群干栏式建筑的遗迹，其中保存甚好的桩柱和地板、梁架等木构件就有数千根之多。地穴和半地穴式房屋便于造单间的，而地面或干栏式建筑则便于造多间式长屋。所以北方史前文化多见单间房屋，而南方则常见分间屋以至有许多间的长屋。

在相同的自然环境条件下，往往因为文化传统、居住者的家庭状况和建筑技术水平等方面的差异，使得住宅的形态各不相同。例如仰韶文化早期西部的房子多为方形或长方形，东部则多为圆形的。直到龙山时代，西边的客省庄二期文化和齐家文化仍多是方形的，东部的后冈二期文化也还是圆形的房子。这很明显是不同文化传统的反映。

仰韶文化早期居民最基本的住宅就是小型方屋和小型圆屋。能不能通过对这种房屋的研究来了解当时的家庭乃至婚姻状况呢？我们曾经作过试探。这类房子现已发掘了将近300座，多是一个空空的房间，很难了解更多的情况。幸好在半坡、姜寨等地发现过少数被火烧毁而室内器物来不及搬走的房子。我发现那些器物基本上分布在进门的右侧，左侧往往有一块约2米长、1.5米宽的空地。有的房子在左侧还有低矮的土床，上面也从来没有发现器物，可见这是睡人的地方，其面积只能容两三人。这是一个非常重要的信息，说明一座小房子的居民不大可能是一个完整的家庭。因为一个比较完整的家庭一般要包括三代人，人数当有四五人以上。考虑到每座房子都有灶，有炊器和饮食器，而粮食储备很少，仅用陶罐装些小米或螺蛳之类，也不像是一个完整的消费单位。这样看来，一所小房子的住民有可能是过对偶婚姻生活的夫妻和他们的婴幼儿，老人和较大的孩子可能要住中等房子或其他小房子。对于中等房子的分析也支持了这一看法[1]。这种分析方法等于是找到解开仰韶文化早期社会和家庭、婚姻形态的一把钥匙。因为过去许多人以为一座房子就是一个家，至于究竟是怎样的一个家，各人看法很不一致。有人说大概是一个对偶家庭，有四五个人；有的说还要多，可能有一二十人，是一个大家庭。他们说原始社会生产技术水平那么低下，盖一座房子很不容易，哪能像我们现在住得那么宽敞？从前彝族的穷苦人披个麻袋在屋檐下一蹲就能睡一夜觉，仰韶一二十平方米的房子不是足以蹲一二十人吗？这从表面看起来也好像有些道理。如果全部都是空房子，就没有法子驳倒这些似是而非的说法。可见那些被偶发事件摧毁而保存了室内设施原有状况的房屋，是一种非常珍贵的资料。在田野考古工作中一定要仔细清理，如实地记录、测绘和照相。须知在史前聚落中，这种被偶发事件（火灾或者别的灾变）摧毁而保存室内设施原状的情况尽管不是太多，却也不是个别事例。仰韶文化早期有，后期也有，大汶口文化、马家窑文化、内蒙古的海生不浪文化等也有。对这种房子的研究乃是聚落考古的一项非常重要的内容。这种方法还可以推广到对其他房屋遗迹的分析中去。尽量寻求直接的证据而不是想当然，也不是随便拿个民族学例子去套，乃是确定各类房屋性质和功能最有效的方法。没有直接证据的那些空房子，则可以根据它们的形制采用类比的方法来加以推断。这样整个一盘棋就走活了。对于其他遗迹的性质和功能的确定，同样需要有足够的证据。例如某些新石器时代的石器作坊，如果只剩下一个空房子，就跟简陋的住宅非常相似。只是地面不大平整，也没有灶。稍不注意就会做出错误的判断。那些没有经过太大扰动的作坊，一般会有许多原材料（多为砾石）；有打坯的石砧，砧上常见有打击的酥点；有大小石锤，大锤打坯，小锤琢平；有半成品、残次品和大量废料（石片和碎渣等）。有的作坊中还有砺石或砥石，甚至有管钻留下的石芯。这些都要详细清理、编号、记录、绘图和照相，还要对当时的工作状况进行认真分析。有的发掘者只采集成形的石器，至多包括半成品和残次品，而不理睬数量最多的原材料和废料，更不注意所有遗物的分布状况和它们之间可能的联系，结果就失去了判断为石器作坊的依据。旧石器时代的石器制造场同样要仔细清理，对各种石制品（石核、石片、半成品和碎

---

〔1〕 严文明：《姜寨早期的村落布局》，《仰韶文化研究》，文物出版社，1989 年。

渣等），都要一一编号，并仔细画出分布图。有些石片还要进行拼合。据说河北泥河湾一个旧石器制造场的石制品拼合率曾经达到了14%，那已是很高的水平了。

对各种遗迹的性质和功能基本确定以后，再来谈聚落布局和聚落内部各种遗迹的联系方式就有了比较可靠的基础。

仰韶文化早期的聚落往往分为居住区、生产区和丧葬区三个部分。例如半坡的生产区即烧制陶器的窑场在居住区的东边，丧葬区在居住区的北边。姜寨和北首岭等处也有类似的情况，只是各区的方位有所不同。这给人一种强烈的印象，好像一个聚落中的人群都是生于斯、长于斯、死于斯、葬于斯的，他们是过着一种相对独立的自给自足的生活方式的。不过仰韶早期的遗址数以千计，其中发现了墓葬的还不到十分之一。主要原因是墓葬不容易发现。因而考古调查和局部发掘所见的情况不等于实际应有的情况。其次也不排除几个村子共用一个墓地。不论怎样，墓地与住地究竟是什么样的关系，恐怕不能简单地配伍而要进行具体分析。

居住区有时是一个整体，有时则分为几个部分。例如姜寨就分为五个部分，每个部分有一座大房子、两三座中等房子和一二十座小房子，形成相对独立的一组。五组房子围成圆形，门向中央，相互之间有明显的间隔。如果没有统一的社会组织，这样有严格规划的布局是不可能形成的。半坡和姜寨等聚落在居住区旁边有许多瓮棺葬和窖穴，它们是成群分布的。在姜寨，每组房子间都有四五群瓮棺，也都有四五群窖穴。从分布状况很难把它们全部看成是先后相继的。换句话说，当时必定同时存在有若干群。这是一个重要的信息。它告诉我们确实存在着比一组房子的居民单位小而又大于单个小房子居民的社会组织，它应该是比较完整的家庭或大家庭。据此姜寨应该有三级社会组织：较低的一级是包含若干对偶家庭的大家庭，每组房子代表由几个大家庭组成的较高一级组织，而整个聚落所代表的则是最高的一级。鉴于各级都有一些经济设施，所以这个聚落实际是一个三级所有制的原始共产制公社。更有进者，由于每个小房子居住的人口有了一个大概的底数，依此底数来推算各级组织的人口也就有了比较客观的基础。如果把它同墓葬人口的分析结合起来，就有可能了解当时氏族公社乃至各级公社组织的大致规模。这在人口考古学中是一种十分可贵的资料[1]。假如不是对各种遗迹进行具体分析，并且把它们联系起来，从布局和内涵等方面分析它们之间的关系，这样的结论是不可能得出来的。依据这种思路，对于别种布局和内涵的聚落，也

---

〔1〕 F. A. 汉森：《人口统计学在考古学中的应用》，《当代国外考古学理论与方法》，三秦出版社，1991 年。

是可以得出比较接近实际的结论的。

姜寨聚落的布局是属于有严格规划的一类，后来兴起的城镇也多是有规划的。《考工记》说："匠人营国，方九里，旁三门。国中九经九纬，经涂九轨；左祖右社，面朝后市，市朝一夫。"这是一种理想化的说法，先秦的都城并没有这样规整的情况，但都有一定规划则是没有问题的。另一些聚落是自然生长的，并没有一定规划。这特别反映在河旁或山坡上的聚落，往往是跟着地形延伸的。有的聚落原本有一定的规划，后来在发展中打乱了原先的秩序；有的聚落原本是自然生长的，后来在扩展中又力求加以控制，成了自然生长与人工规划的混合体。在实际作业中，一个聚落究竟属于哪一种，应该根据具体情况进行分析，不能一概而论。

2. 聚落分布和聚落之间关系的研究

在单个聚落研究的基础上，就可以进一步研究各个聚落分布的规律及相互关系。一般地说，聚落分布往往受制于自然环境，同时也与文化传统、经济和社会发展水平有密切的关系。在多数情况下，山前的聚落遗址呈条带或弧形分布，例如内蒙古凉城县岱海西北岸蛮汗山脚下相当于龙山早期的老虎山文化的遗址，便是呈东北—西南的条带状分布。小河旁的聚落遗址有时呈条带状分布，若是小支流较多，则呈葡萄串式分布。例如陕西宝鸡地区渭河北岸的仰韶文化遗址呈东西条带状分布；而山东昌乐县的龙山文化遗址分布图，看起来就像是一串串葡萄的样子。至于平原地区的聚落遗址，有时呈散点式分布，有时则聚集成若干群落。

农业的发生与发展对史前聚落的分布有明显的影响。最早的农业聚落遗址多在山前平地或沼泽地带，后来逐渐向河湖岸边和平原推进，遗址的规模也逐渐扩大。从宏观范围看，稻作农业最初只发生在长江中下游少数地点，以后逐步往北，而后向西和向南扩展；旱地农业在黄河中下游发生后则逐步向西、向北和向东北地区扩展，从而大大改变了这些地区聚落的形态和分布规律。

不同经济文化发展阶段的聚落遗址的数量、分布状况和具体形态都会有相当的差别。以河南省裴李岗、仰韶和龙山三个时期的遗址为例，其数量各为 70 余、800 和 1000 处左右。如果考虑到三个阶段所占时间跨度的差别，则同一时段的遗址数目之比当为 1：8：20，可说是以几何级数增长的。在分布上，裴李岗文化主要在河南中部，仰韶文化则以中西部最密，到龙山时期就大规模向北部、东部和东南部平原地带扩展。裴李岗文化的遗址一般较小，仰韶时期的有所扩大，龙山时期则大的更大，小的更小，相差悬殊。仰韶时期常见环壕聚落，龙山时期则出现许多古城，这是聚落形态上的重大变化。

研究聚落遗址之间的关系，首先要确定各聚落的年代。只有同一时期的聚落才可能发生这样那样的影响或交流关系，或者结成集团，或者有统治与被统治、征服与被征服等诸如此类的关系。如果年代不同，就只能发生传承关系或替代关系，那是性质不同的另一种关系。

新石器时代的聚落在经济上往往是自给自足的，是一种原始的自然经济。不过有些资源产地会形成某种专业化生产和物资交换。例如长江和黄河的某些河段岸边多砾石，不少石器作坊建在就近的地方。其产品除自用外还会有不少进入社群间的交易。进入新石器时代末期和铜石并用时代，多种手工业发展起来了，其中有一些明显是为交换而进行生产的。例如兰州白道沟坪有一个马厂期的制陶作坊，那里残留四组陶窑，保存较好的一组有 5 座窑址。从分布状况看还应该有更多组窑址，只是后来被破坏了。这样大规模的陶器作坊，绝不会仅仅是为某个聚落生产，而应该有相当大的销售范围。又如山东的大汶口文化中，有些大墓随葬数十件陶鼎或数十件背水壶，个别墓甚至随葬 100 多件高柄杯，远远超出了个人生活的需要。说明当时的人不单知道陶器的使用价值，而且特别看重它作为商品的交换价值，不然就不会把它当成财富大量储积起来。至于玉器、漆器和丝绸等高档手工制品，有的可能是为贵族集团所控制，仅在其内部进行直接分配，或者采用贡纳和赏赐等方式进行再分配；有的也可能进入商业性交换。所有这些经济活动都超出了单个聚落的范围，可见当时在一些聚落之间事实上存在着某种经济联系的网络。研究这种经济网络的性质和范围，应该是聚落考古的重要课题。

聚落间的社会关系更是需要着重研究的课题。在新石器时代，各聚落之间不但在经济上是自给自足、相对独立，因而也是基本平等的，在社会关系上也是如此。超聚落的社会结构主要是亲属聚落群，它们可能组成为胞族、部落甚至部落联盟。我们注意到仰韶文化早期某些墓地和单个墓葬中埋葬的人数特别多，而且几乎都是二次葬。例如陕西渭南史家墓地有 730 人，如果考虑被破坏的墓葬在内当超过 1000 人，临潼姜寨二期墓地超过 2000 人。史家一墓最多埋 51 人，姜寨二期一墓最多埋 82 人。河南淅川下王岗二期墓地总人数也将近 1000 人，邓州八里岗一墓最多有超过 100 人者。这些墓地和墓葬的死者数量如此之大，显然不会限制在本村的范围内，应是把原属同族、原本也是住在本村，但在早年就分化出去、死后也埋在外地的人，定期迁葬回祖籍茔地。这大概也是二次葬流行的原因之一。而这些分化出去的人所建立的新聚落，自然会和母亲聚落结成一种特殊的关系。它们组成的群体，当然属于亲属聚落群的性质。这个道理虽然很容易明白，但在考古工作中怎样判断亲属聚落群则是相当困难的事情。

到了新石器时代晚期之末和铜石并用时代，社会关系发生了显著的变化。在聚落内部可以看到日渐显著的贫富分化和社会地位的分化；在聚落之间则是中心聚落与一般聚落的分化。在田野考古工作中认识中心聚落并不难，只要同其他聚落进行比较就清楚了。例如大汶口文化中的大汶口遗址，红山文化中的牛河梁遗址，仰韶文化晚期的大地湾乙遗址，良渚文化中的良渚遗址，中原龙山文化中的陶寺遗址和石家河文化中的石家河城址等，都是有名的中心聚落遗址。在这些中心聚落之外还有更多的次中心聚落遗址。但每个中心或次中心聚落究竟能控制多大一个范围则是不容易确定的。而这正是聚落考古应当着重研究的问题。控制或在一定程度上相互依存的内容可以分为经济的、政治的、文化的、宗教的等几个方面，各自的范围可能不尽一致。对于不同地区还会有方式和程度上的差别，有些较远的地方可能仅仅有些影响而谈不上真正的控制。凡此种种，都应该分别情况进行仔细的研究。

3. 聚落形态历史演变的研究

考古学在研究聚落方面的最大优势，就是可以放在历史长河中的不同阶段加以比较考察，找出它发展演变的轨迹和规律性。但是世界那么大，不可能在所有地方的聚落都遵循同一的发展模式。那种试图建立某种通用模式的做法，如同麦克尼特等所做的那样[1]，虽然不能说没有价值，却总是受到各种各样的批评。中国幅员那么广大，地形又那么复杂，不同地区的聚落形态和发展途径也不会完全相同。只有同时把握时间和空间这两个坐标，才能理清聚落发展演变的线索。

在旧石器时代，由于采集和狩猎经济的限制，人们不可能结成很大的集团，所以聚落规模甚小。近年来虽然开始注意到聚落之间的联系，但因工作刚刚起步，有关规律还要进一步探寻。

新石器时代是伴随着农业的发明而到来的。但早期的农业仅限于很小的范围，农业在整个经济中的比重也很有限。所以这个时期的聚落仍多洞穴或小型露天遗址，沿海河口地带大量贝丘遗址的出现也是这个时期的一个特点。新石器时代中期是农业得到初步发展的时期，聚落规模显著扩大，地方差别也更明显了。大致说来，北方的聚落大于南方的聚落。北方多地穴式窝棚，南方多平地起建或干栏式房屋。北方的聚落以位于辽河流域及其附近的兴隆洼文化研究得较好。据经过大面积发掘的几处聚落遗址来看，大体都呈圆形或椭圆形，周围有壕沟，内部房屋排列比较紧密，中间常有一两座超过100平方米的大房子。一般的住宅也较大，早期每间多为50～80平方米，晚期多为20～40平方米。这种聚落是以大房子为

---

[1]　C. W. McNett，1970. A Settlement Pattern Scale of Cultural Complexity，*A Handbook of Method in Cultural Anthropology*，New York Natural History Press.

中心的凝聚式统一体。

黄河流域的老官台文化、裴李岗文化、磁山文化和后李文化等都做过一些发掘，有的发掘面积也较大，但发现房屋甚少，每个聚落遗址的全貌并不清楚。后李文化的房子一般有 40 平方米左右，与兴隆洼文化晚期的相近。而磁山、裴李岗和老官台文化中发现的零星几座"房子"，每个只有三四平方米，恐怕不是当时住宅的主流。河北武安磁山遗址中有一种圆形或椭圆形坑，里面常有石磨盘、石磨棒、陶炊器和饮食器等，推测是房子里面的坑穴。类似的坑穴在内蒙古察哈尔右翼前旗的庙子沟多有发现。只是磁山这种坑穴所依托的房屋地面被破坏了，结构和范围都不清楚。在它的周围有大量长方形的粮食窖穴，可见这是一个农业比较发达的聚落遗址，其布局很像是凝聚式的[1]。裴李岗文化有成片的墓地，看来居住区和丧葬区在聚落内是明显分开的。

长江中游彭头山文化的聚落也有环壕的设施，房屋为平地起建以避免过分潮湿，个别遗址中很像有干栏式房屋的遗迹。浙江北部的河姆渡文化按其内容当属新石器时代中期之末，而绝对年代实已进入晚期之初。那里有大批干栏式长屋的遗迹。各房排列紧密，实际上是凝聚式聚落的另一种表现形式。

新石器时代晚期的聚落以仰韶文化早期研究得较好，其中比较有代表性的姜寨一期的聚落已如前述，其他几处一般都有环壕，居住区、生产区、丧葬区划分清楚，居住区又划分为若干小区。其总体特征可以概括为内部有划分的向心式的联合体。山东长岛北庄的大汶口文化居址内部也划分为若干小区，只是因地形关系没有规划为向心结构。

长江流域大溪文化的聚落多次发现有环壕，个别的环壕内侧还发现有土堤，当是往后土城的萌芽。而马家浜文化中除平地起建的房屋外，也还有干栏式建筑和较大的墓地。

新石器时代之末到铜石并用时代早期，各地聚落都发生明显分化。不但有中心聚落和一般聚落之分，在中心聚落中又还有较高级房子和一般住宅之分。例如前述大地湾的几座大房子的建筑技术和所用材料的规格就比一般住房高级得多；安徽蒙城尉迟寺遗址北部的多间式长屋也比其他几部分的房屋做得好些。这种聚落的特点似乎可以称为主从式结构。

中心聚落出现不久，各地相继建起了许多土城和石头城，把聚落之间的分化又向前推进了一步。现在在湖北、湖南、四川、河南、山东和内蒙古等地发现的龙山时代的城址已将近 40 座。其中最大的超过 100 万平方米，小的不到 1 万平方

---

〔1〕　河北省文物管理处：《河北武安磁山遗址》，《考古学报》1981 年第 3 期。

米，而大多数在 10 万 ~ 20 万平方米。单从大小来看似乎有等级之分，但这同后来中央都城和地方城镇的划分还是有本质区别的。这些城明显还有功能之分。那些分布在险要地段的小型石城应是军事城堡，而大量平地起建的土城则可能是贵族或主要是贵族的住地和政治活动中心。只是现在多数只有地面调查或解剖性发掘，内部结构不大清楚。不管怎样，我国史前聚落从凝聚式统一体到向心式联合体再到主从式结构，从平等的聚落到初级中心聚落再到城市性聚落的轨迹是清楚的，不同地区的特点也很明显，从而为史前社会历史的研究提供了一个深厚而可靠的基础。

事实证明，是否用聚落考古的观念去思考和组织田野考古工作，效果是大不一样的。正是因为这样，才有必要大力提倡聚落考古。为了把聚落考古的工作做得更好，作为一个考古工作者，有必要学点民族学、文化人类学乃至人文地理学中有关聚落研究的内容，当然还要了解国外有关聚落考古的方法和具体成果，这将有利于启发思路，拓宽视野。过去的毛病是知道一星半点就生搬硬套，那当然是不对的。其实知道多了就会有比较有思考，就不会随便套用而可能灵活运用。其次要加强田野考古基本功的训练。过去发生的许多问题常常出现在基本功不扎实方面。而且随着聚落考古观念的引入，对田野考古的要求比过去高了，有时要设计新的作业方式，改进记录内容和表格。现在国外除按照地层和遗迹单位进行发掘和记录外，还引入了遗存单元（Context）的概念[1]。它既可用于单个遗址的发掘，也可用于小区遗址的调查。而后一项工作是聚落考古中十分重要的一环。当然小区调查也不一定非引进 Context 概念不可。试一试总没有妨碍，在试验中发现优缺点再加以改进就是了。只要我们共同努力，聚落考古在史前社会研究中的作用是会发挥得更好的。

（原载《文物》1997 年第 6 期。后收录在《考古学初阶》，文物出版社，2018 年）

---

[1]　李浪林：《系统考古单位的定义和运用》，《东南亚考古论文集》，香港大学美术博物馆，1995 年。

关于聚落考古的方法问题[*]

　　这次以新砦遗址考古发掘 30 周年为契机，举行中国聚落考古的理论与实践学术研讨会，到会的学者 90 多人，来自全国的 30 多个学术单位，是聚落考古的一次盛会。以前关于聚落考古虽然也开过几次会，但规模都比较小。前不久在山东大学开了一次聚落考古与环境考古的国际研讨会，有不少中国和外国的学者参加。会议开得不错，特别在聚落考古与环境考古的配合和中外学者的交流方面取得了不少成果。但从国内学者参加人数之多和讨论问题之广泛来说，这次却是名副其实的全国性会议。会议上的报告与发言，可以说是对我国聚落考古研究的一次全面性检阅，有些发言还对今后聚落考古的进一步发展提出了很好的建议或设想，在我们国家如此大规模地讨论聚落考古还是第一次。会议开得很紧凑，气氛热烈，内容丰富，取得了圆满成功。

　　聚落考古在中国有很长的历史，差不多是同中国考古学的发生同步，至少是前后脚的。20 世纪 30 年代对安阳殷墟的考古发掘，全面揭露了商代晚期都城的宫殿区和王陵区，还有 H127 那样大型的甲骨文档案库和大批青铜礼器等极其丰富的文化遗存，本身就是聚落考古的一次大规模实践。那时对于安阳后冈三叠层的发掘和山东历城（今属章丘）城子崖龙山文化城址的发掘，也都是聚落考古的早期尝试。因为三叠层不仅是区分了小屯（殷代）、龙山与仰韶三个时期，还注意了各个时期文化遗存分布的不同范围，梁思永先生画的三个圈就说明那里至少存在着三个不同的聚落。城子崖挖的面积不大，却发现了城墙，根据调查又画出来城圈，那不是聚落考古的思维和实践吗？20 世纪 50 年代对陕西西安半坡、宝鸡北首岭、华县元君庙和华阴横阵村等一系列仰韶文化村落遗址和墓地的发掘，以及对郑州商城的大规模勘探与发掘，也都是聚落考古的早期实践。半坡考古报告的标题就是《西安半坡》，已经注意通过聚落考察来复原社会组织。可惜没有注意考古遗址

---

　　* 本文为 2009 年 12 月 29 日在河南省新密市举行的中国聚落考古的理论与实践学术研讨会闭幕式上的讲话，会后做了修改。

和聚落遗存的区别，分期工作没有做好，把不同时期不同聚落的遗存糅在一起，自然难以正确地复原不同时期的社会形态。20世纪70年代以来陆续发掘的陕西临潼姜寨遗址和内蒙古敖汉旗兴隆洼遗址，首先注意遗址的文化分期和不同时期聚落形态的全面揭示，获得了较好的效果。之后由于甘肃大地湾和辽宁牛河梁等遗址的发掘，发现其规模和规格明显高于同时期的其他聚落，于是提出了中心聚落的概念。随之龙山时代又发现了一些城址，我国主体地区聚落演变的轨迹便逐渐明朗起来，聚落考古又进了一步。回顾起来，直到20世纪80年代初以前的几十年中，我们做了不少工作，只是没有从聚落考古的理念和方法上进行必要的分析和研究。

20世纪80年代以来，国外聚落考古的理念和方法陆续介绍进来。国内关于文明起源的研究也越来越成为大家关注的焦点。而聚落考古对于研究社会形态及其演变是一种特别有效的手段，于是很快在全国范围内推广开来。这次会议在相当程度上反映了这二十多年来聚落考古的成果。会上的报告和发言有单个聚落的考古研究和不同类型聚落的比较研究，有聚落形态演变的研究；有发掘方法和调查方法的研究；涉及的聚落有北方温带半干旱区的，也有南方亚热带湿润区的；有平原地区的，也有山地的，还有海岛上的。经济形态上有以渔猎为主的，也有以农业为主的，后者又有旱地农业与水田农业之分。有一般村落遗址的研究，也有城址乃至都城级聚落的研究，还有区域性的研究，涵盖面非常广泛。只缺一项游牧聚落研究的案例。近年西北大学以王建新教授为首的团队在新疆东天山一带做了很有成效的工作。而游牧文化的考古是一个具有世界意义的大课题，又是一个难以突破和把握的课题。现在做出了初步的成绩，当然十分难能可贵。我们国家有将近400万平方千米的海疆，有5000多个岛屿，在辽宁、山东、浙江、福建、广东和香港等地的一些海岛上都做过一些工作，但是没有很好的总结。今后要大力加强海洋文化的研究。现在我们国家正在开展探索文明起源研究的重大项目，也就是所谓"探源工程"，聚落考古必然有更加广阔的用武之地。而要继续发展聚落考古，必须在理念上有一个正确的认识，在方法上要不断地改进和完善。下面我想就聚落考古的方法问题谈一点不成熟的看法，希望得到大家的指正。

所谓聚落考古，就是以聚落为对象，研究其具体形态及其所反映的社会形态，进而研究聚落形态的演变所反映的社会形态的发展轨迹。所以聚落考古可以归入社会考古学的范畴。为什么选择聚落作为研究的主要对象而不只是对遗迹、遗物乃至整个遗址进行深入的研究呢？要知道聚落就包含在遗址之中，遗迹遗物也包含在遗址和聚落之中。我想这无非是强调聚落的特殊地位和作用。因为人总是要组成社会的，而在物质遗存中能够观察到的有形的社会单元就是聚落。考古学的任务既然是研究古代人类社会的历史，自然应当把注意的焦点放在体现基本社会单元的聚落形态上。另一方面，聚落形态也与它所处的自然环境有密不可分的关系，例如河口咸水与淡水交接区适于贝类生长，旁边往往可以发现贝丘遗址，海湾沙岗上有时会有沙岗遗址，河边的聚落多呈长条形分布，平原地带的聚落则多呈团块式分布，诸如此类。通过聚落形态的研究，可以揭示人类在不同地区、不同时期如何依赖自然环境，设法寻找最适于自己生存的自然环境，又要在适应自然环境的情况下适当地改造自然环境。所以聚落考古往往要与环境考古相结合，才能取得较好的效果。

关于聚落考古的方法，应该是根据所研究的对象和所要达到的目的来确定，不可能是一个模式。不过也有一些共同要注意的问题。我想首先要研究什么是共时性和如何解决共时性的问题。我们讲的聚落形态不是遗址形态。任何聚落都不是由单体居址而是由多个居址和相关建筑相聚而成。相聚的这些居址和相关建筑的布局有的事先就有一定的规划，大型聚落和各种级别的城市以至都城往往如此。有的聚落事先没有规划，自然成长，到一定时期也往往会做一些调整，从而形成一定的格局。聚落的基本格局形成以后多半会有一个相对稳定的时期。只要基本格局没有太大的变动，也就是聚落形态没有太大的改变，我们就应当视为一个聚落。比方说，我们通常讲"明清北京城"，从来不说"明北京城"或"清北京城"。因为清代对明代的北京城没有进行根本的改造，两者没有太大的区别。虽然在几百年的过程中也有许多局部的改造或新建，只要没有改变它的基本格局，你就没有法子把它当作两个聚落。早先的唐长安城、汉长安城、郑州商城乃至史前的某些古城，差不多都有百年或几百年以上的历史，期间总有一些兴废之事，只要基本格局没有改变，都只能看成是一个聚落。相反，虽然明清北京城就坐落在元大都的旧址上，但明代的北京却基本上是新建的，具体形态跟元大都有很大的不同，所以应该看成是两个聚落。为什么要强调这一点？因为我们的目的是要通过聚落形态来研究它所反映的社会形态。在聚落形态没有根本改变的情况下，它所反映的社会面貌或社会组织结构也应当没有本质的改变。明确这一点对于田野考古的实际操作也是非常重要的。如果你只是追求那些不断发生的局部的变化，反而忽视了一个聚落的基本特点，那将是一个极大的失误。考察一个聚落如此，考察一个聚落群中各聚落的关系也是如此。

是不是只注意聚落的基本形态就够了呢？当然不是。有些聚落中的遗迹保存得比较好，不但可以进行功能区的划分，还可以进一步了解各功能区乃至单体建筑之间的联系，借以复原当时的社会。要做到这一点，仅仅依据地层关系和文化分期就难以达到目的，还需要引入地面的概念，要设法揭示完整的地面。过去我们很注意划分地层，这是任何考古工作者都必须具备的基本功。但有时候不恰当地把地层和时期画等号，比如下层是仰韶，中层是龙山，上层是小屯，也就是商代晚期。还有二里岗上层和二里岗下层等等，诸如此类。后来一般不这样做了，只根据土质土色的变化来划分地层，再根据地层中的出土器物来进行分期。这当然是对的。但是器物的分期要进行类型学研究，不可能在田野发掘阶段解决。于是一些人提出在发掘过程中要统一地层。这在实际操作中是有困难的，尤其是在大面积发掘的时候。做过田野考古发掘的人都会知道，强行统一势必要出问题。因为地层堆积总是有范围的，除了表土层以外，几乎没有一个地层是覆盖整个遗址的。但任何时候都会有一个地面，地面是不会有缺口的，不管高高低低总可以连接起来，而地面上的遗迹和某些遗物总是同时可以看见的。不过我们要注意地面上同时存在的东西不一定在文化分期上也是同时的，这两个概念不能画等号。我举一个不大恰当的例子。你们看我们住的这个宾馆有好几栋楼，这些楼并不是同时盖的。从地层上观察一定有叠压或打破关系，但现在同时在使用，当然也可以同时看得见。不过这些楼盖起来的时间相差不远，在文化分期上不会有什么意义。假如旁边有一座庙或者别的什么古建，跟现代建筑同在一个地面，可以同时看见，但在文化分期上就不一定是同时期的了。进行聚落考古，一定要把这两个概念的区别和相互关系弄清楚。

为了揭示地面，发掘时不必机械地按照事先划定的探方格子进行。开不开探方应该视具体情况而定。如果开探方，一定要注意各个探方发掘的进度。到一定阶段要打掉隔梁，把地面连接起来。不开探方，一定要严格控制坐标，并且把地面的揭示同地层观察结合起来，否则出了错还不知道错在哪里。

进行考古调查也要解决共时性的问题。你调查了一大堆遗址，如果不首先区分不同的时期，如何去判断各个遗址所体现的聚落之间的关系呢？从新石器时代和青铜时代以降的遗址中，最普遍存在又最能反映文化特征和所属时期的就是陶片，所以调查的时候一定要捡陶片，当然也要注意别的具有特征的东西。捡到陶片要能够正确地辨识，这要有知识和经验的积累。不能只是红陶、黑陶、灰陶，也不能只是仰韶、龙山。单是一个仰韶文化就可以分成好多时期和好多地方类型。如果你不掌握这些知识，就很难正确判断聚落的范围和不同聚落之间的关系。国家博物馆在山西垣曲盆地的调查，采用了全覆盖式的和传统调查相结合的方法，又充分吸取了以往考古研究中文化分期的成果，才能做出不同时期的聚落分布图，进而研究各时期聚落分布的特点和同时期各个聚落之间的关系，再研究从早到晚聚落演变的过程和可能的原因，是做得比较好的例子。

近年来我们有些单位同外国学者合作，引进了一些新的调查方法。其中比较流行的是全覆盖的拉网式调查，按照事先划定的方格采集陶片，规定几块陶片以上就是遗址。有些学者对这种方法提出质疑。我觉得之所以采取这种方法，第一是怕漏掉可能存在的遗址，第二是便于输入计算机进行处理。它所提供的信息是一种可能性而不完全是真实的。这种方法可适用的范围有限。在东北和内蒙古等地可能用处较大。在华北等地的农村习惯取土垫圈，如果取了遗址上的土，再把沤成的圈肥抛撒在别的田地里，便会造成许多假象。还用这种方法来圈定遗址，就会真假混杂，可信度低。至于在南方水田地区，很难捡到陶片，这种方法就更不好用了。水田地区的调查是一道难题，一直没有很好地解决。最近中美合作在成都平原的郫县古城一带用拉网式钻探的方法，取得了较好的效果。具体到一个地方用什么方法，要做试验，要具体分析。在调查报告上要把采用的方法讲清楚。我们过去有些调查方法是很有效的。例如在 20 世纪 80 年代初，中国社会科学院考古研究所的杨虎等在内蒙古敖汉旗进行调查。他们只有两三个人，开始调查了几个遗址，捡了一些陶片。然后把当地的小学老师和放羊娃召集起来，跟他们简单地讲解什么是古代的遗址，什么时代的陶片各有什么特点，诸如此类，同时把他们带到遗址上去考察。不是捡几块陶片就叫遗址，要看地形地貌，冲沟边或地坎上有没有文化层或某种遗迹现象。期间还拜访了一些老人，他们对自己的乡土十分熟悉，纷纷告诉考古队哪里哪里有遗址，考古队再去验证。出乎意料的是有不少遗址在山顶上，那多半是防御性城堡或是祭祀性遗迹；有些遗址跟我们平常想的背风向阳的规律不合。于是把初步调查到的遗址全部画在地形图上，不断地总结规律，再依据新的规律去调查。结果在不太长的时间内仅仅跑遍了半个旗的地方，就发现了 10 多处西河文化遗址、60 多处兴隆洼文化遗址、60 多处赵宝沟文化遗址、500 多处红山文化遗址和 3000 多处夏家店下层文化遗址。当时杨虎把这个结果告诉我的时候，我简直惊讶和兴奋得无以形容。可惜这个调查报告至今没有发表，更没有一篇总结调查方法的文章，杨虎本人也不幸早逝。其实我们过去也还有一些比较成功的例子，只是不注意调查方法的研究和交流，调查报告也写得过于简单，这种情况应当改变。

调查的目的不仅是要了解有没有遗址，也不仅仅是了解遗址中有哪几个时期的东西。从聚落考古的要求来说，至少要了解遗址中是单一文化期的聚落，还是有几个时期不同范围的聚落。北大师生在河南南阳盆地的调查就注意了这个问题。他们根据在邓州八里岗发掘中观察到的不同时期聚落形态的特点，在调查中规定要了解哪里是居住区或别的功能区，哪里是遗址的边沿，各时期聚落的真实面积究竟有多大等，这样的调查自然要花较多的工夫，有的还要配合钻探或试掘。在这种情况下来讨论聚落的规模—等级才有基础。可惜我们的一些调查过于草率，遗址的面积（注意不是聚落的面积）用南北最长和东西最宽的距离相乘，结果显然比实际面积要大许多。用这样的资料去讨论聚落的规模—等级，进而讨论有几级社会组织，是不是已经进入复杂社会等等，有的还进一步估算人口的规模，不是太离谱了吗？

近年来在聚落考古的理念指引下，许多地方开展了区域系统调查。有成功的，也有不那么成功的，应该认真总结经验。在这次会上有好多同志注意了方法的研究，注意了不同方法的灵活运用，是很好的。我希望一些调查的结果能够以比较详细的方式公布。为什么我要提出后面这么一条呢？过去我们有不少的调查报告，《考古》上、《文物》上，一篇几千字万把字，几十个遗址就交代了，那样的调查报告拿到有多少用啊？无非就是知道了那些地点。所以我一直讲，调查报告应该写得详细些，还要把调查方法讲清楚。现在的一些发掘报告开始注意资料的完整性，注意了每个地层单位中出土器物的组合关系，这是好的。但是有的报告走了另一个极端，一个坑一个坑的写，一个墓一个墓的写，太烦琐了。一定要看具体情况，有的坑、有的墓重要，那是需要写；有的太一般了，坑里面就出两块陶片，坑也不像个样子，有些坑不是有意地挖成的，也许只是为了取土挖了两锹，形成了一个坑，后来有一点垃圾倒进去了，有两块陶片，你也单独写？你列一个表不就完了吗？有时候，过犹不及。一本很厚的报告里面内容不多，这也不是个好现象。

整体来讲，我们做任何工作都要研究它的有效性：调查要有它的有效性，发掘也要有它的有效性。有效性的决定因素有两个：一个是对象，要有一个正确的认识，不同的遗址有不同的调查方法不同的发掘方法；一个是目标，我究竟要完成什么？我究竟要做到什么？还有是你的能力，你的人力、财力，你的时间，你究竟能做到什么程度。那种广谱式的调查得到的信息必然是比较粗放的，但是是需要的，我们不可能对每一个遗址都进行非常仔细的调查，特别是不能每一个都发掘。所以广谱性的调查需要，精细性的调查也需要；试掘性的工作要做，精细的发掘也要做。

不论是哪项工作，都有一个方法的钻研问题，没有那么多现成的方法摆在那里。我觉得过分强调所谓某种模式不一定是好事。有些东西是有规律的，我们要琢磨这些规律，但都拿这个模式去套，不一定是好事。所以一方面要注意规律性的总结和掌握，另一方面要具体问题具体分析。做任何一件事，发掘任何一个遗址都是一个研究过程，不是挖完以后拿到室内整理才是研究。我希望大家要有这样一个概念。这样我们今后的聚落考古工作会做得越来越好。而由聚落考古所引申出的对我们中国古代文明的研究、中国古代社会演变的研究以及各种各样的研究，都会更加深入，做得更好。

（原载《考古学初阶》，文物出版社，2018 年）

总结经验，拓展视野，开辟未来[*]

——新年寄语聚落考古

前几天中国社会科学院考古研究所聚落考古中心给我打电话，邀请我来参加一个座谈会，他们告诉我这个会议的主题是聚落考古的新进展。说到聚落考古，我应该算是比较早关注的，也多少做过一些聚落考古研究。但正如吴卫红说的，每一代人有每一代人的任务，我们这一代人的任务完成得怎么样另当别论，你们中青年应该有新的任务和新的思想，这样我就可以靠边站了（大家笑，王巍所长：您还应该指导田野考古）。指导谈不上，最多还可以做点顾问的事。事实就是这样，一代人总要胜过一代人，这是毋庸讳言的。你比前人做得好也不要骄傲。我历来不主张翻老先生的旧账，老先生的起点跟我们的起点不一样，某些学术上的失误有时候避免不了，应该着重看他的贡献，看他给我们留下了什么样的遗产。反过来说，作为年纪比较大的人，我经常告诫自己，我吸收先进知识已经不像年轻人那么容易，思想难免有些保守，有些看法很可能过时了。怎么办？人们常说要活到老学到老。我不想固步自封，也要不断学习，跟年轻人学习，跟有学问的人学习。

考古研究所成立这样一个聚落考古中心是个好事，我们的聚落考古是什么时候开始的？讲历史的话，我们什么时候开展考古就开始了聚落考古，快一百年了。因为我们调查发掘的古代遗址本来就是聚落，无非是那时候我们没有聚落考古的概念，我们是从不自觉逐步走向自觉。在民族学上讲民族，有一个自在民族和自为民族的区别。有些民族实际上已经形成，但自己不知道，叫作自在民族。后来有民族自觉了，开展民族运动，甚至提出民族自觉或民族独立之类的政治口号，就成了自为民族或自觉民族。我们搞聚落考古也有这样一个过程。实际上我们以前挖的一些遗址，比如最早大规模发掘的殷墟，把宫殿、王陵区都弄出来了，还有很多祭祀坑和甲骨坑，一个都城遗址的雏形就揭示出来了，那还不是聚落考古

---

　　* 本文为 2012 年 1 月 28 日在中国社会科学院考古研究所聚落考古中心举办的 2012 年聚落考古的新进展座谈会上的讲话。

啊？但那时没有这个概念，没有这个意识，是处于自发的阶段而不是自觉的阶段。我们现在是不是自觉了呢？现在很多人已经有意识地开展聚落考古研究，应该说是走到自觉的阶段了。但也还有好多问题不清楚，所以有必要创造一些条件，以便更好地推进聚落考古研究。建立这样一个聚落考古中心就是很必要的了。我们这个中心，首先可以起一个相互交流的作用，开会啊，出集子啊，交流各方面情况，在交流情况的基础上要总结经验，我们不是为交流而交流。前面我听到有些先生讲的很有道理，他根据自己的实践，总结出来的方法，大家可以参照来共同总结经验。我们应该走一步前进一步，不应该总在一个地方打转转。

聚落考古是田野考古学发展到一定阶段的产物。田野考古学中，包括地层学概念也有一些变化，刚刚赵辉提到了。我回忆一下，20 世纪 50 年代出的考古报告和某些文章中，提到房址、灰坑或墓葬的层位关系时，往往说在哪一层，或者说应该归属哪一层。你想一个墓葬或房址怎么能在哪一层呢？你说他不对，可是还有人反驳说，仰韶房子不在仰韶层、西周墓葬不在西周层又在哪一层呢，这些概念都糊涂到家了。现在进步了，不说那些房址、灰坑在哪一层，而说开口在哪一层下面，或者在哪一层下面开口。现在很流行这个说法。你们琢磨一下，这样说正确吗？我看至少不准确。我们现在发现的灰坑也好，房址或其他遗迹也好，见到的口部往往不是原来的开口。因为开口必须在地面上，原来的地面难免有很大的变化。保存原有地面的情况很少，很难找到原来的开口。再说上面的地层还没有形成，你怎么在它下面开口呢？所以不是在哪一层下面开口，而应该是哪一层压着哪一个单位，它原来的口还在是压着它，不在了也是压着它，这么说不是更准确一点吗？有好多事咱们没有动脑子，人云亦云，这样就不对了。还有些把文化层跟文化期混同的情况。比如说二里岗上层、二里岗下层这种概念，在商周考古里实际上是一个分期概念。二里岗上层也好，下层也好，里面还包括有好多层、好多单位呢，而且各自持续的时间也不短。现在开始分了，二里岗上层分一期、二期，二里岗下层也分一期、二期，一个文化层分两期，这不太糊涂了吗？这些都是田野考古学发展中出现的问题。所以我们每走一步都应该总结一步的经验，过去不合适的我们得改一改，过去做得对的要继承下来，还要发展新的方法。我想搞聚落考古中心就要交流情况，总结经验，改进方法。主要是总结田野考古方法的经验，要考虑怎么样使调查结果更符合实际情况，怎么样使发掘更符合地层形成过程的实际情况。现在调查方法有比较大的变化，一些部门引进了区域系统调查的方法。有的做得比较好，有的在采样和解读方面还存在一些问题。应该结合中国的情况在实践中加以改进。考古发掘就像读一本地书，这个书是一部破旧的老书，几乎没有一页是完整的。即使有的地方有些粘连，我也得要一页一页地翻看，不能一页读几句话就跳到下一页去了，那样能够读得懂吗？肯定读不懂的嘛。所以田野发掘的任务，首先要把地层关系分清楚，把一页一页的地书分清楚。若是分不清楚，这部书就读不下去了。

什么是聚落？聚落就是若干家户的人们聚集居住的地方，只有几户人家居住就是一个小的聚落，一个大的村镇也是一个聚落，更大一些，一个城市或者都城也是一个聚落，聚落这个概念最早是在地理学上使用的，地理学上也就是这样定义的。但是我们现在研究的聚落多半是新石器时代的，下面跨点商周。实际上应该是有人聚居就有聚落，所以到后代，到秦汉以后我们还应该研究聚落。秦汉以后的考古工作，由于历史的原因，大部分是研究都城和相关的墓葬，以及一些专题性研究，比如瓷窑啊、古建啊、石窟寺啊，方面很多，但对聚落的研究关注不够。秦汉以后的社会结构比较清楚，都城下面还有郡县和乡村，有好几级聚落，不少有明确的文献记载，这是很宝贵的资料。我们能不能通过考古工作把这些遗址揭示出来，看它有些什么特点，再看跟文献是否吻合，反过来可以检验我们的考古方法是否正确。有些外国人说我们的考古不纯粹，总是借助文献。我说这是我们的优点，不是缺点啊，你怎么说借助文献的考古学就不是纯粹的考古学呢？纯粹的考古学是什么？考古学不是研究历史吗？我们这里有明摆着的另外一套东西——历史文献记载，非得不用才叫作纯粹的考古学？我还怀疑你那一套单纯通过物质遗存构建的理论是否符合历史哩！你们用什么检验？你们拿所谓的民族志检验考古学，或者拿现在的垃圾堆检验考古学，那不是一个范畴的东西啊。我现在研究仰韶文化，你拿印第安人的东西检验，或者拿佤族或纳西族的情况去比照，那能检验吗？年代、环境、文化传承都不一样，那能得出正确的结论吗？我看最多能受点启发，有助于拓宽思路而已。我认为我们中国历史时期的考古学如果在这方面做些努力，对考古学的理论和方法都会做出重要的贡献。

下一步怎么走？要拓展视野，从两个方面着手。一方面是开展功能性的聚落研究，比如手工业作坊、矿冶遗址等，我们很少做，或做得不够深入。比如陕西杨官寨遗址南面一个陡坡，并排十几个房址，每个房子旁边有一个陶窑，西头还有一个库房放有完整的陶器，光是尖底瓶就有两套，每套九个，共 18 个，很整齐。还有一些其他的陶器和制陶工具，那是陶器作坊的储藏库，明显是有组织的，不然怎么会排得这么整齐？这种制陶手工业作坊不止一处，较早发现的有甘肃兰州白道沟坪的马厂期窑场，山西新石器时代也有很大的窑场。新石器时代还有石器制造作坊，我最早注意到的是湖北宜都红花套，1974 年我们在那里发掘的时候，发现那是一个很大的石器制造场，制造石器的一整套工具都有，原料就是采自江边的卵石，大的像冬瓜，我们叫它冬瓜石，小的各种尺寸的都有。冬瓜石上面有酥点，是作为石砧在打制石器时留下的疤痕。还有各种各样的石锤，大的石锤上面的疤很粗糙，小的上面的疤就比较细，很明显大的是开始打坯的时候用的，小的是加工修理时候用的。还有磨制的半成品，打的碎片都有多少万。还有管钻留下来的石芯，那应当是制作石钺一类器物的下脚料。我们发现有少量残破的石钺，就是没有发现完整的，可能是钻孔的时候钻破了，成了废品。在湖北江汉平原和湖南洞庭湖西北部平原发现很多同时期的墓葬，其中不少随葬有磨制很好管钻的石钺，与墓地相关的遗址中却没有任何制造石钺过程中使用的工具和抛弃的半成品和废料。把两者联系起来看，就知道那应该是一个巨大的运销范围。实际上像红花套那样的遗址，在长江的峡江地区很多，那是一个石器制造中心，这也应该是聚落考古研究的内容嘛。还有与矿冶相关的聚落遗址。中条山那儿就发现十几处铜矿遗址，采矿的那些人住在哪里？矿石有没有初步的加工冶炼？都值得进一步调查。安徽铜陵也有炼铜的小型聚落遗址。安阳殷墟有个孝民屯，以前在那里发现过铜器。可是安阳钢铁厂要扩建，花了几个亿把整个村子迁走了。我们要求先做考古工作。经过大面积发掘，发现了很多房子，应该是冶炼工人的住房。旁边有很多不规则的土坑，应该是做模型用土所挖的坑。还有很多泥模和陶模。有一个圆形内模，直径1.53米，这么大的商代铜器我们没有见过。有一个鼎腿的内模，比司母戊鼎的腿还粗。遗址北面还有祭坛，环绕祭坛埋了几十个人，我想是为了祷告上帝，以求得冶铸的成功。这应该是王室的青铜作坊遗址。这也是一种聚落，是手工业作坊的聚落。后来的许多瓷窑遗址也是这种性质的聚落。此外还有宗教性聚落和军事性聚落等等。对这些我们研究得很不够，有的还没有怎么开始。

　　第二方面是要拓展聚落考古研究的地理范围，研究聚落的地域分野问题，这与自然环境和气候有很大关系。比如干栏式建筑不会建到东北或内蒙古去，窑洞和半地穴房子也不会建到广东和海南岛去。华北平原的村落往往都很大，几百户上千户人家。山西的王家大院、乔家大院更大。南方上哪里能找到那样大的村落？南方因为要接近水田以便耕种，多半是一户或几户人家住在一起。如果是江河岸边，也有排成一长条的，这是与环境有关系的。那么再远一点，北方草原游牧民族的聚落形态是什么样的？我们有人研究吗？长期没有人研究。现在西北大学的王建新在天山北麓搞了一点，我就很感兴趣，特意去看。过去以为游牧人没有聚落，都是逐水草而居。其实他们冬天有一个定居的地方，今年冬天住在那里，明年冬天还是住在那里，他们还是有一个相对定居的地方的。厦门大学的吴春明研究百越，研究民族考古，后来搞水下考古，他说我不能只搞水下考古，我得搞海洋考古，水下考古只是一个手段。他提出一个百越—南岛一体化的概念。太平洋上那么多小岛很早就有人居住，岛民的语言属于南岛语系。他认为这些人很可能是百越人过去的，百越人的语言跟南岛语是相通的。百越人是怎么过去的，这不得通过一步一步的考古工作来探究明白吗？哥伦布 1492 年"发现"美洲大陆，西方人看成是人类历史上的巨大成就。其实那算什么发现啊，印第安人早就在那里生活了一万多年。再说美洲那么大，船往西边开总能碰到一个地方是不是。可是太平洋上那么多小岛，稀稀拉拉，船一晃就过去了。你怎么找到那些小岛的，怎么在那里安家落户的？这一系列的都是问题。一个岛就是一个聚落，较大的岛有几个聚落。一个群岛就构成一个聚落群。这也是聚落考古研究的应有之义。这个问题如果真像吴春明说的百越—南岛一体化，我们中国学者就应该好好来研究。中国跟西方国家不同，历年到海外去很多人，就不建殖民地。你看东南亚那么多华人，对当地的经济文化建设做出了很大的贡献，没有建一个殖民地，而是融入当地的社会，现在都算华裔了。太平洋上的岛民是不是也保留有中国文化的根？这也是值得研究的一个课题。

总之我们做聚落考古要勤于实践，总结经验，改进方法，拓展视野，开辟未来。目的是什么？考古学的目的应该是尽可能揭示人类历史发展的真相，进而为当前和今后的发展寻找正确的方向。我想我们建立这个中心的终极目的也是如此。很高兴考古所给大家提供这么一个学术平台，相信对我国聚落考古的发展会起到相当的促进作用。

（原载《南方文物》2013 年第 1 期。后收录在《丹霞集——考古学拾零》，文物出版社，2019 年）

文化环境论

　　人类社会的生存和发展离不开自然环境，往往也离不开人文环境。因此，研究考古学文化也必须考察它依存并与之发生密切关系的文化环境，包括自然环境和人文环境。自然环境对人类文化的影响首先表现在生业方向和生活方式，还包括风俗习惯和文化艺术等多方面的内容。长时期的影响可能形成重要的文化传统。当前的环境考古注意了对自然环境的研究，但是关于自然环境对人类文化的影响以及人类对环境的改造及其产生的后果注意不够。相对而言，人文环境是能动的，比较容易变化的。人文环境的影响常常表现为互动的，同时又多是以一方为主的。在考古学研究中，人文环境的影响常常以外来因素看待。通过对外来文化因素的分析，可以了解某一文化或社会与周边文化的关系，进而对本文化或社会的发展可以有更加深刻的理解。但外来因素也是可以转化的。当某种外来因素被吸收并且长期成为本文化的有机组成部分时，特别是在这个过程中又被本文化按照自己的需要而加以适当改造之后，就不应再以外来成分对待，只是在追溯其源头时应该实事求是地说明白。这里涉及内因和外因的关系的问题。对于一个文化或社会来说，自然环境和人文环境都是外因。但是如果这些环境的某些因素转化成了本文化或社会的有机组成部分，那么它也就成了本文化或社会的内因了。分清自然环境与人文环境，对于文化关系的研究是十分重要的。因为相同或相似的自然环境，有时候可能产生相同或相似的文化现象。因此，凡是遇到相同的文化现象，首先就要分清楚究竟是相同的自然环境造成的，还是由于文化交流或传播造成的。这样可以避免许多不必要的错误。

一　环境因素的两个方面

　　人类的生存和发展离不开环境，而环境包括两个方面：自然环境和人文环境。

　　自然环境是一切生物赖以生存和发展的必要条件。人也是一种生物，也要有适于自己生存和发展的自然环境。这个环境包括地理位置、地形、水文、土壤、气候、植物、动物和矿物资源等许多方面。通常植物只能适应环境，动物除适应环境外还可以适当选择环境甚至适当改造环境，例如鸟类筑窝、某些哺乳类和爬行类动物打洞、海狸筑坝等。人是智慧的动物，他对环境不仅是可以适应和选择，还可加以进行大规模改造，创造出城市、乡村、道路、长城、运河、水库等人工环境，从而造成人与自然之间的复杂关系。

另一方面人又是社会的动物，他的生存和发展离不开与他人的交往，也就是离不开一定的社会；而任何社会的发展又不是孤立的，总是和其他社会群体发生这样或那样的关系。所以社会对个人来讲是一种人文环境，其他社会又是这个社会的人文环境。不言而喻，人文环境无论对个人或一定的人类群体乃至整个社会的生存和发展来说，都是至关重要的。

从考古学的角度来观察，一个考古学文化之所以是这样而不是别的什么样子，除了它固有的文化传统起作用外，很重要的原因就是它所处的自然环境和人文环境的影响。固然人类的活动往往是具有创造性的，但是任何创造活动都是在既有文化成果的基础上进行的，不可能毫无边际地凭空虚构。即使虚构也不是没有基础的，古代人就只能创造孙悟空大闹天宫的神话而不可能编出星球大战的故事。这个基础就是自身的文化传统和存在于人文环境中的别的地方或别的社会、民族、国家的文化成果，以及当时人对他周围自然环境的认识。一般地说自然环境和人文环境对考古学文化造成的影响是不同的，但是有时候也难以区分，有时候则是可以区分而没有注意加以区分。例如日本有些民族学家提出照叶树林文化的概念，注意了自然环境对人类文化的影响。但是有些学者仅仅根据云南和日本都属于照叶树林文化，就着意到云南去追寻日本文化的根，而没有考虑两地之间是不是真正存在人员之间直接或间接的交往。

二　自然环境对人类文化的影响

自然环境对人类文化的影响是十分宽广而深刻的，包括经济形态、生活方式和精神文化等许多方面，甚至影响到文化之间的关系及其发展方向。过去苏联民族学家托尔斯托夫和切博克沙罗夫提出"经济文化类型"的概念，就是充分注意到自然环境对人类文化的影响。美国人类学家斯图尔德提出的文化生态系统的概念，也是充分注意到了自然环境与人类文化的密切关系。他们的理论在考古学界都受到普遍的重视。

巴策尔 1964 年发表《环境与考古学》[1]，全面论证了自然环境对考古学文

---

[1]　Karl W. Butzer, 1964. *Environment and Archaeology*, Aldine Publishing Company, Chicago.

化的影响，受到学术界的普遍重视。我国从 20 世纪 80 年代起开始系统的环境考古研究，1995 年成立了环境考古专业委员会，连续多次召开环境考古讨论会，出版《环境考古研究》，从此环境考古已成为考古学研究不可或缺的内容。

环境考古研究自然环境对考古学文化的影响，同时也注意人类活动对自然环境的影响。这应该从空间和时间的不同层次来加以解读。

从空间来说，至少要考虑小环境、中环境和大环境的不同影响。小环境主要研究文化遗址所在及其周边相关范围内的环境。不同性质的聚落对所处环境的选择可能有不同的要求，但一般总是要考虑生活的安全和资源的保障。不少村落选择河旁阶地，依山傍水，就是考虑山上有各种生活资源，山下可以开辟农田，也可以放牧；河里可以捕鱼，沿河交通比较方便，生活也比较安全。古代人选择居址讲求风水，好的风水就是好的居住环境。较大的环境可以是一个平原，如华北平原、东北平原、成都平原或长江中下游平原等，考古学文化自成特色。如华北平原的仰韶文化，江汉平原的屈家岭—石家河文化，太湖平原的良渚文化以及成都平原的宝墩文化等。更大的环境与气候有关。如华北的黄河流域为半干旱地区，在农业起源和早期发展时主要种植黍、粟类耐旱的作物，是旱地农业的重要起源地区。华中的长江流域气候适中，雨量充沛，是稻作农业的重要起源地区。东北纬度较高，史前时期难以发展农业，成为狩猎—采集经济为主的地区。西北地区干旱，有广大的草原，是畜牧经济发达的地区。华南和东南沿海地区则是海洋经济发达的地区。不同的经济会产生不同的文化，形成不同的经济文化类型。而对人类影响最大的莫过于地史上第四纪冰期的进退，跟人类的起源、发展和大范围的迁移都息息相关，最后形成了人类世界的基本格局。

三　人文环境影响的复杂性

考古学文化除了受到自然环境的影响以外也还受到人文环境的影响，而且在许多情况下两种影响是交叉或同时进行的。比如仰韶文化的周围就有大汶口文化、大溪文化和红山文化等，在不同的时期就受到不同的影响。有的时候是仰韶文化对别的文化影响比较大，有的时候反是。文化之间有各种各样的关系。大致划分有和平的关系与非和平的关系。前者有友好往来、贸易、婚嫁等许多种；后者有掠夺抢劫和侵略战争等。比如仰韶文化对红山文化、早期大汶口文化和大溪文化的影响，大概都是和平的方式，而良渚文化对大汶口文化的碰撞，王湾三期文化对石家河文化的征服，岳石文化对二里头文化的渗透，则都是非和平的。

文化影响还有不同的层次。例如仰韶文化内各类型之间的影响与交流，是较小范围的层次；仰韶文化与周围文化的相互影响与交流则是较大范围的层次；通过草原之路或彩陶之路架起的东西文化的交流则是更大范围交流的层次等等。

一个文化通过不同方式获得了别的文化的某种因素并加以融合、传承和发展，也就成为本文化的有机组成部分。比如胡琴和羌笛本来是中国北部和西部少数民族的乐器，汉族吸收后一直传承至今，就成了本民族的基本乐器了。

四　中华文明形成过程中的环境因素

中国版图从秦始皇统一开始，历代虽然多有变化，核心区却非常稳定。这与中国所处的自然地理环境具有密切的关系。中国位于亚洲东部，地势西高东低，背靠世界屋脊帕米尔高原，面朝太平洋。周围是高山和海洋，自成一个独立的地理单元。在这个巨大的地理单元内，又可划分为西南高寒区、西北干旱区和东南季风区。后者又可分为东北、华北、华中和华南四区。高寒区人烟稀少，人们长期以狩猎采集为生，文化发展缓慢。干旱区有大片沙漠和草原，人们多以游牧为生，文化发展也比较慢。东南季风区跨越的纬度较大，气候差别也较大。东北纬度较高，平均气温较低，多森林草原，难以发展农业。华南纬度较低，为南亚热带气候，雨量丰沛。地势多山而很少平原，还有很长的海岸线和岛屿。人口不多而生活资源特别丰富，几乎没有发展种植业和养殖业的需要。虽然到处都有野生稻，人们不但不会去种植，甚至也不一定去采食。在相当长的时期都没有发展农业的动力。华北包括华北平原和黄土高原，都是半干旱地区，自然资源不甚丰富，而史前文化发展甚早。大约在 1 万年以前，在河南新密的李家沟就发现有陶片、石磨盘和粟的痕迹。大约 7000 年以前的裴李岗文化和磁山文化就有比较发达的旱作农业，种植粟和黍两种旱地作物。河北磁山发现大批长方形窖穴，里面有大量粟和黍的朽灰，如果换算成新鲜粮食大约有 15 万斤以上，说明当时的旱作农业已具有一定的规模。从此华北地区一直都是以旱作农业为主，发展了具有特色的农业文化。华中主要指长江中下游地区，属北亚热带气候，雨量丰沛，是地球上同纬度地区中气候和生态环境最优越的地区。早在 1 万多年以前，江西万年的仙人洞和吊桶环就发现了陶器和栽培稻的植物硅酸体，湖南澧县八十垱和彭头山则发现了大量距今 9000～8000 年以前的栽培稻遗存，说明长江流域是世界上水稻起源的地区，此后也一直是水稻产量最多的稻作农业经济文化区。值得注意的是，华北和华中的两种经济文化区是紧密相伴的。如果因天气干旱使旱作农业区歉收，稻作农业区可以接济；反之如果发生水灾导致稻作农业区歉收，旱作农业区也可以接济。这种可以互补的结构使其经济文化的发展具有相当的稳定性。

　　华北和华中毕竟都是很大的区域，区域内的自然环境还有不小的差异。前者有山东丘陵、华北平原和黄土高原；后者有江浙丘陵、两湖平原和成都平原。每个区域的自然环境和经济文化各有特色，各自发展了独具特色的史前文化系统。到公元前3000年前后又都踏上了走向文明的脚步。这说明中国自然环境的特点决定了中国文明的起源是多元的，又是有中心有主体的，即所谓多元一体。她是一种充满活力的超稳定结构，是中华文明持续发展数千年而从未中断的根本原因。

（原载《耕耘记——流水年华》，文物出版社，2021年）

环境考古研究的展望

中国人历来重视环境，提倡人与自然环境的和谐统一。中国历史上也不乏有关环境等方面的记载，这些记载至今仍是我们研究古代环境及其演变的宝贵资料。至于环境科学的研究，则是近世才出现的事情。正如考古学是从西方首先发生的一样，把环境科学的研究同考古学研究结合起来的环境考古学，也是从西方首先发生的。我国从近代考古学传入的 20 世纪 20 年代起，就不断有过一些研究古人环境的尝试，只是不大系统。近年来随着考古学研究的不断深入，自然科学手段在考古学中的应用日益广泛，环境考古也越来越受到人们的重视。在全国范围内相当广泛地开展了环境考古学的研究，出版了一批环境考古学的著作，并且连续召开了两次全国性的环境考古会议。中国第四纪研究委员会更于 1994 年成立了环境考古分委员会，它将有力地推动我国环境考古研究的顺利发展。

我国自然地理条件复杂，历史悠久，古代文化丰富多样，为环境考古学的研究提供了十分优越的条件。环境考古研究的课题虽然十分广泛，但就研究的地理范围来说，则可大致分为不多的几个层次。

最基本的一个层次是局域研究，它是以遗址为单位的环境考古研究，过去对北京周口店、西安半坡、余姚河姆渡和安阳殷墟等许多遗址的环境资料的研究就属于这一类。通过对各遗址的动物骨骼、植物枝叶和籽实以及孢粉等遗存的研究，大致了解到该遗址所在地方过去的动植物群落及其所反映的古气候等环境信息。现在看来这些工作虽说取得了一定的成绩，但从当代考古学研究所要达到的目标来说还是远远不够的。遗址地层的形成往往是一个复杂的过程，除了人为的因素以外还伴随有自然的因素。应该从地学的角度来研究这些地层中各种堆积的来源、堆积的过程和营力、堆积时的环境以及堆积以后的变化等，这样才能比较正确地揭示各个时期的自然环境和人与环境的关系，以及这种关系的历史变化过程。动物遗骸的研究也不要只是进行种属的鉴定和区分家养与野生动物，还应该注意各种动物骨骼的数量，分布的状况，破碎的痕迹及其原因。根据某些贝壳的纹理或鹿角脱落的情况，还可以了解人类捕捞或猎取某些动物的季节。除了大动物以外还要注意昆虫和寄生虫的研究。有些昆虫对环境是很敏感的，人的粪便中常有寄生虫卵，其中有些是专门寄生在人体中的，有些是食物中携带过来的。据说蛔虫与吃大米有关，日本人本来没有蛔虫，等到稻作农业传入以后就有了这种寄生虫。人类所吃的鱼鸟家畜和野兽等往往有它们各自特有的寄生虫，通过寄生虫卵的分析也可以了解人的食谱。这可以说是动物考古学的延伸。我想只要开拓视野，可以研究的问题和可能采用的手段将会越来越多，对于古代环境和人与环境的关系的认识就会越来越深刻，过去的发展事实上已经证明了这一点。

局域研究还应该扩展到遗址周围的环境。因为人类的活动不会局限于他们所居住的聚落本身，一定要出外狩猎，采集各种有用的植物，从事农耕或放养家畜家禽，这都是维持人类的生计所必须进行的活动。这些活动又必须要有适宜的地域，而这种地域总是离聚落越近越好，因此任何聚落都会有一个最基本的活动半径。如果我们对这个基本的活动半径内的环境缺乏了解，就不能说对古人的生活环境和他们与环境的关系已经有了全面而深刻的了解。

较高的层次应该是小区研究。现在已经或正在进行的有内蒙古岱海盆地古遗址与环境的研究，山西与河南交界处的垣曲小盆地、河南洛阳地区和陕西周原等地的古遗址与环境的研究，甘肃东部葫芦河流域古文化与环境的调查，北京地区和成都平原古环境的研究，珠江三角洲和胶东贝丘遗址与古环境的研究等。此类课题正越来越受到有关方面的重视，不断有新的项目展开，可以说是方兴未艾。各个小区的情况很不相同，研究的内容自然也不大相同。不过一般总是要研究其地形地貌、古遗址的分布状况和动植物群落等，以了解其生态环境及其变化对人类文化发展的影响。

更高的层次则是大区环境的研究。这里所说的大区大致相当于我国综合自然区划方案中的一级自然区。按照这个方案，全国应分为东北、华北、华中、华南、西南、内蒙古、西北和青藏八个自然区。它跟我国古代文化的分区固然不是一回事，但却有相当大的一致性。这一事实极好地说明了人与自然的密切关系。

华北是我国以粟作为主的旱地农业发生发展并且逐步形成体系的地区，是新石器文化十分发达和孕育了灿烂的夏商周文明的地区。环境考古学应该研究这个地区广泛分布着的黄土的特点，半湿润和半干旱的北亚热带季风性气候，黄土易于侵蚀和黄河易于泛滥所造成的地形地貌的特殊情况，包括动植物资源在内的生态环境等等。应该研究所有这些环境因素如何在本区人类文化的产生和发展中发挥作用的，特别是在形成本地文化的特点和传统方面究竟起到了什么样的作用，在人类文化发展起来以后又对本地环境造成过什么影响，都是很值得研究的。

华中是稻作农业的起源地区，历史上一直是水稻的主要产区。这里同样是新石器文化十分发达并且是较早地进入文明时代的地区。有些文明的因素甚至比黄河流域发生得还要早些，某些工艺品的制作水平也比黄河流域的高些。但在政治上和军事上则往往不如黄河流域那样强大。这里面固然有许多方面的原因，有些原因现在一时还说不清楚，但可以肯定有环境方面的原因。这个地区的气候湿热，雨量丰富，红土特别发育，生态环境同黄河流域相比有很大的差别，这是大家所知道的。我们不但要深入研究这个地区环境的特点及其历史变化的过程，还要研究这些特点如何影响到本区古代文化的特点及其发展过程，特别要把这两个地区的环境和古代文化做深入的比较研究，这很可能是解开我国古代文化发展特殊道路的一把钥匙。

由于华北和华中自然环境的条件优越，地理位置又比较适中，所以从古至今成为我国经济文化发展的核心地区。其他各区的发展则相对滞后。例如东北区因为纬度较高，年平均温度较低，所以农业发展较晚，农业在经济中的比重较小，这自然会影响到当地文化的发展。内蒙古、西北和青藏三区或因纬度较高，或因地势较高，又都距海洋较远，具有干燥寒冷的大陆性气候，大大制约了古代文化的发展。华南和西南纬度较低，气候湿热，天然资源十分丰富。人们无须费很大的气力便可以得到必需的生活资料，这种情况反而限制了农业的发展。加以地形比较破碎，不容易联合成强大的社会政治力量，因而这两区古文化的发展也远落后于华北和华中地区。由此可见，正是中国特殊的自然地理条件造成了中国古代文化发展的向心结构。中国历史上各民族文化之所以有那样大的凝聚力和连续不断地发展，从环境考古的角度是可以得到合理解释的。

在对全国进行环境考古研究时，要特别注意几个气候敏感带。例如长城地带便是华北区与东北内蒙古及西北三区的分界线，也是旱地农业区与畜牧狩猎区的分界线。气候的变化特别是雨量的变化不但会使这条线南北移动，而且跟着会造成巨大的社会动荡和文化变迁。秦岭—淮河是华北与华中区的分界线，也是旱地农业与水田农业区的分界线。南岭则是华中与华南区的分界线，也是水田农业区与农业采集和狩猎并重区的分界线。后两条线对气候的敏感虽然远不如长城地带，但在气候变化剧烈时也是有反应的。再一个敏感带是海岸地带，这特别表现在第四纪几次冰期和间冰期的变化时期，到全新世也还有小的波动。例如最后一次大冰期时的海平面就比现在的海平面约低 130 米，现在的大陆架和浅海区在当时都成了陆地。海进海退必然引发人口的迁移和文化的变迁。

从全球的角度来看，环境考古应力求回答诸如人类是在什么地方，在什么样的环境下起源的，农业为什么只在少数几个地方起源，那些地方的环境到底提供了哪些特殊的条件使得农业有可能在那里发生而不是在别的地方发生。人类的早期文明又为什么只在少数几个地方发生，各自发生的环境条件又是什么？这是环境考古的最高层次。有一件事情是应当特别提及的，就是青藏高原的隆升对人类自身及其文化发展的影响。据地质学研究，在第三纪末期，青藏地区海拔只有一两千米。气候温湿，到处生长着阔叶树林。可是从第四纪起由于大陆板块的挤压而不断升高，严重影响行星风系的走向，造成强烈的环境效应。青藏高原和蒙新高原成了广大的高寒和干旱的地区，严重地阻碍东西方的交通，使得以两河流域和希腊、罗马为代表的西方和以黄河、长江流域古文化为代表的东方长期沿着各自的道路自行发展，造成东西文化的特质和价值观念的巨大差别。只是在人类文化发展到一定阶段以后，人们才逐渐克服地理上的障碍相互往来，增进了解。现在由于科学技术的进步，东西方的距离已经大大缩短了，东西方的文化在许多方面也发生了融合，但是各自在特有的自然环境下经过漫长的岁月所形成的文化传统及其特色，还是会长期保持下去的。

　　从上面简单的叙述中大致可以看出环境考古研究的课题是十分广泛的，随着新的技术手段的不断引进，提取的信息将不断增加和精确化，环境考古的研究也将不断深入和提高，许多重要的历史问题将会得到比较合理的解释，这是可以预期的。

（原载《考古学初阶》，文物出版社，2018 年）

自然环境与文化发展

——在中国第三届环境考古学大会上的学术演讲

　　我对环境考古没有什么研究，只不过是一个积极的关心者，出于职业的需要，也出于对当前环境问题的忧虑，所以特别关心这方面的研究和进展状况。大会给我一个在这儿学习的机会，非常高兴。请允许我表示对大会的祝贺和由衷的感谢。

　　刚才听了刘东生先生的报告，很受启发。这是一个创新的、高水平的、振聋发聩的学术报告。报告从全新的角度，运用全新的材料，构筑了一个环境考古和人类起源的新理论。能有这么一个报告在这个会上演讲，确实给大会添色不少。很惭愧我无法望其项背，也没有什么准备，讲不出什么新鲜的道理。但既然坐在这个位置上，总要说点什么。考虑了一下，就谈谈个人关于环境考古方面的一些想法吧，题目就叫"自然环境与文化发展"。

　　本次会议的主题是"古环境与古文化"，非常好。当代社会发展的最大课题是人与自然的关系。其实自从人类出现在地球上以来，就一直存在着人与自然的关系问题。开始是自然力量主宰一切，人的力量是微不足道的。但人类总想有所作为，为着自身的发展而试图改造自然。有的人把自己的力量看得很大，说什么"人定胜天"。有的人认识到自己只不过是自然界的一分子，一定要与自然取得协调，提出"天人合一"的思想。中国古代这两种思想都有，并不是像一些学者讲的西方只提改造自然，中国只提天人合一。

　　在采集经济的时代，人对自然的影响是极其有限的，破坏很少，建设也很少。农业发生以后人对自然的干涉大一些了，有些建设也有些破坏。人对自然的认识有所提高但毕竟有限，自然对人类文化和社会历史的发展则表现出至关重要的作用。到工业社会人对自然的认识大有进步，建设以前所未有的规模开展，而破坏也以前所未有的速度进行。如果不加以控制，势必造成极大的灾难，到头来毁了地球也毁灭了人类自身。人与自然的关系是发展的，古今相通的。研究古环境与古文化，对今天也会有重要的启示和借鉴作用。我们这个世界究竟是怎样发展到现在这个样子的，以后将变成什么样子？这是谁都关心的问题。中央电视台有一个很受欢迎的传统栏目"人与自然"，就是讲的这个问题。我们这次会议的主题既有重大的学术价值，又有重要的现实意义。记得苏秉琦先生为第一届环境考古大会题词中说："环境考古之所以被提出，是社会与考古学科发展的需要。（是为了）在自然与人的关系方面给以科学的阐述，从历史角度提高认识，更自觉地尽力建立人与自然协调的关系。"苏先生把环境考古的作用讲得非常清楚，我们应该放在这个高度来认识。

我们中国环境考古的研究差不多是同近代考古学的发生一同出现的，只不过长期处在比较零散的状态，没有系统的理论和方法，也没有一个适当的组织机构。自从1990年在西安召开第一届环境考古大会和1994年在中国第四纪研究委员会下设立环境考古专业委员会（实际上相当于中国环境考古学会）以来，在不太长的时间里，我国的环境考古就有了比较全面而快速的发展。我们会议的规模一次比一次大，内容一次比一次更加充实和深刻，本身就是最好的说明。看来我国环境考古学当前的形势和发展前景是非常喜人的。

最近我参加了一项《中华文明史》的编写工作，深感要了解中华文明的起源和发展，不能不了解中国自然环境的特点，不能不关注环境考古研究的成果。我们组里有很多历史学家、哲学家，他们都注意环境问题，但因没有研究，难以准确把握。中华文明的发展很有特色，在世界文明史上占有很重要的地位，这是大家都知道的。但为什么会是这样，各人的解释就很不相同，没有一个客观的标准。其实这个问题如果放到历史环境里面来看，就可以看得比较清楚。比如中国的农业起源，通过最近若干年的研究，逐步地了解到中国有两个起源中心，一个在华北地区的黄河中下游一带；一个在华中地区的长江中下游一带。前者主要是小米等粟类农业的起源地，后者则是稻作农业的起源地。为什么中国的农业起源地是这两个地区而不是别的地方呢？这显然与环境有关系。你想，在东北地区气候比较寒冷，不可能成为农业起源地；过去经常谈到华南地区应该是一个重要农业发源地，因为那儿有很多野生稻，但我们从人与环境的关系考察，它并不是一个适合农业发生的好地方。因为这一带纬度低，生长期长，动植物资源十分丰富，而地形又比较破碎，在新石器时代早期农业起源阶段人类比较稀少，没有一个地方能聚集大量人群。在人口比较稀少，而获取食物又比较方便的情况下，就没有发展农业的压力，没有这种紧迫的需要。而需要是发明之母。没有社会的迫切需要，发明了也难以推广和传承下去。所以我们看到华南地区新石器时代早期遗址尽管发现不少，就是没有看到什么农业遗存，比较明确的农业遗存直到石峡文化（约公元前2400年）才出现。

农业起源和早期发展在人类历史上是一件具有革命意义的伟大事件，对中国史前文化的发展起了非常大的促进作用，黄河流域和长江流域的社会经济和文化从此迅速发展起来，远远走在周围地区的前面。而中心地区一旦走在周围地区的前面，便会对周围地区起着吸引和凝聚的作用，使得整个中国的新石器时代文化逐渐形成一种重瓣花朵或多元一体的格局。进入文明时期以后还是这么一个格局，并且有进一步的发展。这样我们就能解释为什么中国文明的发展老是以黄河流域和长江流域为主体，长期持续发展下来。在世界几大古代文明中，唯有中国这个文明没有发生中断，就与这么一个本身有核心、有主体、有周围四裔的社会经济文化和民族的结构有很大关系。而这个结构是怎么来的呢？很明显，与中国的这个特殊环境有密切关系。

讲环境还包括中国周围地区。中国周围有很多自然屏障，在这些屏障之外，没有高度发达的文化，这一点很重要，过去讲中国文化外来说不管是西来说还是其他什么说都没有充分考虑这个环境因素。在中国之外而又离中国最近的，比较早和高度发达的是印度河文明，在现在的巴基斯坦。印度河文明要影响中国文明的发展，必须穿越喜马拉雅山脉，途经青藏高原，这谈何容易。想一想直到唐代玄奘去西天（就是现在的巴基斯坦和印度一带）取经还要绕道新疆和中亚，经历九九八十一难。若是在史前和文明时代早期，可以想见该会有多么困难。这个问题绝不意味着在古代中国与外国的文化没有交流，只是说这种交流仅限于在局部的有限的范围，不可能大规模地进行，不可能因为有这些有限的交流而改变中国文化的特性和发展方向。由此可见环境因素对中国文化的起源和发展的作用是非常巨大和非常明显的。

人们都说中国文化是多元一体的，为什么会出现多元的特点呢？归根到底是中国各个地方环境不一样造成的。到现在我们北方地区和南方地区的文化、风俗习惯和经济等方面都有很大区别。因此文化起源呈现多元化形态是很容易理解的。但中国文化在多元化的同时，又具有一体的特点。费孝通先生提出中华民族的发展具有多元一体的特点，苏秉琦先生借用过来，认为中国的考古学文化同样如此。因为各个地方的生态环境不同，自然人群也不一样。但是在中国，它的主体在黄河和长江流域，这两个地区是紧连的，是可以互相交流的，相互之间形成非常密切的联系，同时与周围地区保持不同程度的联系。我们说的所谓多元一体是从这个角度来理解的，并不是指完完全全一样才叫一体。

这种多元一体的格局对中国文化的影响是什么？第一，因为它内部是多元的，就会有比较和竞争，在比较和竞争中各自尽量发挥自己的优势，就会不断地产生内部的活力；第二，因它有主体和中心，所以会自然地形成一种凝聚力，各地互补性的经济文化关系又加强了这种凝聚力。有活力又有凝聚力，那么这个文化就会不断地发展。这与过去讲的中国文化是落后的、保守的、停滞的理论完全不一样。这个内部活力并不需要外界文化的冲击，所以它能够保持连续性而不会中断。因为它的主体部位很大，本身包含有两个农业起源地和由此而发展起来的两大农业体系，这样的基础非常扎实而宽广。在这样基础上形成的文化，没有任何力量能够把它摧毁或完全改变。我们只要把它跟古埃及、古印度、古代两河流域这些文明进行比较，就会明白其中的道理。当然这里还有很多人文方面的因素，人文方面的因素各个文化又不一样。但是我们从各个古文化和古文明所处自然环境不一样就看得出来，中国文化为什么会有那么大的生命力。这是我们在编写《中华文明史》时体会非常深刻的一点。

中国在历史上内部曾发生过很多战争包括民族战争，其中非常重要的一种战争是北方游牧民族对黄河流域农业地区民族的侵袭和掠夺。为防止此类冲突的直接发生，中国修筑了长城，将双方隔离开来，只在一些关口进行有控制的交往。北方游牧民族和黄河流域的农业民族为什么会发生这种冲突呢？这又有环境方面的因素。很早以前李四光先生曾发表过一篇文章，把中国几千年以来的气候变化跟这段时间内发生的较大的战争以及人口的变化画了几条曲线，并一一做了对比，发现它们之间有密切的关联。就是说，大概气候一旦变得恶劣，北方草原地区游牧民族的牲畜会养得不好，有时甚至大批死亡，导致牧民的生活发生困难。怎么办？最就近的解决办法就是到黄河流域的农业民族那里去掠夺，而农业民族当然要起来抵抗，这样就发生战争。有时黄河流域的农业民族抵抗不住，再继续往南方施加压力，所以导致人口的迁移。中国历史上的人口迁移多半由北向南，环境变迁是一个重要的原因。当然还有人文方面的因素，不都是环境因素造成的。但是，我认为李四光先生的这篇文章还是很有见地的，他从环境的角度研究几千年来重要战争、人口迁移和古代气候变化的关系，而且发现三者的变化曲线相关联，这是客观事实。我觉得这是个从环境方面来研究中国历史的非常好的一个例子。

北方游牧民族进入黄河流域乃至更南的地区不完全是一种骚扰和破坏，同时也促进了民族的融合和文化的发展。例如南北朝时期许多北方民族入驻中原，造成了民族大融合的局面，而这种民族大融合对后面唐代的发展起了非常重要的作用，以至于出现了中国历史上特别辉煌的大唐盛世。

所以要把中国的这段历史弄清楚，只靠看文献和只管人文方面的资料显然是不够的，如果从环境方面来分析就可能看得比较清楚。还有，中国文化真正跟西方大规模的沟通应该发生在汉代。汉代国力强盛以后，便向三个方向发展，一个朝东北，通过朝鲜影响到日本，在朝鲜建立了几个郡；一个朝南方，通过越南影响到东南亚以至阿拉伯世界，在越南也建立了几个郡；另一个是西方，张骞和班超先后通西域，直达中亚和西亚的许多国家。为什么恰恰是这三个方面，而不是全方位呢？这不恰恰是与地形和环境有关系吗。因为别的地方都有难以逾越的障碍，只有这三条路勉强可通。其中西边是最远和最长的一条路，能过得去，那是因为甘肃有河西走廊，新疆有天山，在天山雪水浇灌下形成了许多沙漠绿洲。绿洲与绿洲之间相隔不远，相互之间有联系，这条交通路线才能建立起来。要不丝绸之路能走这儿吗？没有这种环境，你能建立这条路线吗？

我们研究中国历史是这样，研究世界历史也是这样。世界历史为什么会这样发展，为什么开始就那几个文明中心，而且过了一段时间中心又会有转移，当然有很多人文方面的原因，但不能否认环境因素也是很重要的原因。英国著名历史学家汤因比著作等身，光《历史研究》就有几十部。他最后完成的一部总结性著作叫作《人类与大地母亲》，上海人民出版社有中译本（徐波等译，2001年出版）。这是一部有广泛影响的著作。书中前面从大地、生物圈讲到人类的起源，文化和文明的起源，为什么在不同地方会产生性质很不相同的文明，讲文明之间的关系和不同的发展道路，讲文明发展的前途，最后还是归结到生物圈。对以后人类的前途、整个地球的前途也都做了展望。我觉得他把事情看得很深很透，值得我们认真思考。可见环境研究不仅考古学界重视，历史学界也很重视，其他有关方面的人也很重视。如果把各方面的研究结果汇总起来，会对我们的环境考古开辟一个新天地。

前面讲的这些内容都是宏观的，环境考古除了要注意大环境、宏观环境，还要注意小环境和中环境。小环境方面我举个例子。前些年北京大学考古系、江西省文物考古研究所同美国安德沃考古基金会的著名农业考古学家马尼士等合作组成中美农业考古队，对江西万年仙人洞和吊桶环遗址做了些工作。这两个遗址相距只有七八百米，一个在小山包顶上，一个在山脚下傍着小溪。一个文化堆积大约是从旧石器时代晚期之末到新石器时代早期，一个是从旧石器时代向新石器时代的过渡阶段到新石器时代早期。两个洞穴的堆积不完全一样，有同时的，也有不同时的；同一时期的也有差别。为什么会有不同？我们说不清楚，就专门邀请夏正楷先生去看。他去过两次，经过观察和分析，发现较低的仙人洞里有水浸的痕迹，进水时期不能住人，只能住到较高的地方。所以两个洞穴堆积的差别，除了人文因素以外，还应该与当地的地形和水文变化有关系。我请他在附近再做些工作，把遗址周围史前时期的小环境弄清楚，这对于复原当时人们的生产和生活状况是非常必要的。小环境、中环境和大环境研究的对象不同，回答的问题也不相同。不能用研究小环境的结果引申为大环境的结论，也不能用大环境的结论去套小环境。当然它们之间也是有联系的，这要根据具体情况进行实事求是的分析。

　　这次会议报告的题目非常广泛，我粗粗看了一下，有不少优秀论文，是对近年来环境考古研究的一次检阅。对今后环境考古的发展将会起到有力的促进作用。

　　今后环境考古的发展恐怕要注意这么几个方面。

　　一是注意多学科的合作，首先是考古学和地学与环境科学的合作，同时又要以考古学为基础。因为环境考古的课题归根结底是考古学研究的课题。如果把关系倒过来，可能问题就说不清楚。

　　二是在不同学科的学者进行合作的过程中，要尽可能了解对方田野作业与室内分析、研究的方法，做到相互了解、相互支持、逐渐磨合，不能各是一张皮。否则最后得出的结果也不会理想。例如植物孢粉的研究对复原古环境是很重要的，但过去测试的标本多是从文化层中按照等距离的深度进行采集，测出的结果必然同实际情况不符。因为文化层的土是经过扰动的，文化层形成时期的孢粉和更古老的孢粉会混在一起，当然得不出正确的结论。再者文化层形成的速度不是按等距离的深度进行的，用等距离的深度进行采样并没有实际意义。而如果只是从自然层中去采样，样品的年代又难以确定。最好是找到与文化层有对应关系的自然层，像周昆叔先生在洛阳皂角树做的那样。如果不了解考古学地层的性质，就必然会出现差错。

　　三是要积极引进新技术和新方法，同时又要尽可能了解它的性能，它的优越性和局限性，还要跟传统的方法进行比较，否则在评价或引用其结果时会出现失衡。例如DNA技术的应用对考古研究有很大帮助，可以用来研究古人的血缘关系和种族差异。但若做得不好，也会产生莫名其妙的结果。例如不久前有人用DNA方法测量了山东临淄齐国墓葬的人骨，说是像欧罗巴人种的土耳其斯坦人，这不仅与用传统体骨测量方法得出的结果不一致，也与历史常识不一致，对待这样的结果自然要格外慎重。

　　以上几点是我个人的体会，不一定对，提出来仅供参考。我们这些学考古的人，平常自然科学和技术方面的知识比较少，更应该多学习一些。知道运用自然科学技术能够解决一些什么问题，要解决某某问题知道去找谁，跟谁合作，怎样合作。按照这样一条路线走下去，环境考古学才会有一个更好的发展。

2002 年 9 月 15 日于山东济南

（原载《考古学初阶》，文物出版社，2018 年）

瞄准学术前沿，发展环境考古

—— 在中国第四届环境考古学大会暨上山遗址学术研讨会上的学术演讲

首先，衷心感谢东道主邀请我来参加这个盛会。

中国环境考古大会开过三届，这是第四届。前面三届在北方。记得第一届在西安召开，第二届在洛阳召开，第三届在济南召开。方向是由西向东，总之都在黄河流域。这很自然，因为以往黄河流域的考古工作做得比较多，也比较深入。按照过去的理解，那里是中国古代文化最发达的地方，是中国文明的摇篮。再者，关于第四纪环境的研究和第四纪地质地貌的研究，在黄河流域做得也比较充分，所以从西到东，都沿着黄河流域走，是有道理的。

不过长江流域的考古在 20 世纪 50~60 年代就有一定的发展，到 80 年代以来更有长足的进步。事实证明长江流域也是中国古代文化和古文明发祥的重要地区。而地处长江下游偏南的浙江的考古，最近一些年更是突飞猛进，特别是在史前阶段，新的发现一个接着一个，我们做考古的人简直都觉得目不暇接。这里发现的诸多考古学文化年代不同又各具特色，它们的发生、发展和演变的具体情况可能有多种原因，但总是离不开各自所在的自然环境。这正是开展环境考古研究的极好条件。因此这次会议下决心作一个战略性的转移，拐直角指向南方，"打"到浙江来，我觉得很有意义。

浙江的史前考古给我们提出很多问题。比如良渚文化的"勃兴"和"突然消亡"就是很多人关注的一个热门话题。在环太湖流域，从马家浜文化经崧泽文化到良渚文化，是一脉相承、连续发展的，只是发展中有起伏。到了良渚文化，余杭的良渚、安溪、瓶窑一带急速发展起来，成了整个文化的中心。到良渚文化中期，更出现了反山、瑶山和莫角山等一系列闪耀着文明光辉的遗迹，成为研究中国文明起源的学者最关注的地方。它的发展水平那么高，那么有特点，除了文化本身的原因以外，是不是跟当地的环境也有某种关系？过去我们常常讲，一方水土养一方人，也就是这个地方的自然环境养成了这个地方的文化，那我们要弄清楚这个地方的环境是怎么样的，到底优越在哪里。那么发达的文化，应该有更加发达的后继者。但良渚文化之后的马桥文化似乎还不如良渚文化发达，从文化的内容来看，好像也不是良渚文化的直接继承者。良渚文化似乎是突然消亡了。人们找了许多原因，除文化本身的也就是社会的原因外，还有一个洪水说，有的学者说有大洪水，有的学者说没那么大的洪水。即使有大洪水，那它从哪里来？能把一个文化淹掉吗？这都是问题啊，需要环境考古学者进行深入细致的调查研究。

记得20世纪70年代河姆渡文化初发现的时候，考古界都感到很吃惊啊！怎么那么早？有那么高水平的建筑，那么高水平的稻作农业，总的文化水平那么高，特点突出，跟别的文化很不一样。那时人们总以为黄河流域的文化是最发达的，浙江这个地方偏处一隅，理应比较落后。事实却不是那样。那是怎么回事？提出了很多问题。90年代发现了跨湖桥文化，我们也曾经专门为跨湖桥文化召开过学术讨论会。它不但比河姆渡文化年代早，而且文化内涵非常丰富，跟河姆渡的文化大不一样。有的学者把它跟湖南的皂市下层文化和汤家岗文化做了比较，觉得倒有几分相像。它是从湖南发展过来的吗？什么样的自然地理环境条件使得这种迁移或传播成为可能呢？为什么后来又突然消失了呢？21世纪初又发现了上山遗址，主体文化明显比跨湖桥早，文化面貌大不相同。紧接着又发现了与上山遗址类似的小黄山遗址，我们也开过学术讨论会。在那里发现有一部分跨湖桥文化的因素，大家很感兴趣。但是跨湖桥文化跟小黄山的主体文化是什么关系，在那次会上没有解决。这次，我是第二次"上山"哪，第一次在这里看到的东西，没有跨湖桥的内容。经过第二次发掘，不但大大充实了主体文化的内容，而且发现有跨湖桥文化的遗存叠压在上山类型的文化遗存之上，这是一个重大的突破。可是上山的文化跟跨湖桥的文化内容太不一样了，不像是相互继承和发展的关系。为什么不一样？值得好好研究。在别的地方，比如说环太湖流域，从马家浜经崧泽到良渚，相互承袭演变的线索很清楚。而上山、跨湖桥、河姆渡这几个文化的演变却是跳跃式的，相互替代而缺少继承。为什么会这样？当然会有文化本身的问题，也就是社会的问题。我想很大的程度上恐怕与环境的变迁、不同地方的环境差异，有很大的关系。我想农业的起源也好，文明的起源也好，文化的变迁也好，都应该是环境考古学研究的重要内容。这几个问题在浙江都汇聚在一起，所以把第四届环境考古学大会放在浦江召开，是一个非常有见地的决策。当然我们开一个会，是希望不但提出问题，还希望大家交流看法，能解决一些问题。可能大会提供了好多这方面的文章，我现在还没有看到。我希望大会在这些方面进行深入的研究和交流。有一些问题，我们研究考古的人简直不得其解，比如说跨湖桥这个地方离开钱塘江口还是比较远的，但是跨湖桥文化地层之上有海相地层。距今8000年左右，海水淹到这里来了，有点奇怪。说是潮水也有点勉强。按道理，距今8000年还不是海平面最高的时候，如果海平面比现在低，怎么能淹到跨湖桥呢？浙江这块地方，从整个陆地构造来讲还应该是下沉的，也就是说几千年前，它还应该再高一点。陆地再高一点，海平面再低一点，但在这种情况下，海水却淹到这里来了，这怎么解释呢？跨湖桥文化之后才是河姆渡文化，河姆渡遗址离海很近，接近宁波了。时间是距今7000年，按道理是海平面最高的时候，遗址的海拔几乎和跨湖桥一样，应该被淹掉，可是它在那个地方建立了村落，文化兴盛起来了，这又怎么解释呢？这几个文化都有稻作农业，从上山到跨湖桥到河姆渡，而且一个比一个发达，在总体文化上却看不到继承性。稻作农业是相互传递的么？还是都从野生稻来进行栽培的？这也是一个问题！所以我想这个会在这里召开，碰到这么多尖端的考古学和环境的相互关系问题，非常非常好！我们的研究就是要研究这些尖端的前沿性的问题。大会让我在前面讲几句话，做个开场白。我没有研究，只有问题。我提出这些问题无非是对大会的一种期待。我希望在接下来的会议中能听到非常精彩的报告，对这些问题做出比较合理的解释。谢谢大家！

2006年11月5日于浙江浦江

[原载《环境考古研究》（第四辑），北京大学出版社，2007年。后收录在《中华文明的始原》，文物出版社，2011年]

科学技术与考古学*

为什么讲这个题目

这个题目不新。记得 20 世纪 70 年代初我就看过一本题目叫《科学与考古学》的书，那里面的科学自然是指自然科学，内容主要是讲现代科学技术在考古学中的应用，实际上就是讲的"科学技术与考古学"。后来这个题目还有很多人在做，以至于出现了一个考古学的分支，叫作科技考古。

现在科技考古受到越来越多人的关注，我们有科技考古学会，中国科技大学有科技考古研究室和科技考古专业，全国性的科技考古学术讨论会已经开过五届，现在是第六届了，有关科技考古的书刊也逐渐多了起来。考古学家在改善探察技术、进行标本测试、成分分析和年代测定等方面离不开有关科技界人士的合作，同样不少科学技术界的朋友也乐于同考古学家合作，双方在合作中增进相互的了解，产生了一批研究成果，这是非常好的令人鼓舞的现象。但是我们也知道有些合作并不理想，总是觉得各是一张皮，不大容易磨合。我想这里有不少实际的问题，也有一个认识的问题，究竟什么是科技考古，科学技术与考古学到底是个什么关系，是不是把科学技术应用于考古工作和研究就是科技考古？恐怕很多人没有深究。说实话我个人也没有什么研究，只有些体会和肤浅的看法，不揣谫陋提出来讨论，希望得到各位的指教。

考古学发展的历史

考古学是研究历史的。历史学有悠久的历史，相比之下考古学显得十分年轻。但是考古学并不是历史学的自然延伸。从历史学不能直接产生考古学。人们往往

---

*　本文为 2001 年 11 月 1 日在广州举行的第六次全国科技考古学术研讨会上的讲话。

把金石学和古器物学看成是考古学的前身，金石学和古器物学发生得比较早，但不是真正意义上的考古学。从金石学和古器物学也不能直接产生考古学。

真正意义上的考古学或科学的考古学产生于 19 世纪中叶，是在地质学和古生物学出现之后，借用两者的方法和研究成果才得以建立的。最早的考古学是史前考古，最早的考古学家多是地质学家，应该不是偶然的巧合。后来把史前考古的方法应用于历史时期的考古学研究，才形成一个完整的考古学学科。以生物学为基础提出的进化论是指导许多自然科学的理论，对考古学也有指导意义；考古学中的三期说和类型学方法，都是建立在进化论思想基础上的。同时考古学的实践也丰富了进化论的内容。

考古学研究的实物资料主要是人类活动的遗留物，要通过这些实物遗存来研究人类的历史。因此它不能完全以自然科学的理论来解释一切，还必须有人文科学的理论和方法。关于考古学文化的理论就是从文化人类学中借用过来的。历史学的理论当然也是不可回避的。因此考古学一开始就具有交叉学科的性质，是自然学科和人文学科交叉的产物。

在科学的考古学出现大约一个世纪之后，学科研究的内容、理论、方法和运用的技术都发生了很大的变化。这一方面是由于相关人文学科的影响。马克思主义的唯物史观和关于社会历史发展的学说不但影响了历史学，也深深地影响到考古学。这不仅在苏联、东欧和中国等所谓东方国家的情况是如此，就是在西方也有相当的影响，英国著名考古学家柴尔德的研究就是最好的说明。同时西方在历史学、文化人类学乃至社会学和经济学等方面的一些理论也影响到考古学。另一方面，从 20 世纪 50 年代开始的以碳 – 14 测年为嚆矢的现代科学技术的广泛应用，更是大大改变了考古学的面貌。我们可以想象一下，假如没有钾氩法等测定远古年代的方法，也没有从化石中检测人类基因的方法，现在关于人类起源的理论和假说就无从产生，或者完全是另外一种样子。假如只是按照传统的考古学方法，没有碳 – 14 等测定年代的方法，没有农学家、遗传学家和环境科学等方面的学者参加，要研究农业的起源几乎是不可能的。而人类起源和农业起源这一类的课题乃是研究人类历史的最重要的课题，于此可见自然科学的应用对于考古学和历史学具有何等重要的意义。一般地说，科学技术的具体应用比较容易见成效，其重要性是比较容易理解的。其实自然科学理论的运用也很重要，例如近年来流行的系统论在一些考古学流派的著作中也有一定的体现。由于现代科学技术在考古学方面的广泛应用，出现了许多过去从来没有或者仅有萌芽的研究领域或分支学科。例如从遗址的发现与勘探就产生了航空考古、遥感考古、水下考古、地质考古等；从研究的内容和方法来看则有所谓实验室考古、环境考古、农业考古、科技考古、陶瓷考古、冶金考古、植物考古、动物考古等等，可以说是不一而足。其结果不仅是大大拓展了考古学研究的领域，而且大幅度地提升了考古学研究的深度和准确度，提升了考古学科学化的程度，从而使考古学发生了根本性的变革。我认为这是一种划时代的变革，从此进入了现代考古学的时期，在此以前则可以划入近代考古学的范围。很显然，这一变革的实现也是自然科学和人文科学相互交叉的结果。如果没有自然科学的广泛参与，这一变革的实现是不可想象的。

考古学的特点和研究方法

什么是考古学？人们有各种大同小异的回答。准确一点说，考古学是研究如何发现和获取古代人类遗留的实物遗存，以及如何通过这些实物来了解人类社会历史的学科。这里的两个如何都包含了一定的理论和方法论。

考古学是怎样进行研究的？考古学研究的实物遗存绝大部分被历史的尘埃淹没了，怎样才能发现？一靠我们对于不同时期不同性质遗址分布规律的认识，二靠实地的勘察，特别要依靠各种科技手段，例如电磁探测、航空考古和水下考古等。如何获取资料？调查本身可以获取一部分，如果要得到详细而准确的资料就要靠考古发掘。考古发掘的方法论是地层学，它是从地质学中的地层学基础上发展起来的。考古发掘的实际操作，包括测量、记录、绘图、照相和提取标本等等几乎全部是技术性的。考古资料整理工作中的方法论主要是类型学，它是受生物分类学的启发而发展起来的。整理工作中的统计、修复、测试、鉴定等许多工作也是技术性的。只有进入到考古学文化和历史问题的研究时才是属于人文科学的。我们不能只要前面一半而不要后面一半，否则就成了无学术目标的考古匠；也不能只要后面一半而不要前面一半，否则就会坐而论道，虚无缥缈，不着边际。有些人被讽刺为安乐椅中的考古学家，毛病就出在这里。

考古学研究的内容是什么？说考古学是研究历史的，或者说考古学是一门历史学科是没有问题的，问题是考古学研究的历史跟一般人理解的历史有很大的不同。一般人理解的历史或者说狭义的历史是以文献为基础的，而人类发明文字的历史不过四五千年，人类自身的历史却长达二三百万年；早年进入文明的地方也很狭小，只占地球陆地面积的百分之一二；文献记载的历史多偏重于政治史、军事史、制度史和杰出人物的历史，比较少涉及经济史、科技史和普通群众的历史，即使讲到科技史方面的问题，由于没有实物验证，有时难以得到正确的理解。考古学在很大程度上打破了这些局限，它研究的是比较完全的历史，是大历史，其中也包括某些自然科学的历史。考古学也有很大的局限，因为人类社会的历史并非都是可以由实物解读的，而实物经过千万年风风雨雨能够保存下来的只是很少一部分，其中能够为考古学家发现和发掘的又只占极少的一部分。用这么少的资料来说明历史，需要有科学的复原。能不能复原，或能不能做到科学的复原，是测量考古学水平的试金石。由于考古学研究是以实物为基础的，随着科学技术的发展这种研究还可以不断深入，在同样的实物里可以提取更多和更加准确的信息。这是区别于文献史学的一个很大的特点。我们应该充分认识和把握这个特点，不断关注科学技术与考古学之间的可能的结合点，认真地进行实验和研究，使得考古学可以随着科学技术的发展而不断发展。

考古学人才培养的效果

考古学研究的历史很长，研究史前考古要加强自然科学技术方面的训练；研究历史考古除了要加强文献学方面的训练以外，也要有一定的自然科学技术方面的训练。过去大学的考古专业设在历史系，对于明确学科性质和加强文献学训练有一定作用，但自然科学和技能的训练不足。有鉴于此，一些考古专业从历史系独立出来成立考古学系，调整了课程，加强了实验设备，情况好了一些。旧石器时代考古放在中国科学院的古脊椎动物与古人类研究所而没有放在中国社会科学院考古研究所也是有一定道理的。因此旧石器时代考古的学生更加应该加强自然科学技术方面的训练，否则按传统方法培养出来的学生越来越难以胜任旧石器时代考古研究的任务。

结　论

考古学是在自然科学的推动下产生和发展起来的一门新兴的历史学科，它在很大程度上改变了传统历史学科的特性，大幅度地扩展了研究的内容，是历史学科的一场革命。今后要发展考古学，就必须充分认清考古学科的性质和特点，除了要注意与相关人文学科的联系与整合，还必须加强与自然科学的沟通，借用自然科学中有关的理论和方法，积极运用新的科技手段以提高考古工作和研究的水平。

[原载《科技考古论丛》（第三辑），中国科学技术大学出版社，2003 年。后收录在《考古学初阶》，文物出版社，2018 年]

发展科技考古是提高考古学
研究水平的必由之路

——为《科技考古》题词

考古学是通过实物遗存来研究人类社会历史的，从研究内容和目标来说无疑属于人文学科，尤其是其中的历史学科。但考古学的形成和发展又都离不开自然科学和技术的应用。因为传统的历史学不能自行发展出考古学。考古学的产生，是在历史学的发展提出了拓展研究领域的需要，在地质地层学和生物分类学基本形成的学术背景下，借用了两者的原理，并且依据文化遗存的特点而加以改造为考古地层学和类型学，才首先在欧洲出现的。此后考古学的发展，不但依赖于考古工作的开展和资料的积累，更有赖于研究方法和手段的提高，其中很重要的一个方面就是自然科学技术的应用。现在考古学遗存的发现、勘探、发掘、资料整理、标本测试分析到某些研究软件的制作，都越来越依赖于相关的科学技术，其结果是使我们能够从看似平常的考古遗存中提取越来越多的科学信息，极大地拓展了考古学研究的领域，也极大地加深了人们对过往历史的认识。这样考古学才能跟上现代科学发展的步伐，并且使许多考古学研究课题置于可检验的科学基础之上。一句话，应用自然科学技术是考古学自身发展的需要，是提高考古学研究水平的必由之路。这就是为什么要大力发展科技考古的理由。

[原载《科技考古》（第一辑），社会科学出版社，2005 年。后收录在《考古学初阶》，文物出版社，2018 年]

自然科学技术与考古学

　　北京大学考古学系和她的前身考古专业，早在 1973 年就开设了科技考古课程。但名称几经变动，有时叫现代科技与考古，有时叫现代科技在考古学中的应用，最后用了一个比较简单的名称科技考古学。这反映我们对于学科性质的认识有一个过程，一时还把握不准。

　　我个人认为，科技考古教学的目的，不在于让学生掌握多少技术，而首先是要让学生了解科学技术对考古学研究的重要作用，关注科技考古的最新信息，同时要培养考古人员的科学素质，掌握一定的科学理论和方法，按照科学的程序去处理资料、提取信息；研究各种信息之间的联系，从而推导出有科学根据的考古学结论。我认为整个考古教学都要贯彻这个精神，科技考古学更具有义不容辞的责任。要讲清楚这个问题，还得从考古学的学科性质讲起。

　　考古学是依据古代人类社会留下的实物遗存来研究人类社会历史的，从学科目标和研究的主要内容来说，无疑属于历史学科。但考古学不是传统的历史学的自然延伸，传统的历史学不能直接产生考古学。考古学也不是金石学或古器物学的直接延伸，从金石学或古器物学也不能直接产生考古学。考古学的产生，是在历史学的发展提出了寻找新的证据和拓展研究领域的要求，在地质地层学和生物分类学初步形成的学术背景下，借用二者的基本原理，并且依据人类历史文化遗存的特点而加以改造为考古地层学（或层位学）和考古类型学（或标型学），在实际工作中运用了测量、绘图和照相等技术，后来又引进文化人类学中的文化圈理论而改造为考古学文化的理论。只有具备了这些基本理论和操作技术，考古学才真正成为一门新兴的独立学科而得到学术界的承认。这说明考古学的产生就是同自然科学技术的应用分不开的。此后考古学的发展，不但依赖于考古工作的开展和资料的积累，依赖于相关理论和方法论的探索，更有赖于现代科学技术的广泛应用。

　　随便举几个例子。

　　人类的起源应该是历史学关心的头等大事。因为有了人类才会有人类的历史。

可是传统的历史学完全无法解答这样的问题，要么避而不谈，要么引述女娲造人或上帝造人的神话。19 世纪中叶在西欧多处发现人工打制的石器与已经灭绝的动物化石共存，德国莱茵河畔还发现了远比现代人原始，但显然不是猿类的尼安德特人。后来在欧亚大陆多处发现了比尼安德特人更为原始的猿人即直立人，证明人类本是由某种类人猿进化而来，上帝造人的神话便不攻自破。但人类究竟是在什么时候、什么地方、由何种猿类进化而来，是单一起源还是有不同的起源，仍是长期没有解决的问题。20 世纪 60 年代以来，在东非发现了一系列原始人类的化石，并且往往与人工打制的石器共存。他们的脑量平均只有 631 毫升，被命名为能人。用钾氩法测量的年代大约在距今 200 万年前后。研究表明，他们是从某种南方古猿进化而来的。解剖形态和文化比能人更为进步的是直立人，也是以东非发现最多，年代最早。他们的脑量约在 848～1067 毫升，年代约在 180 万～40 万年，但似乎不是能人的直接继承者，而可能是从另一种南方古猿进化而来。直立人在欧亚大陆有着广泛的分布，但目前还缺乏他们比东非直立人为早的确实证据。此外，作为人类直接祖先的南方古猿至今也只有在非洲发现，这样就产生了人类非洲起源说。假如没有科学的测年技术，仅仅依据人类化石形态是否原始来进行排比就缺乏说服力。近来一些学者根据分子生物学的研究提出现代人的祖先竟是非洲的一位"夏娃"。尽管还有许多疑问，需要与相关学科作进一步的研究。但能像这样提出问题在过去也是不可想象的。

农业起源曾经是引领人类文化大踏步前进的一场革命。传统的历史学也无法解答这个问题，只好用神农氏教民稼穑一类的神话充数。单靠农学家也无法正确解答这个问题，需要有多种学科的合作，特别是现代科学技术的应用。例如对稻作农业起源的认识就走过了一条颇为曲折的路程。过去农学家根据栽培稻谷的形态认定其野生祖本是普通野生稻，又根据普通野生稻分布比较集中的情况推定栽培稻起源于印度或东南亚或我国的华南地区，前些年山地起源说又盛极一时，几乎没有人注意到长江流域，因为那里只有很少野生稻的记录，是普通野生稻分布的北部边缘。但是近年来在长江流域发现的史前栽培稻遗存十分丰富，不但相关的遗址数量最多，经过碳-14 测定的年代也最早，其中最早的标本可达一万年以上，而且连绵不断。至此长江流域起源说和边缘起源论便得以成立。稻谷的植硅石分析和基因分析也支持这一结论。

陶器起源是新石器时代考古研究的重要课题。过去认为日本文化是受中国文化的影响才发展起来的，以致把日本绳文文化陶器的年代推定在仰韶文化和龙山文化之后。可是碳-14 等方法测定的年代却早到公元前一万年以前，是全世界陶器起源最早的地区之一。比一向被认为文化进程最先驱的西亚地区的陶器烧制要早好几千年。

我国的原始瓷最早见于商代，包括中原地区的郑州商城、小双桥及长江以南的江西吴城等遗址。到底哪里是原产地，曾经有过热烈的讨论，单靠考古学文化的研究难以给出明确的回答。本书（《科技考古学》）作者曾经用中子活化分析方法测量各地原始瓷片中多种微量元素的含量，并用多元统计中的判别分析方法来进行产地溯源，受到学术界的重视。

中国最早的铜器到底是自行发明的还是由西方传入的，还是两者都有可能，是学术界颇为关心的热门话题。这问题的解决一要靠新的考古发现，二要靠相关科技的测试与分析，离开科技手段是难以得到正确认识的。

类似的例子可以举出很多，现代科技对考古学研究的重要性于此可见一斑。

记得曾经帮助利比（W. Libby）建立世界上第一个碳十四实验室，后来又长期主持费城大学博物馆考古学应用科学中心（MASCA）的奈内（F. Rainey）于1974 年发表过一篇文章，回顾 25 年来科技考古的成就时，特别讲到由于碳–14 等测年技术的应用，改变了人们关于人类在冰河时期的生存、农业的起源、陶器的发生以及新大陆的文化发展的一系列传统观念，对人类历史的年代结构产生了革命性的影响[1]。那还是早年的事。从那以后，科技考古又有长足的进展。前不久出版的伦福儒和保罗·巴恩所著《考古学：理论、方法与实践》[2]，是享誉世界的考古学教科书，其中有大量篇幅和个案研究介绍科技考古的方法和所取得的成果，可说是现代考古学的代表作。从中可以看出现代科技的广泛应用，如何大大改变了考古学的面貌。

时至今日，无论是考古学遗存的发现、勘探、发掘、资料整理、标本测试分析、考古资料库的建立还是有关研究软件的制作，几乎都离不开相关的科学技术。这已成为当今考古学发展的大趋势，使我们有可能从看似平常的考古遗存中提取越来越多的科学信息，极大地拓展了考古学研究的领域，也极大地加深了人们对过往历史的认识。认识到这个大趋势，并且在考古学研究中大力推行是十分重要的。只有这样，考古学才能跟上现代科学发展的步伐，不断加强考古学研究的科学基础，提高考古学研究的水平。

陈铁梅教授长期从事科技考古学的教学和科研工作，是在我国高等学校中开设科技考古学课程的第一人，是推进我国科技考古事业发展的著名学者。他具有

---

[1]　Froelich Rainey, 1974. Science and Archaeology. *Archaeology*, 27(1).

[2]　〔英〕科林·伦福儒、保罗·巴恩著，中国社会科学院考古研究所译：《考古学：理论、方法与实践》，文物出版社，2004 年。

深厚的现代物理学基础和广博的自然科学技术知识。他在北京大学考古学系领导创建了我国第一个液体闪烁法碳十四实验室，实验室后来又建立了铀系、电子自旋共振和碳十四加速器质谱等多种测年方法，扩展为考古与第四纪地质年代实验室。以此为基础开展了一系列考古年代学，以及科技考古学其他领域的研究。他同国内外科技考古界建立了广泛的联系，不断捕捉科技考古的最新信息，还多次到国外著名的高等学校和实验室进行研究。由于他长期在北京大学考古学系工作，能够比较深切地了解考古学的特点和考古学对现代科技的实际需求，这方面他具有较大的优势，也充分地反映在本书的内容上。

本书是作者在多年教授科技考古学和相关研究的基础上，进一步参阅国内外大量科技考古方面的资料，重新整理研究，集中精力写作而成。文笔流畅，可读性强。章节的安排大体上依据考古学科的需要，每一专题都介绍有哪些科技手段或测试方法可以利用。哪些方法比较成熟，哪些方法有待改进，哪些方法虽不完善但可能具有较好的发展前途。具体讲到某种方法时则着重阐述基本原理和国内外实际应用的情况，同时尽可能避开某些纯技术性的内容。作者认为这是读者正确理解科技方法的适用范围、条件和局限性，正确解读有关测量数据的基础。这个看法是非常正确的，也是本书贯穿始终的一个突出的特点。书稿在我的案头放了很久，我看了又看，爱不释手，从中获得了许多教益。相信本书的出版将不但有助于提高科技考古的教学水平，就是对于一般考古学者科学素质的培养，了解科技考古的重要作用，使其更加自觉地与科技人员合作，运用科技考古的成果以提高考古学研究水平，都会发挥积极的作用！

（原为陈铁梅著《科技考古学》序，北京大学出版社，2008 年。后收录在《中华文明的始原》，文物出版社，2011 年）

现代科技与中国古代文明研究（提要）[*]

20 世纪 70 年代末期以来，考古学对中国古代文明的研究突破了单中心和千古一系的传统观念，开展了大量的田野考古与研究，加上现代科技的应用，已经取得了显著成绩。主要有以下几个方面。

（1）通过考古学文化谱系的研究和碳－14 等测年手段的运用，基本探明了中国古文化发展的历程。即大约在公元前 10000 年进入新石器时代，发明了农业、陶器和磨光石器。

大约从公元前 7000 年起，原始农业有了较大发展，初步形成了南北两个农业体系；大约在公元前 5000～前 3500 年为新石器时代晚期，各地经济文化都有较大发展。对聚落结构和埋葬制度的分析，表明这时是原始共产制氏族社会最昌盛的时期。

大约在公元前 3500～前 2100 年为铜石并用时代，出现了小件铜器，制造陶器、玉器、漆木器、丝绸等多种手工业都有较大发展。社会开始贫富分化，出现了最初的贵族阶层和由他们组成的统治集团。其中约当公元前 3000～前 2100 年又称为龙山时代，这是一个战争频繁和社会重新组合的时代。武器显著改进，城堡拔地而起，到处都有战死者的乱葬坑。一些地方专门营建贵族坟山，随葬物品既多又精，有的甚至用人殉葬。有些城墙或比较讲究的房子也用人或猪、狗奠基。凡此都表明这时阶级分化已很明显，以城为代表的国家已经产生。其年代和社会状况大致相当于历史传说中的五帝（黄帝、颛顼、帝喾、帝尧、帝舜）时代。

关于夏、商和西周早期的年代有许多种推算方法，结论相差并不很大。一些学者认为夏可能在公元前 2098～前 1627 年，商可能在公元前 1627～前 1045 年。周武王灭商之年，据说有彗、木二星并见（《淮南子》），天文学家据此推算当在公元前 1057 年，但与西周铜器铭文的记载不合。如果定在公元前 1045 年，则大

---

*   本文为 1995 年 9 月 29 日在国务院会议室讨论会上的发言稿。

致能说得通。从这一年到共和元年之间共十王的年历都能排比出来，这样中国文明从起源到早期发展的年代就基本清楚了。过去总觉得中国文明比别的古文明出现得晚，新的考古发现应该能够纠正这种看法。

（2）中国古代文明的发展不是单元的，也不完全是多元的，而是在多元中又有相对统一的，至少黄河流域和长江流域的情况是如此。在龙山时代，黄河中游、黄河下游、长江中游、长江下游、四川、燕辽等地都已迈开了走向文明的步伐。所以当夏、商、周的版图逐步扩大时，最后也就囊括了所有这六个区域。由于这片地域很大，经济文化实力雄厚；加上各地区文化之间相互激发与促进，便显得很有活力。这地方处在全中国的中心位置，对周围有吸引力。所以中国社会自古以来就有很大的凝聚力和向心力，即使在政治上出现短时间的分裂，文化上仍然是一体的。这就是中国历史几千年连绵不断的根本原因。

（3）在世界几个古代文明中，只有两河流域、中美洲和中国是独立发生的，而且三处都是农业起源中心。两河流域是小麦和大麦的起源地，中美洲是玉米的起源地，而中国是小米（粟、黍）、大米的起源地。埃及和印度是与两河流域相关的，农作物也与两河流域一样。中美洲文明年代比较晚，发展也不充分。所以最重要的是两个古文明。两河流域的地方小，后来又受到邻近地区别的文明的侵袭而覆灭了。中国是一个大两河流域（黄河、长江流域），没有任何别的文明能够把它征服。它对历史的贡献是不可估量的，应该花大力气进行研究。

（4）研究中国古代文明应该有历史学、考古学、古文字学和广大科技学界的合作。而科技界的广泛参与将会使许多研究领域更加深化和科学化。在年代测定方面现在已经做了不少努力，但还需要更精确化。为什么中国这块地方能够产生古代文明？这需要对环境进行深入研究，如植物考古、动物考古、全新世地质地貌等等。一些文化因素的来源和制造工艺，如铜矿的来源、各种铜器的制造工艺，铁器的起源和制造工艺等，都需要科技界做出努力，农业的起源也需要农学家的密切合作等。至于古代遗址的勘探（雷达探测、电磁探测、水下考古、遥感探查等）和遗迹、遗物的保护修复（保存科学研究），更是要有专人和相应设备才能进行的工作。

（5）目前的主要问题是人力分散和经费严重不足。建议重点加强一些较有基础和发展前途的单位，并且建立一个国家级的基金会，个人和单位都可以申请经费补助。

（原载《丹霞集——考古学拾零》，文物出版社，2019 年）

农业考古与现代考古学

　　农业考古无论在我国还是在那些考古工作比较发达的国家，都不是新近才开始的。许多农业工具、农作物遗存和家畜骨骼（广义的农业应该包括家畜饲养）等，很早就已为考古工作者所发现，并且一直是考古研究的重要内容；许多农业考古的课题，诸如农业的起源、各种农作物或家畜的起源与传布、农业耕作制度的发展、农业对于古代文明发生的作用等也是很早就有人注意和研究过的。不过以前的那些研究一般是分散进行的，考古学家、农史学家和其他关心这方面知识的科学家，都只是从各自的角度去观察和思考，没有很好地结合起来。而要把研究提高到新的水平，这样的结合是必须的。搞农史研究的要懂得一点考古，搞考古的更要懂得一些农业科学知识，这样才能很好地结合起来。我们高兴地看到，近年来一些学者在这方面做了认真的努力，发表了不少研究成果，从而逐步形成了农业考古这样一个学科分支，或者说是考古学和农史学之间的边缘学科。由江西省中国农业考古研究中心主编的《农业考古》杂志就是在这种形势下创刊的。这份杂志在 1980 年创刊，到现在已出版了 8 期，作为一种专科性的学术杂志，它不但在考古学界和农史学界受到欢迎，而且在农业干部和农业科技人员中拥有广大的读者；不但在国内得到很多人的重视，在国外也正在赢得声誉。这一事实雄辩地说明了农业考古是社会所需要的，是会有广泛的发展前途的。

　　也许有人会说，考古学本身就包含了研究农业遗存的内容，何必单独提出一个农业考古来呢？要说明这个问题，最好回顾一下考古学本身发展的历史。在我看来，整个考古学史可以划分为三大阶段，即古代考古学、近代考古学和现代考古学。古代考古学实质上是一种前考古学，因为它研究的内容十分狭窄，又没有形成自己所特有的理论和方法，主要是对某些古器物和铭刻进行研究，对著名的古迹进行调查等。近代考古学是一个巨大的进步，它是以田野工作为基础并以研究考古学文化为主要内容的。它吸收了地质学、生物学和民族学的有关内容并加以改造，形成了自己的理论和方法，即地层学、类型学和关于考古学文化的理论等；同时也出现了一些学科分支，如铭刻学、章纹学、美术考古等等。现代考古学是 20 世纪 50 年代以后才逐步形成的，主要标志有二：一是历史唯物主义的指导，二是现代科学技术的广泛应用。由于历史唯物主义的指导，考古学对恢复人类社会历史的作用大大提高了，从单纯的文化史式的叙述转变为对各时期的经济基础、社会结构乃至意识形态的全面研究和历史发展规律的探讨。这一重大变化对西方考古学界也有深刻的影响，例如英国著名考古学家柴尔德（V. G. Childe）的一系列著作、美国的路易斯·宾福德（Lewis Binford）等提出的所谓"新考古学"和威利（G. R. Willey）等的"聚落考古学"等，也都是想从对考古资料的深入研究中引出更广泛的带根本性的历史结论。至于从 50 年代开始日益广泛地应用自然科学研究手段而引起考古学革命性变革这一事实，已经是众所周知的了。我们现在还很难估计这种变革的全部意义，但有一点是清楚的，就是由于现代科学技术同考古学的紧密结合，出现了许多分支学科或边缘学科，诸如冶金考古学、土壤考古学、环境考古学、植物考古学、动物考古学、农业考古学，以及在新的基础上建立起来的考古年代学等等，在国内则还有所谓水文考古、地震考古等等。由于这些分支学科的出现，产生了两个意义深远的影响：一是增加了考古学研究的深度，我们可以在同一研究对象中取得比过去更多和更加准确的信息，甚至在过去被视为没有什么用处的对象中取得许多科学信息，真正发挥了考古学作为历史显微镜的作用；二是大大加强了考古学同现实生活的联系，它不仅是一般地说明历史问题，也不仅是可以向人民群众进行历史唯物主义、爱国主义和国际主义教育，而且在解决当前生产上和科学文化建设上的某些方面也日益发挥有效的作用。农业考古研究的内容就很能说明这个问题。比如农作物和家畜起源的探索，就不单纯是为了说明农业发展的历史，对遗传育种也很有作用。丁颖研究了普通野生稻同籼稻的亲缘关系，用两者杂交培育出了新的栽培稻品种。湖北江陵汉墓出土成束的稻穗，每穗稻粒甚少而每粒的农艺性状却和现代栽培稻相似，表明每穗粒数的遗传基因要比粒度变化的基因活跃，这是对遗传育种提供的一个十分重要的信息。至于农具和耕作制度的研究等，对于正确地总结历史经验，进而探索我国农业现代化的道路，也是一个很重要的工作。因此，提出农业考古这一学科分支就是完全必要的了。

现在的问题是，我们有些考古工地重视农业遗存不够，或者虽然重视但缺乏必要的科学知识，以至许多农业资料没有保存下来。为了改变这种状况，要大力提倡多学科的专家的联合研究。作为一个考古工作者，起码应该注意以下几个方面。

（1）关于农作物遗存

古代房屋多为泥木结构，泥土中常掺谷草和谷壳，如经火烧就会变成红烧土，其中的谷物痕迹常能很完整地保存下来，我国新石器时代遗址中发现的粟、黍、稻等谷类作物，多数是从红烧土中取得的。有些谷壳掺在泥土中烧成陶器，也可保存它的痕迹。有些零星散布在遗址中的谷物，可以用水选法来获得。有些埋藏在窖穴中的，或储藏在陶瓮、陶仓中的，往往腐朽过甚，不易进行准确的形态描述，可以用灰象法进行鉴定。发现谷物遗存如果甚多，如河姆渡的水稻遗存和磁山的窖藏小米，换算起来都是以十万斤计的，遇到这种情况要做详细记录，要测量其容积和每一单位容积中的密度和分量，还要注意形成的年限，以便对当时农业生产的规模做出近乎实际的估计。除谷类作物外，还应注意其他农产食品和经济性作物，甚至非农业的野生植物遗存。例如在泰国西北仙人洞的第4至2层中（距今约 10000～6000 年），就发现有蚕豆、豌豆、槟榔、橄榄、胡椒、瓠和瓜类（可能是胡瓜）等，而我们在洞穴堆积中至今还没有找到这类遗存，也许是没有注意而漏掉了。

（2）关于农具

考古学家一般是很注意农具的，但对农具的研究有待深入。有些工具形状相似，功用不同。例如东方沿海新石器文化中常见的穿孔扁斧，过去长期被称为石铲，后来根据在墓中出土的位置、带把陶扁斧的模型和大口尊上刻划的扁斧图形才确定为斧。其实斧是加工木料的，有的用作武器便是战斧，或称为钺，而铲是用来铲土的，做功对象不同，使用痕迹有很大的差别，这只要在体视显微镜下便可看得很清楚。再说斧子有砍、劈、削的功用，不同的用法也有不同的使用痕迹。类似石铲的器物还有锄、锹等，安柄的方式和用力方向不同，形成的擦痕也不相同。再如我国新石器时代和商周时代的石刀，一般认为是收割农具，但也不能一概而论。景颇族用长方形穿孔石刀（和龙山时代石刀的形状几乎一模一样）是切肉的，亚洲东北某些民族则用穿孔石刀加工水产品。其实凡是收割谷物的镰刀，其刃部都会有硅质光泽，在放大镜下也是不难辨别的。要判断某一时期某一地区的农业生产水平，首先就要把农具和非农具区别开来，把不同用途的农具区别开来，这是不言而喻的。但这还很不够，还要研究农具的安柄和使用方法，用实验方法来计算各种农具的功效，最后还要研究各种农具配合使用的情况。所有这些我们都还做得很少。

（3）关于耕作制度

这在考古研究中是一个难点，一般只能从一些有关农业生产的汉画像、农田模型和壁画等方面获得一点消息。但如果把工作做得细致些，也还可以深入一步。例如西欧有些地方利用航空照相可以看出罗马时期和中世纪庄园的地块划分，日本考古学家发现了许多弥生时代的水田及其排灌设施等，这些都可作为我们今后工作的参考。

（4）关于家畜家禽

考古工作者往往在发掘中拣选一些自认为有代表性的骨骼请动物学家鉴定，但这是有局限性的。一是自己对动物骨骼缺乏知识，免不了会遗漏某些种属；二是由于骨骼不全而影响了许多问题的探讨。比如我们可以从一个村落遗址在同一时期委弃兽骨的总量来推知肉食在整个食物中的比重，还有在肉食中家畜同野兽的比例关系和不同家畜的比例关系等。有些动物的活动是有季节性的，由此可以了解一个村落遗址是常年定居的还是季节性的。从动物骨骼破碎的状况可以推知当时肉食的加工方法。如上举泰国仙人洞中有许多砸碎而未经烧烤的骨头，同层出土许多烧过的竹筒，因而推测是连肉带骨砸成碎块塞入竹筒，再加豆类瓜类一起烧食。有些动物的骨骼很老（如山羊），推测是种畜或为提供乳食用的。有些骨骼有明显的切锯痕迹，那显然是用作骨器的原料。所有这些都需要全面采集、仔细观察和研究才能达到。动物骨骼研究中还有一个最困难的问题就是区别野兽野禽和家畜家禽。人们往往用同现生种对比的方法，但早期驯养的家畜家禽很难用这种方法确定。国外有人用偏振光线照射骨质切片，根据不同的颜色和明暗，也可大致区分野生和家养动物。

总之，农业考古的课题甚多，深入的探讨离不开现代科学技术的帮助，而农业考古的研究成果又对现实生活发生重大影响，这两点都是现代考古学的重要特色。

（原载《农业考古》1984 年第 2 期。后收录在《考古学初阶》，文物出版社，2018 年）

努力促进农业考古研究

　　《农业考古》创刊至今已有十年了。十年来这份杂志越办越好，发表了许多有价值的文章，大大促进了我国农业考古研究的发展，提高了人们对农业考古的认识，并且积极开展了农业考古的国际交流。作为一个读者，对于这些成绩感到特别高兴。借此机会，谨向编辑部同仁和广大作者表示衷心的感谢和诚挚的祝贺！

　　中国号称以农立国，无论是粮食产量还是农业总产值都占世界第一位。中国农业的优良传统和突出特点就是精耕细作。在现代化水平并不很高的情况下，用仅占全世界百分之七的耕地养活了百分之二十二的人口，这不能不说是中国农民的伟大贡献。单是这一点就应该很好地研究。不但研究中国农业的现状，还要研究中国农业的历史发展。农史学家、遗传育种学家、考古学家以及一切有关学科的专家们应该各尽所能，通力合作。作为这一合作的形式和交汇点应该就是农业考古。《农业考古》杂志为此大声疾呼，真是锲而不舍，十年匪懈，才打下了初步的根基。现在的问题不是要不要搞农业考古研究，而是如何更好地促进农业考古健康发展，为弘扬我国农业文化和发展适合我国国情的现代化农业做出自己的贡献。

　　由于自然地理条件和生态环境的不同，我国长期以来即存在着两个并行发展的农业体系。一个是华北及其附近的以粟、黍或粟麦种植为主的旱作农业体系，另一个是华中及其以南的以水稻栽培为主的水田农业体系。两者不但作物品种不同、农具不同、耕作制度不同，而且对人们生活的衣食住行和文化心态等各方面都有不尽相同的影响。对这两种农业体系的比较研究及其相互关系的研究，显然还有许多事情要做。

　　一般认为，中国是粟、黍和水稻的重要起源地，近年来许多史前谷物遗存的发现正在不断地加强这种认识。河姆渡和磁山的发现已经够令人震惊的了，现在彭头山和城背溪又发现了比河姆渡早得多的稻谷遗存，华北也必将发现比磁山更早的粟、黍遗存。但仅有年代很早的谷物遗存并不能充分地阐明农业的起源。我们还必须了解产生农业的生态环境和人文背景，研究农业起源的机制和具体过程。

就史前谷物本身来说，不但要鉴定其是栽培种或野生种，如果是栽培种，还要鉴定其品系，研究是否与当地野生祖本有亲缘关系；各地某种史前谷物是否有品系的不同，它们的演化轨迹是怎样的。凡此种种都需要有更多史前农作物的标本。因此我们要大力推行浮选法，凡有条件的考古工地都要进行试验。再者，所有采集的标本都要经过专家正式鉴定。目前发现农作物的遗址虽然增长很快，但经过正式鉴定者寥寥可数，限制了研究的深入发展，这种情况应当及早改变。

现在看来，在中国最早培育的农作物也许不止于粟、黍、稻几种。农作物培育出来以后，还有一个传播与交流的问题，这问题更加复杂。有很多作物是从国外传到中国的，它们各自是从何时何地传入的，在中国固有农业体系中发生了什么作用，都是需要很好研究的。即使像水稻那样的农作物，在中国培育出来以后，也还有外国品种不断地流入。至于中国各种农作物乃至某些农具和耕作制度的外传，也都是当前学术界的热门话题。

要了解农业的发展，农具的研究不能不占有重要的地位。历史上各种农书虽然提供了不少资料，但都是比较晚近的。对于考古发掘出土的大批农具至今研究甚少。许多考古标本只限于质地、制法和形态的描述，对于它们的实际用途和功效往往缺乏科学的分析。就石器而论，往往斧、铲不分或铲、锄不分。解决问题的途径一个是民族学的比较研究，二个就是实验。可以仿制出一些工具并进行实际操作，观察其劳动痕迹以与考古标本进行比较。这事不难，但需要有心人去做。

关于耕作制度，考古工作也并非无能为力。在欧洲，人们早就用航空摄影的方法重现了古罗马时期的耕地和中世纪庄园的农田布局，这些都是旱田。水田遗迹则以日本研究得最好。自从1947年发掘出登吕水田遗迹以来，至今已经发现了40多处弥生时代的水田，包括田块和灌水、排水设施等。我国至今还没有发现任何农田遗迹，这不能不说是一个缺陷，我想要发展农业考古，外国的经验还是需要借鉴的。

总之，如果我们从思想上端正了对农业考古的认识，加强有关学科间的协作，并且借鉴国外的成功经验，我国的农业考古将会得到更加迅速和健康的发展。

（原载《农业考古》1990年第2期。后收录在《考古学初阶》，文物出版社，2018年）

加强北方民族考古的国际合作[*]

　　这次由内蒙古自治区文物考古研究所主持召开的"中国北方古代民族考古学文化国际研讨会"，经过几天热烈的讨论，很快就要结束了。不少代表反映这次会准备得很好，会前参观了老虎山等遗址和许多新出土的珍贵文物，一下子便把大家的思绪带进了古代北方草原世界。会上提供的论文大多数具有较高的学术水平，涉及的问题比较广泛，并且多是各国学者感到浓厚兴趣的热门话题。会议的时间也安排得很紧凑，除白天报告和讨论外，晚上还进行各种形式的接触、谈话、交换资料、放映幻灯，有的还商谈合作计划等，学术气氛非常浓郁。总起来说，这次会议是开得很成功的。

　　我个人对古代北方民族文化没有什么研究，本来不想在大会上发言。但会议的讨论深深地吸引了我，所以不揣冒昧也在这里说几句话，谈不上是会议的总结，只是谈谈自己的体会和感受。

　　这次讨论的古代北方草原地区不但面积极为辽阔，而且民族众多，历史悠久，居民的游动性大，民族文化的变动十分显著，民族文化关系也特别复杂。正因为如此，这个地区在历史上往往成为重大事变的策源地和主要的舞台，对于中国和相邻各国的历史都曾起过十分巨大的作用。我想这是大家都很关心北方草原地区古代文化研究的重要原因之一。

　　但是真正要对这个地区的古代文化进行深入研究，其困难程度又特别大。首先是因为文献记载特别少，仅有的一点记载也往往蒙上一层神秘的色彩。因此人们不得不把希望寄托在实地的考察上。由于地区辽阔，人烟稀少，其间还有大片的戈壁沙漠，要想深入腹地去进行调查真是谈何容易！这使得早年的工作往往具有探险的性质。在 20 世纪初，20 年代到 30 年代，一些学术团体组成各种综合考察团进行了许多调查工作，其中包括考古学家、民族学家、人类学家、地质学家和古生物学家等，收集了大量的资料，出版了多卷本的考察报告。对于这些先驱

---

　　*　本文为 1992 年 8 月 17 日在中国北方古代民族考古学文化国际研讨会闭幕式上的讲话。

者不畏艰险的开拓精神，我们是应当永远纪念的。但那时的工作基本上是地面踏查性质，尽管提出了不少学术问题，却无法深入进行研究，甚至还没有找到一条如何深入研究的有效途径。

大约从 20 世纪 50 年代以来，各国学者逐渐把注意力集中到有关遗址的考古发掘方面，而发掘的重点是在欧亚北方草原的边缘地区。就中国来说主要是长城沿线地区。这一带长期以来都是农业民族和游牧民族的接触地带，民族冲突甚多，碰撞最激烈，民族文化的兴替与交流都表现得特别明显，留下的史迹也非常多。在这一带进行考古工作固然也是很艰苦的，但比起大草原腹地来总还是要方便得多。

我想要特别指出的是，这种工作重点的战略性转移实际上反映了一个研究方法上的巨大进步。因为我们研究历史首先要确定年代顺序，理清文化的发展谱系和流传方向。过去因为找不到进行年代学研究的基点，只好长期处在混乱之中。这次披露的许多发掘资料不但有自身的地层关系，而且有属于不同文化系统的物品的共存关系。例如夏家店下层文化和夏家店上层文化的相对年代关系是由它自身的地层关系所决定的，而每一文化的绝对年代除可以由碳－14等现代科技手段测定外，还可根据与之共存的中原古文化系统的器物来进行推断，从而把夏家店下层文化的年代估算由商周之际提早到夏代至早商。类似的例子实在是很多很多。这不但给年代判断提供了客观的基础，而且有可能正确地判断某些文化的自身特征和它的历史地位。这些周边文化搞清楚以后，草原腹地的文化也就好认识了。这是我想要谈的第一点。

第二，在研究北方草原古代民族文化的时候，也要同其他地区一样注意考古学方法的运用与发展。例如我们在确定一个考古学文化时，总要从具体的地层单位出发，而不是从遗址或地点出发去识别它的器物群和相关的其他遗存，否则我们的概括就难以准确。在研究文化关系时要从全部资料出发进行因素分析和对比研究，而不要仅仅根据一两件东西就漫无边际地寻找文化联系。即使是抽出某些带普遍性的器物或花纹进行研究，比如大家熟知的青铜短剑和动物花纹，除了对它们的型式分类与分布进行考察外，也要尽可能了解与之共存的其他文化因素的情况，这应该是不言而喻的，但有时却被忽视了。

第三，这次会议提交的论文中除标准的考古学研究外，还有一些是环境考古方面的，有些是民族考古学方面的，有些是从美术史角度进行研究的，还有一些是工艺学研究方面的，体现了多种学科互相协作的精神，这是一个很好的现象。以田野考古为基础，结合多种学科进行研究本是考古学的一个传统，也是考古学发展的方向。过去有一个时期削弱了，以后应该大力加强。

　　第四，由于我们研究的课题本身具有很强的国际性，理所当然应该有相应国家的学者参加。这次会在国际合作进行研讨方面树立了一个范例。最近一些年来，中国有不少学者参加国际考古学会议，外国学者参加中国考古学研讨会的也逐渐多起来了。但是这次除中国的学者外，还有 10 个国家的几十名代表出席，提供了高水平的论文。俄罗斯这次来了 9 名学者，他们带来了不少资料，包括许多精美的幻灯片，使这次会开得有声有色。所以我在开幕式上说这是一次名副其实的国际会议。我希望这样的会在以后能够继续下去，可以在中国开，也可以在俄罗斯、蒙古国或者别的国家开。既然是国际会议，就应该有开放的精神。资料要共享，观点要充分交流。而且我希望这样的会议只是国际交流的一种形式，还应该有多种进行国际合作的形式。例如共同考察，共同发掘，共同进行研究，互派学者访问、讲学，互派学生留学等等。事实上这次会议期间也有不少这方面的接触，表明国际合作是学者们的共同心愿。历史文化遗产既是属于各民族的，也是属于全人类的。我们尊重自己民族的文化遗产，但并不是要孤芳自赏，而希望与我们的外国朋友共享。我们研究过去是为着认清我们的历史地位和历史责任，以便于更好地建设未来，而未来是属于我们大家的。让我们携起手来，为着发展北方草原古代民族文化的研究、为着建设人类更加美好的未来而努力奋斗！

　　　　（原载《内蒙古文物考古》1993 年第 1、2 期。后收录在《考古学初
　　　阶》，文物出版社，2018 年）

海洋考古的嚆矢

　　中国有 960 万平方千米的陆地面积，一般认为是一个大陆国家。其实中国也是一个海洋国家，有长达 18000 千米的海岸线，有包括台湾和海南两个省级大岛在内的几千个岛屿和几百万平方千米的海疆，海洋资源非常丰富。远在几千年以前乃至更早一些的年代，我们的祖先就有不少人陆续走向海洋，开发海洋资源。有的移居岛上建设新的生活，有的开辟海上航线，进行贸易和文化交流，从而创造了丰富的海洋文化。

　　我国开发海洋的先驱，首推东方沿海的东夷民族和东南沿海的百越民族及其史前的祖先，古代文献中多有关于他们活动的记载，只是比较零散，难以了解历史的全貌，只有通过海洋考古工作才能逐步地恢复起来。我国的考古学者曾经先后在辽宁的长山列岛、山东的庙岛群岛、浙江的舟山群岛、福建的平潭岛和金门岛，台湾、澎湖以及南海沿岸包括广东、广西和海南的许多岛屿和近岸遗址都做过不少考古调查和发掘工作，取得了不少成绩。我自己也曾经多年在山东半岛沿海和长岛县的大小岛屿主持考古调查和发掘工作，在黑山岛上甚至全面地揭露了一个相当大的村落遗址。不过以往的考古工作虽然在海岸和岛屿上进行，方法却和在陆地上没有多少区别，缺乏海洋考古的思路和研究方法。近年来开展的水下考古除了对近岸一系列沉船进行探测外，也曾经远到西沙群岛和南沙群岛等处调查，但年代多限于宋元以后的海上交通与贸易，对于史前和先秦时期的遗存还未遑涉及。在这种情况下，以工作做得最多也最深入的珠江三角洲及附近岛屿的先秦遗迹为基础，从海洋考古的视角来进行综合性研究，就是非常必要的了。肖一亭的《先秦时期的南海岛民》正是适应这一需要，以海岸沙丘遗址为核心而撰写的第一本称得上是海洋考古的探索性和综合性著作。

　　本书分析了海岸和近海岛屿上沙丘遗址产生的自然环境和历史背景。认为沙丘的形成与地形、海水动力和风力都有关系，所以沙丘多出现于海湾，有些还与近旁的小河小溪有关。而沙丘遗址则还必须具备经常性的淡水来源，否则先民难以在那里居住。作者还注意到历史上气候环境的变迁对于沙丘遗址的影响，着重分析了沙丘遗址中间歇层形成的原因。认为沙丘遗址并非都是季节性聚落的遗留，间歇层也不能作为季节性聚落的充分证据。在一些沙丘遗址中发现有房址、墓葬，有的甚至还有制造石器或陶器的遗存，倒是可以作为曾经有过常年居址的有力证据。不但如此，作者还进一步从文化内容的分析中发现珠江三角洲在新石器时代有一个自成系统的文化区。这种文化区的形成固然与当地特殊的自然生态环境有密切关系，同时也应该与当地早年的文化传统有关。我们可以设想，在更新世晚期的盛冰期，海平面比现在低一百几十米，现在的珠江口乃至更远的大陆架都是陆地，气候温和，天然食物资源丰富，肯定是人类生活的好地方。到全新世海水逐渐上涨，人们会不自觉地向高处迁移。有的迁到现在的海岛上，有的迁到现在的海岸边甚至更远的地方。在这段时间里，文化影响的主导方向应该是自南而北，而不是自北而南。环珠江口的先秦文化的古老传统应该从当地或更南一些的海底而不是（或主要不是）到北面的山地去追寻。记得 1991 年 12 月初在中山市翠亨村召开的"珠江三角洲古文化学术讨论会"上，我以"华南考古的几个问题"为题做大会发言时特别强调地谈到了这个思想，很高兴肖一亭在本书中也特别清楚地阐发了这一思想。

海洋考古自然应该从近岸地带做起，但不能止于近岸地带。海洋民族的特点既是相对定居的，又有很大的流动性。大家知道 1492 年哥伦布发现美洲是一件了不起的大事，在那前后一段时期的所谓地理大发现差不多改变了世界历史的发展方向。可是很多人并不知道在比哥伦布早得多的年代，许多沿海地区的居民驾着小船或木筏，竟然把浩瀚的太平洋上成千上万的小岛一批一批地发现和开发出来，那是多么值得大书特书的辉煌成就！语言学家们早就指出以东南亚和太平洋三大群岛为主体，东到复活节岛，西抵非洲东岸的马达加斯加，存在着一个讲南岛语系的巨大族群，并且推测原始的南岛语系的民族可能是生活在东南亚乃至中国东南沿海的古代居民。民族学家和考古学家也得出类似的结论。澳大利亚大学的贝尔伍德多年从事东南亚和太平洋地区的史前考古研究。他认为南岛语系的人民最早是生活在中国东南包括台湾一带，距今 5000 ～ 4000 年到达菲律宾和印度尼西亚，4000 ～ 3000 年到达美拉尼西亚，3000 ～ 2000 年到达密克罗尼西亚，2000 ～ 1000 年到达波利尼西亚，800 年前到复活节岛。他画了一张地图，十分清楚地标明中国东南沿海包括台湾的远古居民是如何一波一波地开发东南亚和太平洋的[1]。凌纯声、凌曼立父女和香港中文大学的邓聪根据树皮布打棒的年代和分

---

[1]　Peter Bellwood, 1983. New Perspectives on Indo-Malaysian Prehistory, *Bulletin of the Indopacific Prehistory Association*, 4.

布情况也得出相似的结论〔1〕。人们还可以根据有段石锛或拔牙习俗的年代和分布情况得出相似的结论。不过这些研究都必须以考古学为基础，再结合语言学、民族学和海洋科学等各方面的研究才能有更强的说服力。由此可见在我国东南沿海开展海洋考古研究的极端重要的意义。本书对先秦时期南海岛民的研究很有力度，应该有基础更进一步向更远的海外拓展，为发展海洋考古学，为更加清楚地阐明人类历史上最光辉的篇章之一做出自己的贡献。

（原为肖一亭著《先秦时期的南海岛民》序，文物出版社，2004 年。后收录在《考古学初阶》，文物出版社，2018 年）

---

〔1〕　邓聪：《史前蒙古人种海洋扩散研究——岭南树皮布文化发现及其意义》，《东南文化》2000 年第 11 期。

史前长岛与海洋文明的开拓*

一　长岛的历史地位

　　长岛是一个很重要的地区，既是京津的屏障和渤海的门户，又是沟通山东半岛与辽东半岛的海上桥梁，是中国内地通向东北乃至整个东北亚地区的枢纽。早在 7000 多年以前，山东半岛的新石器时代文化就已通过长岛传入辽东半岛。从此以后接踵不断，都是从南往北，是内地人闯关东以前的主要通道，也是文化传播的重要渠道。

　　为什么这样说呢？大量的考古发现证明，早在 1 万年以前，中国的长江流域就开始栽培水稻，是稻作农业的起源地。以后向华南、东南亚和东北亚传播。向东北亚传播的路线，就是从长江下游往北到山东半岛，再通过长岛到辽东半岛，继而经过朝鲜半岛，像接力棒似的一站接一站地传递，直到约 3000 年前才最后到达日本。人们把这条路线称为"稻米之路"。

　　长岛是这条"稻米之路"上很重要的一段，如果没有长岛，那水稻传播的历史就可能是另外的一种情况了。过去有些学者主张稻作农业是从长江下游越过东海直接传到日本的，至今没有任何证据，事实上也是不大可能的。大家知道水稻有两个亚种，即籼稻与粳稻。农学家在不知道水稻起源和传播历史的情况下曾经分别称为印度稻和日本稻，因为印度主要生产籼稻，日本则只有粳稻。长江下游既有籼稻也有粳稻，山东和辽东则只有粳稻。如果从长江口直接传到日本，那日本就应该有两种水稻，而事实上只有粳稻或日本稻一种。目前，京津、山海关和辽西一带还没有发现早期水稻的遗迹或遗物，胶东这边有，辽东那边也有，长岛的作用就不言而喻了。目前长岛没有发现有关水稻的东西，这有两种可能：一是

---

　　*　本文为 2009 年 10 月 18～20 日在山东长岛出席妈祖文化论坛时与长岛县文化文物工作者座谈时的发言整理而成。

长岛这边不具备种植水稻的环境或土壤条件，毕竟是海岛嘛；二是我们的工作做得不够，只不过暂时没有发现。但不管怎么说，长岛的"桥梁"或"驿站"的作用是不容忽视的。

仔细研究日本的历史你会发现，促使日本古代社会发生变革的因素主要有两个，一是水稻和与稻作农业相关的文化的传入；二是青铜、铁器及相关文化的传入，它直接导致了古代日本社会由原始公社向阶级社会的转化，加速了日本历史的进化过程。这些都是跟长岛的作用分不开的。

二　中国古代对外文化交流的路线

中国历史上对外的文化交流之路主要有三条，一是从陕西、甘肃、新疆到中亚、欧洲的"丝绸之路"，这条路大家谈得很多，研究得也比较充分。需要强调的是，这条路并不是开始于西汉，而是更早。例如在俄罗斯阿尔泰地区发现的巴泽雷克斯基泰文化的墓葬中就发现有中国战国时期的丝绸和铜镜等。更早还有草原之路，中国的小米通过这条路传到中亚和欧洲，中亚的小麦和绵羊传到中国。二是由山东半岛、辽东半岛经过朝鲜半岛到日本的一条路，水稻的传播走的就是这条路，此后的铜器、铁器丝绸乃至更多的物质文化与精神文化的传播走的还是这条路。所以这条稻米之路有时又称为东方丝绸之路。三是从东南沿海出海之后又分为两条，一条向东通往东南亚和太平洋岛屿；另一条则是往西到南亚、西亚直达非洲的海上丝绸之路，这条路因为还要从阿拉伯地区输入香料，所以也称为香料之路。此外，从四川、云南到缅甸、泰国也有一条通道，只是影响略小于前三条。从早期的情况看，中国文化同外界文化虽互有影响，却是以向外传播为主的。而向海上的开拓乃是其中十分重要的一个方面。

三　关于海洋文化研究的思路

上述三条对外扩展或相互交流的主要路线中，有两条是通过海路或面向海洋的。很多人以为中国主要是一个大陆国家，海洋文化并不发达。其实不然，中国也是一个拥有广大海疆，对海洋开拓做出过巨大贡献的国家。一般认为哥伦布发现美洲揭开了地理大发现的序幕，那其实只是站在欧洲人的立场上说的。美洲在一万多年以前就已经有人居住，并不需要你哥伦布去发现。况且那个所谓发现在技术和能力上也不是很困难的。因为他所雇用的水手中有的之前曾到过美洲大陆，这些水手就成为哥伦布的向导。而且哥伦布时代人类的科学技术成果如天文、地理、气象、航海技术和经验等，已经足以支持他完成这次活动了。再看看地图你会发现，美洲大陆南北纵贯，从葡萄牙或西班牙向西航行，只要有足够的淡水和食物，再加上足够的勇气与耐心，总会越过大西洋抵达陆地的。那个时候已经知道地球是个圆球体，以为向西航行也可以到达东方的印度。哥伦布的目的就是想从西方抵达印度。所以首先登上和发现加勒比海的一些岛屿后就说那是印度群岛，把那里的原住民说成是印度人，西文印第安就是印度人的意思。后来知道不对了，就把荷兰占领的印度尼西亚一带叫作东印度群岛，把南北美洲之间的岛屿叫作西印度群岛。可以说哥伦布是很幸运的，为欧洲人的殖民运动立了大功。而东亚和太平洋这边就是另外的一种情况了。这是一片极其广大的区域，有成千上万的小岛，几乎布满了整个太平洋。现在我们知道，在所谓地理大发现之前，土著人老早就已经生存在这些小岛上了。大家可能要问：这些土著人是从哪儿来的？何时来的？如何来的？他们有什么法子发现那些小岛，又有什么法子登上那些无人的荒岛，辛勤地开发，子孙繁衍，从而创造了独树一帜的海洋文化的呢？这是一个饶有兴味的问题，吸引了许多学者去探索，包括早期的旅行家、人类学家、考古学家和语言学家等。现在终于有一个比较明确的答案了。

　　旅行家很早就注意到众多岛屿上的居民有相似的经济生活和风俗习惯，语言学家更注意到各大群岛上的居民都说同一种语言，即所谓南岛语系，只有一些语族或方言的区别。这说明所有岛上的居民应该有同一的来源。根据历史语言学的研究，发现台湾少数民族的语言应该属于古老的南岛语系的一支，他们的祖先是否就是南岛语系各族最早的祖先呢？长期执教于美国耶鲁大学和哈佛大学的张光直认为在台湾发现的距今6000多年的大坌坑文化乃是台湾少数民族祖先的文化，而这个文化又同东南沿海的史前文化具有密切的关系。可见南岛语系居民最早的祖先理应到中国东南地区去寻找。澳大利亚国立大学的贝尔伍德也有相似的观点。他认为最早是从大陆传到台湾，然后再传到菲律宾和印度尼西亚，至少在公元前4000年左右就传到了美拉尼西亚群岛，那里的考古学遗存叫作拉皮塔文化，跟菲律宾和印尼的史前文化有密切的关系。到了公元前2000年的时候，范围扩大到了密克罗尼西亚群岛一带；而到了公元前后的一个世纪，整个波利尼西亚包括夏威夷群岛在内也开始有人类生存了。

　　在中国长江以南的闽浙粤赣包括台湾在内的广大区域曾经是百越人聚居的地方。蒙文通先生在他的《越史通考》里面指出越非自谓，而是他称，是中原族群对这个地方的人的一种称呼。因为他们广泛使用的有肩石斧的形制很像中原地区的钺，因此中原人就把使用这种工具的南方人称作"越人"。厦门大学的吴春明根据百越人语言中的某些词汇与南岛语系相通，风俗习惯也跟南岛语系的居民相似，再加上考古学方面的证据，提出百越—南岛一体化的概念，是很有见地的。

在百越和东夷分布的地区，有两种文化因素特别值得注意，就是有段石锛和拔牙风俗。在中国，这两种因素只见于东方和东南沿海。20世纪50年代，厦门大学的林惠祥曾将有段石锛划分为初级型、中级型和高级型，中国三种形制都有，而太平洋岛上则主要是高级型，说明它是后起的，源头应该在中国。其实早在1932年，荷兰人海因·格尔登就曾提出中国东南沿海和东南亚的有段石锛应该是太平洋地区有段石锛的祖型。20世纪50年代，新西兰的年轻学者罗格尔·达夫更全面论述有段石锛从中国东南沿海如何一步步地传播到整个太平洋地区的。我学生时代在北大听过他的报告，印象很深。他的第一句话就是要到中国来寻找新西兰毛利人和整个太平洋地区居民的祖先。接着就用幻灯一片一片地播放，说明这种特别的工具是如何传播到如此浩瀚的太平洋的。

至于拔牙习俗，在中国古代文献中早有记载，叫作凿齿。古代僚人有凿齿的习俗，近代在贵州的仡佬族也有，所以被称为打牙仡佬。台湾的少数民族同样流行这种风俗。在中国的史前文化中，最早是在山东和苏北的大汶口文化中发现的，后来在东南沿海也不断有所发现。为此我还专门写过一篇《大汶口文化居民的拔牙风俗和族属问题》的文章来详细讨论这个问题。这种风俗在日本的绳文文化中也颇流行，然后是东南亚和太平洋地区。我注意到在整个大汶口文化分布的区域里，拔牙（凿齿）的习俗是很盛行的，从苏北到胶东，包括长岛大黑山的北庄遗址都有发现。看来这种风俗也应该是从中国东部起源，然后通过日本和东南亚传播到太平洋地区的。

我们讨论到这里，只剩下最后一个问题了——那些海洋文明的开拓者究竟是如何发现又如何到达那些渺无人烟的无数荒岛的？汪洋大海一望无际，怎么知道其中还有一些小块的陆地呢？我们知道无论是东夷还是百越，都是习水性善操舟的，他们并不怕大海。最早的航行工具只能是独木舟，也只能在近海活动。即使在近海，单是一叶独木舟也是很危险的，那太容易倾覆了，所以人们很早就建造一个平衡架。单边造架的叫边架艇，两边造架的叫双架艇。也可以把两个独木舟并联叫双体船。浙江萧山跨湖桥发现了一只8000年以前的独木舟，旁边有许多木杆，有人认为那就是做边架用的，是最早的边架艇。有了这类设施就不至于担心翻船了。跟着还有一个动力问题。人们不能只靠自己的体力去划船，那样遥远的距离是吃不消的。我想最有效的方法莫过于张起风帆，借用自然的风力。跨湖桥的独木舟旁边正好有一扇竹编，好像是做船帆用的。当时人们也可以用芭蕉叶一类的东西做帆，这在当时是不难解决的。关键还是向哪个方向去，怎么才能找到陆地。在这里我想重点说一下导航术的问题。在茫茫大海中航行，如果迷失了方向，那将是一件很危险的事情。要怎么做才能保证航向呢？现在我们有罗盘、六分仪，还有更先进的 GPS 全球定位系统，那么古代呢？尤其是史前时期呢？有人说古代航海主要靠地文导航，也就是渔民们说的"望山行船"嘛！古代地文导航是有的，但那是有条件的，比如说近海航行；再比如说在相对密集的群岛之间航行是可以的，而我们要讨论的是太平洋三大群岛，单靠地文导航是不现实的。有人说还可以用天文导航，也就是观测星星来指导航行。先不说距今几千年前史前居民掌握了多少天文知识，即便是有这种知识储备，那也只能是夜晚的事，白天呢？或者是阴天呢？总之，人们必须要选择一个不受天候、气象制约的方法来做指引。是什么呢？关于这个问题，我思考过很长时间，后来《圣经》中"诺亚方舟"的故事启发了我。诺亚放出了一只鸽子，鸽子衔来了橄榄枝，诺亚因此判断出了陆地的方向和距离。诺亚在大洪水中漂流的经历以及寻找陆地的方法，给了我们一个很好的启示。鸟类虽然能够在高空飞行，视野开阔，但也离不开陆地。从陆地上起飞后，不管能够在天空翱翔多久，最后还必须返回陆地。我曾经访问过长岛的渔民，他们说：当地的海鸟不仅可以指示陆地，还可以指示鱼群的方位，有经验的渔民可以在一定的季节里根据天鹅、大雁以及鹰隼等出现的频率，判断出自己的位置以及将要抵达的目的地。除了海鸟，洋流和西风带的定向风也同样可以发挥作用。

我们说了这么多，其实是在谈一个海洋文明发生的问题和长岛考古的意义。我国沿海有几千座岛屿，目前发现有史前文化遗存的并不是很多，长岛是其中之一。虽然我们不能说长岛的史前文明就是海洋文明，但毕竟是中国史前先民走向海洋的第一步；历史上这里又是东夷及其先民的地盘，而东夷族群的一些习俗又与南岛语系居民早期习俗有渊源关系。因此，在长岛开展这方面的研究，将是极其有意义的。

海洋文化研究是一个大课题，需要大家共同努力。中国是一个面向海洋并有广阔海疆的国家，中国的发展不能忽视也必须面对海洋。研究海洋文化既具有历史意义，同样还有现实的意义，应该大力加强这一方面的工作。

（原载《考古学初阶》，文物出版社，2018 年）

大力提倡美术考古学研究

　　美术考古学是考古学科中的一个重要的分支。由于它所研究的对象易于被一般人士所喜爱和欣赏，进而被有意识地收藏与研究，所以欧洲的考古学差不多就是从美术考古学的发生而一同发生的。而号称考古学之父的温克尔曼（J. J. Winckelmann）同时也被称为美术史之父或美术考古之父。米海里司（A. Michaelis）的《考古发现一世纪》（*A Century of Archaeological Discoveries*，1908），日文和中文译本都把其中的考古一词翻译成了美术考古，原因就在于书中所讲述的 19 世纪的考古发现中，有很大一部分是属于美术考古的。直到现在，西方各国一些最著名的博物馆中，依陈列内容来看，绝大多数都可称之为古代美术博物馆。许多高等学校的古典系或古代东方系等系课程中，美术考古往往是一门不可或缺的课程。

　　中国的古代美术具有鲜明的民族特色，在世界上是独树一帜的。举凡建筑、园林、雕塑、绘画、陶瓷、玉器、青铜器和细木家具等等，无不发展到了很高的水平，并且对周围的国家发生过深远的影响。中国又是一个幅员广大的多民族国家，不同地区和不同民族的美术品都有其自己的特色。努力调查和发现这些美术品，进行深入的研究，揭示其所蕴涵的丰富内容和发展轨迹，特别是要探索其特征之所由形成的审美观念、民族心态乃其社会历史背景与思想文化背景，正确评价其在中国乃至世界文化发展史上的地位与作用，都是至关重要的。而这些正是中国美术考古学研究的主要内容。不言而喻，这一学科的发展，将有助于提高国民的审美情操和文化素养，促进当代美术沿着正确的轨道前进，因而有必要大力提倡。

　　中国美术考古的调查研究工作大约开始于 19 世纪末 20 世纪初，较之以田野发掘为基础的近代考古开始的年代还早一些。由于历史的原因，最早的工作大多是外国人做的。后来中国学者急起直追，对于古代建筑、汉画像石和画像砖、石窟寺艺术、古代绘画、陶瓷器和青铜器等诸多方面都有不少研究成果。但这些学者分属不同的学科，没有人从美术考古的全局来进行综合研究。仅有几位治美术史的学者作过一些综合性介绍与论述。从 20 世纪 50 年代起，中国考古学得到了很大的发展，美术考古资料不断地增加，其中绝大多数是经过科学发掘或详细勘察过的。新的研究成果也不断涌现。但是这些研究往往是由考古学者考订其年代、技法和题材内容等，进而阐明其历史价值；于其美学价值则未遑论及。或者是由美术史家加以综合发挥，阐明其美学价值及其在美术发展史上的地位。由于不了解考古资料的特性，论述中有时不免有所偏颇。少数学者尝试把两者结合起来，并且把各种美术考古资料组织起来进行综合研究，这在当前是十分必要的。刘凤君的《美术考古学导论》，正是代表了这一研究方向中的一个成功之作。

刘凤君从事美术考古的研究与教学已有多年。先后出版和发表过《中国古代陶瓷艺术》《考古学与雕塑艺术史研究》等书和多篇论文，成绩卓著。这本《美术考古学导论》，可以说是他多年教学与研究成果的一个总结。

本书分为上下两卷。上卷为总论，重点是"理论与方法"，概括地讲述了西方与中国美术考古学的发生与发展，以期从历史发展中明确美术考古的对象、目的与任务，明确其性质乃是考古学的一个分支，又同美术史有密切的关系。这些看起来是 ABC 的东西，在多数人并没有明确一致认识的情况下，多花一点笔墨进行讨论，是完全必要的，是有利于学科发展的。下卷是"分类与研究"，对美术考古研究的内容分门别类地进行论述。每一类都原原本本地讲述其发现与研究历史、内容、形式和技法的分类与发展阶段，有的还对其历史价值与美学价值做出评述。作者将中国古代的美术遗存分为十类，乃是根据考古发现资料的实际情况而划分的。他同时指出这种划分并不是绝对的，指出"各种艺术除自身有着比较独立的发展过程之外，还有着它与其他艺术相互联系、互相影响和制约的过程"（下卷绪言）。这是很有见地的。但对于中国古代美术的总体特征（与世界其他地方的古代美术相比较而言），特别是这些特征所由形成的民族精神与历史文化背景还缺乏适当的概括与深刻的分析。希望作者和乐于此道的诸位同好在未来的研究中继续做出努力。更希望由于这本书的出版，中国的美术考古学能够得到更加广泛的支持与更加健康的发展。

（原为刘凤君著《美术考古学导论》序，山东大学出版社，1995 年。后收录在《考古学初阶》，文物出版社，2018 年）

积极开展中日交流的考古学研究

　　中国和日本是一衣带水的邻邦，历史上的关系极为密切。自汉唐以来，两国之间官方和民间的往来可谓史不绝书。然而时代越古远，文献的记载就越少。有的还夹杂一些神话和传说，叫人扑朔迷离真假难辨。关于徐福东渡的传说就是一个典型的例子。有些记载虽然真实可靠，但因过于简略而无法穷其究竟。考古学以实物遗存为研究资料，不受文献记载的限制，在研究史前和古代历史方面发挥着特别重要的作用。近世以来，许多学者通过考古学研究来重建或充实中日古代关系史和文化交流史，取得了显著的成绩。在这方面，日本学者做得更多一些。中国学者虽然起步较晚，但也正在迎头赶上。蔡凤书教授的《中日交流的考古研究》，就是这种努力的集中表现。

　　凤书从事考古研究与教学数十年，成绩斐然。近年来又致力于日本考古学的介绍和中日古代文化交流的研究。为此他几次东渡，参观了许多博物馆和考古遗址，结识了许多著名学者，查阅了大量的图书资料。他曾发表过一些介绍日本考古学和探索古代中日文化关系的文章，翻译出版了由日本著名考古学家撰写的《中国考古学研究论文集》。他是我国对中国考古学和日本考古学都很熟悉的少数学者之一，是最有条件担当这一重任的。

　　本书论述的范围十分宽广，上自历史的开篇，也就是考古学上的旧石器时代；下迄元末明初。涉及的资料以考古学为主，兼及文献记载，间或也吸收人类学、地质地理学和民俗学的研究成果。一般认为，中日两国之间存在着两千年友好的历史。其实两千年前还不存在日本这个国家。若是指现今两国国境范围之间的文化交流历史而言，则可以一直追溯到旧石器时代。因为在地质上的第四纪曾经有过几次冰河时期，那时日本列岛同大陆是连在一起的，原本生活在大陆上的居民不用渡海就可以到达日本。在日本国土上陆续发现的人类化石和旧石器文化证实了这一点。进入新石器时代以后，日本列岛同大陆分离了。当时的人类又还没有能力越过大海，两地的文化交流基本上处在中断的状态。这时日本新石器文化的发展相对滞后，而中国的新石器文化则迅速发展，到公元前第三千年便逐步向文明社会过渡，从而出现了辉煌的夏商周青铜文明。当时中国的黄河中下游和长江中下游已成为东亚文化发展的中心，它的许多成就都向周围传播，并且深深地影响到周围地区的发展。对日本社会和文化发生极其深刻影响的首推稻作农业和金属冶炼的传入。它不但推动日本社会由采集经济迅速向生产经济转变，而且大大加速了文明化的进程，使日本社会同以中国为中心的东方文明紧紧地联系在一起。本书详细地介绍了稻作农业、支石墓、铁器、铜器、货币以及其他许多文化因素传入日本的情况，特别注意了最新的考古发现和研究成果，读了使人耳目一新。对于那些争论较多的问题，则尽可能说明事情的原委和各家的不同看法，给读者提供了许多方便。

秦汉以后，中国和日本的文化交流不断出现高潮，到隋唐时代达到了顶峰。唐朝国力强盛，经济文化十分繁荣。日本这时也建立了统一的国家，确立了天皇制度，处处以大唐帝国为楷模。日本不断地派遣人员到唐朝去学习，日本的都城、皇宫、寺庙和文物典章制度都有意地模仿唐朝，再结合自己的情况加以改造。我们至今在日本还可以看到许多唐式的建筑，在正仓院和一些博物馆可以看到不少唐代的文物。此后到宋元时代，中日两国的关系似不如唐代那样突出，但实际上双方的贸易比以前更加发达，其他方面的交流也颇不少，在本书中都有详细的说明，兹不赘述。

本书除以大量篇幅叙述中国古代文化对日本的影响外，也没有忘记日本文化对中国的影响。不过在史前和古代的很长时期内，中国文化的影响一直占据着主导地位，只是到近世才发生根本性的变化。作者特别提到了这一点，是尊重客观历史的表现。

近年来中日考古学的交流有了很大的发展，由于两国间经常互派留学生和访问学者，使得各自都已有数十名懂得对方考古学的中青年学者。日本还成立了中国考古学会，出版了《日本中国考古学会会报》。许多日本学者到中国来与中国学者合作进行考古调查、发掘和某些重要课题的研究。相形之下，中国学者对相关课题的研究显得比较薄弱，而且缺乏组织性和计划性，这种状况应该改变。时至今日，世界需要了解中国，中国也需要了解世界，已经是人人皆知的道理，考古学界也是这样。由于种种原因，过去我们对外国考古学的研究实在是太少了，现在必须加倍努力，特别需要做些切实的工作。凤书曾多次呼吁加强对日本考古及中日古代文化交流的研究，并且身体力行。他已年近花甲，工作繁忙，又多疾病，居然以自强不息的精神，在电脑的键盘上硬是一个个字地敲出了这本《中日交流的考古研究》，这是何等令人感动的事情！相信这本书的出版不但会带给读者许多新鲜的知识，而且必定会促进中日考古交流事业的发展。

（原为蔡凤书著《中日交流的考古研究》序，齐鲁书社，1999 年。后收录在《考古学初阶》，文物出版社，2018 年）

中国考古学与日本考古学

　　黄晓芬博士从小生长在中国古都西安，接受过中国高等学校考古专业的正规教育，又在日本京都大学深造，获考古学文学博士学位。多年来，她来往于中日两国之间，参观了许多考古遗址和学术机构，并且在中国和日本都做过田野考古调查发掘工作，对于两国考古学的历史和现状都很熟悉，所以她写的论文完全符合实际情况，很有水平。

　　一般说来，中国考古学和日本考古学的发展是有密切关系的。虽然中国早在北宋时期就已经产生了号称金石学的古器物学，但以田野考古调查发掘为基础的考古学却是直到 20 世纪 20 年代初才从西方传播过来。日本从明治维新起就提倡学习西方，所以考古学在日本开始的年代比中国早。过去有不少日本学者研究中国考古学，中国考古学中的一些名词还是从日本考古学中移植过来的。由于众所周知的原因，两国间有一段时期几乎没有什么交往。从 70 年代末期以来，这种情况有了很大改变。中国有不少年轻学者到日本攻读考古学课程，有些人参加了日本的田野考古工作和研究工作。日本也派了许多年轻学者到中国学习，有些人参加了中国的田野考古工作和研究工作，还成立了日本的中国考古学会。双方学者之间的交流、互访和合作研究正在健康地发展，这是令人高兴的。

　　由于中日两国是一衣带水的邻邦，历史上有非常密切的关系，所以双方的学者有许多共同感兴趣的课题。例如稻作农业的起源与传播，东亚文明的起源及其在世界文明史上的地位，汉魏唐宋时期中国文化对日本长期而广泛的影响等等，都进行过很多研究。20 世纪 50 年代以来，随着科学技术的广泛应用，考古学的理论、方法乃至基本的作业方式，包括田野的和实验室内的，都发生了深刻的变化。中国考古学的巨大发展已为世人瞩目，而日本在科学技术方面的进步也给人以深刻的印象。在这种情况下发展两国考古学的合作，就不仅是因为有许多共同的研究课题，而且在研究方法和手段上也有许多可以相互学习和补充的空间。例如最近在四川宝墩与三星堆和湖南城头山的合作，以及在唐长安大明宫和新疆交河故城的合作等都是如此。双方应该从这种合作中总结经验，克服缺点，为解决重大的学术课题、发展中日友好而共同努力。

1999 年 5 月 31 日

（本文为黄晓芬博士论文写的推介信。后收录在《丹霞集——考古学拾零》，文物出版社，2019 年）

关于编写考古报告的谈话

　　大家经常反映不少考古报告难读难懂，千篇一律，呆板乏味。也有一些朋友谈到有些考古报告篇幅很大，有用的资料却很少，有必要考虑改进一下编写的方法。老实说，这两点也是我个人经常性的感受。由这种感受可以引发一连串的思考。例如考古报告的性质是什么？在考古学研究中占有什么样的位置？编写考古报告的基本要求是什么？可不可以在形式和内容上作些改进，让它既有科学性，又还比较生动。不说有多大吸引力，起码能让人读得下去，或检索查对资料都比较方便呢？我现在就这方面的问题谈点个人的看法，不一定对，请各位不吝赐正。

　　我认为任何考古报告都应该是田野考古工作的忠实记录和集中表述。一个地方的考古工作开展得如何，不仅表现在发现和发掘了某种重要遗址，出土了何等重要的遗物；还要看出版报告的水平如何，提供的资料是否全面、准确，是否进行了必要的检测和深入的研究。所以考古报告质量的好坏，直接反映一个国家或地区的考古工作和研究的水平。

　　考古报告的任务应该是如实地反映考古调查、发掘和室内整理研究的成果，是田野考古工作的最后总结。考古工作是每个国家文化事业的一部分，不是个人随意的行动。每次调查发掘都要履行申报审批手续，承担法律责任，并且要花费很多人力物力。目的在于正确地揭示古代文化遗存，借以阐明有关的历史问题，为学术界提供科学可靠的资料，对大众进行爱国主义和历史唯物主义的教育。所以编写人员一定要严肃认真，实事求是。切不可以凭着个人的兴趣对资料任意取舍；也不可以离开对资料的具体分析而不着边际地随意发挥。

　　田野考古主要有调查和发掘两种方式，所以考古报告也主要有两种形式，即调查报告和发掘报告。有时候因为工作规模大，资料丰富，正式报告在短期内难以出版。为了让学术界和公众早日了解考古发现的主要内容及其价值，往往事先发表调查发掘简报。

1. 考古调查报告

由于考古调查有综合调查和专题调查之分，调查报告自然也可相应地分为两类。专题调查报告过去出过不少，如石窟寺调查、古建调查、岩画调查、漕运遗迹调查和长城调查的报告等均是。这种报告内容专一，比较容易掌握。综合调查的内容复杂。有些综合调查包括许多学科，例如 20 世纪 20 年代中瑞西北科学考察团的调查报告就包括了许多学科的资料，因而分了许多卷册出版。一般的综合调查主要是对各种遗址的调查，内容往往涉及许多不同时代、不同文化性质的遗址。如果写成一个报告，首先应把调查范围内的地理环境和历史背景、过去的考古工作（假如有的话）、此次调查的经过、目的要求和主要收获作一交代，然后对每一个遗址的位置、地形、遗物分布范围逐一记述。特别要注意遗址是否遭到后期破坏，在被破坏的地方是否暴露出文化层或某种遗迹。记述遗物时要注意是否属于同一时期和同一文化类型。假如不是，则应按时期或文化类型分别记述而不要混杂在一起。不但要记述每一时期或文化类型遗物的特征，还要注意各种遗物分布的范围与密度上的变化，以便对该遗址每一时期的性质与形态做出初步的判断。如果调查的遗址较多，其范围涉及一个小区或一个小河流域，则需要将每一个时期的遗址进行对比，分析它们相互之间的关系，并且要配以相应的分布图。总之在一个综合性的遗址调查报告里，最紧要的一点是要详细地发表每一个遗址的资料，切不可以一锅煮。从考古学的历史来看，凡属按照一个一个遗址发表了原始资料的，不论以后学科如何发展，都可以作为重新研究的良好基础。例如安特生在《河南史前遗址》（瑞典《远东古物博物馆馆刊》19 册，1947 年）这本调查试掘报告中，认为仰韶村和不召寨都是仰韶文化，因为前者不出彩陶，在年代上可能早于后者。后来尹达根据河南北部若干遗址的地层关系，发表了《龙山文化与仰韶文化之分析》（《中国考古学报》第二册，1947 年），指出仰韶村应包含仰韶文化和龙山文化两种遗存，不召寨是单纯的龙山文化遗存，在年代上应该是仰韶早于龙山。到 60 年代，我根据洛阳王湾的地层关系，重新分析仰韶村的资料，发表《从王湾看仰韶村》（《仰韶文化研究》，文物出版社，1989 年），将其分为五期。前四期属仰韶文化，只有第五期属于中原龙山文化。如果以后我们的认识进一步提高，还可以将仰韶村的资料分得更细也更准确。前提是因为《河南史前遗址》这本报告是按照一个一个遗址发表了详细的原始资料，才有可能做到这一点。后来王湘的《安徽寿县史前遗址调查报告》（《中国考古学报》第二册，1947 年）和夏鼐的《兰州附近的史前遗存》（《中国考古学报》第五册，1951 年）都是这样写的，报告中发表的资料到现在都还是很有用的。可是从 50 年代起的相当长一段时期内，由于过分强调反对烦琐哲学，把一些调查报告写得简而又简，提供的信息十分贫乏。如果只是作为调查简报，在当时的认识水平下做出必要的概括和分析，对学术的发展是有益处的。即使这样也不能代替正式的调查报告。可是当时的调查报告和调查简报并没有什么分别，都是简简单单地一次性交代完事。一般是说某次调查了多少遗址，其中可分为几种文化或几个时期，然后便按文化或时期介绍其特征，所选器物则是从各个遗址中挑选的。限于作者的认识水平，这种挑选免不了带有一定的主观随意性。随着学科的发展，许多概念也跟着发生变化。例如河南的新石器时代遗存，50 年代能分出仰韶、龙山就不错了，从60 年代开始就分出了许多期和地方类型。如果是按照个别遗址详细地发表原始资料，就可以在原报告的基础上重新分析归纳。如果是像后一种综合性的调查报告，情况一变就没有多大用处了。那时也有一些比较好的调查报告，徐旭生的《1959年夏豫西调查"夏墟"的初步报告》（《考古》1959 年第 11 期）就是一例，但毕竟是太少了。近来有些调查报告已经有了一些改进，特别是把聚落考古和环境考古的概念引进去，大大提高了调查报告的研究水平，希望这个趋势能够继续下去。

2. 考古发掘报告

凡属进行过考古发掘的，不论规模大小，也不论重要性如何，都应该写出正式的发掘报告予以出版。因为发掘报告的性质主要是报告工作和报道资料，所以在写法上有比较大的一致性。我们学校图书馆收藏的最早的一部发掘报告，是美国人庞培里（1837～1923 年）考察团 1904 年在中亚土库曼斯坦的安诺两个丘岗进行发掘的考古报告，1908 年出版。格式与现在的发掘报告基本相同。不过由于发掘对象不同，报告的写法也可以有些差别。一般地说，单个墓葬或遗迹的发掘报告比较容易处理，包含许多墓葬的墓地发掘报告难度就大一些，而聚落遗址的发掘报告则是最难写好的。依我个人的理解，一般遗址的发掘报告至少要包括以下几个部分。

（1）遗址所在地的自然环境和历史背景，包括历史沿革在内，这是遗址所由形成的自然和历史原因。

（2）过去考古工作的主要成果（假如做过考古工作的话），本次发掘的缘起和预期目标，发掘队的组成，发掘经过。如何根据遗址的性质、保存状况和预期目标来制定发掘计划？采用了何种田野工作方法？发掘过程中遇到了什么新的情况并做了何种调整？如实地写出这些内容是发掘报告的基本要求，说明你采用的方法是否正确，便于读者检查你的工作。如果试验过某些新的方法，效果如何，更需要详细说明，以便积累田野工作经验，提高我们的田野考古工作水平。可惜大部分发掘报告忽视了这方面的内容，今后应该设法补足。

（3）文化堆积和地层关系。这一部分的内容应该是全面介绍地层关系，并且通过这种关系来了解整个发掘区的文化堆积的形成过程。按照这种要求，就应该发表全部地层关系图而不是只发表一两个典型剖面。各剖面图应能相互连接，剖面图和平面图应能相互对应。在叙述地层关系时当然不可能每个探方每个剖面都逐一介绍，但也不能仅举一二剖面作为例证。正确的做法应该是既有典型又有一般，既有具体剖面的详细描述，又有全发掘区地层关系的综合分析，最后落实到对整个文化堆积的形成过程做出解释，并初步划分为若干文化期（假如存在若干文化期的话）。现在有些发掘报告地层关系的描述背离了这一原则，往往只举一个或几个典型剖面，不厌其烦地叙述每层有多深多厚，什么样的土质土色，出了多少陶片等。而土质土色的说法又没有一个标准，讲了半天不知道要说明什么问题，这样的写法当然要改变才是。

（4）文化遗迹与遗物。如果包含有几个时代的，应该先按时代分章编写；如果属于同一时代，内部的分期明确，也可以按分期编写。如果分期不大明确，则可以统一编写，然后讨论分期问题。在这种情况下，一般是首先写遗迹，再写遗物。

写遗迹时应先按形态分类。每一类应该先有一个概述，然后逐一叙述。如果数量太多而形态变化不大，可以在概述之后挑选若干典型遗迹详细描述，其余的列一明细表，注明其所在位置、层位关系、形状结构、大小尺寸、堆积状况、包含遗物和所属期别就可以了。根据多年的经验，房屋、水井、陶窑、壕沟、田块、手工作坊和宗教遗迹等均应逐一描述。只有灰坑因数量太多而内容并不复杂，是最宜列表说明的。如果是墓葬，凡属结构比较复杂、随葬器物比较丰富的都应该逐个叙述，只有墓坑简单、随葬器物甚少或没有器物的才可以列表说明。

个别遗迹的描述首先要交代它的层位关系，说明它打破了某层或某某遗迹，又被某层叠压或被某某遗迹打破。有些遗迹还要注意它本身的层位关系，例如一座房屋建造时要挖地基，特别是半地穴式的房屋，挖出的土垫在旁边会形成一个地层，使用期间倾倒的垃圾脏土会形成另外的地层，房屋倒塌时自然又会形成新的地层。这种地层划分固然是发掘时应该解决的问题，发掘时没有搞清楚，报告也写不清楚。但写报告的时间比较从容，问题常常考虑得比较周到。即使这一次不好弥补了，也可以使下一次发掘做得更科学、更有目的性。因此写考古报告的人最好是发掘期间的领队或主要业务人员，不能一部分人只管发掘，一部分人专门写报告。这既不利于工作水平的提高，也不利于考古业务人员的培养。层位关系讲清楚以后，就要说明遗迹的形状结构，包括建筑材料和建造技术等。不少遗迹的上部因为倒塌而遭到破坏，但仍有倒塌的残块。要仔细描述这些残块的形状结构和所在位置以便进行适当的复原。写遗迹时还要特别注意其中的堆积状况和遗物，注意区分是原有的堆积还是废弃以后的堆积，这对于确定遗迹的功能是十分重要的。有些房屋因突发事变而毁弃，室内遗物没有来得及搬走，对复原当时的生活是不可多得的资料，一定要做详细的记录和描述。有些陶器被砸飞了，破片散落到很大的范围，就要特别注意器底所在，以便复原本来的位置。遗迹内的遗物还是确定遗迹年代的重要根据，所以在发表遗迹图时，也要发表遗迹内的器物图。遗迹图应该清晰明了，在一定的篇幅内尽可能表现较多的内容。除平面图外还应该有一两个剖面图兼侧视图。现在不少报告中只画剖面图而不画侧视图，剖面图又往往只画一条曲线，占用了很大的篇幅而表现的内容十分贫乏。有些灰坑的平面图只画一个圆圈，剖面图只画一条曲线，占用了很大的篇幅，是很不经济的。

写遗物时首先有一个分类问题。一级分类有的按质地，有的按功能。按质地的好处是容易掌握，不会混淆。但在史前农业文化中，同样是收割工具的爪镰，即通常所说的石刀、陶刀、蚌刀等，会分散到几个大类中去，似乎也不是很妥当。按功能分可以避免这个毛病，但有些器物的功能不易确定，有些器物不止一个用途，因而在实际操作中往往发生困难。现在比较常用的方法是交叉分类，即第一级按功能分为工具和武器类、生活用具类、装饰品和艺术品类等，第二级按质地分，第三级再按功能或器名来分。究竟怎样分比较好，可以根据每个报告中遗物的具体情况而定。

遗物描写中最令人头痛的是关于型式和尺寸的记述，写的人不胜其烦，读的人索然无味，而且在报告中所占的篇幅又特别大，这确实是一个要研究改进的问题。我想分型式是为了进行类型学研究，如果遗存比较单纯，基本上属于同一时期，那就用不着分型式而只需要简单地分类。如果有必要分型式，在特征的概括上要简练，层次分明。比如陶鬲，A 型是分裆，B 型是瘪裆，A 型的各式自然都是分裆，在描述式别时就不必再说是否分裆。同样在描述 B 型各式时也是同样的道理。这就免去了许多啰嗦的字句。至于尺寸的记述，凡属插图上已经标明的就不必重复。比如 A 型 I 式鬲，应该写有多少件，一般的大小如何，如果有特殊大的或特别小的也应该说一下。标本中有些不是型式的特征所能概括的个体特征，以及特殊的制作痕迹和使用痕迹等都要记述。切不可以一式一个标本，不厌其烦地描写那些在插图上可以看到的特征和大小尺寸等，结果是该讲的没有讲够，不该讲的讲了一大堆，那才是典型的烦琐哲学。如果遗物是划分型式的，最后应该有一定篇幅讨论型式的组合方式及其演化规律，进而讨论与文化分期的关系。

发掘报告的最后部分应该把本次发掘做一总结，看看在考古学和历史学上提出或解决了哪些问题，在哪些方面加深了认识等等，应做出有说服力的归纳，把问题提到应有的高度。研究问题要实事求是，语言要朴素无华，文字要洗练，概念要明确，逻辑要严密，切忌发表空泛的议论。

因为发掘报告是提供资料的，除上述正文外还应有若干检测报告和专题研究报告。例如石器质地的鉴定和微痕的研究报告，人体骨骼的鉴定与研究报告，动物遗骸的鉴定与研究报告，金属成分分析与制作工艺研究，孢粉与植物硅酸体检测报告等，均视具体情况而定。

上面所说只是一些基本要求，具体写法和编排形式可以有所不同。不过考古报告毕竟是专业性很强的科学著作而不是通俗读物，不能一味地追求通俗易懂而妨碍科学的表达，我想这一点是容易理解的。为了让大家对比较好的考古发掘报告有一个实际的印象，我想特别推荐《洛阳中州路》（科学出版社，1959年）和《大汶口——新石器时代墓葬发掘报告》（文物出版社，1974年）这两本报告，大家仔细读读，再同别的报告比较一下就明白了。

3. 考古简报

简报的概念不是简单草率，而是用较少的篇幅报道较重要的问题。如前所述，一些较重要的考古调查或考古发掘，资料丰富，短期内难以拿出正式报告，可以先将最主要的发现及其学术意义报道出来，加快学术信息的交流，这就是考古简报的作用。因为字数较少，又要写出重点，讲出道理，没有一定的学术水平和写作能力是不容易写好的。可是有些人轻视简报的作用，以为业务水平高的才配写正式报告，水平较低的初学者可以写简报练练笔。还有些人以为有些小型的考古工作，资料不多，写个简报交差完事。在这种认识的支配下，许多考古工作只有一个简报，资料不全，水平不高，对学术是一个损失。须知任何考古工作结束后都应有一个正式的报告，这是一个起码的要求，明确这一点是十分重要的。

我国田野考古的初期曾经发表过一些较好的简报，如安特生的《中华远古之文化》（《地质汇报》第5号，1923年）和梁思永的《后冈发掘小记》（《安阳发掘报告》第4期，1933年）便是很好的例子。苏秉琦和吴汝祚写的《西安附近古文化遗存的类型和分布》（《考古通讯》1956年第2期），通过开瑞庄（即客省庄）一个断崖上发现的一组地层关系，将西安附近的一大批遗址分为三个类型，分别代表仰韶、龙山和西周三个时期，并且有三个时期文化遗址的详细分布图。篇幅不大，字字珠玑，今天特别向大家推荐。希望今后在大家的努力下，把我们的考古简报写得更好一些；更希望把整个考古报告的水平切切实实地提高一步。

1990 年 4 月 20 日

（原载《考古学初阶》，文物出版社，2018 年）

在考古发掘报告编写工作高级研修班上的发言

　　过去，我们考古界有个不成文的规定，认为不太重要的考古发掘只需要发个简报就可以了。这是一种不正确的认识，所有发掘都应该有正式的考古发掘报告。一本好的考古发掘报告应如实、全面反映考古发掘的成果和整理研究成果，而不应试图掩饰自己在发掘中所犯的错误。好的考古报告语言精练、准确，文字、表格、插图、图版等相互配合，前后一致。相反，有的考古发掘报告中往往有相互矛盾的地方。同一个墓葬或器物，号码对不上，分期也不一致。其实站在一个读者的角度，只要认真地阅读、反复核对，很容易判断出一些常犯的错误。我可以举出许多好的和不太好的考古发掘报告的例子。比如，良渚反山发掘报告写得就不错，编写者对材料的处理繁简相宜，重点突出，对比较重要的遗迹现象重点做了介绍；并将发掘过程、认识过程、发掘中采取的对策、发掘得失都做了介绍，这对我们交流经验、提高田野考古发掘水平是非常有意义的。

　　写考古报告应该注意的几点具体问题：（1）报告开头应该把发掘地点的地理位置、自然环境、历史背景和过去的考古工作做个交代，本次发掘的缘起和学术目标、计划安排及其执行的情况等。话要说得实在，不要说诸如气候适宜、土地肥沃，适合人类居住之类的套话。（2）要全面介绍地层关系，不要把单个剖面等同为地层关系，应介绍全部地层关系而不是只发表一两个典型剖面。（3）遗迹现象的处理要繁简结合，笔墨应着重于有代表性的、重要的遗迹现象，对结构简单、内容贫乏、数量又很多的列个表格即可。（4）遗物分类可按照功能分类和材质分类相结合的方式，对遗物的类型学研究要以找出其发展演变规律为出发点，而不要为了分型分式而分型分式。过去一般认为型表示的是遗物横的关系，式为遗物纵的关系，现在看来不完全如此。对器物的描述要层次分明，假如已分型分式，首先应该讲型或式的共同特征，再举若干有代表性或比较特别的器物进行描述，具体尺寸如果在线图上已经标明，就不需再浪费笔墨。（5）现在很多报告的附录部分都有新科技应用和试验检测结果，这是值得肯定的。（6）对考古报告主要以发表资料为主以及要不要研究的问题，没有研究写不成报告。发掘过程离不开研究，整理资料和写报告更是研究。至于结语部分，应该把本次考古的主要收获加以提炼概括，讲话要有根据，千万不要远离主题、漫无边际地发挥。（7）考古发掘报告完成后，所有的器物包括陶片、发掘记录和整理资料等都要保管存档，后来者如果有需要的话可以重新整理研究。（8）最后，考古报告是专业性很强的著作，首先要注意科学性，文字表达要明白、准确、精练，不要故弄玄虚，但也不必要刻意科普化、大众化，不要为通俗而通俗。

（原载《中国文物报》2008 年 5 月 2 日第 7 版）

推荐一本考古发掘报告

关心中国考古学的人早就知道了大甸子这个名称，因为它是我国北方早期青铜文化中最重要的遗址之一。它的发现不但大大丰富了夏家店下层文化的内容，也大大改变了学术界对我国北方地区古代文化的发展水平和在中国早期文明中所占的地位的认识。所以当这个遗址发掘结束不久之后，苏秉琦先生就提出了一个"辽西古文化、古城、古国探索"的大课题，把大甸子作为其中的重要内容之一。而正式发掘报告的编写又被列入"七五"（1986～1990 年）期间哲学社会科学研究的国家级重点项目。

大甸子是一处单纯的夏家店下层文化遗址，兼有住地和墓地，保存完好。住地高于周围约 2 米，近似圆角长方形，面积约 7 万平方米。是一处有夯土城墙和壕沟环绕的大型村寨遗址或城址。至今发现的夏家店下层文化的城址虽然很多，但都是石砌的山城，规模甚小。至于平地建造的土城遗址，大甸子是头一个，规模又比山城大得多。它的发现对于认识当时的社会性质和发展水平，无疑是很有价值的事情。对住地进行的探索性发掘，还提供了十分重要的地层证据，使得墓地的分期成为可能。而墓地的分期对于深入了解它本身的布局和结构又是至关重要的。

墓地紧靠住地东北，面积约 1 万平方米。发掘结果表明这是一处相当完整的公共墓地，除可能有个别墓葬受到后期破坏外，总共清理了 804 座墓葬。各墓均为长方形竖穴，头向西北，排列紧密又基本上没有打破关系，说明原本是有计划安排并且设有墓上的标志，否则不会出现这样整齐的情况。

发掘报告依据墓地布局划分为北、中、南三区，各区中又依据随葬器物特征及墓葬分布状况划分为若干亚区或小区。例如北区主要依 A 型鬲各亚型相对集中的情况分为 A I 至 A VI 六个亚区，中区因墓葬疏密不同分为中 a 和中 b 两小区，南区依墓葬聚集情况分为南 a 至南 f 六个小区。比较各区中的埋葬制度和出土器物，可以看到以下几种情况。

（1）各区陶器都有早晚之别，可见不是以时间早晚为序而是按照别的标准来划分茔区的。这并不排除各茔区最早的墓和最晚的墓在时间上会有一些不同，也不排除各区从早到晚的墓数消长有相当的差别。

（2）各区陶器类别相近而形制和花纹有比较明显的差别。所谓类别相近是指大多数墓用鬲、罐随葬，其他器物则多与鬲、罐配伍。所谓形制和花纹有差别是说某些特定的形制和花纹相对集中于某区或某小区。例如北区多 A 型鬲和兽面纹或目纹彩绘，南区多 B 型和 C 型鬲，没有兽面纹那样的彩绘花纹，小区间的差别则更加细致一些。不过这种情况并不是绝对的，甲种形制集中的小区有时也包含少量乙种或丙种形制的器物和花纹，反之亦然。据此发掘报告的作者推测每个亚区或小区都是家族的茔域。各家族基本是自制陶器，所以形成了自己的特点；家族之间的交往则是形成某些器形和花纹发生交错的主要原因。

（3）各区墓葬的数量、规模和随葬器物都有差别。例如北区有 545 座墓葬，中区只有 143 座，南区更只有 116 座，后两区墓数之和还不及北区的一半。较大的墓也多在北区。例如 M726 长 4、宽 1.4、深 7.8 米，有木棺和三个壁龛，随葬陶器 11 件，除鬶和爵外都有漂亮的彩绘，这墓就位于北 A Ⅰ 区。可见各家族的经济状况、社会地位和兴旺发达的程度都是有差别的。

（4）各区墓葬的差别，最明显地表现在北 A Ⅰ 区和南 b～e 区之间，其他各小区则以不同的内容和程度列于两者之间。北 A Ⅰ 区集中的大墓最多，用斧、钺随葬的墓最多，彩绘兽面纹或目纹最多，用真贝随葬的墓最多，可见北 A Ⅰ 区在整个墓地中是最有势力的一个集团的茔地。南 b～e 区的墓相对较小，很少用斧、钺而较多用纺轮随葬，随葬的贝全是用蚌壳做的仿制品，其地位在整个墓地中明显不如北 A Ⅰ 区。

（5）大甸子男女的埋葬制度有明显的区别。男性多侧右身，面向西南；女性多侧左身，面向东北。男子一般随葬斧钺而女子随葬纺轮。更准确些说是除个别例子外，约 13 岁以上的男子中有三分之一随葬斧钺而没有纺轮，约 13 岁以上的女子中有三分之一随葬纺轮而没有斧钺。北 A Ⅰ 区男女两性的墓数相若，男性墓随葬斧钺的比例最高而没有一个女性墓随葬纺轮，报告的作者据此推测北 A Ⅰ 区男性集团的地位最高而女性甚低；反之南区男性墓随葬斧钺者不及十分之一，而女性随葬纺轮的比例是全墓地中最高的，似乎南区女性的地位稍高。不过从其他方面看也还有些不同的情况。例如铜指环是少数女性佩戴的贵重物品，却全部出自北区，一半以上在 A Ⅰ 区。如果按照同样的逻辑推测，似乎北 A Ⅰ 区女性的地位并不很低，这其中可能还有更深层的原因。至于铜耳环则北、中、南三区都有，墓主人有女有男，有成年有小孩，在年龄和性别上看不出有什么差别。

（6）大甸子有 13 座墓出陶鬶（其中一墓为陶盉）和爵，形制和中原二里头文化的出品十分相似，但据陶质和花纹来看应该是本地的仿制品。这两种器物在二里头文化中也只是少数贵族墓才可能享有的，在大甸子也无例外是随葬器物比较丰富的较大型的墓才有。在分布上几乎全在北区，尤以北ＡⅠ区最为集中，那里也是兽面纹彩绘陶器最集中的。说明中原的夏文化对于远在内蒙古东南的大甸子的上层人物有相当的影响，且其影响深度不限于器物和花纹本身，甚至还包含它们所代表的礼俗在内，这是很耐人寻味的。

（7）大甸子有 11 座墓出土高台山文化的器物，北、中、南三区均见而以中、南区比例较高；但不见于ＡⅠ区，更不与鬶、爵共存，似乎同夏文化的因素缺乏亲和力，至少不如夏家店下层文化的亲和力那么大。高台山文化与夏家店下层文化基本同时，位置又紧邻其东，相互有些交往并受到一些影响是很自然的事。

（8）据人骨测定，大甸子的居民似可分为两个群体。一群与东亚蒙古人种比较接近，另一群既与东亚蒙古人种接近，又有与北亚蒙古人种相近的因素。联系到墓地中北区多 A 型鬲、兽面纹彩绘及鬶、爵等具有中原风格的因素，南区多 B、C 型鬲及二方连续几何纹彩绘，又与高台山文化有些联系的事实；再联系到大甸子所处南北文化与人种交接区的地理位置，都是颇发人深思的。

对于以上的情况，报告的作者都做了深入细致的分析，提出了不少精辟的见解。直到目前，这还是北方早期青铜文化研究中资料最丰富、最集中，研究最深入、成果也最突出的一项工作。对于探讨北方与中原地区早期青铜文化的关系以及北方地区文明化的过程，都将起到一定的推动作用。

此外，我们发现大甸子的随葬玉器中有一些红山文化的出品，如形体不甚圆整的璧（报告图八一，5）、勾云形佩饰、勾形佩饰、斜口箍形器和枭形饰（报告图八三，2、5、6、15、16）等。有一件残璇玑（报告图八三，1）则似是辽东半岛龙山文化的产物。说明夏家店下层文化的人民对古玉颇为宝爱，偶尔得之便不忍释手，以至于最后用于随葬。报告中对这些玉器的性质虽未做分析，却如实地报道了资料，便于读者做出自己的判断，这正是考古报告所应做到的。

大甸子考古报告有许多优点，例如编排和体例既合乎规范要求，又有变化而不落俗套；文字叙述没有一般报告烦琐冗杂的毛病，与插图和图版的配合都较好；几篇附录也都是报告不可缺少的组成部分等等。但这个报告最突出的优点，则是注意了田野考古方法的叙述。田野考古方法的基本原理是任何考古发掘所必须遵循的，但每个遗址都有一些特殊情况，因而具体操作起来就应该有所变化。大甸子报告一开篇就谈到为什么要选择大甸子进行发掘，为什么对墓地要采用全面揭露的方法而基本上不用钻探，为什么要把墓地挖完；在人力物力都不允许对住址进行全面发掘的情况下，为什么还要进行钻探和局部发掘；见到墓中陶器上有大量易于脱落的彩绘应当采取什么措施等，都交代得清清楚楚。同样，在整理发掘资料时，面对一大批基本没有叠压打破关系的墓葬怎样分辨年代早晚，又怎样根据墓地的自然分区和器物形态的变化对墓地进行分区；当整个墓地的时空架构基本建立起来以后，又如何通过各墓区之间的对比研究引发出更深一层的文化与社会历史的信息，报告也都写得清清楚楚。这样的考古报告就不单纯是提供资料和作者的结论，而且原原本本地讲了这些资料是怎么得来的，通过怎样的分析才得出哪些结论的，哪些问题还没有完全解决。实实在在，没有虚词，没有空泛的议论。反映出作者以及考古发掘与资料整理的主持者与主要参加者对考古事业的高度责任心与实事求是的科学态度。人们经常反映考古报告难读，即使专业人员也很难有耐性把一本报告读完。说明我们的考古报告编写的确存在不少问题，需要改进。我想如果考古报告能写得像《大甸子》这样，读起来不但不会厌烦，还会受到许多启发和教益。如果这样的考古报告多起来了，对于提高我们的田野考古水平和研究水平必定会起到有力的促进作用。

（原载《考古》1997 年第 10 期，题为《大甸子——北方早期青铜文化研究的硕果》。后收录在《考古学初阶》，文物出版社，2018 年）

中国高等学校的考古教学*

　　中国高等学校的考古教学和研究差不多是与近代田野考古的开展同时起步的。一般认为中国的近代田野考古是从 1921 年河南渑池仰韶村遗址的发掘开始的，而北京大学研究所国学门在 1922 年就设立了由马衡任主任的考古研究室，此后名称虽一再变动，还是坚持开展田野考古和研究工作，在历史系开设金石学和考古学课程。同时聘请著名考古学者为导师，先后培养了几名考古学研究生。燕京大学、中山大学和华西大学等也先后开设过考古课程，不过门类很少，又不经常，难以培养出专业的考古学者。那时中国的考古学者多是从国外留学归来的，或是在考古机构的实际工作中培养出来的。直到 1952 年，中国高等学校进行全面调整，才正式在北京大学历史系设立考古专业，由苏秉琦任考古教研室主任。与此同时，北京大学还与中央文化部文物局和中国科学院考古研究所合作，连续举办了四届考古人员训练班。1956 年西北大学历史系设置了第二个考古专业，厦门大学和四川大学也先后开设考古课程并在历史系内设立考古专门化。从 1972 年起，四川大学、厦门大学、吉林大学、山东大学、南京大学、武汉大学、中山大学、郑州大学和山西大学相继设立考古专业，另有复旦等五所大学设立了文物博物馆专业或博物馆专业，一些综合性大学和师范院校的历史系开设了考古学课程。从此高等学校进入了大规模培养考古人才的时期。1983 年北京大学成立考古学系，不久吉林大学也成立了考古学系，中山大学和厦门大学则成立了人类学系，考古专业隶属于人类学系。后来一些学校成立文博学院，下设考古学系和文物保护系等。现在这些机构还在不断调整之中。

　　各校考古专业的学制一般为四年制，有些学校曾一度实行五年制，后来也都改成了四年制。四年中前两年着重打基础，后两年着重专业训练。各校课程虽不尽一致，但大多数课程是相同的。一般地说，前期的基础课有哲学和政治经济学等政治理论课，有中国历史、世界历史和人类学概论等普通基础课，有外语和古

---

　　* 　本文为 1988 年 9 月 16 日应邀在日本明治大学讲话的提纲。

代汉语等工具课，还有中国考古学、田野考古学、考古技术（包括考古绘图、考古摄影、考古测量和古器物修复）等专业基础课；后期的专业课则有中国旧石器时代考古、新石器时代考古、夏商周考古、秦汉考古、唐宋元考古、古文字学、博物馆学、古代科技、古代建筑、古代陶瓷、古代绘画、古代货币、古人类学、外国考古以及现代科技在考古学中的应用等。各校课程的区别主要是地区性的。如厦门大学和中山大学着重东南地区和东南亚考古，吉林大学着重东北地区和东北亚考古，四川大学着重西南地区和南亚考古，其他大学也都开设有所在地区的考古课程。由于考古学科发展很快，所以讲授内容经常更新，使得教材的建设非常困难，以至于许多课程至今没有合适的教材。在考古教学中还有一项十分重要的内容，就是田野考古基础实习，各校一般都是安排在基础课学完之后，实习时间大约为一个学期。实习的内容包括田野考古调查、发掘、室内整理和编写考古报告四个阶段，即田野考古的一个完整过程，目的在于培养学生独立进行田野考古工作的能力。有的学校除基础实习外，还在最后一个学年安排专题实习或毕业实习。学生按照课题分成若干专门组，分散到各地参加考古工作，以便收集有关资料，为毕业论文做准备。多年的实践证明，田野考古实习是否组织得好，对于学生的整体业务水平和基本素质的培养至关重要，甚至一直影响到毕业以后的成长。除了在教学计划中正式安排的实习以外，有的学校还在暑假期间以勤工俭学的方式组织学生到考古工地进行发掘，或者到博物馆参加藏品的整理、编目等工作，也取得了很好的效果。

为了安排好田野考古实习，国家教育委员会曾经专门召开会议进行研究，要求有关部门给予切实的支持。北京大学已经在山西曲沃和辽宁营口建立了实习基地，吉林大学在山西忻县、山东大学在山东邹平县也都建立了实习基地。这种基地建立在重要遗址附近，可以进行许多年的考古发掘和研究工作，不但给学生实习带来很多方便，而且对于本专业的科学研究和年轻教师的培养都起着十分重要的作用。虽然如此，学校的考古实习也不能仅仅限制在实习基地上，还必须根据教学的需要和考古学科的发展，随时选择其他地方进行专题性的考古实习。例如北京大学考古系每年都要到好几个省区的许多遗址进行考古实习或其他田野考古工作，这些实习或工作往往是同文物考古部门合作进行的，得到有关部门的有力支持。

过去高等学校培养的考古人员以本科生为主，兼有少量的硕士研究生。随着我国考古工作的发展，需要有不同水平和层次的专业人员充实各级考古机构和相关的业务部门。而各校通过多年办学已经积累了很多经验，业务水平有所提高，图书资料和仪器设备都有所充实，基本具备了招收不同层次学生的条件。现在多数学校除大学本科外，还招收了较多的硕士研究生，一些学校招收了博士生，北京大学还设立了博士后流动站。除此以外，一些学校还设置了文物考古或文博专修科，有的招收了无学位的研究生班。北京大学考古系多年来接受进修教师，不定期地举办分专科的研讨班。过去接受外国留学生多属进修性质，现在已正式招收本科生、硕士生和博士生了。

为提高教学水平，各学校都十分重视教学设备、图书资料和实物标本的建设。有的学校有自己的考古博物馆，尚未建立博物馆的也有标本陈列室，同时还备有一些典型的石制品和陶瓷片标本供学生触摸和描画。有的学校建立了自己的实验室，包括年代测定实验室、石器模拟实验室、陶瓷工艺实验室和人体测量研究室等。各学校的条件不同，实验室的侧重点也各不相同。其中北京大学的实验室较具规模，也仍然受到人力和经费的掣肘。

高等学校的科学研究是提高教学质量的根本保证，所以各校都很重视。这些研究的一个特点是同教学与实习相结合，不少课题列入了国家或省部级的科学研究规划。近年来各校关于考古学方面的出版物逐渐多起来了，其中有教材，有综合性和专题性的著作，有资料汇编和其他工具书，有田野考古报告，有各种论文集，有的学校还出版了不定期的刊物。这是一个好势头，要让这个势头发展下去，还需要得到有关方面的扶持。

根据我们多年的经验，我认为要搞好考古教学，不仅学校和教师要做极大的努力，还必须得到社会和有关部门的广泛支持。我们的专业方向、培养目标、教学计划等，都是在广泛征求文物考古界的意见的基础上制定和修改的，我们经常请有关学者来校讲课，报告他们的最新发现和最新研究成果。我们有些学生的实习是委托有关考古机构代为安排的。我们的许多科研课题和实习项目也是在同其他单位的学者合作的情况下进行的。这样的支持和相互参与，对于端正办学方向，提高教学和科研水平，培养社会需要的合格人才，都是非常必要的，简直可以说是考古专业的生命线。

考古学既是民族性的，又是世界性的。一个人除了要知道自己的历史，也还要知道世界的历史。作为一名考古学者，更需要了解各国同行的重要发现和研究方法，以便相互交流和借鉴。在这方面我们做得还很不够。过去的自我封闭已经使我们失去了不少时间，现在我们要急起直追。要广泛地开展国际交流，有计划地派遣留学生出国学习，有步骤地开展外国考古学的介绍与研究。同时我们也要敞开大门，请外国学者来校讲课或同我们合作研究中国考古学的有关课题，更多地招收外国留学生、进修生和访问学者。欢迎大家到中国去，为增进相互了解，提高考古教学与研究水平而共同努力。

　　当前，我国正朝着建立社会主义商品经济的新秩序而努力，它促使高等学校的体制、办学方针和教学内容都要进行深刻的改革。现在我们的学生除统一招考的以外，还有代培生、自费生。进校后可以根据个人的要求调整专业。所学课程除部分必修外，还可以自由选择。优秀生可以拿双学位，以便于就业时灵活选择。就业的方针已由过去的统一分配改为双向选择，即学生可以选择用人单位，用人单位也可以选择学生。我们希望通过这些改革，能够使考古人员的培养更加符合社会的需要，使有志于考古事业的青年更能发挥他们的作用。

（原载《考古学初阶》，文物出版社，2018 年）

高校"七五"科研规划咨询报告——考古学*

在我们国家，从事考古工作和科学研究的主要有中国社会科学院考古研究所及其所属各队、文物局下属各机构（中国历史博物馆考古部、各省市自治区的考古研究所、博物馆考古部或文物工作队等）和各高等学校考古专业这样三支力量，三支力量的任务不尽相同，但在从事考古工作和研究这一点上是相同的。制定规划，要在这三支力量间进行协调。

目前全国有十一所高等学校设考古专业，五所设博物馆专业、文博专业或博物考古专业，这是一支不可忽视的力量。考古专业必须进行田野考古实习，博物馆专业也常有一些考古实习，但学校经费极其有限，申请发掘又必须征得地方文物机构的同意，如果不在经费上给予支持，政策上进行必要的调整，学校的潜力便很难发挥出来。

目前还有一股风，说是考古是长线专业，毕业生不好分配，要转向（至少是部分专业）办博物馆专业。我们调查了各校的情况，基本上不存在不好分配的问题。有些问题是过去分配方法统得过死和供需不见面造成的。只要改变分配方法就可以了。我系今年毕业 32 名，其中学生来源最多的河南省（5 名）也不能满足需要的三分之一。其他学校虽没有这么紧张，但一般也不存在不好分配的问题。

再如，考古学是一门有其自身的基础理论、独特的方法和明确的研究范围的学科。经过严格的正规训练的考古毕业生不但能够从事田野考古工作和研究，也是古代史研究的一支重要力量。事实越来越清楚，一些比较有成就的考古学家能够提出和解决古代历史研究的重要课题，他们同时是有成就的历史学家；反之由历史专业培养的毕业生则不能从事考古工作，日益丰富的考古资料和研究成果不能被充分正确地运用。所以今后的方向应该是扩大考古专业的招生而适当缩小历史专业古代史方向的招生。同样，考古专业毕业生略经训练即可适应博物馆的工作（现在的博物馆多数是历史、文物、考古、古代艺术等博物馆），而博物馆专业

---

*   本文为与宿白合写。

毕业生则不能做考古工作。所以，把考古专业改为博物馆专业（武汉大学、南京大学等都有这种倾向）是不适当的，在考古专业的课程中列入博物馆学通论等，或者在博物馆进行短期见习则是可取的。

从整个学科的发展来说，以田野考古为基础的近代考古学在我国发生较晚，是20世纪20年代才开始的，比西方约晚六七十年。但经过努力，特别是从1952年起即在北大设立考古专业，培养了大批业务骨干力量，有些已成长为学科的带头人，能够胜任许多重大的考古工作和研究任务。许多外国同行认为，从考古界来说，现在是中国的世纪，是中国考古学的黄金时代。它的主要标志是：

（1）我们已经培养出一批掌握马克思主义理论，具有较强的田野工作的组织能力，能够在考古学科领域的某些方面起带头人作用的学者。

（2）我们已经做了大量的田野工作，积累了极为丰富的资料并取得了许多研究成果，考古学在研究古代历史方面的特殊重要作用，已越来越被广大学界所理解了。

（3）我们在马克思主义指导下对考古学的基本理论和方法也进行了一些有益的探索，开始考虑具有中国特色的考古学体系等问题。

但是我们的考古学又还有很多缺点和不足。这主要是：

（1）从事考古工作和研究的设备不足、技术落后，以至不少领域的研究工作无法开展。从20世纪50年代初以来，现代科学技术在考古中的应用发展十分迅速，至今仍是方兴未艾。从地下遗存的电磁探测、航空考古、水下考古、环境研究，到实验室的化学成分分析、金相分析、微量元素分析、各种断代方法的采用和数据统计方法的应用等，真是层出不穷。其结果一是大大提高了考古研究内容的深度和广度，即在同一研究对象中，运用现代科技可以取得比过去多得多的古代历史的信息；二是加强了考古学同现实生活的联系，许多考古研究的课题同现实生产与科学研究都有直接和间接的关系，这就是一个学科具有生命力的表现。我们现在除年代测定比较接近于国外水平（也有差距）外，其他方面或尚未起步，或差得很远，这是应该引起重视的。

（2）由于多年同外界处于基本隔离的状态，我们对国外考古研究的成就和现状所知甚少。熟练掌握外语能充分进行国际学术交流的学者不多，外国考古情况的介绍（重要发现和研究成果、各种学术流派的基本观点、考古机构与考古教学情况等）也很少。这既不利于国际交流，也不利于我国考古学的进一步发展。

高等学校考古专业的特点是教学同科研的紧密结合。（1）它必须组织不同类型的实习，因此它的科研总是离不开田野考古工作；（2）基于教学的需要，它的科研必然更多地带有理论性和系统性；（3）由于考古专业都设立在综合大学，所以有较好的条件开展实验室研究和同其他学科的合作，加强学科间的相互渗透。制定切合实际的科研规划，应该考虑到高等学校的这些特点。

再者，各考古专业建立时间有先后，教学设备、师资力量有差别，所处的地理位置也有不同，因此在承担全国性科研任务方面应有差别，有些课题应该有适当的分工。应该给承担重点项目的单位给予重点支持。

我们想，每个大区最好能培植一个重点的考古专业，并且最好设在重点综合大学里。

东北只有吉林大学设立了考古专业，它在田野考古和古文字学方面有较好的基础，在东北亚考古介绍（包括西伯利亚、朝鲜、日本）方面也有一些力量。它成立了北方考古研究室，将开展东北地区（包括华北部分地区）和东北亚的考古研究，并为此建立了考古实习基地。应该作为重点项目加以支持。

华东地区的山东大学、南京大学和厦门大学都设有考古专业，并且都是重点大学。其中厦大考古专业办学的历史较长。现在厦门大学的考古专业属人类学系（其中除考古专业外还有人类学专业），并且还有人类学研究所和人类学博物馆。其研究的特色是将考古学同文化人类学结合起来，研究重点有东南沿海的百越及其史前文化、以泉州港为中心的海外交通史、东南沿海的古陶瓷和外销瓷等，该校的南洋研究所是一个有影响的科研单位，该系将与南洋所合作研究东南亚考古。这些考虑都是切合实际的，应该予以支持。

南京大学考古专业以研究六朝考古、吴越及其史前文化为主，并与南京博物馆等合作准备创办《东南文化》季刊。山东大学考古专业的科研课题大多是围绕齐鲁及其史前文化来考虑的。

中南地区的中山大学、武汉大学和郑州大学都设有考古专业，前两所是重点大学。中山大学的考古专业也设在人类学系，该系还有民族学专业。因此，其特色便是将考古学同民族学研究结合起来，方向主要是东南考古。武汉大学除历史系设考古专业外，还有一个"荆楚史地与考古研究室"，其研究方向主要是楚及其史前文化。

西南地区只有四川大学历史系设考古专业，另有四川大学博物馆为系级单位。科研方向是西南地区考古和东南亚考古，该博物馆的馆长同时是铜鼓协会的会长，拟出"南国考古"杂志，主要是发表西南、华南和南洋考古资料和研究成果，应该作为重点予以支持。

西北地区只有西北大学（设在西安）有考古专业，以研究陕西考古为主要任务。

北京大学考古系是在原历史系考古专业的基础上建立起来的。它在"七五"计划期间的重点科研项目有以下几项：

（1）《中国考古学》：从 1958 年即开始编写，前后出过两次铅印稿，并被许多外校考古专业选作教材。拟于 1990 年完成，分旧石器考古、新石器考古、商周考古、秦汉考古、魏晋南北朝隋唐考古五部专著出版，共约 200 万字。它将成为我国第一部综合性的考古学著作。

（2）华北旧石器考古研究：现已在内蒙古大窑建立了一个石器制造厂实习基地，即将在辽宁营口金牛山猿人化石地点建一基地，积极筹建以研究石器制造和使用方法的实验室，开展华北地区古人类和旧石器文化区系的研究和原始技术的实验研究，后者在国内是首创的。

（3）晋文化及其渊源的研究：已同山西省考古研究所签订长期合作协定，并正在曲沃建立永久性实习基地。基地所在是一处很大的西周遗址，已做过几年发掘，积累了大量资料，继续发掘并在周围做些工作，将对晋文化的研究取得重要的突破。

（4）佛教考古研究：现有两名教授、两名讲师，研究力量较强，今后将不但开展国内佛教遗迹的研究，还要对国外佛教考古进行研究和介绍。出版有关调查报告和专著。

以上几项都有单项材料呈报教育部，所需人力、资金、设备、资料，以及完成计划的进度和具体措施等均有说明。

在我系的科研与教学规划中，还有两个重点项目：一是科技考古，二是外国考古。

我们现在关于科技考古的研究主要是年代学方面。有一个实验室，从事碳十四和铀系两种断代的研究工作。准备在这个实验室基础上添置 X 荧光无损分析仪器，开展据微量元素确定古代遗物产地等方面的研究。还将开展考古孢粉、古代陶瓷和古代冶金等方面的研究。需要添置不少设备，也要增加部分人力。

关于外国考古，我们将邀请一些外国专家来讲学和从事研究，并派若干青年教师出国学习，回来从事教学和研究。重点放在中国周围和几个古代文明摇篮地区。必须把这一问题放在战略的地位加以考虑，不能再耽搁下去了。

1985 年 3 月

（原载《哲学社会科学研究现状和发展》，北京大学出版社，1985 年）

高校"八五"科研规划咨询报告——考古学

我国考古学虽然从 20 世纪 50 年代以来发展甚快，取得了举世公认的成绩。但在前 30 年中，由于基本建设规模陡然增大，农村深翻和平整土地，造成对古代遗址的严重威胁，迫使考古学者把主要的精力用于抢救性调查与发掘。加上那时考古人员的培养跟不上实际需要，所以发掘所得的大部分资料不能及时整理和出版，科学研究工作往往因无暇顾及而不能正常开展，或者因资料多未正式发表而无法深入进行。至于文革时期对于学术工作所造成的严重破坏，考古学自然也在所难免。到 70 年代后期学术环境发生了很大的变化。进入 80 年代以来，特别是在"六五"期间实行科研规划、设立科研基金以加强对于科学研究工作的领导与支持以来，考古学的研究才得到了健康的发展，高等学校在考古学研究中的地位和作用也越来越显著起来。

"六五"以来考古学研究的概况

1958 和 1959 年之交，考古界曾经提出要建立一个马克思主义的中国考古学体系，很快就得到全国的响应。30 多年来，它一直是我国考古工作者共同的奋斗目标，所以我国考古学研究的许多课题，差不多都是围绕这一目标而展开的，"六五"以来的考古学研究也不例外。

为着建立马克思主义的中国考古学体系，必须进行以下几项工作：

（1）用辩证唯物主义的发展论研究我国诸多考古学文化的发展历程及其相互关系，逐步建立我国考古学文化的发展谱系。其最终目的则是要正确阐明以汉族为主体的统一多民族国家形成和发展的历史进程。

（2）用历史唯物主义的社会发展学说来研究我国各考古学文化的社会历史面貌与发展规律，正确阐明中国历史的特点及其在世界历史上的地位。

（3）在上述研究中探索和发展考古学的理论与方法，以求建立一个具有鲜明特色的中国考古学派。

在具体实践中，为着建立我国考古学文化的谱系，中国考古学会理事长苏秉琦在20世纪70年代就提出了研究考古学文化的区系类型的理论。在这一理论指导下，各地区的田野考古工作和研究工作都有了相当大的进展。其著作散见于各种杂志和专刊中。严文明的《中国史前文化的统一性与多样性》（《文物》1987年第3期）和李伯谦的《中国青铜文化的发展阶段与分区系统》（《华夏考古》1990年第2期）分别对史前和先秦的文化谱系进行了梳理，得出了与费孝通在《在中华民族的多元一体格局》（中央民族学院出版社，1989年）一文中阐述的颇为一致的结论，对正确认识中华民族文化的形成与发展具有重要的意义。

在建立学科体系的工作中，考古资料的整理与出版占有重要的地位。国家社科基金支持的"六五"重点项目共18项，其中考古报告即占15项，资料集成2项，综合性研究只有一项；"七五"重点项目共21项，考古报告仍占14项。由于工作性质决定，大部分调查发掘报告是由中央和地方的考古机构编写的。高校编写的主要有北京大学的《元君庙仰韶墓地》（1983年）、《克孜尔石窟》（1989年）、《龙门石窟》（1991年），四川大学的《昌都卡若》（1985年，国家"六五"重点项目）和山东大学的《泗水尹家城》（1990年，国家教委"七五"社科项目）等，这些专刊性的大型考古报告在全面地报道资料并深入地作出分析与研究方面，以及改进考古报告的编写体例方面都取得了较好的成绩。

相比之下，高等学校在综合研究方面具有一定的优势，有关考古学通论或断代研究的著作，以及与考古学相关学科的综合性著作，大部分是由高等学校的教师完成的。其中比较重要的有北京大学邹衡等所著《商周考古》（文物出版社1979年出版，获第一届全国高等学校优秀教材一等奖）、高明著《中国古文字学通论》（文物出版社1987年出版，获第二届全国高等学校优秀教材特等奖）、阎文儒著《中国石窟艺术总论》（天津古籍出版社1987年出版），中山大学梁钊韬主编的《文化人类学》（中山大学出版社1991年出版，国家社科基金支持的"七五"重点项目），厦门大学陈国强等所著《百越民族史》（中国社会科学出版社1988年出版），吉林大学姚孝遂主编的《殷墟甲骨刻辞类纂》（中华书局1989年出版，国家教委社科基金"七五"项目）等。这些著作有些既是教材，又是专著。如商周考古学在我国虽已有数十年的历史，各种专题报告、资料汇集和专门性研究成果都有不少，但却没有一部总其成的综合性著作，《商周考古》则是第一部这样的著作。该书不但总结了前人的研究成果，也比较充分地体现了作者几十年来在这一领域的高深造诣。《中国石窟艺术总论》和《百越民族史》等也都是各自领域的第一部综合性著作，对学科的发展起到了良好的促进作用。至于文化人类学，我国从20世纪50年代以来就不再从事这方面的研究，大学也不再开设这样的课程。只是在改革开放以来，在排除学术领域极左思潮影响的情况下才逐渐恢复起来。中山大学梁钊韬等和四川大学童恩正分别编著的《文化人类学》，既介绍了国外的研究成果，又比较注意结合中国的实际情况，两书的内容和编排体例都各有特色。既满足了大学教材的需要，又对开展人类学研究，进而促进考古学观念的更新起到了积极的作用。

在"六五"和"七五"期间，各高等学校还出版过一批考古学专著或论文集。例如在史前考古方面，有吉林大学张忠培的《中国北方考古文集》（文物出版社 1990 年）、北京大学严文明的《仰韶文化研究》（文物出版社 1989 年）和山东大学所编的《大汶口文化讨论文集》（齐鲁书社 1979 年）等；在历史考古方面，有北京大学邹衡的《夏商周考古学论文集》（文物出版社 1980 年）和俞伟超的《先秦两汉考古学论集》（文物出版社 1985 年）等；民族考古学方面的著作，如云南大学汪宁生的《民族考古学论集》（文物出版社 1989 年）和四川大学童恩正的《中国西南民族考古论文集》（文物出版社 1990 年）等，都是较有影响的著作。此外南京大学、山东大学、中山大学等还编了不少考古学教材，吉林大学等在介绍国外考古学理论和研究成果方面也做了不少努力。为了能够较及时地发表研究成果，并且较好地体现自己的研究特色，北京大学考古学系出版了不定期刊物《考古学研究》，四川大学博物馆则创办了不定期刊物《南方民族考古》，其中发表的不少文章都是具有较高学术水平的。

高校考古学教师队伍的估计

我国高等学校正式设立考古学专业以进行考古教学和科学研究是从 1952 年才开始的，那时只有北京大学一家。在此以前只在北京大学、燕京大学、华西大学等校有少数人兼做考古教学与研究。此后于 1956 年西北大学设考古专业，但于1961～1973 年停办了，1974 年才恢复起来。1972 年吉林大学、山东大学、南京大学，1973 年厦门大学、中山大学、四川大学，1976 年武汉大学，1977 年郑州大学和山西大学都纷纷设立考古专业。北京大学和吉林大学先后把专业扩建为考古学系；中山大学和厦门大学则新成立了人类学系，下属考古专业；其他学校的考古专业均隶属于历史系。

以上 11 个考古学专业现有教师约 160 人，其中教授 26 人、副教授 59 人、讲师 72 人。按学历来说，研究生毕业者 92 人，约占全部教师的 57.5%。实际上，由于近年来大力推行学位制的结果，绝大多数讲师和将近半数的副教授是研究生毕业，少数是博士生毕业。所以学历的情况正在向高层次发展。这些教师的年龄结构大体是 30 岁以下 30 人，31～40 岁 48 人，41～50 岁 42 人，51～60 岁 30 人，60 岁以上 10 人。除北大教授年龄稍偏高外，整个教师年龄结构基本合理，且有逐渐年轻化的趋向。

年纪较大的教师，包括教授和部分副教授在内，大体是由两部分人组成的。一部分是北大 20 世纪 50 年代至 60 年代初的毕业生，包括少数研究生。他们经过正规的专业训练，并有很长时期的考古教学与科研的实践经验，一般有较高的业务水平，发表过不少有影响的著作，是主要的学术带头人。一部分是在 70 年代大量成立考古专业时从其他专业中调入的，其中有的也做出了较好的成绩，有些则还有不少困难。

中青年教师的知识结构已有很大的改善。他们大部分是硕士毕业生，少数是博士毕业生，经过比较正规的、较高层次的专业训练。因为学校在补充教师时有优先选择的方便条件，所以比起进入其他考古部门的同龄人来，学业等各方面都要稍占优势（这是就全体来说，不是指每个人来说）。其中有许多人曾分别到美、英、德、俄、日等国进修学习过，对国外考古学的情况比较了解。对国外同行的研究有所借鉴与扬弃，对本国考古学的发展具有信心，同时也提出了一些新的想法。这些人的研究成果还不很多，主要是散见于各种期刊上的论文，较有分量的著作恐怕要到"八五"或"九五"期间才能见到。

以上是总的情况，实际上各个学校还有很大差别。许多学校的考古教学都遇到困难，科学研究自然也受到不利的影响。还有不少综合大学和师范院校的历史系开设考古学通论的课程，有的学校还设置了文博专业、博物馆学专业或考古博物馆专业。中央民族学院有民族考古学专业，中央美术学院有美术史系。这些学校都有一些考古学教师从事教学和科研工作。

高校考古学研究的特点

在我国，从事考古学研究的主要有三支力量：一是中国社会科学院考古研究所及其分布于全国各地的考古工作队，其主要任务就是从事考古调查、发掘和研究工作，是专门的科研机构；二是国家文物局下属各中央与省、地级的文物考古研究所和博物馆等，这支队伍成长最快，人数最多，因为要负责文物保护和配合工程建设进行抢救性发掘，所以工作任务最重，科研水平的提高也较快；三是各高等学校的考古专业与其他专业的考古学教师，正如前面已分析的那样，也是成长得很快的一支力量。

高等学校考古学研究的特点在于它往往是结合教学来进行的，因而在选题和研究方向上往往与学科的建设密切相关，既注意综合性研究，也注意前沿性课题的探索；既注重本学科基础理论和方法的建设，也积极考虑同相关学科的横向联系。这既是它的特点，也是它的优势所在。

高等学校的研究生也是一支重要的科研力量，研究生一面学习一面从事研究，所以选题和涉猎面较宽，且多属学科发展的前沿性课题。研究方法则是有计划、有指导、有明确的要求，并且有比较严格的审查（评审和答辩），多数质量是有保证的。例如：吉林大学杨建华硕士论文《萨玛腊文化研究》，是中国学者直接研究外国考古学课题的良好开端。而北大博士研究生蒋祖棣的论文《玛雅文明和古代中国文明的考古学比较研究》，则是在中美导师的共同指导下，并在美国广泛收集了资料之后写成的，是中国学者第一次研究美洲考古学并与中国考古资料作深入对比的成功尝试。又如北大博士生埃韦丽娜（法国人）的论文《中国新石器时代至早期青铜时代黄土地区的民居建筑》，不但全面考察了黄土地区窑洞的起源和早期形态，并且与中亚、西亚有关建筑进行了深入的比较研究，是在这个领域的第一部有分量的著作，将用中文和法文同时发表。显然，这些论文已成为学科建设的重要因素，并且同国外同行的最新研究成果直接接轨，这也是高校科研的一个特点和优点。

考古学研究离不开田野工作，研究者必须参加田野考古调查、发掘和资料整理研究的全过程，光是在书刊上拼凑第二手资料是写不出好文章的。高等学校的田野工作几乎全部是结合学生的实习一道进行的，如果组织得好，不但能满足学生的学习要求，而且对年轻教师的成长和科学研究水平的提高都大有好处。过去的经验已充分地证明，哪个学校的田野考古实习组织得好，它培养出来的学生业务水平就比较高，工作能力强；年轻教师就成长得比较快，队伍比较稳定；科研水平就上得快，那个专业自然也就办得比较兴旺。反之，学生田野考古不过关，毕业分配时不受欢迎；教师干得不起劲，水平上不去，队伍也容易涣散；科研找不到合适的题目，只好抄抄写写，或弄些不着边际的东西。有些专业办得十分困难，原因固然很多，没有组织好实习这一环节是一个重要原因。

要组织好田野考古实习，最重要的有两条：一是合格的指导教师，二是足够的经费。20 世纪 70 年代一些考古专业初建立时，不少教师是从历史或别的专业转过来的，缺乏田野考古的基础，加以缺少必要的设备，甚至找不到一个合适的实习地点。所以在实习的安排和具体指导中都存在不少问题。后来在国家文物局的关照和各文物考古部门的支持下，实习地点初步得到了解决，基本的仪器设备也添置了一点。由于逐年补充了不少年轻教师，他们多数受过较好的专业教育，所以实习的指导力量也得到了加强和改善。而实习经费的问题则越来越突出起来。

以前不必花钱的地方（如住老百姓的房子）现在必须花钱，以前可以少花钱的地方（如陪产费、民工费、交通费等）现在要增加若干倍。以前一次实习一万两万元可以拿下来，现在往往要十几万元。多数学校没有办法，只好同有关文物考古机构联系，参加他们的工作，学校只负担师生的差旅费和生活补助费等。但这种实习往往要服从对方工作的要求而不能完全满足学习的要求，特别是教师不能参加发掘资料的整理研究，因而无助于教师的成长和科研课题的拓展。对于高校考古专业的发展是十分不利的。要解决好这个问题，各专业自身能力有限，校方和国家教委必须从战略上考虑给予必要的支持。比如山东大学每年拨 6 万元考古实习经费，再加上别的一些办法，他们的实习就能自主地进行安排，并取得了比较好的成绩，跟着科学研究和年轻教师的成长也都比较顺利。而多数学校则没有这样的条件。

自从 20 世纪 80 年代以来，由于国家和国家教委社会科学基金的设立和有关部门的组织领导，各校的科学研究都有了相当大的进展。但能列入国家或国家教委支持的项目毕竟太少，每一项目所能得到的经费支持也很不够。例如"六五"国家社科重点考古学有 18 项，高校只占 1.5 项；"七五"重点 21 项，高校只占 5 项。各部门的经费固然都不宽裕，但科研部门毕竟还有专项科研经费，而高校则没有。即使争取到某个项目的支持，由于经费过少，实行起来要比科研部门困难得多。就是在国家教委支持的各种社科项目中，考古专业也特别困难。原因有二：一是各种项目首先是按教师人数来分配的，别的专业地方学校多，教师人数多，分母大，重点学校往往能拿到较多的项目，考古专业多设在重点学校，分母小，项目相对较少；二是考古学研究必须有田野工作，必须有仪器设备，每一项目所花的经费比一般文科课题要多得多，但在分配经费时却没有必要的倾斜。由于这些原因，"六五"和"七五"期间国家社科基金支持的各项目中，高校的项目完成得最差。有的是拖长了完成的时间，有的至今还没有完成。这不是由于高校科研力量不强（人力不足或水平不高），而实在是客观条件比较困难，其中最重要的原因就是经费不足。由于经费不足，不但有些科研项目难以完成，就是已经基本完成的项目，又遇到一个出版的困难。考古学著作一般要有较好的图版和插图，出版的成本较高，而印数很少，所以出版社没有积极性，除非给予高额的出版补助。由于这样，各校都压了一些著作无法出版，单是北京大学考古系，已经基本完成而难以出版的著作和考古发掘报告等就有十多部。如果这种状况不加改变，势必严重地影响学科的发展。

高校考古学研究中的另一个问题是缺乏校际的组织与协调，各行其是。比如《考古学通论》和《中国考古学通论（或概论）》一类的书已经出了不止一部，质量都不高。可是有的学校还要写，有的学校出过一部也还要重新出，而作者水平看不出有多大提高。原因是这种书研究经费要得少，发行量也可稍大一点，出版困难小一点。其他一些教材也有类似的地方，这对推进考古学研究并没有多少用处。如果加强组织与协商，各校发挥自己的长处，分工负责，真正写出有水平的著作效果自然会好一些。

当前考古学发展的趋势和高校的任务

进入 20 世纪 70 年代以来，我国考古学发展的主要趋势：一是在建立马克思主义的中国考古学体系方面继续做出努力，使研究课题向深层次发展；二是加快走向世界的步伐，加强对外国考古的介绍与研究，同时欢迎外国学者广泛地参与中国考古学的研究，加强中外学者的合作与交流；三是研究手段的现代化，逐步建立一些高水平的实验室，加强与科学技术界的广泛联系；四是研究重心的适当转移，以往主要的考古项目基本上是由中国社会科学院考古研究所担当的，现在大部分已转移到各省、自治区的文物考古研究所，在高校方面，北大固然还有很大的优势，但其他高校考古专业的力量也都逐渐壮大起来了，这就有一个如何更合理地发挥各方面积极性的问题。下面我想对这几个方面作一点分析。

关于建立马克思主义的中国考古学体系方面，目前研究的热点：一是继续完善多元一体的文化发展谱系，二是探讨中国文明的起源和中国古代文明的基本特征，三是中国古代都城与政治制度的演变，四是中国古代丧葬制度与社会制度的发展。在这个基础上，现在已经向全国提出了重建中国远古史的任务，按照逻辑的发展，下步当会提出同历史学界一起重建中国古代史。很明显，这将是我国考古学界今后相当长一个时期的首要任务，自然也是高等学校考古专业科研规划中所要考虑的首要任务。

从高等学校本身的条件和特点来看，在上述重点课题范围内，应把教材建设和某些专题研究放在优先的地位。前面已经谈到我国考古学发展中研究工作滞后于资料的积累，而综合研究又滞后于一般性研究工作的情况。直到目前，我们还没有一部大体反映当前水平的中国考古学的综合性著作。所以考古学教材的建设同中国史或世界史那样的教材建设不同，后者的基础性研究任务甚小，考古学教材要写出水平，首先要做许多基础性的研究工作，并且要下大力气建立起一个学科体系。这就是从 1959 年起北大就计划编教材，中间几经易稿，至今除《商周考古》已出版外，其他部分都还没有完成的主要原因。但北大毕竟已搞了这么多年，有比较好的基础，现在再不完成就是主观努力不够或安排不当的问题了。所以我认为北大考古系现在的头等任务应该是完成《中国考古学》其余各分册的编写，《商周考古》也要根据新的发现和新的研究成果进行补充和修改。这是中国考古学的一项重要的基本建设，有关方面应该给予必要的支持。

教材建设是高等学校不可推卸的一项任务，由于涉及的范围比较广，基础又差（当然也有较好一点的），不能期望在短期内全面解决，而应根据各校条件和特点制定规划，分期分批地建设起来。只要有条件，有些教材也可以由两个或几个学校分别编写，写出各自的特色，其他学校可以选择采用。我想第一批应抓的教材除《中国考古学》外，至少还有以下一些：

《考古学导论》，北大、吉大都有条件编写；

《古文字学》，北大已有一部，吉大也有条件再编一部；

《考古学史》，可由吉大编写；

《美术考古》，山东大学；

《佛教考古》或《石窟寺考古》，北大已在进行；

《民族考古学》，中大、川大都可编写；

《东北考古学》，吉大正在进行；

《西南考古学》，川大较有条件。

以上教材实际上都是科学专著。除此而外，各校还有不少专题性研究，如武大的楚与先楚考古研究，南京大学的六朝考古研究，厦大的闽台文化研究等等，还有许多考古发掘报告。所以各校在"八五"和"九五"期间的科研任务是不轻的。

关于加强外国考古学的介绍、研究与国际交流问题。正如历史学不能只研究中国史，还必须研究世界史一样；考古学要得到健康发展，同样也不能只研究中国考古学，而要花一定力量去研究外国考古学。事实上，许多国家的考古学界都是既研究本国又研究外国的，相形之下中国考古学界是做得较差的。这有许多客观的历史原因，不是哪些个人的责任。现实的问题是世界需要了解中国，许多外国学者想到中国学习或与中国同行共同研究，而我们的门开得很不够；中国也需要了解世界，我们的学者对外国考古不熟悉，又缺乏起码的资料，难以直接从事研究。这种状况应该尽快改变。今年在纪念北大考古系建立40周年而举行的国际学术讨论会上和在济南召开的中国考古学会第九次年会上，都着重谈到了中国考古学要走向世界的问题。在这方面，高等学校起步较早，现在要继续做出努力，并且要把它摆到战略的高度来认识，扎扎实实做好工作。

我认为当前即可进行的工作有以下几项，一是有计划地介绍外国考古学的主要发现和研究成果，方式可以翻译出版代表性著作，也可以编写一些综合性著作，还可以请一些著名学者讲学并出版他们的讲义。这样就会有一批中文的外国考古学著作，使一般研究中国考古学者有了起码的参照系，有利于拓开思路，少犯片面性的错误。二是尽可能多地派遣留学生和进修生到国外学习，有条件时参加国外考古发掘和某些课题的研究，培养一批能够从事外国考古学研究的人才。三是积极开展中外学者的合作发掘与研究，研究课题可以是中国的，也可以是外国的，或者是与中外文化都有关系的，如丝绸之路的考古研究之类。在当前还不可能写一部世界考古学的情况下，我们只能有选择有重点地开展外国考古研究。我想，地区的重点无非是（1）几大文明古国；（2）与中国相邻因而与中国古文化发展关系密切的国家或地区；（3）当前考古学研究比较发达，在理论和方法上较有特色的国家。课题的重点则应是新发现和新研究成果、中外文化关系、新技术和方法的引进等。各高校也要根据自己的条件适当有所侧重。如吉林大学重点可放在东北亚，包括西伯利亚、朝鲜和日本等地，同时也不要放弃对西亚考古的研究。川大可开展南亚和东南亚的研究。北大则可开展国外旧石器时代考古、日本考古、中亚与南亚考古研究等。

关于研究手段的现代化或将现代科技手段积极引进考古学研究的问题，从世界范围来说是从 20 世纪 50 年代以来考古学发展的一大特色。它可以在同样的资料中提取更多和更为精确的历史信息，使考古学研究向更广的范围和更深的层次发展，所以不少国家都在积极推进。我国近年来也有较大的进展，例如在遗址调查中进行了电磁探查和水下考古的试验，在考古发掘中注意了从地质学、古动物学和孢粉学等多方面结合进行的环境考古研究，在室内研究中开始应用微量元素分析、金相分析等多种分析测试方法，特别是年代测定研究已经基本上达到了国际水平。但从总体情况来看，因为起步较晚，发展还很不平衡，有些方面还无力进行。例如，十多年前国家教委曾选拔一位高中毕业生到德国去学航空考古，现在该生已经读完了博士学位，却无法回国开展航空考古工作。所以现代科技在考古上的应用，一要采取积极态度，二要考虑我国现实情况，有计划有步骤地实施。就高等学校来说，现在还只有北大考古系一个国家级重点专业实验室，能够进行碳－14 和铀系等五种方法的年代测定和 X 荧光无损分析等。建立这样的实验室一要有人，要有较高水平的理科知识又对考古学有兴趣并有所了解的业务人员；二要有钱，因为这类仪器都很贵，不可能每个考古专业都去购买。所以要建立重点实验室，并设法使之为社会服务。但高校的更大优势在学科比较齐全，可以同理科有关系科建立协作关系，共同担当某些考古学课题的研究任务，这是需要大力提倡的。

至于研究机构所担负任务的重点的转移，实际是科研布局趋于合理化的产物。我们今后要适应这种形势的变化，从而建立起新的联系和运行机制。

几点建议

　　根据以上的研究，我认为考古学在 20 世纪的最后年代和走向 21 世纪的进程中将会有较大的发展。它对于弘扬民族文化，重建或正确编写我国古代历史，阐明中华民族在世界古代文化发展中的重要地位与巨大贡献，进而对人民群众进行历史唯物主义、爱国主义与国际主义的教育，加强各国学者和人民之间的友谊，都会起到一定的作用。而高校在实现这一总的任务中将会起到越来越大的作用，也还要充分认识到考古学研究的特点和困难，特别是高校考古专业的困难，设法给予必要的指导与支持。

　　当前我国的考古发掘主要是配合工程建设来进行的，单纯从学科发展的需要而进行的主动发掘只占很小一部分。高等学校的实习固然有一些特殊的要求，不能完全配合工程建设去安排，但必须以积极的态度，尽可能多地参加这一工作。按照国家的规定，凡是配合工程建设所进行的考古工作，一切费用应由工程建设部门承担。过去高校不能直接同工程部门挂钩，而只能同地方文物考古部门联系，能够得到的经费支持十分有限。最近由于长江三峡工程上马，考古调查发掘与文物保护任务十分繁重。国家文物局已组织许多高校考古专业参加这一工作。我想以此为契机，建议国家教委同文物部门联系，商量制定出一个办法，让高校考古专业在配合工程建设组织考古发掘实习时，能够享受有关文物考古部门同等的权利。这样不但解决了实习经费的问题，而且能通过从发掘、整理资料到编写考古报告的全过程训练，大大改善教师的培养条件，拓展科学研究的课题。而高校师生也能在这个过程中尽到自己的一份责任与义务。

　　其次，在国家和国家教委的社科基金的分配上，应当考虑到高校考古专业的实际情况，在项目数量和每项资助金额上给予必要的倾斜。

　　第三，尽快建立社科书刊出版基金，并相应地建立出版评审委员会，严把质量关，符合出版要求的则应切实支持，使其能够及时出版。这对于我国的文化建设将起到极大的推动作用。考古学界有这个要求，我想其他社科研究系统也会有这个要求。

附录 1：国家教委"七五"社会科学规划项目（考古学）

课题名称	负责人		学校
天马—曲村遗址发掘报告	邹　衡	李伯谦	北京大学
东北考古学	林　沄	魏存诚	吉林大学
尹家城发掘报告	刘敦愿	蔡凤书	山东大学
长江下游六朝考古报告	蒋赞初		南京大学
闽台考古研究	陈国强	叶文程	厦门大学
	吴绵吉		
古陶研究	吴振武		吉林大学
金牛山古人类综合研究	吕遵锷		北京大学
中国古石窟寺研究	宿　白		北京大学
张家口及晋中地区先秦考古文化谱系研究	张忠培		吉林大学
胶东新石器和青铜文化谱系研究	严文明		北京大学
古代西南丝绸之路综合考察	童恩正		四川大学
甲骨刻辞类纂	姚孝遂		吉林大学
文化人类学	梁钊韬		中山大学
西安老牛坡商代文化研究	刘士莪		西北大学

附录 2：国家教委"八五"社会科学规划项目（考古学）

课题名称	负责人	学校
东南沿海地区史前环境	吴建民	南京大学
海岱地区文明起源的考古研究	栾丰实	山东大学
汉以前东北考古学	朱永刚	吉林大学

课题名称	负责人	学校
河西地区史前考古学文化研究	李水城	北京大学
考古学史	杨建华	吉林大学
泾渭流域龙山时代早期文化研究	王世和	西北大学
吐蕃时代墓葬研究	霍 巍	四川大学
先秦两汉时期东南沿海地区考古学文化研究	吴绵吉	厦门大学
战国秦汉考古	高崇文	北京大学
中国北方古代磁器烧成技术的考古学研究	权奎山	北京大学
中国青铜文化结构体系研究	李伯谦	北京大学
战国制度通考	缪文远	四川大学
汉魏六朝时期荆楚地理新探	石 泉	武汉大学
考古学通论	曾 骐	中山大学

附录3：高校教师承担的国家社会科学基金历年立项课题（考古学）

（一）重点项目

1. "六五"

课题名称	负责人	学校
鄂城六朝墓	蒋赞初	南京大学
	王 劲	湖南省博物馆
昌都卡若遗址	童恩正	四川大学历史系

2. "七五"

课题名称	负责人	学校
金牛山古人类综合研究	吕遵锷	北京大学
中国古代石窟寺研究	宿 白	北京大学

课题名称	负责人	学校
张家口及晋中地区史前文化谱系研究	张忠培	吉林大学
胶东新石器时代与青铜时代文化谱系研究	严文明	北京大学
古代西南丝绸之路综合考察	童恩正	四川大学

3. "八五"

课题名称	负责人	学校
华县泉护村仰韶文化遗址发掘报告	高　明	北京大学
新疆摩尼教石窟寺考察与研究	晁华山	北京大学
甲骨学研究大系	姚孝遂	吉林大学

（二）一般项目

1981 年

课题名称	负责人	学校
磁州窑、吉州窑、建窑的比较研究	杨　根	清华大学
古陶文字征	高　明	北京大学
徐州北洞山西汉楚王墓考古研究报告	蒋赞初	南京大学历史系

1991 年

课题名称	负责人	学校
从遗址文化层孢粉分析研究长江下游新石器时期人与环境的相互关系	王开发	同济大学

1992 年

课题名称	负责人	学校
中国北方古代人种研究	朱　泓	吉林大学

（三）青年项目

1990 年

课题名称	负责人	学校
忻州游邀	卜　工	吉林大学

1991 年

课题名称	负责人	学校
两河流域史前时代	杨建华	吉林大学

（原载《人文社会科学研究现状与发展趋势》，高等教育出版社，1995 年）

高校"九五"科研规划咨询报告——考古学

一　"八五"期间考古学研究的进展

20 世纪 90 年代前半期是我国考古学持续发展的时期。田野调查和发掘的规模进一步扩大，新的发现层出不穷，科研成果不断涌现，现代科技的应用日益广泛，大批年轻学者正在成长起来，整个考古学界呈现出欣欣向荣的景象。

1. 新的考古学发现不断涌现

长江三峡考古工作的全面启动是这个时期的一件大事。为了抢救三峡库区行将淹没的宝贵文物，国家文物局动员了全国许多单位的考古人员参加工作，大多数设有考古专业的高等学校也都投入了大量人力。现已初步发现从旧石器时代直至汉唐以后的数以千计的遗址、墓地、古建、石刻、栈道和十分宝贵的历史水文记录等。"九五"期间还将扩大发掘和研究的规模。

在这期间，先后发现了湖北郧县猿人和南京汤山猿人化石，加深了我国早期人类演化进程的研究。在旧石器时代考古中开始注意古人类行为的考察，发现了大面积的石器制造场，并对石制品尽量进行拼合。从旧石器时代向新石器时代过渡期间的考古一直是一个空白，最近已有一些突破。尤其是农业起源的研究获得了重大进展，确认了中国是世界上少数几个农业起源中心之一的地位，引起国际考古学界和农学界的强烈反响。中国新石器时代文化的发展谱系已经基本建立。内蒙古兴隆洼和安徽尉迟寺等一系列保存完好的聚落遗址和墓地的大规模发掘，大大推动了对史前社会形态及其演化历程的研究。而龙山时代一系列城址的发现，则在学术界掀起了一个探索中国文明起源的高潮。

夏商周是中国古代文明的第一个昌盛时期。而究竟什么是夏文化，夏、商文化的分际究竟定在哪里，学术界曾经有过长期的争论。最近由于河南偃师商城的发现和郑州小双桥都的确认，使得夏和商代早期诸都城和考古学文化的认定更加明朗化了。对夏、商、周以外其他青铜文化的研究也有许多新的收获。江西新干大墓出土的许多青铜器，其精美程度和工艺水平都可与商文化相比拟。四川、云南和西藏都有许多新的发现，从而对当地青铜文化的谱系和发展水平有了新的认识。在西北的甘肃、青海和新疆都发现了不少青铜文化遗址，了解到当地随着气候环境的变迁，出现了从农业经济向畜牧经济转变的过程。东北地区青铜文化的谱系也因许多新的发现而日益明朗。所有这些发现和研究成果，不但有助于全面地认识中国的上古史，也将有助于正确地阐明夏、商、周文化的本质和历史地位。

秦汉及其以后各代，城市考古占有重要地位。近年除秦汉都城咸阳、长安有许多重要发现外，还发现和发掘了位于渤海西岸的碣石宫遗址。在中国都城发展史上占有重要地位的曹魏邺城遗址也已进行了系统的勘探和发掘。隋唐长安城和洛阳城以及唐宋扬州城等也都进行了卓有成效的考古工作。秦汉及其以后各代墓葬的发掘，以及宗教遗址和瓷窑遗址的勘探与发掘等，也都取得了重要的成果。反映历史上中外文化交流的遗物遗迹的调查，特别是陆上与海上"丝绸之路"的考古调查，也都取得了显著的进展。例如在新疆南部的尼雅遗址发现了许多汉晋时期的寺庙遗迹和墓葬，出土了大批丝绸和毛织物等珍贵文物。其中的汉文字锦明显是内地赏赐或调去的，而某些毛织物的花纹则具有波斯风格，体现了中西文化交流中间站的特点。

2. 现代科技在考古中的应用十分广泛，考古学研究的方法不断发展

在测定年代方面，常规碳–14方法已臻于成熟，热释光、铀子系、古地磁等方法也已经常采用，最近又成功地实现了用加速器质谱仪测年的方法。累计测年数据已达3000个以上，基本上建成了我国史前考古的年代学体系。为了更精确地建立起上古时期的年表，最近由国家科委等单位成立了夏、商、周年代工程领导小组，现正积极地开展工作。在遗址勘探方面已多次使用遥感技术、电磁探测、水下考古等方法，对遗址的地质地貌考察、土壤分析、孢粉分析、植物硅酸体分析、动物骨骼和昆虫遗体研究等也在积极进行。古物成分与结构的各种检测分析、为研究陶瓷器产地而进行的微量元素分析与青铜器的铅同位素分析等正在广泛地开展。这就使得在同样的研究对象中能够获取比过去要多得多的历史信息。为了更好地组织科技界参与考古遗存的检测与研究，已酝酿多年的全国性科技考古学会也已正式成立。

3. 随着我国改革开放的深入发展，考古学领域也逐渐对外开放

我国政府发布了考古涉外条例，使这一工作能够沿着正确的轨道健康发展。

现在不但有许多学者出国考察、进修或参加国际会议，同时也有许多外国学者来我国考察、学习和参加在我国举行的国际会议。越来越多的外国学者同中国学者合作，共同进行考古调查、发掘和有关课题的研究。我们的目的是走向世界，为此要让外国学者更好地了解中国考古学的成就，也要让中国考古学者的研究能够成为世界考古学发展主流中重要的组成部分。

正是由于考古学在许多方面的发展，人们对它的性质、作用和在学科体系中的地位的认识也逐渐深化。国务院学科评议组已将考古学从历史学科中分立出来，提升为与历史学平列的一级学科。

二　高校考古学研究的基本情况

1. 高校考古学研究的优势

我国现有 11 所大学设立了考古学系或考古学专业，6 所大学设立了博物馆学专业，还有一些高校设立了文博专业或考古博物馆专业，不少综合大学和师范院校的历史系开设了考古学通论课。

学校的教学和科研带有综合性和思辨性，如果没有直接考古工作的经验，就容易流于浮浅而不切实际。考古实习则能弥补这一缺陷，并使其转变为一种优势，即能把握学科发展的方向，提出一些比较深刻的思想。任何一项考古工作都会有许多新的发现，从中可以提出若干新的研究课题，从而使高等学校的考古研究总是走在学科发展的前沿地带。

高校教师的外语水平一般较高，接触外国学者较多，对国外考古学的重要发现和研究成果也比较了解。这使得高校的考古研究视野比较开阔，比较注重理论和方法论的探索。这是高校考古学研究的一个特点和优势所在。

高校的研究生也是一支不可忽视的科研力量。他们思想新，视角宽广，又有教师的悉心指导，因而能完成许多具有一定水平的研究。"八五"以来博士生的比例逐年增加，北大考古学系还设立了博士后流动站。一些博士论文和博士后的研究成果已经受到学术界的普遍注意。

2. 高校考古学研究存在的问题和困难

随着向市场经济的转轨和教学体制的改革，人们的观念也发生了很大变化。报考考古专业的学生越来越少，有的大学考古专业已经几年没有招生。研究生也往往招不满额。而教师编制和办学经费都是同学生数挂钩的。这与我国考古学蓬勃发展的总趋势很不相称。如果不改变这种局面,不用说前面所谈到的高校科研优势难以发挥,就是勉强维持也难以做到,整个考古学的发展势必受到极大的损害。

其次是科研经费太少且没有保障。现在高校的科研经费几乎全靠国家和国家教委社科基金的支持,但因项目有限,绝大多数教师得不到这种支持。即使争取到了,所获经费也远远满足不了实际需要。因为考古学研究的课题往往要以田野工作为基础,需要大量的经费投入,科研基金只能作点补贴。"六五"以来历次国家社科基金支持的项目中,高校的项目完成得不理想。其原因固然是多方面的,而经费不足是一个主要原因。有些项目即使勉强完成了,出版又成了一大难题。

第三是部门之间的协调问题。高校考古专业的教学和科研,同整个文物考古界的关系十分密切。学校的教学与研究上不了轨道,必将严重影响学生的质量,最终要影响整个考古界的发展。我们一方面要吁请国家教委和学校多给一些实际的帮助,另一方面还需要文物考古部门给予必要的关心和支持。学校方面则要尽量考虑文物考古部门的要求,承担一些力所能及的任务。例如三峡文物考古工作就是由国家文物局组织领导,吸收了许多高校考古专业参加调查发掘。各校师生既承担了国家任务,又解决了实习场地和经费问题,还能产生一些科研课题。还应该考虑其他方面的合作与协调,这对双方的发展都有好处。

高校之间也有相互通气和协调问题。在科研项目上应根据各校不同情况适当分工。条件较好的学校可接纳一些进修教师,或牵头组织某些科研的攻关。

三 关于"九五"规划的几点建议

我们在制定全国性考古学"九五"规划的建议中,提出了编写多卷本《中国考古学》等九项任务。考虑到高校的特点,应该特别强调以下几个方面。

(1)中国考古学的综合性著作。

中国考古学发展至今,不但积累了丰富的资料,而且在研究理论和方法上也已形成了一些自己的特色。主体部分的体系结构已经基本建立,社会经济形态、区域考古和专门考古等方面的研究也都取得了相当的成果,完全有条件进行全面性总结。形式可以有多卷本和简编本的《中国考古学》,还可以有一些断代的考古学著作,如《旧石器时代考古》《新石器时代考古》《商周考古》《秦汉考古》《唐宋考古》等。高校教师长期承担中国考古学的教学,积累了丰富的经验。现在的问题是要把最主要的力量组织起来,写出能够反映当代最高水平的著作。

(2)根据各校的特点和已开设或正准备开设的课程,应着手进行区域性考古研究，如东北考古、西北考古、西南考古、东南考古等。并以此为基础，积极创造条件，将来可以进行东北亚考古、中亚考古、南亚考古、东南亚考古的研究。

（3）积极开展考古学理论、方法与考古学史的研究，包括考古学导论、田野考古学、中国考古学史、外国考古学史等，并且完成相应的著作。同时还可以组织力量翻译出版一些外国考古学理论、方法与历史方面的代表性著作。

（4）开展专门性考古研究，如中国文明的起源、城市考古、出土文书、宗教考古、美术考古、科技考古、环境考古、中外文化交流和中外文化比较研究等。

为了完成上述项目，必须加强高等学校与文物考古部门的合作，加强考古学与相关学科包括自然科学与人文科学的合作。还必须加强中外考古学者的交流与合作。

（原载《人文社会科学研究现状与发展趋势》，高等教育出版社，1996 年）

温故知新　　继往开来

北京大学考古专业经过四十年的惨淡经营，到今天已发展成颇具规模的考古学系了。像一个人有他的成长过程一样，考古专业也经历过它的幼年、青年和成年时期，现在虽然到了不惑之年，却还不能说已到了不惑的境界。我们现在处在一个经济文化大发展的时代，考古学也一定会得到更大的发展。我们的任务是继往开来，今后究竟怎样才能把北大考古系建设得更好，需要靠同仁们群策群力，更需要各方面的关心与支持。我们虽然一下子拿不出许多办法，但温故可以知新，应该从总结过去办学经验的基础上，根据当前形势的要求来确定我们努力的方向。

我们的教学计划修改了许多次，但一些基本点并没有变，这就是既坚持基本理论、基础知识和基本技能的培养，又要让学生了解最新的发现和最新的研究成果。忽视了严格的基础训练，难以养成踏实、严谨的学风；忽视了最新成果的介绍，难以启迪创新的精神。

在教学计划中，十分重要的一环是组织考古实习。过去我们有三种实习：低年级配合基础课有短期教学实习，基础课上完后有一次至少一个学期的田野考古基础实习，专题课大体上完后有一次专题实习或毕业实习，最后完成毕业论文。经验证明，凡属经历过这三次实习的学生都有较高的田野工作水平和研究能力，反之亦然。从考古系建设角度来看，田野实习不但是培养学生的课堂，也是培养年轻教师最好的场所。实习内容为科学研究准备了资料与课题，研究的结果又充实了课堂教学的内容。这样一种良性循环，使我们的教学水平不断提高，科研成果不断涌现，师资队伍也得到较快的成长。现在由于客观条件的限制，我们的实习已有所削弱，应该设法予以弥补。而且实习的设备应该完善，发掘的方法也应该改进，才能跟上时代的步伐。

考古专业初办时，延聘了许多著名的学者讲学，培养了一批又一批具有较高水平的人才。现在考古系教师力量虽已比较整齐，但远不是什么问题都站在研究的前列。因此在客观条件允许的范围内，还要尽可能延聘国内外的知名教授或学有成就的中青年学者来考古系讲学和从事科学研究。形式可以多种多样，内容应不限于中国考古学，还应有选择地、扎扎实实地进行外国考古的教学与研究工作，使考古系真正成为考古学教学中心与科研中心，为发展考古学做出应有的贡献。

（原载《中国文物报》1992 年 12 月 27 日）

守正创新，笃行致远[*]

各位朋友，各位来宾，大家好！

今天这么一个隆重的集会，共同庆祝北京大学考古一百年，中华人民共和国考古专业教育七十年，是很有意义的。

北大考古前三十年的情况我不大清楚。1952 年进行全国高等院校的调整，北京大学就从城里迁到了西郊的燕园，与清华大学成了邻居。那个时候学习苏联，在历史系的历史专业里成立了一个考古专门化。我们觉得这个称谓不大合适，就直接改称为考古专业。至今正好是七十年了。

考古专业虽然设在北京大学，实际上是由中国国家文物局、中国科学院考古研究所和北京大学三家合办。我们的老师苏秉琦先生一再提醒，不要以为就是北京大学办考古专业，实际上是三家联合办学。开始的时候，老师大部分是中国科学院考古研究所的研究员兼任，其中包括夏鼐先生教考古学通论，安志敏先生教新石器时代考古，郭宝钧先生教商周考古，苏秉琦先生教秦汉考古。考古专业只有宿白先生教唐宋考古，他当时是北大考古教研室的副主任。

北大在办考古专业的同时，还举办了全国文物考古工作人员培训班。先后举办了四次。培训班的学员之后大部分被分配到各省文化部门工作，成为地方文物考古部门的骨干力量。

我们的考古教学除了课堂讲授，还特别重视田野考古实习，包括遗址调查，重点遗址的发掘，室内器物修复和整理，最后编写考古报告。我们对于考古实习报告的要求是把它当成正式的考古报告来编写的。现在考古系的资料室里，每届学生的实习报告都作为正式资料存档。我想以后有可能的话，都可以整理出来正式发表。

这就是我们的起步，是高水平的起步。我们培养出来的学生水平也很高，有

---

* 本文为 2022 年 5 月 3 日在北京大学考古一百年、北大考古专业七十年纪念大会上的讲话。

的担任国家博物馆馆长，有的担任中国社会科学院考古研究所所长，有的担任故宫博物院院长，有的担任国家文物局局长。各省的文物考古部门负责人大多也是北大培养出来的。苏秉琦先生说北大考古专业是个大母鸡，下了许多"蛋"。当时全国的考古工作差不多都有北大的参与或指导。

在考古教学方面，开始多是请科学院考古研究所的老专家来讲授。宿白先生特意给老先生配助教。后来这些年轻教师也成长起来了，不但能够接班讲课，还自己编写了各个时段的考古教材。包括旧石器时代、新石器时代、夏商周、秦汉、三国两晋和隋唐宋元的教材。有的正式出版了，有的为慎重起见尚未出版，只作正式教材使用。

我们那时建设中国的考古学，有一点还做得不够。苏秉琦先生一再提醒我们，说中国考古学不能只看中国，还要有世界眼光，要建设世界的中国考古学。后来我们想法子请了一些外国学者来讲课，同时又派送了一些青年教师出国留学。逐渐地把中国考古学纳入到世界考古学的范围之内。我个人也到国外转了几圈，认为我们的考古学比西方的考古学好得多，扎实得多。我们不来那些花里胡哨的东西，没有那些乱七八糟的"理论"，而是按照历史唯物主义的理论来指导考古学研究。

回顾起来，我们对中华人民共和国考古专业教育七十年的成绩比较有信心。但是我们坚持守正创新，笃行致远。后面的路还很长很长，让我们共同努力吧！

谢谢！

2022 年 5 月 3 日

在学知书院致辞

北京联合大学创立"学知书院"是办了一件大好事。自古以来，"书院"就是读书人的家园，在当今价值观念多元化的信息化社会，为青年学子打造一个读书的殿堂，让一心向学的人有所依托，是一件很有意义的事情。读书人图史自镜，道义为田；学而不厌，诲人不倦；老者安之，少者怀之，乃是一种高雅的境界。北宋横渠书院提出"为天地立心，为生民立命，为往圣继绝学，为万世开太平"的宏大誓愿，明代东林书院标榜"风声雨声读书声，声声入耳；家事国事天下事，事事关心"的家国情怀，都表明好的书院能够净化社会风气，引领时代先锋。希望我们的"学知书院"办成有志青年的精神家园。同学们，让我们走进书院，走入学海书山，走向美好的明天！

2015 年 5 月

工业化进程中的文物保护

　　最近，湖北荆州八岭山楚国高级贵族墓群和山西曲沃曲村墓地，先后遭遇严重盗掘，盗墓者都使用了炸药，所用方法之隐蔽、精确，令人惊讶。而类似的情况非一两处。盗墓到了明目张胆的地步，文物部门却无能为力，个别政府部门也难辞看管不力之责。现在文物保护形势已经到了非常严重的地步。

　　与盗墓相比，大遗址的保护状况更是堪忧。

　　相对墓葬和地面建筑来讲，地下遗址蕴藏的历史文化信息量是最全面最丰富的，更能反映历史的真实。但遗址又最不起眼，非专业人员难以了解其重要性，即使施工挖到了也不认识。20 世纪后半叶，地下遗址曾陆续遭到几次大的噩运。第一次是 50 年代"大跃进"时期平整土地，遗址一般分布在较高的岗、墩、堌堆上，成为平整土地的主要目标，不知毁掉了多少遗址。改革开放以后城乡大量盖砖房，砖窑也专找高岗地，并且遗址里的土被认为烧砖最好。湖北天门石家河的肖家屋脊遗址、四川三星堆遗址所在地都是大窑场。现代砖厂附近常常可以找到遗址。几次劫难下来，历史悠久的中国，古遗址留下的实际并不太多。一些国保、省保、县保单位保存已经很差。最近的破坏来自开发区的建设。一些部门不是想方设法保护文物，而是有意识地吸引房地产开发介入。中国很多城市都经历了历史的延续发展，新城叠压旧城。而开发商往往成片开发，耕地、民房以及遗址一起被推掉。

　　另一方面，文物保护一些好的事例也需要大力宣传，例如杭州市和广州市。近年杭州新发现的南宋太庙、临安府治、恭圣仁烈皇后宅、严官巷御道等重要遗址，都位于城中心黄金地段，拆迁费极高。工程项目避让遗址、改建公园绿地，涉及房地产商和当地居民的巨大利益，矛盾非常尖锐。政府要负担高达几个亿的赔偿费用和艰难的安抚工作。新的规划将城市重心向钱塘江边转移，老城区不做大的发展。这是一个有眼光的决策，对城市发展和文物保护都是好事。类似情况也发生在广州，广州老城中心先后发现了许多南越国都城的遗迹，为了保护好这些遗迹，市政府决定今后城市的发展重心逐渐移向天河区，老城区只做减法，不做加法，避免了很多矛盾。最近郑州市的规划也将城市重心挪到城东，慢慢将郑州商城让出来。

应该说，现在好些政府意识到了保护的重要，采取了措施，但并非所有政府负责人都这样重视。文物保护牵涉很多利益相关的部门，需要政府下决心来调整关系。因为我们的文物保护方针是"保护为主，抢救第一"，现在很多遗址就涉及能不能保得住，能不能抢救出来的问题。其中最近的一件大事就是南水北调。

南水北调工程尽管议论多年，但工程路线的走向直到最近才确定下来，而工期又非常紧迫。其中中线输水线经过湖北、河南、河北、天津到北京，文物古迹极为丰富，是中国古代文明最发达的地区。东线经过的地方也很重要，其中有一段经过大运河。大运河线路长，开凿时代早，隋唐以来一直是南北漕运的主要渠道，到今天还在发挥作用，这样的运河全世界没有第二条，沿线的相关古迹也非常多。另外，在山东调水支线上的寿光双王城水库周围，已经发现30多处制盐遗址，包含盐井、水池、窑、吸卤或盛盐的圜底罐等制盐各个流程的遗存，时代可以早到商代晚期。选在那里修水库是因为居民少，农田少，成本低。但是，现代经济是成本，古代遗址也是成本，而且是无法估价的成本，怎么不算算这笔账呢？

所以，怎么处理当前经济利益和保护古迹的关系，应该权衡一下。如果遗迹特别重要，那么工程建设就要设法避让。有些是无法避让的，例如三峡水库，文物部门提前介入，从全国调集人力物力，尽量把损失降低到最小限度。现在文物保护有了《文物保护法》，有文物工作方针，政府部门还有文物工作"五纳入"的规定，关键在于提高认识，真正负起责来，千方百计把文物古迹保护好，让古老的中华文明永远放射出灿烂的光辉！

（原载《丹霞集——考古学拾零》，文物出版社，2019年）

下篇

中国考古学史

附怀念师友

走向 21 世纪的中国考古学[*]

中国考古学是世界考古学的重要组成部分。她经历了同世界考古学大致相似的发展阶段，即从以研究古代遗物为主的古器物学发展为以田野考古为基础的近代考古学，再发展到以全面复原古代人类社会历史为目标的现代考古学。每一个阶段的理论、方法在许多方面是相似或相通的，但中国考古学毕竟还有自己的特点。

中国的古器物学出现得很早，大约在一千年以前的北宋便已初具规模了，这便是后人所称的金石学。金石学研究的古物虽然种类繁多，但以有铭文的商周青铜器和秦汉以来的石刻为主，藉以考订史实或补充历史记载之不足，跟历史学的关系似乎比欧洲 16 世纪兴起的古器物学还要密切一些。

一般认为，中国的近代考古学是从 1921 年河南渑池县仰韶村遗址等处的发掘才开始的，比欧洲整整晚了半个世纪以上。正如欧洲的史前考古学起初是由地质学家开展的一样，中国的史前考古学首先也是由地质学家开展起来的。当初的地质调查所不仅负责调查和发掘了仰韶村等一大批新石器时代遗址，并且从 1927 年起组织了对北京周口店洞穴等旧石器时代遗址的发掘，发现了十分丰富的北京猿人化石、一大批石器和动物化石，还有长期用火的痕迹等，成为当时世界旧石器时代考古的一件大事。由于一开始就有不少知名的外国学者与中国同行共同工作，其中涉及地质学、古生物学、古人类学和考古学等许多学科，可以说在中外合作和多学科合作方面都获得了成功，从而初步奠定了中国史前考古学的基础，并且很快就能够同世界范围的史前考古研究接轨。

1928 年，中央研究院历史语言研究所成立了以李济为首的考古组，随即组织了对河南省安阳市北部殷墟的发掘，前后持续十年之久。其规模之大和收获之丰富，在世界考古史上也是不多见的。这次发掘发现了一座商代晚期的都城和一个

* 本文为 1993 年 5 月 28 日在北京大学考古系主办的迎接 21 世纪的中国考古学国际学术研讨会上的主题发言。

完整的王陵区，获得了大量的实物资料和甲骨刻辞等文字资料，把中国古代历史的研究推进到一个崭新的阶段。与此同时还调查和发掘了许多新石器时代遗址，确立了仰韶文化、龙山文化和殷商文化的相对年代关系。这不仅为中原地区的考古年代学奠定了初步的基础，也为殷商文化的来源找到了一个重要的线索。更为重要的是，通过这些工作锻炼成长起来了一代考古学家，形成了一套行之有效的田野考古方法和管理制度，对中国考古学后来的发展产生了深远的影响。

中国近代考古学虽然取得了相当的成绩，但因起步较晚，而且是在西方考古学已然成熟的时候才传入的，所以没有形成具有自己特色的理论和方法。如果说多少还有一些自己的特点，那便是对传统金石学和古文字学成果的继承与发展，这特别表现在对殷墟甲骨卜辞和殷周铜器铭文的研究方面。正因为如此，中国考古学的历史学传统一直是非常清楚的。

二战后，无论是东方还是西方，考古学都发生了深刻的变化。所以治考古学史的人，总是把 1950 年或 1960 年作为考古学发展新时期的一条界线。新时期考古学的特点似乎可以概括为两条，一是更加明确以全面复原古代人类社会历史为目标，二是多学科的交叉和现代自然科学技术的广泛应用。过去往往把东西方的考古学看成是完全对立的两种体系，其实并不尽然。两者除哲学基础有所不同外，毕竟还有考古学自身的一般性特点，包括学科目标以及为达此目标所建立的理论和方法等，而后者在许多方面是相通的。就考古学的目标而言，20 世纪 50 年代以前虽然也是研究古代历史的，但因受到方法和技术手段的限制，实际上主要是进行考古学文化的特征、起源、分期、发展阶段和相互关系等所谓文化史的研究，而且描述多于解释。这种情况最容易引起青年人的不满。早在 30 年代，苏联的一批青年学者就批评传统考古学研究是单纯器物观，批评类型学方法是用生物学观点解释历史，要求用辩证唯物主义的发展论取代当时流行的传播论等等。总之他们要求用新的观点和方法全面地研究古代人类社会的历史，应该说是符合考古学的目标和发展方向的。但是他们对考古学了解太少了，批评显然是过头了，以至于后来很容易受到历史学中的波克罗夫斯基学派和语言学中的马尔学派那一类庸俗的机械唯物论的影响。直到 50 年代比较彻底地清算那些错误思想，走上健康发展的道路，才逐渐形成具有自己特色的苏联考古学派。这个学派主张考古学是历史学科的一个部门，主张以马克思主义哲学为指导，通过对实物遗存的研究以恢复人类历史的过去。在研究方法上强调与民族学资料的结合和自然科学技术的利用。虽然后来这个学派内部又分成了许多派别，总体目标和发展方向还是没有多大改变。在西方，英国的考古学家戈登·柴尔德很早就提出考古学应把研究人和人类社会作为主要的目标，为此他曾作过许多努力，提出过像新石器时代革命和城市革命一类的精辟见解。美国的瓦特·泰勒等也对传统考古学不能很好地复原人类社会的历史提出过批评。到 60 年代之初，首先由芝加哥大学的一批青年人发难，提出要建立一种与传统考古学大不相同的所谓新考古学。按照路易斯·宾福德的说法，新考古学的目标应该跟人类学一样，"是试图说明和阐释整个时空内的人类生存之物质及文化上的异同现象"，实际上也是要复原整个人类社会的历史。为了达到这一目标，新考古学广泛利用系统论、生态学和环境考古等许多相关学科的方法。尽管这个学派一产生就受到许多方面的批评，它的内部也进行过许多争论和反思，但不可否认它是西方考古学发展中的重要转变。它同苏联考古学派一样具有鲜明的时代特色，因此我们可以把这个时期的考古学称为现代考古学。我认为，中华人民共和国成立以后 40 多年来考古学的发展尽管有不少曲折和起伏，有一个时期甚至处于与国外考古界相对隔离的状态。但从基本目标、研究方法和发展趋势来看，仍然没有完全离开世界考古学发展的轨道。

中国这一时期的考古学可以"文化大革命"为界分为前后两个阶段。前一阶段从 20 世纪 50 年代到 60 年代前期，是酝酿大变革的时期。50 年代经济建设的全面开展，促使田野考古工作很快发展起来，一时积累了很多资料而研究工作跟不上去，如何用新的观点来进行研究更是有待解决的问题。1958 年，首先在学校开展了考古学研究方向的大辩论。学生们不满足于教学中那种"见物不见人"的倾向，提出要反对单纯器物观点，反对把考古学当作一门边缘学科，应该尽可能地通过实物遗存来恢复人类历史的本来面目。这很像 30 年代苏联青年学者提出的问题。学生们的冒失行为反而引起教师们的深思，认为这些问题关系到考古学的根本性质和发展方向。通过辩论，大家认识到考古学是一门历史学科，其任务是要全面复原自有人类以来的古代社会历史，研究手段则应尽量科学化和现代化。这一认识很快就扩展到整个考古界，接着又倡导建立马克思主义的中国考古学体系，得到了广泛的响应。尽管在这一时期也有"左倾"思想的干扰，研究课题比较单一，实践上也有简单化和急躁冒进的倾向。但这不是主流。这时期有不少学者本着实事求是的精神，在自己的研究中逐渐摸索着走一条符合中国具体情况，又不脱离考古学自身发展轨道的路线。可是刚刚起步，就被"文化大革命"所打断。直到 20 世纪 70 年代后期实行改革开放，迎来了科学的春天，考古学才得到正常的发展。从那时起直到现在可以划为后一阶段，是健康发展的时期。这些年来，我国的田野考古规模不断扩大，并且日益走上了法制化管理的轨道。从 1981 年开始的第二次全国性文物普查，除了对已知的考古遗址进行了更加详细的调查以外，还新发现了数以万计的各个时期的遗址。在这个基础上正在编辑和陆续出版多卷本的《中国文物地图集》。配合长江三峡水库和黄河小浪底水库等许多工程项目的考古工作正在紧张地进行。我们的田野考古工作既要注意配合工程建设，又要根据学科发展的需要来选择重点，必要时还可以作一些主动性发掘。这一政策不但有效地解决了工程建设和保护古迹的矛盾，而且大大加速了考古学科的发展，提出和解决了一系列重大的学术课题。

在史前考古方面，新发现的旧石器时代遗址已经遍及全国各个省区。陆续发现了一些石器制造场或生活遗迹，注意了石制品的拼合和石器功能的研究。通过广泛的比较，对于中国旧石器文化的特点和发展谱系形成了新的认识。新石器时代早期文化和农业起源的研究已经有突破性的进展，全国新石器文化的发展谱系已日渐明确，人类文化与自然环境的关系已受到越来越多学者的关注。通过聚落形态和埋葬制度的研究，初步探索了各个时期的社会性质和社会组织结构，进而对文明起源的问题也提出了一些新的看法。

商周考古不但已发展为夏商周考古研究，而且已扩大到整个青铜时代诸文化的研究。夏商周文化同周围青铜文化的关系，将是今后研究的重要课题。而 1983 年偃师尸乡沟商城的发现，对于夏商文化的分际以及商代都城的定位问题都具有十分重要的意义。陕西周原西周甲骨文和各地大量铜器铭文的发现使古文字的研究有可能推进到一个新的境地。

春秋战国在中国历史上是一个重要的转型时期。新的考古发现证明我国至少在春秋晚期便已进入铁器时代，而个别铁器的制造则可以追溯到西周晚期。铁器的出现不但促进了农业与手工业的发展，而且使大规模地修建城池与水利工程成为可能。春秋战国列国都城的勘察和发掘已有不少收获，对我国早期都城的特点已有相当的认识。

从秦汉时代起，我国历史进入中央集权制阶段。其后虽有起伏，也可划分为几个发展时期，但直到清朝末年，这个性质基本没有改变。这个时期的考古也便成为我国历史考古学的主要内容。秦汉以降历代都城的演变不但是我国这一时期历史发展的一个缩影，而且对东亚一些国家的都城制度也有重要的影响。有些都城历经许多朝代，不但在地层关系上造成十分复杂的情况，而且由于现代建筑鳞次栉比，给田野考古带来许多困难。不过后期城市布局往往也可以作为探索早期城市道路规划的重要线索，这方面已经积累了不少经验。近几年更兴起了城市考古这一分支学科，应该是一个积极的发展。对这个时期墓葬的研究投入了更多的力量，勘探和发掘的各类墓葬数以万计，这对于了解历代陵墓制度和丧葬礼俗，进而研究各个时期的社会制度和社会生活的方方面面都是十分宝贵的资料。秦始皇陵兵马俑坑和铜车马坑、长沙马王堆汉墓、广州南越文王墓和河南永城汉梁王墓等的发掘，都是举世知名的考古工作，其成果大大丰富了我国物质文化史、美术史、科技史以及中外关系史的内容。

在这个阶段，一些专题性的考古调查研究，例如岩画调查、长城调查、石窟寺调查和丝绸之路的调查等都做了不少工作。关于边疆和少数民族地区的考古工作和中外交通方面的考古研究等也都取得了很大的进展。

科技考古本来是一个比较落后的领域，但近年来发展特别迅速。这包括两个方面的内容。一个方面是对古代科学技术的研究，如冶金、陶瓷、纺织、造纸、天文历法、农业科学等方面都有不少研究成果。另一方面是现代科学技术在考古研究上的应用，如各种测定年代的技术、探测技术、成分分析、制造工艺研究、保存科学研究、动植物遗存研究、孢粉分析和植硅石分析、环境考古等等。其中不少已经接近或基本达到了国际水平，这是十分可喜的现象。为了把有关力量更好地组织起来，已经召开了几次全国性的科技考古学术讨论会，现正积极筹备成立中国科技考古学会。

关于考古学理论与方法的建设以及考古学史的研究也已有了一个好的开端，这是学科正在走向成熟的一种表现。现在有些年轻人有一种困惑。他们看到国外考古学理论五花八门，国内一些有影响的学者的看法也很不一致，谁对谁错难以分辨，感到无所适从。我倒是觉得理论上的活跃是一件好事。因此我赞成张光直的理论多元化、方法系统化和技术国际化的主张，但是我们提倡把辩证唯物主义作为各种考古学理论的哲学基础。理论多了可以让人们有个比较，优劣可以从比较中看出眉目。而判断好坏优劣的标准应该包括两个方面：第一，是否能够正确地把握考古学的性质和特点；第二，是否能够正确把握现代科学发展的脉搏。如果说得更明确些也是两条：第一，你的理论和方法是否能更有效地处理古代人类社会遗留下来的实物资料，以便从中提取尽可能多的科学的信息；第二，你的理论和方法是否是研究古代人类社会的历史及其发展规律这个目标的一种比较有效的途径或手段。用这两条标准来衡量，将会发现有许多理论和方法是可取的，或至少有可取的成分。而比较好的理论和方法也往往有不足和不够完善的地方。这就要求我们摆脱形而上学的思维方法，从纷繁的事物中把握正确的方向。善于学习，勇于创新，中国考古学的真正的黄金时代将会来临。

现在人们谈论最多的一个话题是如何迎接或走向 21 世纪，我们这次会议的主题也就是"迎接 21 世纪的中国考古学"。我个人认为，中国考古学走向 21 世纪的过程，也将是走向现代化和走向世界的过程。要把这件事情办好，首先要有观念上的转变，同时也要采取一些必要的措施。过去我们习惯于把考古学看作是历史学科的一个部门，后来感到考古学研究的资料和所采用的理论、方法等，都和一般意义上的历史学有很大不同，美国人则干脆把考古学看作是人类学的一部分。

因此我们一些人倾向于认为考古学就是考古学，强调考古学的独特性和纯洁性。在我看来，这些意见都有道理又都不十分完善，不必相互排斥而应相互吸收。科学的发展总是在不断地分化和不断地相互渗透中实现的。一个学科总是在与别的学科相比较而找到自己的位置，又是在与别的学科发生这样那样的关系中存在和发展的。任何学科都不能离开现代科学发展的总轨道，而从事某一学科研究的学者也不能没有现代科学的素养。这既包括人文社会科学，也包括自然科学；包括理论、方法，也包括技术手段。正是因为有这一背景，考古学研究中才会有系统论的应用，有经济考古学、社会考古学、民族考古学、人口考古学；还有考古埋藏学、地质考古学、生物考古学、环境考古学、实验考古学、计量考古学等等新的分支的出现。其中每一项可能都不很完善，甚至够不上称为分支学科，但总是在某一方面有所深入，对于考古学总目标的实现是有好处的，显然应该欢迎而不要采取排斥的态度。没有这一条，是谈不上学科的现代化的。还有一个传统的观念，认为考古学同数学或物理学不同，它不是普适的，而是一种民族性很强的学科。中国人学中国考古学就够了，学外国考古学没有多大用处。同样外国人如果用外国考古学的那一套理论和方法，也很难研究中国考古学。这种说法是有一定道理的，但不能绝对化。中国那么大，历史那么长，民族那么多，考古学遗存那么丰富，遗址的类型又是那么复杂，需要研究的问题可说是不计其数。其中有一些关系到全人类历史发展的重大课题，例如人类的起源和早期发展，农业的起源及其对人类社会的影响，中国文明的起源及其对世界古代文明的贡献等等，既是世界性的课题，也是中国考古学的重要课题。应该说这里是发展考古学理论和方法的最好的地方之一，是可以产生考古学大师的地方。不过中国也是世界的一部分，如果不站在世界历史的高度来看中国，那么中国文化有什么特点，在世界古代文明中占有什么样的地位，中国历史怎样影响了世界历史的进程，又受到世界历史的哪些影响，这些问题就很难说得清楚。所以人们常说中国要走向世界，世界也要了解中国。这些年我们打开了大门，有许多学者到外国去访问、讲学或参加国际会议；同时邀请了许多外国学者来我国访问讲学或参加学术会议。近年来我们还同一些国家的学者合作进行田野考古工作和研究工作。在国内书刊上介绍外国考古的文章多起来了，一些学者在自己的研究中试图借鉴国外流行的某些方法。不少留学生到国外学习考古学或人类学，高校考古专业陆续设置了一些外国考古课程。但这些努力仅仅是初步的，还应该有进一步的措施。要在全国性考古学规划中把外国考古学作为重点项目纳入。可是世界那么大，不可能面面俱到而应该有选择有重点。我想首先要加强三个方面的研究。一方面是对与中国相邻的、历史上曾经同中国发生过密切关系的国家和地区，例如东北亚的朝鲜半岛、日本和西伯利亚，东南亚、南亚和中亚各国的考古学研究。二方面是对世界古老文明和中国古代文明的比较研究，诸如美索不达米亚文明、尼罗河文明、印度河文明和中美洲文明等，都应组织人员学习研究，以便同中国古代文明进行比较。三方面是对一些考古学比较发达、理论研究比较活跃的国家，要派人去学习，参加他们的田野调查发掘和室内研究工作，以便提高考古的现代化水平。为了实现这一规划，有必要设立专项的国家基金；要加速人才的培养，要有一大批既懂得中国考古又懂得外国考古的学者；要加强文物考古部门的改革开放，扩大与外国同行的合作。我相信正在走向 21 世纪的中国考古学今后的发展方向，将不但是自己的理论、方法更加完善和研究课题更加广泛而深入，也将会越来越走向世界。我们这次除了邀请全国各地的著名考古学家，还特地邀请许多外国的著名学者来参加会议，讨论迎接 21 世纪的中国考古学，中心意思也就在这里。让我们携起手来，为进一步发展中国考古学而共同努力。

（原载《考古学初阶》，文物出版社，2018 年）

中国考古学：新世纪的机遇和挑战[*]

　　中国考古学是个既年轻又古老的学科。说她年轻，因为她只有八十年的历史，比西方考古学晚了许多；说她古老，因为她的萌芽其实很早，作为她的前身的金石学的发生已经有将近一千年，比西方的古器物学早得多了。关于考古学的学科性质历来存在着不同的看法，至今一些学者对于考古学究竟属于历史学还是人类学不能取得一致。一个不容否认的事实是，由于考古学的出现，已经大大充实和改变了人们关于世界古代历史的认识。因为考古学实质上是历史学科的延伸和发展，只不过在研究中可以选用人类学的方法而已。中国考古学就是在对历史的重新检讨中诞生的，中国考古学者一直致力于谱写一部全新的中国古代史。时至今日，人们高兴地看到，这个目的正在一步一步地实现！

　　现在中国大约有二千名从事考古学研究的专业人员，每年都进行十分广泛的田野考古调查与发掘工作，出版二十多种期刊和许多专业书籍，大大拓展了考古学研究的领域。在史前考古方面，由于一系列早期人类化石和文化遗存的发现，证明二百多万年以来就不断有人类在神州大地生息繁衍。最近的研究表明中国还是农业和陶器起源最早的少数地区之一。中国文明的起源则可以追溯到五千年以前，事实证明东方文明的摇篮就在黄河流域和长江流域。夏代的历史已经逐渐从迷雾中呈现出来，商周的历史内容则已经大为充实，秦汉及其以后的考古研究同样是硕果累累，以至于现在编著的任何一部中国古代史，都不能不大量选用考古资料和研究成果。为了集中地反映中国考古学的成就，由著名考古学家宿白教授主编的《中华人民共和国重大考古发现》最近由文物出版社出版了，科学出版社即将推出多卷本的《中国考古学的世纪回顾》，多卷本的《中国考古学》也正在积极编写中。

　　总结过去是为了策励将来。我们清楚地看到，尽管中国考古学取得了多方面的重要成就，却仍然存在着许多问题和不足之处。现在已经进入新的世纪，中国

---

[*]　本文为 2000 年 6 月 16 日在台北"中研院"的报告。

考古学界面临着新的良好的机遇与严重的挑战。我们将充分利用这些机遇，勇敢地迎接新的挑战。

首先，中国继续进行着大规模的经济建设，并且着手实现西部大开发的战略决策，在土建工程中必然会涉及许许多多古迹和古代文化遗址，田野考古工作的任务十分艰巨。这是考古学得以发展的重要条件。可以预期今后还将不断有重大的考古发现，会有许多古代历史和考古学上的问题得到解答，至少会有更加深入的认识，还将有可能改变边疆考古长期处于比较薄弱的状态。要做到这一点，必须拟订全国性和地区性的考古工作规划。过去也有规划，但是往往流于形式，现在则要切实加强。由于中国考古学已经建立了相当的基础，加上近期来各方面所做的总结，哪些方面是重点，哪些方面应该着力突破，底数比较清楚。因此可以在与工程建设相关的考古工作中更好地贯彻重点保护、重点发掘，既对经济建设有利，又对文物保护有利的所谓两重两利方针，在重点学术课题上多下工夫。必要时还可以进行有控制的主动性发掘。例如近来对偃师商城的发掘，发现在大城之前还有小城，为在考古遗存中确认夏商分界提供了重要资料。安阳花园庄商城的发现，为商代都城系列的认定提供了新的线索。周原大规模宫殿基址的继续发现丰富了对周人旧都的认识。最近河南密县新砦的发掘，则为夏代早期历史增添了新的内容。在史前考古方面将着重早期人类和旧石器时代文化谱系的研究、农业和陶器起源的研究、文明起源的研究等。为了推进这些工作，有必要大大改进传统的田野考古方法，切切实实地发展田野考古学。在组织机构的调整、业务人员的培养和技术设备的更新等方面也要作出相应的努力。

其次，当代科学技术的发展日新月异，其中许多方面都可以应用于考古工作和研究中，可以大大拓展考古学研究的内容，提取许多潜在的信息，加深对许多问题的认识。可是有些持保守观念的人认为科技考古不是考古学，只是科学技术，过分强调科技考古的作用将会影响考古学的根本性质。幸好持这种观点的人不多，绝大多数学者还是看到了现代科技的应用是使考古学研究现代化的必由之路。例如在夏商周断代工程中，现代天文学和碳-14断代方法（包括常规方法和加速器质谱法）就起了很大的作用。中国成立了科技考古学会，积极地发展了科技考古研究。今年3月在北京香山召开了一次科技考古会议，有多位院士和著名学者参加。会议中就科技考古的基础理念、遥感考古、生物考古（包括DNA技术等）、环境考古、断代技术、文物产地研究、冶金考古、陶瓷考古、数学和计算技术在考古学中的应用等许多方面进行了研讨，是我国科技考古的一次盛会，对于促进今后科技考古的发展必将起到重要的作用。为了更好地培养科技考古方面的人才，最近在中国科技大学设置了科技史与科技考古系，在一些大学的考古学系中也往往开设科技考古的课程，招收科技考古的研究生。可以预测中国的科技考古会有更好的发展，这对于整个考古学研究水平的提升是至关重要的。

第三，要注意学科的交叉与整合。科学发展的历史表明，学科的交叉与整合往往有助于学科本身的提升与新兴学科的发展。实际上，考古学科的产生就是学科交叉与整合的产物。考古学中的地层学本是地质学中地层学的延伸和发展，考古学中的类型学是在生物分类学的启示下建立起来的，考古学文化的理论则是民族学中文化圈理论的变通与发展。很明显，当初如果没有学科之间的交叉与整合，就不会有以田野考古为基础的近代考古学的出现。同样的道理，考古学的发展也离不开学科的交叉与整合。例如聚落考古就与人文地理学和人类学中的聚落研究息息相关，环境考古则与环境科学的研究有密切关系，科技考古更是与现代科学技术的发展分不开来。说到底，任何学科的发展都离不开相关学科的发展和整个科学环境的变化，要在与相关学科的交叉与互动中找到自己学科的位置和发展方向。有了这个认识，就不必担心考古学纯洁性的丧失，就会使考古学的研究进入一个宽广得多的高水平的全新境界。

第四，要加强区域性和国际性交流与合作。中国考古学发展到现在，除了中央的一些考古机构外，各省的考古学者发挥着越来越大的作用。这是一个好的现象，但同时也带来了新的问题。如果处理不好，就会出现不协调的情况。例如一个考古学文化分布在不同的省区，如果各自命名，就会出现不同的名称，这种事例已经屡见不鲜。在田野考古操作方法上也出现了一些差别。有时候有些差别并不是不好的事情，但在基本要求上还是要有一定的规范。有些课题本来是超省区的，就更加需要相互协调与合作。多年来我们在东北考古、西北考古、西南考古和东南考古等领域都进行过一些有成效的合作，在长江三峡等牵涉面很广的项目中也进行了多方面的合作，但是还不够，还需要大力加强。至于国际性的交流与合作，近年来逐步有所开展，更需要努力推进。须知中国是世界的一部分，中国古代文化具有鲜明的特色，在世界文化史上有过重要的贡献，中国文化也受到外国文化多方面的影响，所以研究中国考古学一定要同时研究外国考古学，在这方面要采取切实的措施，纳入规划。要欢迎外国学者到中国进行考古工作，中国考古学者也要到国外开展考古工作。在考古技术、方法、理论和研究课题等各种层面展开充分的交流与合作。倘能如此，中国考古学必将出现崭新的局面！

［原载《石璋如院士百岁祝寿论文集——考古·历史·文化》，（台北）南天书局，2002 年。后收录在《中华文明的始原》，文物出版社，2011 年］

温故知新*

——面向中国考古学的未来国际学术研讨会闭幕词

为庆祝北京大学考古学系成立五十周年而举办的"温故知新——面向中国考古学的未来"国际学术研讨会，经过两天紧张而又热烈的讨论，马上就要闭幕了。十分荣幸，我受大会的委托在此做一个简短的总结。

这次到会的各位学者几乎都是北大的校友，代表的方面相当广泛。会上提交的论文或提要大约有八十余篇，我们大致划分五个方面，分成五组进行了发言讨论。我主要参加了石器时代组的活动，分会上讨论热烈，内容丰富。听其他各组同仁的反映，各分会的内容也是同样的精彩。通过这次聚会，看到了校友们在各个领域卓有成效的工作和研究成果，这是非常令人鼓舞的。

今天大会上几位代表的发言都非常精彩，而各组召集人的介绍也很有代表性，实际上已经是一个很好的总结。因此我在此对会议的内容不再赘述，初步谈一点个人的感受。

我认为这次讨论会有以下几个特点：

（1）题材广泛。有综合性研究，也有不少区域性研究，还有过去很少进行的边疆考古研究。诸如聚落考古、环境考古、农业考古、科技考古、文物保护、民族考古、宗教考古、瓷窑考古、城市考古、考古人类学、古文字学和博物馆学等，几乎每个方面都有一些很好的论文。这同过去学术会议上主要讲新发现、讲分期排队的情况是大不相同的。研究内容传统与创新兼顾，反映了中国考古学正在走向全面的发展与繁荣。

（2）紧扣考古学的性质，广泛而深入地研究重大历史问题。考古学是一门研究历史的学问，只是研究范畴和具体内容与文献史学有所不同，学术目的和功能却可谓是异曲同工的。我们高兴地看到，旧石器时代考古近年来有了相当大的进展：旧石器时代的年代已经大大提前，最早的达 200 万年以上；旧石器的发掘不

---

*　秦岭据严文明先生发言整理。

仅仅注重遗物，也同时注意到人类行为和环境的互动关系等内容的研究；旧石器时代文化不仅要分期也注意到了区系的研究，成为新石器文化多元起源的重要出发点。新石器时代则已初步建立起考古学文化发展的谱系结构，在农业起源、聚落演变和文明起源的研究中都有了显著的成绩。青铜时代考古的发展主要表现在两个方面，一是商周考古向纵深发展，并且把夏的探索提到了应有的位置，取得了重要的成果；二是注意了其他周边地区的青铜文化和同时代的其他文化内容，从而突破了过去只研究夏商周王畿及周围地区的局限，对全国性的考古学文化体系有所了解。秦汉以后文献记载已很详备，历史大框架比较清楚，而考古学在都城和一般城址研究、瓷窑考古、宗教考古及科技史研究等方面取得的一系列重要的研究成果，都已经成为古代史研究中不可或缺的内容，使得治中国古代史的学者不能不加以引用。以上各个阶段的成果，令考古学全面研究和复原历史的功能得到了很好的体现。这类论文在本次会议上占了主要的地位。

（3）注意理论和方法论的探讨。不但是以此为主题的第一分组，在其他组的一些论文中也有所体现。这是一个很好的发展，今后还必须大力提倡。国外有些学者将中国的旧石器时代考古视为旧石器时代研究中的一个所谓"中国学派"，我想如果把中国考古学当作一个整体，中国学派的色彩可能更为鲜明。而一个学派应该有自己的理论和方法论，这方面我们有责任作进一步的努力和开拓。

（4）一大批中青年学者已经成长起来，成为了当前研究中国考古学的中坚力量。这会议的代表主要是中青年，这是十分可喜的现象。所以我不大同意学界笼统地说什么后继乏人、人才断层之类的话。我们不但是后继有人，而且兴旺发达，一代比一代强。当然作为一个教学单位，我们一定虚心听取各方面的意见，把适应新时代的高素质人才的培养提到战略的位置来考虑，切实规划实施，在这方面也希望得到广大校友和有关方面的支持。

天下没有不散的筵席，尽管大家都是余兴未尽，但囿于时间所限，我们的讨论会就要闭幕了。这次参加会议的各位校友可以视为是整个中国考古学界的一个缩影，但毕竟这只是一个部分，我们还要团结全国从事考古工作的各位同仁乃至全世界各国关心中国考古学发展的学者朋友共同努力，为中国考古学的进一步发展做出应有的贡献！

（原载《古代文明研究通讯》第 13 期，2002 年）

中国近年考古发现和研究的新进展

　　我们中国的考古工作在 20 世纪 50 年代、60 年代曾经有过高潮，后来十年"文化大革命"有过很大的破坏，到 70 年代后期开始有些恢复，80 年代就有较大规模的开展，较大的进步，到 90 年代则是更大规模的开展，更多方面的进展。

　　国外有些学者说中国现在处于考古的黄金时代。我们觉得从一方面讲有些道理，就是从大发现这个角度来讲有道理，但是不能光是有发现，考古学的黄金时代应该有自己的理论，自己的方法，自己的一群在世界上有声望的考古学大师，我想用这个标准来衡量，我们现在还不能说是考古学的黄金时代，只能说考古学黄金时代正在到来。这里面主要有以下几个方面的原因。

　　一个方面是最近这些年我们国家的建设项目规模越来越大。大家知道，如果你要修一条铁路，修一条高速公路，势必要经过很多地方，这些地方往往会碰到一些古代的遗址，如果这些遗址特别重要，我们就请他让路，如果一般比较重要的我们就配合进行发掘，由于这些年光是高速公路就修了将近 2 万千米，规模非常大，还要盖工厂，修水库，特别是像长江三峡那么大一个水库要淹掉很多很多地方，我们就得调动全国的力量在那里开展考古工作。在河南省有一个黄河小浪底水库已经基本修好了，它也淹了很大一块地方，其他地方也有很多的水库或者水利工程，规模没有那么大但是面更广。这么一些工程下来，考古人员疲于奔命，我们就像是"救火队"，只能拣最重要的去发掘，所以一挖都是重要的，这是一个很重要的原因。

　　第二个原因，最近一些年我们国家不但经济有比较大的发展，科学技术也有比较大的发展。现在有很多的新的技术、高新技术用在考古学上，这样我们的研究，对于过去来讲，就是上了一个新台阶，在技术上上了一个新台阶。

　　第三个原因，是由于改革开放以后大家在思想上摆脱了教条主义的束缚，考古学家可以自由地进行研究，不同的观点可以自由地争辩，这种状况当然是有利于学科的发展的。

　　要在一个不太长的时间里边给大家介绍全中国近年来较大的考古发现和研究

成果不太容易，我准备找一些最重要的说一说。为了说得比较清爽一些，我按时代来讲。

首先，讲旧石器时代的考古发现和研究的进展。

所谓旧石器时代，就是人类和人类文化发生以后的第一个时代，是只知道打制石器，用打制石器狩猎和采集食物的时代。这样一个时代持续的时间非常长，大概有 200 多万年。现在关于人类起源的研究有很好的进展，不断地有些突破，但是大家比较公认的大致相当于 250 万年左右吧。大约 250 万年前开始有真正的"人"的出现，这个"人"是会制造工具的，会说话走路的。至于从生物学上讲，所谓人科的动物，那还可以追溯到很早很早。

一般公认的人类起源地是非洲，那中国是不是也有可能是一个人类起源的地方呢？我们现在不敢下这样的结论。但是中国已经有很多发现使得人们要考虑一下整个人类的起源和早期发展。应该怎么样描述这个过程？我们中国在河北西北部泥河湾的马圈沟发掘出了 200 多万年前的一个遗址，在安徽的繁昌也发现了 200 多万年前旧石器时代的遗址，在三峡库区的巫山发现过所谓巫山人的遗址。巫山人可能有点问题，就是有的所谓人牙不是人牙，个别的人牙可能是洞穴的裂隙里掉下去的，但是那个遗址本身还是很早的，也是 200 多万年前的。在云南发现的所谓元谋人，既有牙齿化石，也有石器，还有用火的痕迹，根据测定估计是 175 万年左右。所以中国从南到北，已经不止一个地方，发现了 200 万年或接近 200 万年前人类的文化遗存，说明那个时候是有人的，没有人怎么可能有文化遗存呢？这跟人类起源的年代不远了。从那以后中国旧石器时代的早中晚期都有一些人类化石的发现，还有更多的文化遗址的发现，所以现在中国的很多学者主张中国的现代人应该是中国最早的人自己演变过来的。

因为中国的考古资料在人类起源和早期分布上具有重要意义，所以现在在旧石器时代这一段研究的两个热点，一个就是人类的起源，刚才我讲的就是追溯人类的起源；还有一个就是现代人的起源。以前我们都是把早期的人划分为三段，最早的叫猿人，第二阶段叫古人，第三阶段叫新人。现在在学术界把早期的猿人叫作直立人或者叫作直立猿人，古人叫作早期智人，新人就叫作晚期智人或者叫作现代人。最近一些年一些分子生物学家通过对现代人的细胞内有线粒体 DNA 和 Y 染色体的研究，提出一个命题叫"现代人非洲起源论"。譬如说我们中国吧，中国也有直立人，也有早期智人，也有晚期智人，直立人里也有早期直立人、晚期直立人。但是有些学者，主要是些外国的学者，认为中国的晚期智人也就是现代人不是中国早期人的子孙，他们都是从非洲来的。先有所谓"夏娃理论"，说全世界的人都起源于非洲 20 万年以前的某个妇女。后来又有"亚当理论"。这个认为现代的男性都起源于非洲若干万年以前的某个男性。但是我们在考虑这个问题的时候,不但要注意分子生物学的推论,更要注意这些化石人在体质特征上有没有联系和传承性。譬如说,中国的直立人与中国的智人是不是看不出任何继承性,而一定要到非洲去找他直接的祖先,显然不是。有一个最明显的例证。你们看看自己的门牙,这个门牙是铲形门齿,像个小铲子,有的翻译成箕形,像个簸箕一样的。北大的外国人很多,你们可找他们的牙齿看看,就不是这样的。在世界上三大人种,白种人、黄种人、黑种人,或者叫作欧罗巴人种、蒙古人种和尼格罗人种里边,这种铲形门齿是蒙古人种也就是黄种人的一个重要特点。我国的元谋人,175万年前的,牙齿也是铲形的,周口店的北京人也是铲形的。以后发现的智人化石也都是铲形的。这很明显就有一个继承性。这是第一。

第二还要看文化。就是这些人留下的文化遗存,主要是石器。石器有一定的加工技术,有一定的类型。无论从使用的石材还是加工的技术,还是石器类型来讲,我们中国的石器都有一定的继承性,而和非洲的、欧洲的不一样,所以你从这个角度比,硬说是非洲来的,也不太容易说得通。

现在最重要的就是所谓分子生物学的研究和基因的研究了。大家知道,最近人类的基因图谱已经做出来了,那是很复杂的一个图谱,而我们已找得到的古代人的基因,就是很短的一段,这就有能不能符合,怎么个符合法,以及截哪一段的问题。这就仁者见仁,智者见智了。我们觉得这也是一个研究人类起源的途径,但是我觉得这个方法现在还不是很成熟,还是刚刚开始的,而且我们从体质特点看到的情况和从文化上看到的情况不一致。在这种情况下,能不能轻易相信所谓"夏娃理论"和"亚当理论",就有问题。

为把这些事情说清楚,现在研究古人类的一个重要的机构——中国科学院古脊椎动物与古人类研究所,就把中国现代人的起源作为一个重要的国家研究课题,我们北京大学考古文博学院有一个中国考古学研究中心,也作为一个重点的课题在研究。我想结果实际上我们都可以预期得到,只不过这两个课题进展下去可以说得更清楚一点。这是最近旧石器时代考古研究非常大的一个大进展。

第二个进展就是中国旧石器时代的文化分期上。原来一般分早期、中期、晚期就完了,现在看得出来中国南部和北部的旧石器文化不一样。我说的南北是以秦岭、淮河为界的南北,北部的南面和北面又不一样,北部的南面比如说山西的南部、河南、陕西这一带,石器个头比较大;北部的北面,到了北京周口店、辽宁、内蒙古这一带一般石器比较小。不光是大小的问题,还有制法和类型上也不一样。在中国南部的西南、东南和中南也不一样,所以中国旧石器文化不但可以分成不同的时期,也可以分成不同的地区。假如这些文化都是从非洲传过来的话,这种地区性的差别就不会那么明显。再说，从非洲哪儿来呢，应该有一个路线，这个路线应该有一个演变的过程，但这个完全看不出来。我们看得出来的是在比较早的时候全国就有一些人了，他们在各地都有一个演变的系统，各个系统为下一个阶段的新石器文化的发展提供了一个基础。

除了有这些研究成果以外，旧石器考古最近在方法上有很多进展。一个进展就是注意发现当时人的活动面，和活动地面上各种遗迹的联系，通过这种遗迹来考察当时人的行为，这个工作以前几乎没有做过。第二个是考察了好几个石器制作的地点。打石器的时候有些片是有用的而有些片是没用的，没用的就散落在周围，把这些石片捡起来，再把它拼合起来，证明石器就是这儿打制的。拼合率比较高的地方可以达到14%，这个在全世界来讲也是一个比较高的比率。第三个开始做了不少实验，开始建立实验考古学。石器究竟是怎么打的，只能根据它上面的痕迹来进行推测，然后我自己来做，如果是一样的那就证明就是这么打的。这个石器是怎样用的，是砍树的，打野兽的，还是剥兽皮的？我就去砍树、剥兽皮，它上面就会留下使用过的痕迹，跟原来的石器上的痕迹作比较，就可以对那个石器的用途作出比较准确的判断。还可以从这种实验里边了解石器的功效，比如说我拿石器砍一棵树，20厘米直径的树，看看要多少时间能砍得下来，可以对石器的作用有较清楚的认识。

下面，我讲一下关于新石器时代研究的进展。

在新石器时代的最大课题，一个是新石器文化是怎样起源的，一个是中国的农业是怎样起源的？第一，这两个问题是有关系的；第二是发展的，发展是一种什么样的模式？第三是中国文明的起源，现在有些什么线索，有些什么认识？

二十多年以前发现的中国新石器时代文化差不多都是晚期的，我们当时讲课一讲那个这个文化就是晚期的，学生就提问：旧石器时代有早、中、晚，怎么新石器时代只有晚的呢？我就说，早的还没有发现。但是现在我们可以讲新石器时代早期、中期、晚期，或者还有一个铜石并用时代，相当于从石器时代到青铜时代过渡的一个时代，我们可以把整个新石器时代划分为四大阶段。不但如此，还可以把新石器时代文化划分为若干区，最核心的地区在中原，在黄河流域和长江流域形成一个内圈，有五六个文化区，然后在这以外再形成一个外圈。所以，我曾经形容中国的新石器时代文化像一个重瓣花朵，文化这朵花瓣它有中心，有主体，有外围。这个认识对于了解中国后来的历史发展极为重要。

这个认识如果同自然环境的研究联系起来的话，其实是很容易理解的。因为中国有960万平方千米，是很大一块地方，从自然地理角度可以分为三块，一块叫作东亚季风区，从东北到云南划分条斜线；第二块西北干旱区，从内蒙古一直到新疆都是，因为离海较远，纬度又高，所以降水量小。还有一块叫青藏高寒区，纬度不很高，但是地势很高，大家知道地势每高 1000 米气温就要下降 6℃，青藏高原平均海拔 4500 米左右，它的平均气温要比别的地方低 20 多℃，青藏高寒区面积占全国的 22% 左右，但是人口不到全国的 1%，人烟稀少，它不可能是农业起源地。西北干旱区也不可能是农业起源地，因为它太干燥，人口也较少。东部季风区又可分成四块，最北的东北，纬度较高较寒冷，森林茂密，也不可能是农业起源区。最南边的这一块多山，没有多大平原，也没有什么冬季，一年四季植物动物都生长茂盛，人类要获得食物资源很容易，没有任何生活压力来搞农业生产。只有黄河流域和长江流域四季分明，又有一个比较长的冬季，所以必须解决冬季食物短缺这个问题。什么食物能储藏到冬季呢，是谷类作物，大米、小米这类的东西，它们不仅可以储藏，而且生长期也比较短。人类在食物短缺的时候，采集野生谷物为食，不仅了解它的可食性，还会了解它的生长规律。中国的黄河流域和长江流域两个农业起源中心就是最近才弄清的。特别是稻米的起源时间，差不多每 10 年就推前 2000 年，推到现在已经不能再推了，推到了 1 万年左右。其中江西的仙人洞和吊桶环考古是我负责的，中美农业考古队在那儿发现了水稻植硅石有 1 万多年。过去一般认为农业起源最早的地方是西亚。西亚的农业主要是小麦、大麦，它们的起源时间也有 1 万多年，现在中国的农业起源与那个同样早。第三个农业起源地就是美洲，主要是中美洲。

古代的最重要的文明都是在谷物农业起源中心发展的。你们注意一下，中国的农业是在黄河流域、长江流域起源的。这是两个起源地，一个是旱地农业，一个是水田农业。两个又挨着，它的范围又挺大，这跟西亚不太一样。西亚小麦和大麦是一个起源地，而且都是旱地农业，它的范围也比较小，这里潜伏着一个对以后中国历史发展非常重要的背景。第一，中国是两个农业起源地，形成两个农业体系，这就像个双子星座，可以互补。你那儿缺的，我这儿可以补充。它的范围又很大，基座宽。相对而言西亚就比较小，所以经不起冲击。你们知道，西亚的古文明到后来中断了，世界几个古代文明都中断了，只有中国文明没有断，中国古文明不是失落的文明。你们看电视里面讲寻找失落的文明，有人想到中国也去找失落的文明，我说中国文明没有失落啊，中国文明一直连续着的。这个就与农业两个起源地有很大的关系。

我刚才还把整个地势跟大家讲了一下，什么意思呢，中国最好的地方，农业起源的地方是在比较靠中间偏东的地方，那里就像一个重瓣的花朵的核心，这样就会形成一种向心力和凝聚力。假如不是这样，我们中国的农业起源地和文明发达的地方是西藏或是新疆，那历史就不一定这么写下来了。中华文明之所以那么发达，影响那么深远，持续那么长久，就与这个体系有非常大的关系。还有一点，我刚才讲了，它是一个重瓣花朵，不是像以前有的人讲的一切都是中原中心，一切都是中原传播，过分强调中原的重要性。中国到现在还是一个 56 个民族的国家，不过是以汉族为主体，实际就是一种多元一体。一定要认识这个特点，不能过分划一，什么都按照一个模式，那我们社会发展就失去活力，历史节奏就会迟缓。所以过去西方人，有的有偏见的学者说中国文化的特点就是落后的、保守的，几千年一个封建社会持续下来。我们分析，中国是由很多民族、很多不同的文化区构成的，既然有不同的文化区，就能够相互比较相互竞争，就有内部的活力。中国的文化能够一方面不断更新，另一方面又有继承性。一个社会在这两方面都兼顾的时候，就是一个健全的社会。如果只强调继承它就没有活力了，不能跟着时代前进而前进，这个文化也要灭亡了。如果它仅仅是斗来斗去，也长不了的。但是中国这两方面兼得，中国的文化从新石器时代开始呈现出一种多元一体结构，这是一个非常重要的结论。

在中国新石器时代发现的人骨数据以万计，初步研究的结果主要属于东亚蒙古人种，可能还有一些南亚蒙古人种的成分，跟我们现在中国人种的构成基本上是一致的。大家知道世界有三大人种：蒙古人种、欧罗巴人种和尼格罗人种。蒙古人种里一般划分为东亚、南亚和北亚。北亚主要是因纽特人和生活在西伯利亚的一部分人种，中国东北也有少部分北亚蒙古人。总而言之，基本属于蒙古人种的范围，在新石器时代以后的青铜时代，在新疆开始有一些欧罗巴人种，就是白种人。南亚人种主要在广东、福建。所以从人种的角度来讲，中国也是多人种，但是以东亚蒙古人种为主体。这样就完全否定了过去所谓的"中国人种西来说"和"中国文化西来说"，这些说法是完全站不住脚的。

最后说说关于文明起源的问题。有一段时间，特别是"文化大革命"时期，特别强调"中原中心论"，人类也好，文化也好，不能有一点不一样，那实际上就是想强调国家的统一，思想的统一，但太过分而离开实际了。20 世纪 70 年代末 80 年代初，一些重要的考古发现从根本上动摇了"中原中心论"。比如说在辽宁省发现了一个红山文化特别壮观的墓冢群，它是一个贵族的坟山，说明当时的社会已经分层。在浙江的良渚，我们发现有一个土台子，670 米长，450 米宽，面积有 30 万平方米，中间有巨大的夯土基址，很明显是一些大型建筑的遗迹。在它的旁边有祭坛，有贵族的坟山，一座坟山就发现十多个墓葬，一座墓葬里就有几十或几百件玉器，一个墓地里发现的玉器就比当时同时期全国发现的还多，那是很高级的贵族墓。看样子就是良渚文化的中心所在，可能是都城所在。然后它还有次中心，还有再次中心，所以它是一种金字塔式的结构。

　　你们注意我讲的地方。在湖北天门，我们发现一个城，这个城现在立在地面上，看得见。我们在那儿做了两年考古就没有想到那是一个新石器时代的城，我以为是现在的堤，因为它的底座宽有六七十米，高现在还有五六米，外面的护城河，现在都还有，也有六七十米宽，这整个的城南北 1200 米，东西 1000 米左右，面积 120 万平方米，这里面发现了很多很重要的遗迹。有几个窖穴，里面几百个小陶人，都戴了帽子，穿着长袍。里面还有很多陶动物，有家畜，猪、羊、狗、鸡等；还有野兽，特别是象，各种各样的象，也有猴，还有鸟类，有上万件，它可能是大规模宗教祭祀的用品。像这样一个城建起来，那得多少人力啊。如果没有一个强有力的社会组织，能把它弄得起来吗？

　　在甘肃秦安，我们发现了所谓新石器时代的原始殿堂，这个殿堂是仰韶文化晚期的，地面跟灰黑色的水泥差不多，硬度也差不多，墙壁有柱子，外面抹泥，火烧后，泥变硬了，倒在地上，里面的木头烂掉了，火烧的泥壳还在，有 3 米左右。也就是说，这个墙壁至少有 3 米高。原先是不是更长还不一定，可能 3 米以上。中间的柱子更高，中间的柱子直径有 90 多厘米，墙壁也好，房顶也好，抹的都是白灰，整个房子的面积有 290 平方米，人们把它叫作原始殿堂。

　　你们看我讲的地方，辽宁、浙江、湖北、甘肃，都不在中原，这都是过去叫作旧石器时代的遗址，很明显，这些地方都已经放射出文明的光芒了，就是说社会已经在分层了，分成贵族阶层和平民阶层。有些高级的建筑、大的城墙出现了。所以，我们认为探索中国文明的起源，这是一个重要时期，而这个起源地不在中原。这样，在考古界提出了一个中国文明起源的多中心说。

　　但是有一些先生走得远了一点儿，他们觉得什么都在外面，中原落后了。我说中原也不一定不行啊。最近在山西南部有个叫陶寺的遗址发现许多墓葬，已经挖了 1000 多座，墓地大概有 1 万多座吧，那就说明这个地方是人口很集中的地方，不是一般的村落。这个墓地的墓葬 90% 一无所有，就是一个人骨架，10% 左右里面埋了些东西，我们把它叫中等墓，不到 1% 的墓埋了很多东西，有玩的东西，很明显是一个金字塔。我们估计那里一定有城，前不久真的找到一个城，这个城的面积是 200 多万平方米，比我刚讲的湖北那个还要大，所以中原不落后，这就恰好形成既有花心又有花瓣，多元一体的结构。这是从农业起源开始到这个时候逐步形成的。

　　这个结构到什么时候还能看得出来呢？至少到春秋战国的时候，差不多每一个文明起源中心都是一个大国所在。比如说湖北那儿是楚国，辽宁那儿是燕国，山东那儿是齐国，山西那儿是晋国，甘肃那儿是秦国。所以春秋时候的大国格局，它的历史文化背景在新石器时代就开始了。这是新石器时代考古研究的主要成果。

最近出了本书《中国十年百大考古发现》，每年选 10 个，新石器时代的就有 24 个，所以新石器考古在近年来的考古中进展是最突出的。

下面，讲夏商周考古。

过去我们叫商考古，但是后来改了，叫"夏商周考古"，相当于中国的青铜时代考古。夏的范围不大，相当于现在河南省的中西部和山西南部的一小块。夏的东面是夷，考古上叫岳石文化，也有青铜文化和很好的城墙。在河北和河南的北部一带有先商文化，就是商汤以前的文化。在《史记》里有关于商代先公的世系表，王国维研究甲骨文，发现与《史记》里记载基本相符。王国维把这个叫作"二重证据法"，用地下的东西与文献相互验证。《史记》里有《夏本纪》，它也有一个世系表，跟商代的年表差不多是平行的，所以在夏代的时候已经有一个商国，它的遗存就是先商文化。除此之外，在内蒙古、甘肃、四川、湖北，都发现了相当于夏代的青铜文化，所以夏不是一个孤岛。商代四周也有比较发达的青铜文化，比如四川的三星堆文化就是很发达的青铜文化，青铜人高 1.8 米左右，青铜面具更大，还有很多象牙和玉器。在三星堆发现了很大的城墙，它的发展水平跟中原地区差别不大。在江西有一个大洋洲，发现了很多青铜器，铸造水平也跟商代差不多。在湖南的宁乡发现一大批青铜器，都是偶然的情况下发现的，但去找城和墓都找不到，到现在还是一个谜。不管怎样，那里也是一个青铜文化中心，所以中国考古学在这一段不能只讲夏商周考古，而要讲青铜时代考古。这是一个非常大的突破，这样也就跟新石器时代文化和后面的文化接起来了。光是夏商周就成了一元一体而是多元一体了，这是夏商周考古的第二个重大成就。

第三个重大成就，是在商周考古里最近发现了一些城。这些城当然都是非常重要的发现，引起了很多说不清的问题。比如说最早我们发现了郑州有一个商城是商代早期的或者叫商代前期的，有人认为这是商汤的都城亳，但历史上从来没有说郑州是亳。西亳、南亳、北亳，有各种各样的说法，就是没有郑亳。出土的宫殿很大，青铜器也很气派，完全是都城级的。后来在洛阳附近又发现一个商城，比郑州商城面积稍小一点儿，年代差不多，叫作偃师。商城旁边有一个二里头遗址，没有发现城墙，年代比偃师商城早。过去发现了两个宫殿，探出的宫殿基址有二三十个，还有很大的青铜作坊。碳－14 测定又落到了夏代。现在有个夏商周断代工程，认为二里头是夏代的都城。假如二里头是夏代的都城，为什么旁边有一个商城，这两个怎么挨着呢？这个也还是好解释，那就是说灭夏以后在旁边建一个城监督它。

安阳殷墟是商代晚期的都城，有宫殿，有王陵，规模很大，但有人怀疑那是不是都城，因为那儿的宫殿基址不是很大，也没有城，位置在洹河南岸。最近在洹河北岸，又发现一座非常大的商城，正中间是宫殿，规模也很大，没有问题是都城。年代比南岸早一点。至于为什么跑到南岸，南岸又不盖城，这就说不清了。所以，我提出一个比较模糊的认识，叫作商代都城的认识还不到时候，只有发现更多的都城级的遗址，把它们按年代排比一下，然后再去跟商代的文献记录一比，这就比较好比了。如果就这一个两个，就不知道哪儿错了。所以商代考古，有非常重大的发现，又提出了非常重大的问题。考古经常是这样，一会儿清楚了，一会儿又糊涂了，直到你进一步再清楚的时候，那就上了一个大台阶。这是商周考古的一些情况。

再到周代。周代的文献上讲得很清楚，公刘居彬，古公亶父迁到岐下，然后文王迁丰，武王都镐，都在今西安附近。岐下这个地方就是周原，过去曾发现很多青铜器，20 世纪 70 年代，我在那儿主持发掘，目的是想找先周的岐，结果挖的不是岐，都是西周的宫殿。还挖到了西周的铜器窖藏，非常高级的铜器。去年在我们博物馆做了一个展览，那批铜器都有铭文，是极为重要的文献。还发现了一窖的甲骨文，过去我们只知道商代有甲骨文，不知道周代有甲骨文，那些字像芝麻似的，一般肉眼都看不清楚。这个发现证明西周的文字体系和占卜风俗跟商代的文化是一脉相承的。到了东周，各天子名存实亡，各个国家，春秋五霸、战国七雄都很厉害，根本不把周天子放在眼里。各国经济文化有很大发展，实力强大，留下的遗迹也很多，好些国家的都城保存得很好，我们现在都发现了。

春秋战国历史上有个很奇特的现象，特别是战国，相互之间战争频繁，有的规模极大，但是战国时的生产发展很快，中国的铁器主要就是在那时开始普及的，青铜器铸造技术极高，漆器又多又非常漂亮。大的都城不用说了，还有大的水利工程。文字也非常发达，这些年发现的不少战国文字资料，一部分是在战国的墓葬里出土的，大部分是在西汉早年的墓中，还有一部分是在秦墓中。因为秦总共没有多少年，汉墓里出土的很多文献也是战国时留下的。长城也是战国开始修的，只是秦始皇把它连接起来。所以战国是个了不起的时期，而这个时期从春秋或者从孔夫子开始，就开始注意兴学办教育，出现了知识分子阶层，叫作士。他们思想活跃，所以到战国的时候，各个学派也出来了，百家争鸣。战国是一个文化非常灿烂的阶段。从这个时期看中国历史的发展，所谓"天下事合久必分，分久必合"，其实分中也有合。春秋也好，战国也好，它们不是五霸嘛，霸谁？霸天下！战国七雄，它们都想统一天下，不是搞独立、搞分裂。包括后面的中国历史发展，三国的时候，曹操、诸葛亮都想统一全国，一直到后来努尔哈赤，一个少数民族在东北，也要统一中国，都是逐鹿中原，都要统一中国。这是中国文化长期不变的一个重要原因，在战国时期就体现得比较清楚了。

　　下面，再讲讲秦汉之后。

　　秦汉以后因为历史记载已经很充分，不可能有一个考古发现把整个的历史重写。但是秦汉后也有很多非常重要的发现。过去有人讲"中国文化西来说""外来说"，好像中国古代和外面是一个很通的通道似的。实际上中国跟国外的大规模的交通是从汉代开始的，汉唐盛世就是中国跟外面交通的重要时期。这种交通在西边就是所谓"丝绸之路"，张骞、班超通西域，就是走的丝绸之路，我们现在西安有些墓葬里经常出现什么东罗马金币、波斯银币等很多外国的东西，一些陶俑中常出现所谓胡人的样子。唐代的西安完全是个国际都会，外国人从西面的这条路来，一个是想来看中国的丝绸，贩卖丝绸，所以叫"丝绸之路"，其次还有很多文化上的交流，比如说佛教，就是从那条路过来，基督教不是近代才来的，在唐代那叫景教，在陕西还有一个大秦景教流行中国碑，这是一条通道。

　　第二条通道是东北，就是通过朝鲜到日本，比较早的是中国的稻作农业东传，从华北、东北到朝鲜半岛，再到日本，这么传过去的。水稻过去时带着铜器、铁器，甚至都市文明，这些都过去了，整个日本变了个样，这相当于中国的战国时代到汉代这么一段时间。以后到唐代，当然中国对日本的影响非常非常大了，日本的都城都是按唐代都城长安建的。

　　再一条通道就是南面。南面有两个重要的海港。一个是广州。那里发现了汉代的南越文王墓，墓里的很多东西都是外国的，是西亚阿拉伯的香料、珠宝等，可见那边与西亚是有交通的。当然就会有海上贸易的船。最近搞水下考古嘛，在广东的阳江外海发现了船。船是南宋的，保存得还好，里面装的瓷器估计有几万件，很大的数量，估计是运往阿拉伯世界去的，瓷器都很好。最近在菲律宾附近也发现了运瓷器的船，保存得不大好，应当是从广州或泉州运过去的。这是两个很重要的港口。在泉州发现有阿拉伯人的清真寺和许多墓碑，都是阿拉伯文的，主要属元代。

　　所以，中国从汉起有这么三条通道，虽然来往是相互，主要还是中国对外。了解了这样才能对中国的历史是怎样发展的，外国的文化起了多大的作用，有一个比较正确的衡量，不致太偏颇。我们的发展与外界不是没关系，是有关系的，但是这三条通道是主要的，其他都是比较次要的，而影响的方面主要还是中国影响外面，接受外面的也有。外国人经常批评我们中国学者说，你们影响了外国高兴得不得了，大谈特谈；外国影响了你们，你们就不谈或很少谈。我倒是觉得我们考古学家不太存在这种情况，我们是实事求是，多就是多，少就是少，如果真的外国影响是主要的，我们决不回避。

　　汉唐以后的考古专题性的研究，包括"都城的研究""墓葬制度的研究"。这些年挖了不少汉代的地方王陵。汉代除了实行郡县制，还分封一些王国。汉代这种国王的陵墓不少，规模都很大，就是一直没挖皇帝的，但是前不久挖了一个，陕西的阳陵，就是汉代的景帝的陵墓。"文景之治"指的就是那个时候。

有些地方领导鼓动考古家挖掘陵墓，我们就一直反对，他们觉得不好理解，打开看看有什么不好呢？其实不然。有两个原因不能挖。一个原因是我们现在的建设规模太大，比如说三峡水库，一下子淹掉这么多地方，那你不挖吗？我们的人力物力要投到那里去。第二个原因，是我们现在的保存科学技术不是很好，你挖出来，那就是破坏。它在地下保存了几千年，好好的，留给子孙后代去研究不是更好吗？为什么要把它挖出来呢？

总的来讲，我们这些年的进展还是很大，有很大的发展。比如瓷器考古，就不是像过去就瓷器论瓷器，现在是挖瓷窑，了解这个瓷器是怎样生产的，窑是怎样的窑，是怎样制坯的，生产工艺怎样？有的要进行化验和测试。我们搞的这一套东西，调查手工业作坊，还有运输，它造出来以后，运到哪儿去，销路是哪儿，是不是销到海外？诸如此类，把瓷器考古提高到了新的水平。

啰哩叭嗦讲了很多，特别是后面讲得不太系统，因为我怕耽误大家太多时间。还有几分钟，大家看看有什么问题。我就讲到这儿。

问：您刚才提到多元一体的问题，我记得费老先生有过一本集子，但他没有讲到青铜器时代，这方面您讲得非常系统，又有进一步发展，这方面有什么著作？这是第一个问题。第二个问题就是说我记得前一段连云港又发现一具湿尸，我想问一下，您知不知道情况，这个尸体现在怎么样？

答：第一个问题，"多元一体"这个词是费孝通先生提出来的，但是他是讲民族关系，中国是 56 个民族多元一体，这些民族都离不开汉族，汉族也离不开少数民族，中国的历史是由 56 个民族共同创造的。他是这么个意思。他的文章我是看过的。不过，我在他之前两三年，在美国的国际学术讨论会上提供了一篇论文，讲中国史前文化的统一性和多样性，认为当时已形成一个重瓣花朵式的格局。整个文章的行文，我后来一看跟费先生那个有点像。当时有人跟我讲，你呀，要不是早几年的话，人们会说你是受费先生的启发，甚至是在某种程度上抄袭费先生。幸也我比费先生早一点，否则跳进黄河也洗不清了。我有一个集子叫《史前考古论集》，第一篇就是这篇文章，大家可以去看。

第二个问题，我不知道最近连云港是不是发现了什么湿尸。不过发现古代尸体并不奇怪。明代的尸体常有发现，多是非正式考古发掘，而是施工时挖到的。尸体暴露在空气里，就完了。汉代的尸体也有保存好的。有两种情况可以保存，一种叫火炕，里面完全干燥，包封了白膏泥，不透空气，封得很实，里面可能放了很多中药，这样才得以保存。长沙马王堆一号墓外面很干燥，但里面有液体，应该是很多种防腐药慢慢变成的液体。湖北江陵那个就是水炕，整个都泡在水里面了，地下水比较高，水也隔氧。火炕也好，水炕也好，都隔绝空气，这样细菌作用没有了，化学成分可能在一定阶段以后也稳定下来了，所以能保存尸体。再有一种情况能保存尸体，就是气候干燥，比如在新疆就发现了很多干尸。但是在黄河流域、长江流域的大部分地方，都是一会儿干一会儿湿，四季又分明，尸体就坏得很快。

问：我想问一下您刚才说的青铜时代的"重瓣花朵"结构，它的中心和边缘地区的关系是怎样的，到底谁影响谁？

答：我是讲中国史前文化形成了重瓣花朵式格局。不过青铜文化也是如此。夏商周是花心，刚才已经讲到，外面有花瓣。比如说四川的三星堆，为什么不说它是商文化，只说它是商文化这个阶段呢？因为它跟商文化特征不很一样。那为什么说它是商代的？就因为少部分东西跟商代的很像，是受商文化影响的产物，证明它们之间还是有联系的，这个关系不太密切。四川这地方当时要进去很困难，蜀道之难难于上青天，它周围有高山屏蔽，但它里面环境又极好，是天府之国，它可以滋生一个高度发达的文化。这个文化必定跟周围发生关系，不单是中原，跟湖北、湖南这些地方，还是有些关系的。前面讲的江西、湖南，还有江浙地区、辽宁、内蒙古、甘肃、青海等地，这时都有青铜文化。在这一圈的外面也还有许多文化，所以也是重瓣花朵的格局，或者多元一体的格局，一直持续到现在，只是稍有变化而已。

［原载《北大讲座》（第三辑），北京大学出版社，2003 年］

中国考古学的现状与思考*

讲两个问题。

1. 现阶段是发展中国考古学的黄金时代

中国考古学起步比较晚，比欧洲晚了八九十年。从 20 世纪 20 年代到现在不过八十多年，中间又有抗日战争、解放战争和"文化大革命"时期的停顿与破坏。在剩下的六十多年中，经过了起步、奠基到初步发展，现在则进入全面大发展的时期。史前考古的体系已经初步建立起来，历史时期的考古也有许多重大发现和研究成果。现在任何一部中国通史或中国古代史的著作，都不能不大量引用考古学研究的成果。这些成果是得来不易的，其中凝结着几代考古人的辛劳与智慧，是值得我们珍惜和自豪的。

另一方面，如果与发展比较成熟的西方考古学相比，中国考古学的理论明显不成熟。除了苏秉琦的区系类型理论，没有第二个重要的考古学理论是从中国考古学研究中产生或由中国考古学家提出来的。我们的考古学方法还不够完善，现代科技的应用也不普遍，水平有限。尽管早就有人说现在是中国考古学的黄金时代，我看还不到真正的黄金时代。确切地说应该是发展中国考古学的黄金时代。其理由如下。

（1）中国有得天独厚的发展考古学的客观条件，那就是有大约 200 万年悠久的历史和多种自然生态环境下孕育发展的极其丰富多彩的文化。在历史的长河中，各种文化相互依存、交流、渗透乃至碰撞与融合，发生了极其复杂的关系，逐渐形成为一个有中心、有主体、具有发展活力和极强凝聚力的多元一体格局。发展中有许多跌宕起伏，却始终没有中断而生生不息。通过对这样丰富而独特的历史文化的探索发现与研究，一定可以发展和丰富考古学理论，可以产生自己的考古

---

* 本文据 2007 年 5 月 15 日在国家文物局委托西北大学举办的全国考古所长培训班上的讲话修改整理。

学大师，这个客观条件是其他任何国家都难以比拟的。

（2）我们终于获得了一个长期和平发展的环境，可以安心地做田野考古和研究工作。特别是中国经济迅速发展，大规模的工程建设迫使我们不得不以极大的规模开展田野考古工作，新的发现层出不穷，考古资料和相关的出版物都在快速地增长，为考古研究提供了极好的土壤。

（3）与此同时，我们的考古机构在扩大，管理逐步走向完善，设备不断更新，队伍不断壮大。研究人员的层次结构渐趋合理，高层次人员有所增加。这是提高考古学研究水平的根本保证。

（4）还有一点也是很重要的，就是自由学术环境的建立。改革开放以来，我们终于摆脱了教条主义的束缚，能够实事求是地从事科学研究了。这是发展科学研究的必要条件，考古学的发展自然也不例外。

从以上几点来看，现在应该是发展中国考古学的极好机遇，这个机遇是前所未有的，如果把握得好，必定会促进中国考古学的大发展，所以说当前是发展中国考古学的黄金时代。

2. 当前应该着重注意的几个问题与思考

为了紧紧把握住我国考古学发展的极好机遇，应当分析当前考古工作中存在的主要问题，并且切实加以解决。下面讲的几点意见是我个人的一些思考，不对的地方请大家指正。

（1）多年来，文物考古部门的方针都是以与基本建设相关的考古工作为主，严格控制主动性的考古发掘。这在经济建设高速发展的时期是非常必要的，否则必定会有许多古遗址遭受破坏，甚至破坏了也没有人知道。这是对文物保护和考古学研究的极大挑战。因此我们一定要把主要精力用在与基本建设相关的考古工地上，而不要分散精力去挖那些已知的、保护状况也比较好的大墓甚至是帝王级的墓葬。但是一些人对这个方针的理解和执行是有问题的，把与基本建设相关的考古工作一律说成是配合基本建设。讲配合就有主从，工程建设是主，文物保护是从，这显然不对。有些地方明明有重要的考古遗存，因为有所谓市长、县长的形象工程，考古部门就得去配合。像安阳殷墟那样世界知名的都城遗址，中国社会科学院考古研究所专门设立了工作站，负责遗址的保护、发掘与研究。偏偏在遗址旁边建立了一个安阳钢铁厂，而且这个厂要一再扩建，考古部门就一让再让。更有甚者，有的国家级保护的大遗址，因为农民要盖房或乡镇企业要开发，考古部门也去配合。这类事例实在太多，像这样配合下去，不知道有多少重要遗存被毁掉了。所以我认为有些文物干部对于开展与基本建设相关的考古工作的理解有问题。不是理直气壮地保护文物和为保护文物而开展适当的考古工作，而是跟着人家的屁股后头转，把自己搞得很被动。考古遗存是人类极其宝贵的文化遗产，破坏后就不可能再生，一定要加以保护。我们国家有文物保护法，我们的文物方针头两句就是"保护为主，抢救第一"。保护文物是我们每个文物考古工作者义不容辞的责任，也是每个公民的权利和义务，更是各级政府的职责。既然发现有古代文化遗存，建设部门就必须避让。实在避让不过去也要考古部门先进行勘探发掘，根据发掘的情况再采取适当的措施。工程建设有各种情况，古代文物也有各种情况，应该根据实际情况进行评估以确定如何有效地保护文物。当 20 世纪 80 年代初在河南偃师县城西侧计划建设首阳山电厂时，考古部门随即对该处进行了全面勘探，发现了著名的尸乡沟商代早期的城址。时任中国社会科学院第一副院长兼考古研究所所长的夏鼐先生认为十分重要，亲自找当时的国务院总理赵紫阳反映情况。虽然那个电厂是国家建设重点项目，并且已经做了许多施工的准备工作，总理还是同意另找地方建厂，以便妥善保护商城遗址。辽宁修铁路要通过牛河梁遗址附近，考虑到那是红山文化的顶级遗址，并且要申报世界文化遗产，不能影响周围的环境，建设方案一再修改，以至要多花几亿元。这样的例子还有许多。最近的南水北调工程为了避让重要的古代遗址，不少段落改变了渠道走向。要说配合，那是工程建设部门配合文物保护。所以我认为不要笼统地讲配合基本建设，最好用与基本建设相关的考古工作这样中性的提法，我曾经在国家文物局召开的全国考古工作汇报会上连续两届讲到这个问题。今年 1 月 16 日国家文物局发布了《关于加强基本建设工程中考古工作的指导意见》，规定要从工程建设的立项、可行性研究、初步设计到实施的全过程中，文物考古部门都要介入。特别是在建设项目建议书阶段和可行性研究阶段，文物考古部门就要对项目可能涉及和影响区域内的文物状况提出"文物影响评估报告"，以便有效保护文物。请注意这里没有讲"配合基本建设"。建议大家好好学习，并且在工作中切实贯彻执行。

（2）由于与基本建设相关的考古工作量极大，如何保证考古工作的质量成了十分尖锐的问题。有的工地专业人员偏少而发掘规模过大，工作粗放，缺乏必要的冷静思考和研究。资料收集不全或不合乎规范，记录毛糙，名义上发掘了多少面积，实际上损失甚多，收获甚少。有的领队不到位或一个领队管几个工地，发掘人员只好按老谱去做。要知道考古遗址是千差万别的，发掘固然要按一定的操作规程，实施过程中还必须根据实际情况做必要的变动。发掘工作本身也是研究工作，不能老是一个模子去套。苏秉琦先生曾经针对这种情况，提出在与基本建设相关的考古工作中要加强课题意识，现在仍然存在这个问题。有些工地课题意识淡薄，一味追求速度和发掘面积，以便获得较好的经济效益，是非常错误的。

单纯按发掘面积计算成本的办法也应当适当加以调整。再说过去文物局颁布的田野考古操作规程虽然起过积极的作用，但实践中已发现许多不足。前年北京大学为国家文物局办田野考古培训班时已对操作规程做了大幅度的修改，一是引进了一些新技术新概念和新的记录方法，二是给实际操作中预留了进行研究的较大空间。我想今后在实践中还可以改进提高。

（3）与工程建设相关的考古工作，一般都是时间紧、任务重，容不得仔细琢磨。即使采取了很多措施和加强课题意识，也难免做得比较粗放而不能尽如人意。长此以往，不但对考古学科的发展不利，而且对考古人员严谨作风的培养也会带来消极的影响。因此适当进行一些主动性发掘是必要的。考古学的发展总是不断地提出新课题，要有比较充裕的时间进行研究，寻找关键性的地区或关键性的遗址进行调查与发掘。这些地区或遗址不一定与工程建设相关。例如有些旧石器时代或新石器时代早期遗址就不一定与工程建设相关。一些大型的或都城级的遗址，为了更好地保护，必须进行全面的勘探，同时也要进行适度的发掘以做出准确的评价。这样做不但会促进考古学研究，也有助于田野考古水平的提高。

（4）过去因为田野考古任务重，没有时间进行资料整理与研究，有的只写了一个简报，有的连一个简报也没有。库房里资料越积越多，时间一长，有的器物损坏了，有的资料散失了，加上人员的变动，简直就成了一批搞不清楚的糊涂账，严重影响考古学的发展。近年来国家文物局采取了一些措施促使尽快出版考古报告，我觉得这是一个战略性的措施，受到学术界的普遍欢迎。现在考古报告越出越多，有的是还多年的旧账，有的是新的考古成果，而且印刷质量也越来越精，这是十分喜人的现象。不过有些报告并不令人十分满意。你说要如实全面地报道考古资料，于是就不厌其烦地按单位罗列，没有重点，没有严密的逻辑，眉毛胡子一把抓，缺乏必要的归纳和分析。报告越出越厚，水平却没有相应的提高，这问题需要好好研究并加以改进。

（5）如果田野考古报告水平普遍提高了，我们整个考古学的水平也会大为提高。但考古报告毕竟只是田野考古工作的总结，是考古学研究的基础性工作。考古学要深入研究历史，还必须有大量的专题研究和综合研究，要有理论和方法论的探讨，还应该尽可能运用现代科学技术手段。只有在这些方面都取得了骄人的成果，我们考古学的黄金时代才算确实到来了。

（6）最后讲一下学风问题。考古学是一门科学，来不得半点虚假。有些情况你弄错了，别的发掘可以检验和纠正。但是有些遗迹和重要现象挖坏了或判断错了，就不好检验。所以要特别慎重，反复检查。如果马马虎虎，甚至挖错了造假账，那就是学术道德的问题了，你不是在搞研究而是在搞破坏。这问题已经暴露了一些，希望引起高度的重视。

　　学风问题是一个科学意识的问题，一定要实事求是，踏踏实实，不能想当然。现在总的倾向是浮躁，工作不扎实，研究不深入。有的问题别人早研究过了，你连人家的文章都没有看，又重复研究，一点新意也没有。有的是标新立异，既不尊重历史，也不尊重别人。发表见解只从自己小范围看问题而不顾及大局。这些都是要克服的。对国外的理论方法要了解，要有分析。过去一概排斥固然不对，现在有些人把它捧上天也不合适。应该有分析地对待，并且在自己的工作和研究中加以检验。

　　我想这些问题解决了，中国考古学的水平就会大幅度地提高，就会产生具有中国特色的考古学理论和方法，中国考古学的黄金时代就真正到来了。作为一个考古老兵，我热切地期待着那一天的到来，并愿与大家共同努力。

　　　　　　　　　　　　　　　（原载《中华文明的始原》，文物出版社，2011 年）

中国能够产生考古学大师

——与《光明日报》记者薄洁萍的谈话

记者：我国的考古重大发现几乎年年都有，最近，国家文物局在南京召开了全国考古工作会议，全面总结了两年来考古工作的成就和存在的问题；《考古》杂志社也邀请有关考古队的专家就 2001 年度国内最重要的考古发现作了 6 场学术报告，考古专家们的发掘和科学性的解释使我们能够更真实准确地了解我国古代灿烂的历史文化，也使我们更加认识到考古人才的重要和社会对考古人才的需求。高校是培养考古学人才的主要基地。能否给我们简单介绍一下我国高等院校设立考古专业的情况。

严文明：中国高等学校的考古教学和研究差不多是与近代田野考古的开展同时起步的，但正式设立考古学专业是从 1952 年北京大学历史系开始的，教师有夏鼐、裴文中、苏秉琦、林耀华等著名学者，因此起步很高，学生经过正规的专业训练，一般有较高的业务水平，现在考古界的一些知名人士和学术带头人大都是北京大学培养出来的。1956 年西北大学历史系设置了第二个考古专业，1972 年以后，四川大学、厦门大学、吉林大学、山东大学、南京大学、武汉大学、中山大学、郑州大学和山西大学相继设立考古专业，一些综合性大学和师范院校的历史系则开设了考古学通论等课程，从此高等学校进入了大规模培养考古人才的时期。过去高等学校以培养本科生为主，而随着我国考古工作的发展，各校也积累了很多办学经验，业务水平有所提高，图书资料和仪器设备都有所充实，具备了招收不同层次学生的条件。学生的来源也更加广泛，除了有来自大陆各省市自治区的以外，还有港澳台的学生和许多外国的留学生。毕业以后大部分进入考古学研究机构或相关的部门，对于发展我国的考古学，提高考古学研究水平发挥了重要的作用。

记者：考古研究有时要配合工程建设，因此对考古人员的实际操作能力要求很强，比如三峡工程建设，一下子就调动了几十支考古队伍。从这方面讲，考古学人才的培养有它特殊的一面。您从 1983 年起到 1992 年，曾先后担任北京大学考古学系副系主任和系主任，结合北京大学的实际情况，您对高校考古学教学和人才的培养一定有许多体会和经验。

严文明：高等学校培养学生一般要注意基础理论、基本知识和基本技能三个方面的学习，考古教学也不例外，只是各个学科培养的内容和方法有所不同而已。就考古学来说，能不能组织好田野考古实习是个关键。实习分三方面，一是一、二年级配合课程的教学实习，如旧石器考古，去考察一下典型的黄土剖面，学习一下打制石器等。这类实习时间短，目的是让学生有点实在的感觉。二是三、四年级的基础实习，从调查、发掘、室内整理到编写报告做全面的训练，让学生掌握田野考古的方法。每个阶段都有若干要求，并有相应的指标和评分。我们有一个规定，学生在田野考古中如不及格就不能毕业。通过这样严格的训练，使学生掌握田野工作的基本知识和技能。三是毕业实习或专题实习，目的是训练学生围绕一个课题来搜集整理资料和初步研究的能力，最后产生毕业论文。这三方面相结合，学生的田野考古与研究能力都得到了锻炼。这是一个较成功的经验。学生在考古工地实习，有时还要让他们做一些组织工人、管理资料和有关生活方面的一些杂事，要学会跟各方面的人打交道。这几个方面的锻炼对学生大有好处，为他们走上社会从事考古工作奠定了基础。若干年前，国家教委派人到北京大学做过一个调查，发现考古专业的成才率特别高。我们的毕业生在各级考古文博部门担任领导职务，成为业务骨干和学术带头人的很多。总结经验主要有：一是田野考古接触面广，锻炼了同学的实际工作能力；二是考古发掘要求对实物和现象做出解释，促使学生能够较好地将理论与实际结合起来；三是在工地上，教师言传身教，学生耳濡目染，教师可以有针对性地帮助学生，真正做到教学相长；四是与社会联系紧，走上工作后适应性强。从总结中，我们可以看出田野训练对考古专业学生的重要性。

记者：您曾经提出21世纪的中国考古学将越来越走向世界，它应该体现在哪些方面？

严文明：中国要走向世界，世界也需要了解中国。考古学既是民族性的，又是世界性的，作为一名考古学者，不能只研究中国考古学，更需要花一定力量去研究外国考古学，了解外国同行的重要发现和研究方法，以便相互交流和借鉴。事实上，许多国家的考古学界都是既研究本国，又研究外国的，相形之下，中国考古界做得较差，迄今，国外研究中国考古的学者比中国研究外国考古学的学者要多，这个情况应该改变，否则不仅与我们这个文明古国和大国的地位不相称，也不利于发展我们中国的考古学。这些年我们打开了大门，有许多学者到外国去访问、讲学或参加国际会议；同时邀请了许多外国学者来我国访问讲学或参加学术会议。我们还同一些国家的学者合作进行田野考古工作，一些学者在自己的研究中试图借鉴国外流行的某些方法，不少留学生到国外学习考古学或人类学，高校考古专业陆续设置了一些外国考古课程。但这些努力仅仅是初步的，还应该有进一步的措施。如有计划地介绍外国考古学的主要发现和研究成果，尽可能多地派遣留学生和进修生到国外学习，培养一批既懂中国考古又能够从事外国考古学研究的人才；积极开展中外学者的合作发掘与研究，在制定考古学研究规划时应该把外国考古学作为重点项目纳入，有关部门应该有计划地收集外国考古学的资料，包括文献资料和实物资料等。如此坚持若干年，我们对外国考古学的了解将会有明显的进展，中国考古学在国际上的地位也将大为加强。

　　记者： 在新世纪，对青年一代的考古工作者，您有什么建议和希望？

　　严文明： 现在有越来越多的青年人参加到考古学者的行列中来，这是我国考古学发展的希望所在，我以极大的热情欢迎他们。作为一名考古工作者，你们首先要了解考古学的性质和特点。考古学是一门实践性很强的学科，又是特别讲求理论和方法论的学科。关在书斋里无法进行考古学研究，必须坚持下田野。做田野工作自然比较艰苦，因此要有吃苦的思想准备。田野考古不只是技术性工作，要善于动脑筋，讲求方法，因此要有理论和方法论的修养。这样你就会不断有新的发现和新的收获，就会感受到无穷的乐趣。其次，考古学研究的对象是不会说话的实物遗存，涉及的方面又十分广泛，要正确地给予诠释，除了要有正确的理论和方法论的指导，还必须有广博的知识。要有古文献方面的修养，还要懂得一点人类学、民族学、地质学、古生物学和有关自然科学方面的常识。这样看问题才会站得高、看得准。最后，要有严格的科学态度和高度的责任心，不能马马虎虎，更不能玩一点假。考古学者历来是很看重学术职业道德的。

　　中国那么大，考古学遗存那么丰富，文化关系那么复杂，需要研究的问题可以说是不计其数。应该说中国是发展考古学理论和方法最好的地方之一，是培养考古学人才最好的地方之一，是可以产生考古学大师的地方。青年朋友们，努力吧！

　　　　　　　（原载《光明日报》2002 年 4 月 28 日。后收录在《丹霞集——考古
　　　　　学拾零》，文物出版社，2019 年）

中国新石器时代考古研究简史

一　艰难的起步[1]

在中国，很早就有人注意到新石器时代的遗物了。东汉袁康《越绝书·宝剑篇》引用风胡子对楚庄王的话说道："轩辕、神农、赫胥之时以石为兵……黄帝之时以玉为兵……禹穴之时以铜为兵……当此之时作铁兵。"如果春秋时的风胡子完全没有石器的知识，是不能把石兵作为一个时代的特征来提出的。我们可以在古文献中找出不少有关出土或贡献石器的记载。《旧唐书·高宗纪》："楚州刺史崔偘献定国宝玉十三枚，其十二曰雷公石斧，长四寸，阔二寸，无孔，细致如青玉。"宋沈括《梦溪笔谈》："元丰中予居随州，夏日大震，一木折，其下乃得一楔……楔乃石耳，似斧而无孔。"元倪瓒《云林石谱》写道："临江军新淦县东北数十里，地名白羊角……地中往往获古箭镞，锋而刃脊，其廉可刿，其质则石。"这些显然都是新石器。但是它们既非"珍品"，又没有任何铭文可借以"考经证史"，是故在以后很长的时期里，都不曾为金石学家们重视，没有谁把它列为研究的对象。

直到19世纪末至20世纪初，一些外国的传教士和"学者"们到我国各地调查"探险"，捎带采集了一些新石器时代的遗物。例如在19世纪60年代之末，印度加尔各答亚洲博物院院长、英国人约翰·安特生（John Anderson），沿伊洛瓦底江进入云南，于磨明（译音）附近采集了石斧、石凿等150件[2]。1900～1901年，瑞典人斯文·赫定（Sven Hedin）在新疆罗布淖尔采集到了细石器；自后英国人斯坦因（Stein）在同地也采集到一些石器，同时日本人鸟居龙藏在辽宁和内蒙古东南调查过若干新石器时代遗址。又1912年劳弗尔（B. Laufer）《中国古玉

---

〔1〕　原载《新石器时代》，《中国考古学》第二分册，北京大学历史系考古专业教材，1964 年，10 ~ 13 页。

〔2〕　John Anderson, 1871. *A Report on the Expedition to Western Yün-nan via Bhamo*, Calcutta.

考》，1898 年几格里阿里（E. H. Giglioli）《中国石器时代》[1]，1920 年瑞典人安特生（J. G. Andersson）《中国新石器时代之石器》[2] 和 1923 年英伯尔特（M. H. Inbert）《中国石器时代》[3] 诸文中，除征引中国古籍中所载发现石器之事例外，亦均列举当时在各地采集之石器，其出土地点包括了东北、内蒙古、新疆、山东、河北、陕西、福建、四川、云南等省区。

瑞典人安特生原在 1914 年受聘为当时北洋政府的矿业顾问，后来逐渐对考古发生了兴趣，从 1918 年起就在华北各地采集和收买了许多新石器标本。1921 年，他根据助手刘长山提供的线索，主持了河南渑池仰韶村的发掘，那是在中国考古史上第一次应用近代方法，并且工作量较大的一次工作，标志着中国近代考古学的开始。在仰韶村发掘的结果，发现了以彩陶为特征的甚为丰富的遗存，并被命名为仰韶文化。

1923 ~ 1924 年，安特生及其助手赴甘肃、青海进行考古调查，结果发现了约 50 处遗址，大部分都包含有新石器时代的遗存。

安特生的工作并没有一套完整的方法。绝大多数的遗址是委之于完全没有经过考古训练的助手采集和主持发掘的，层次不分，也缺乏必要的田野记录。即便是他亲自参加的几次工作，也并非按照规定的方法有目的有计划地发掘，而是东挖一块西挖一坑，并且常常不挖到底。其结果是层次混乱，共存关系不明，往往把不同时期的东西都混杂在一起了。

安特生根据他收集的资料发表了一系列的著作，部分资料的整理和专题研究曾经委托给阿尔纳（T. J. Arne）、巴尔姆格伦（N. Palmgren），比林·阿尔沁（M. Bylin Althin）诸人。他们提出的许多论点充分反映了他们，尤其是安特生本人是用唯心主义的观点和形而上学的方法来处理问题的，西方资产阶级考古学诸流派的一些理论在他们的著作中有很明显的反映。例如当时由于田野考古工作尚未充分开展，在旧石器时代与新石器时代诸文化间还存在着很大的一段缺失，安特生利用了这一暂时的缺失，臆想中国新石器文化是从西方传播过来的，或者是由西方文化传入的推动而得到发展的。又如他认为马厂较半山陶器为晚，因为马厂的纹饰比较成熟；认为齐家早于甘肃仰韶，不召寨早于仰韶，因为齐家和不召寨只出单色陶器，其他二地均出彩色陶器。但究竟什么样的纹饰才能叫作成熟？

---

[1]　E. H. Giglioli，1898. Le'tá della pietra nella Cina. *Archivio per l'antropologia e la etnologia*，Firenze.

[2]　J. G. Andersson，1920. Stone Implements of Neolithic Type in China. *The Anatomical Supplement to the China Medical Journal*，July.

[3]　M. H. Inbert，1923. *Revue indochinoise*，Hanoi.

为什么单色陶器一定早于彩色陶器？这里便有很大的主观随意性。事实上，安特生提出的有关中国新石器时代分期和文化来源等等一系列问题的论断，大部分都是脱离了考古学的规律，用主观臆测代替科学分析的。

在安特生的同时和稍后，即在 20 世纪 20 年代和 30 年代初，一些外国人在我国北方展开了大规模的调查。其中有法国人桑志华（E. Licent）和德日进（Teilhard de Chardin）在内蒙古东部和南部的调查，美国自然历史博物馆亚洲调查队的纳尔逊（N. C. Nelson）在整个内蒙古北部的调查。中瑞科学调查团的贝尔格曼（F. Bergman）在内蒙古和新疆的三次调查，以及日本人、丹麦人和白俄的一些零星调查和个别遗址的发掘等。在这些调查中发现了数百处新石器时代遗址，使我们对北方新石器文化第一次有了初步的了解。但是这些工作大部分是在外国的政治、宗教势力的荫蔽之下进行的，是对我国文物的一种掠夺行为，较之安特生的工作更为浮浅和粗放。

外国人算是给中国新石器时代考古开了一个头，但是他们并没有为这门学科的发展奠定坚实的基础，这件事情是由中国的考古学者们在 20 世纪 30 年代至 40 年代逐步完成的。

1926 年，清华学校研究院的李济同地质学家袁复礼一同发掘了山西夏县西阴村仰韶文化遗址[1]。他把发掘部分划分为 2 米见方的探方，所有现象和出土遗物都按三向坐标记录。虽然在地层划分上仍有不足之处，但比起安特生的发掘来还是更正规和更科学了。

1928 年，中央研究院历史语言研究所成立考古组，其中新石器时代的工作主要由梁思永、吴金鼎和刘燿（尹达）等担任，他们在 20 世纪 30 年代前期于黄河中下游一带做了不少工作。

吴金鼎和梁思永于 1930～1931 年主持了山东龙山镇的发掘，发现了一种与仰韶文化不同而以黑色无纹的陶器为特征的遗存，并被命名为龙山文化[2]。接着在 1931～1934 年，梁思永和刘燿等在发掘河南安阳后冈时发现了小屯（殷）、龙山与仰韶依次叠压的层次关系[3]，从而规定了三种文化在豫北的年代顺序，推动了人们从三种文化的关系进而探索中国古代文化源流的努力。另外，考古组的工作人员还组织过河南安阳高井台子、秋口同乐寨、浚县辛村、大赉店、广武

---

〔1〕 李济：《西阴村史前的遗存》，清华学校研究院丛书第三种，1927 年。

〔2〕 傅斯年、李济、董作宾等：《城子崖——山东历城县龙山镇之黑陶文化遗址》，中央研究院历史语言研究所，1934 年。

〔3〕 梁思永：《小屯龙山与仰韶》，《庆祝蔡元培先生六十五岁论文集》，中央研究院历史语言研究所集刊外编第一种，1935 年。

（今成皋）青台、永城造律台等处和山东滕县、日照两城镇等处的发掘，以及在山东、安徽、河南等地的比较广泛的调查。

在北方，1930 年由梁思永发掘了黑龙江昂昂溪细石器遗址，接着在林西、赤峰等地进行了调查。他在昂昂溪的发掘乃是对我国细石器文化研究中最有成绩的一次工作，是我们研究北方细石器文化的一个有效的立足点。

梁思永先生的工作细致谨严，无论在田野考古方法或在一些重要学术问题领域的开拓方面都起了先驱和奠基的作用。

除考古组的工作外，前西湖博物馆施昕更于 1936 年发掘了浙江杭县良渚等地，前北平研究院徐炳昶等在陕西也发现了新石器时代遗址。

1937 年，日本帝国主义发动了全面的侵华战争，在那些最困难的岁月里，考古工作人员不得不首先服从抗战的需要，只是在可能的条件下争取整理以前的发掘资料，并断断续续地在大后方做了一些田野工作。当时尹达已赴延安，他在工作之余曾采集到一些新石器时代的遗物，并继《龙山文化与仰韶文化之分析》（1937 年）一文之后，又写成了《中国新石器时代》（1939 年）一文，根据历年发掘的比较可信的资料，分析了各文化的具体内容，论述了它们之间的相互关系，批判了安特生的错误论点，是运用马克思主义的观点和方法综合处理我国新石器时代考古资料的一个成功的尝试。

1938～1940 年，吴金鼎、曾昭燏等在云南大理地区调查和发掘了一系列新石器时代遗址，这是西南地区第一次颇具规模的工作。1944～1945 年，夏鼐作为西北科学考察团的成员，在甘肃兰州、临洮、广通等地调查和发掘了一些遗址，从齐家墓葬的填土中发现了甘肃仰韶的彩陶片，从而改订了被安特生倒置的两个文化的相对年代。抗战以后，考古工作并未得到应有的恢复，只有裴文中于 1947 年在甘肃大夏河、洮河和渭河上游作考古调查时发现了一些新石器时代遗址。

在旧中国，考古事业的发展是很艰难的，那时要从事田野工作，首先就受到人力、经费和治安情况等种种限制。当时一些爱国的和进步的考古工作者们在这种情况下坚持了工作，做出了一定的成绩。通过自己踏实的工作驳倒了某些权威学者的错误理论。有的更尝试着用马克思主义的观点来分析处理已经积累的资料，从而为中国新石器时代考古学奠立了初步的基础。

二　回顾与前瞻[1]

我国新石器时代的研究正同整个考古学一样，在中华人民共和国成立以来的

---

[1]　原载《文物》1985 年第 3 期，题目是《新石器时代考古研究的回顾与前瞻》。

三十五年中取得了长足的进展。据我们了解，在这期间发现的新石器时代遗址约有七千处，其中经过发掘的约有四百处。有时单是一个遗址的揭露面积就达数千乃至一万多平方米，发现整座村落或整片墓地的情况也不乏其例。在这样大规模田野工作的基础上，研究的问题自然十分广泛，这对再现我国原始社会晚期的历史起了十分重要的作用。现在对于中国新石器文化的起源和发展道路，文化分区和分期，各地文化在中国古代文明发生中的作用，各地不同系统的文化之间的关系，中国新石器文化同相邻各国新石器文化的关系这样一些课题，都已进行过许多研究；对一些考古学文化的居民的体质特征和族属问题，考古学文化所反映的社会性质和社会组织结构，环境问题和年代问题，以及对于生产工具、房屋建筑、埋葬习俗、个别器物和花纹谱系的研究等等，也都做了不同程度的努力。这一切都是在马克思主义指导之下，全国考古工作者协调一致努力的结果。三十多年中也走过一些弯路，提出过一些妨碍考古学健康发展的错误主张。人们将认真总结经验，汲取教训，以便把今后的工作做得更好。

回顾我们走过的道路，可以把中华人民共和国成立以来的三十五年分为四个时期。

第一时期，1949 年至 1954 年，是一个准备时期。主要任务是建立机构，培训专业人才，对过去有争论的关键问题进行调查核实，同时进行过一些范围有限的田野调查和试掘，为往后大规模田野工作的开展准备必要的条件。例如 1951 年至 1953 年，中国科学院考古研究所（以下简称考古所）成立不久，就组织了河南省和陕西省调查发掘团，分赴河南的郑州、成皋（荥阳）、渑池、灵宝和陕西西安附近的沣河、浐河、皂河流域进行调查和探掘，着重对有争论的仰韶村遗址的文化内涵进行了分析，同时发现了西安半坡等重要遗址。1950 年至 1953 年，前华东文物工作队和南京博物院等单位，为了配合治理淮河的水利工程，在江苏和安徽北部进行了广泛的调查和清理，发现了淮安青莲岗等许多新石器遗址，后来把这类遗存定名为青莲岗文化。

第二时期，1955 年至 1965 年，是一个较大发展的时期。1955 年，为了配合黄河开发计划的执行，由文化部和考古所合组黄河水库考古工作队，在河南、山西、陕西交界的三门峡水库区展开了考古普查，1956 年接着在甘肃刘家峡水库区及其附近进行普查，以期探明各时期遗址的分布及其文化特征。这一工作随后便在全国推广。到 1960 年，通过普查发现的新石器时代遗址约有三千处。

这个时期发掘工作的重点在黄河流域，尤以陕西渭河流域为最。1954 年秋至 1957年春，考古所对西安半坡遗址进行了大规模的发掘，第一次获知仰韶文化村落的大致轮廓，揭开了通过考古发掘探讨氏族社会发展阶段及其组织结构的序幕[1]。

---

[1]　中国科学院考古研究所、陕西省西安半坡博物馆：《西安半坡》，文物出版社，1963 年。

1955 年至 1957 年，考古所在西安客省庄的发掘，发现了一种与龙山文化同时而特征大不相同的文化，被称为客省庄二期文化或简称客省庄文化。此后，考古所又陆续发掘了华阴西关堡（1957 年）、横阵村（1958 ~ 1959 年）和宝鸡北首岭遗址（1958 ~ 1960 年），北京大学考古专业发掘了华县元君庙和泉护村遗址（1958 ~ 1959 年）[1]，每处发掘面积都达数千平方米，不但揭示了仰韶文化的村落和相当完整的氏族公共墓地，而且把仰韶文化的类型、分期及其向客省庄文化过渡的研究推进了一大步。北大考古专业在华县实习时还调查和试掘了老官台遗址，第一次在黄河流域找到了新石器时代早期偏晚阶段的文化遗存，后来被命名为老官台文化。

在河南，考古所 1956 年至 1957 年在陕县庙底沟和三里桥的发掘，提出了由仰韶文化向龙山文化的过渡以及两个文化本身的分期问题。北京大学考古专业 1959 年至 1960 年在洛阳王湾的发掘，发现从仰韶文化早期直到龙山晚期的许多文化层次，加上试掘附近许多遗址时发现的地层关系相互参证，可以建立起一个相当详细的当地新石器文化发展的谱系。1958 年，考古所安阳队发掘了安阳后冈和大司空村两处仰韶文化遗址，提出了将豫北地区的仰韶文化划分为两个类型的问题。在这个时期，河南省文物工作队也进行了许多发掘，比较重要的有偃师汤泉沟（1957 年）、郑州林山砦（1956 年）、鲁山邱公城（1958 年）和临汝大张（1959 年）等仰韶遗址，以及郑州旭旮王（1956 ~ 1957 年）、荥阳河王（1958 年）和偃师灰嘴（1959 年）等龙山遗址。

在山西，考古所山西队于 1958 年发掘了芮城东庄村仰韶遗址和南礼教龙山遗址，1960 年发掘了芮城西王村遗址，对晋南仰韶文化的分期及向龙山时期过渡的问题提供了新的资料。

在河北和北京，河北省文物工作队于 1955 年发掘了唐山大城山遗址，发现了丰富的龙山遗存。该队 1957 年与北京大学考古专业合作发掘了邯郸涧沟和龟台遗址，提出了当地龙山遗存的分期问题。1961 年北大考古专业发掘了北京昌平雪山遗址，发现了丰富的龙山遗存以及年代更早的雪山一期文化。省文物工作队发掘的磁县下潘汪（1959 年）、武安赵窑和永年台口（均 1960 年）等遗址，对河北南部仰韶文化的类型划分及其向龙山过渡的问题提供了新的资料。

在山东，省文物管理处等单位于 1959 年发掘了宁阳堡头墓地，它同泰安大汶

---

〔1〕　北京大学历史系考古教研室：《元君庙仰韶墓地》，文物出版社，1983 年。

口本是一个遗址，只是后来被河流分割开了〔1〕。在这个墓地发现的文化遗存十分丰富而又具独特的面貌，在此前后发掘的安丘景芝镇（1957 年）、滕县岗上村（1961 年）和考古所山东队发掘的曲阜西夏侯（1962 年）等遗址，也都具有相同的特征，因而总名之为大汶口文化。这是黄河下游新石器时代考古工作的一个重要突破。同地龙山文化遗址的发掘则只有潍坊姚官庄（1960 年）和梁山青堌堆（1959 年）等几处。

江苏省淮河以北地区的新石器文化在许多方面都与山东较为接近。南京博物院 1959 年至 1960 年发掘的连云港二涧水库，1960 年和 1964 年发掘的邳县刘林和 1963 年发掘的邳县大墩子遗址，不但丰富了青莲岗文化和大汶口文化的内容，也为探讨这两个文化的关系提供了重要资料。

在甘肃，省文管会于 1955 年清理了兰州白道沟坪的马厂期窑场和墓地，这是在我国新石器遗址中所发现的最大的制陶窑场。省博物馆于 1960 年发掘了兰州西坡呱，发现了丰富的马家窑期文化遗存。该馆 1957 年和 1959 年发掘武威皇娘娘台遗址，第一次在齐家文化的地层中发现了红铜器。考古所甘肃队于 1959 年和 1960 年发掘临夏大何庄和秦魏家两处齐家文化遗址时，也同样发现了红铜器，据此可知齐家文化至少已经进入了铜石并用时代。北京大学考古实习队 1963 年在兰州青岗岔发掘时，发现了一所保存相当完好的半山期房屋，再次证明那种认为半山式陶器是专门用作随葬品的论点是根本错误的。

在这个时期，长江流域的工作也有相当程度的进展。在下游地区，南京博物院于 1955 年至 1958 年发掘了南京北阴阳营遗址，文化面貌接近于青莲岗文化而又不完全相同。该院 1959 年发掘了吴江梅堰，1960 年发掘了苏州越城，对江苏南部的新石器文化有了初步的认识。又上海博物馆 1960 年发掘了青浦崧泽和上海马桥遗址，发现了不同时期的新石器遗存。浙江省文管会 1956 年和 1958 年发掘了吴兴钱山漾，在良渚文化层中发现了丰富的水稻等遗存；1959 年发掘了嘉兴马家浜，发现了一种后来称之为马家浜期或马家浜文化的遗存；同年发掘了吴兴邱城，发现了马家浜、崧泽、良渚三种先后相继的文化遗存，为江浙新石器文化的分期提供了重要的地层证据。

长江中游以湖北的工作做得较多。中国科学院考古研究所于 1955 年发掘了京山屈家岭和天门石家河，发现了一种以蛋壳彩陶和彩陶纺轮为特征的屈家岭文化〔2〕。

---

〔1〕　山东省文物管理处、济南市博物馆：《大汶口——新石器时代墓葬发掘报告》，文物出版社，1974 年。

〔2〕　中国科学院考古研究所：《京山屈家岭》，科学出版社，1965 年。

该所长江队于 1958 年至 1961 年又先后发掘了郧县青龙泉、大寺、均县朱家台和乱石滩等地，确定了当地新石器文化的分期系统，并为探讨长江流域与黄河流域新石器文化的关系提供了重要资料。

在江西，省文物管理委员会于 1962 年和 1964 年发掘了万年仙人洞遗址，第一次发现了前农业的新石器时代早期遗存。

在四川，省博物馆于 1959 年发掘了巫山大溪遗址，发现了一种早于屈家岭文化的遗存，后来这类遗存在湖北西部多处发现，并被命名为大溪文化。

华南地区工作较少，但有一个重要突破，就是过去一向被认为是属于新石器时代的几何形印纹陶文化，实际上是属于青铜时代的遗存。而当地真正的新石器文化乃是绳纹陶、橙黄砂陶和彩陶的文化，且多属洞穴或贝丘遗址。

长城以北地区，各地方文物机构调查了不少遗址，对这一广大地区新石器文化的分布与分区有了初步的认识。考古所内蒙古队 1962 年在巴林左旗富河沟门发掘了一处细石器文化的村落遗址，同类遗存以后被称为富河文化。

由上可以看出，这一时期田野工作的规模相当大，探索的问题比较广泛，确立了一系列新的考古学文化。但总的说来，多数工作集中在黄河流域，且多由中央考古机构担任。地方的工作发展很不平衡，有些地方还有待开发。

这一时期的学术空气也比较活跃，集中讨论了仰韶文化的类型、分期、社会性质和它与龙山文化的关系。1958 年提出了建立马克思主义的中国考古学体系的任务，激发了广大考古工作者的研究热情，加强了在马克思主义指导下通过实物遗存揭示历史本来面目的自觉性。关于仰韶文化等社会性质研究的进展正是在这一任务的带动下取得的。但那时也有操之过急的毛病，提出过一些不切合实际的口号，有些人甚至提出违反考古学规律的见解。不过这种情况持续的时间不长，后来在实际工作中逐渐得到了纠正。

第三时期，1966 年至 1976 年，是一个基本停滞的时期。全国性动乱的政治局面给考古事业带来了破坏性的后果。各级考古机构和高等学校的考古专业事实上都处于瘫痪状态；专业书刊全都停止出版；由于普遍深翻、平整土地，许多遗址遭受不应有的破坏。只是凭着人民群众对于祖国历史文物的珍爱，自发地起来保护遗址，或将无意挖出的遗物保存起来，才免于遭受更加严重的损失。有些专业工作者在十分困难的条件下也作了一些调查和标本征集工作。著名考古学家夏鼐和苏秉琦先生等在 1970 年至 1971 年下放河南息县"五七干校"期间，本着对考古事业的高度责任心，利用假日到因农田动土而暴露的遗址进行"业余"考古调查，先后发现了 6 处新石器时代到商周时代的遗存，对于了解当地新石器文化的特征以及二里头文化的来源等提供了重要的线索。但当时这样的调查报告不止无法发表，甚至被无端地指责，而且把资料弄得下落不明，令人十分惋惜。

到 1972 年，情况开始有些改变。三种全国性考古杂志复刊了，专业干部陆续归队，田野工作也逐渐有所恢复。例如山东省博物馆于 1971 年至 1972 年发掘了邹县野店遗址，它同南京博物院于 1973 年继续发掘的江苏邳县大墩子遗址一样，对解决当地新石器文化的分期提供了确凿的地层根据。山东省博物馆等于 1973 年和 1975 年发掘的日照东海峪和考古所山东队于 1974 年至 1975 年发掘的胶县三里河等遗址，把从大汶口文化向龙山文化过渡的研究推进了一大步。

在黄河中游，郑州市博物馆从 1972 年至 1975 年连续七次发掘了市郊的大河村遗址，发现了从仰韶到龙山的许多文化层次，并有保存完好的仰韶套间式房基。西安半坡博物馆也从 1972 年开始有计划地发掘临潼姜寨遗址。

在黄河上游，甘肃省博物馆曾先后发掘广河地巴坪（1973 年）和景泰张家台（1975 年）的半山期墓地，1973 年又发掘永昌鸳鸯池马厂墓地。青海省文物管理处考古队、北京大学考古专业和考古所青海队于 1974 年至 1976 年发掘乐都柳湾遗址，发现了一千多座半山、马厂和齐家文化的墓葬，并首次在马厂墓葬中发现了殉人的现象。

在长江下游和钱塘江流域，南京博物院先后发掘了吴县草鞋山（1972 年）、常州圩墩（1972 年和 1974 年）和吴县澄湖（1974 年）等遗址，确认了当地新石器文化发展的序列是马家浜—崧泽—良渚文化，在澄湖还发现了良渚文化的古井群。浙江省博物馆于 1973 年第一次发掘余姚河姆渡遗址，发现了早于马家浜期的大量水稻遗存和干栏式房屋的木构件，并有独具特征的夹炭黑陶，因而被命名为河姆渡文化。

在长江中游，长办考古队、北京大学、厦门大学和四川大学考古专业等于 1973 年至 1975 年发掘了湖北宜都红花套遗址，发现了"龙山"、屈家岭和大溪文化依次叠压的地层关系和大溪文化的石器制作场。湖南省博物馆于 1967、1974 年发掘了澧县三元宫遗址，初步明确了当地新石器文化的分期和特征。四川省博物馆于 1975 年至 1976 年又继续发掘了巫山大溪遗址。

在华南，广西博物馆于 1973 年发掘了桂林甑皮岩洞穴和南宁豹子头贝丘遗址等，年代均在公元前六七千年间，与江西万年仙人洞同属新石器时代早期的遗存。广东省博物馆从 1973 年起发掘曲江石峡遗址，其文化面貌颇为特殊，因而被命名为石峡文化。

此外，在东北和内蒙古等地也做过一些小面积的发掘工作。

这个时期田野工作的一个特点，往往是在深翻、平整土地时发现大量遗址，考古工作者不得不选择重点进行抢救性发掘，工作十分被动。真正有计划发掘的甚少，研究工作做得更少，仅有的一点研究又往往受到极左思想的影响。学术上多是前一时期研究课题的继续，新开辟的领域不多。在这期间，考古所和北京大学考古专业先后建立了碳十四实验室，并且发表了四批年代测定的数据，其中大部分是属于新石器时代的，对于新石器考古的年代学研究是一个有效的手段。

第四时期，1977 年直至现在，是一个全面发展的时期。前一时期曾被窒息的自由讨论和学术争鸣的空气一下子活跃起来。1976 年在杭州召开河姆渡第一期发掘工作座谈会时还只有少数代表参加，1977 年在南京召开长江下游新石器时代文化学术讨论会时就有代表各种观点的许多学者自由讨论，相互交流，推动了有关课题的深入研究。此后于 1978 年在庐山召开江南地区印纹陶学术讨论会，也广泛涉及新石器文化的问题。1979 年成立全国考古学会，并于西安举行了第一次年会；1980 年在武汉，1981 年在杭州，1983 年在郑州又相继召开了第二至第四次年会，会上都广泛讨论了有关新石器时代考古的问题。与此同时，许多省和自治区也相继成立了地方考古学会，举行地方性考古学术讨论会，出版了许多新的考古学杂志，如《史前研究》和《考古与文物》（均陕西）、《中原文物》（河南）、《江汉考古》（湖北）、《黑龙江文物丛刊》等，还有一些不定期刊物，如《考古学集刊》《文物集刊》《文物资料丛刊》《浙江省文物考古所学刊》《湖南考古辑刊》《云南文物》《内蒙古文物考古》等等，其中都发表了许多新石器时代的考古报告和论文。

这时期田野工作的一大特色是广泛而深入的发展，不仅黄河流域又有许多新的发现，其他地区也开展了许多工作；不但有大面上的一般性发掘，而且有对于重点遗址有计划地持续多年的工作。还有一点也是不可忽视的，就是许多重要的发现和发掘工作都是由地方文物考古机构负责的，这同 20 世纪 50 年代和 60 年代初期主要由中央考古机构负责的情况有很大的不同，说明我国具有一定水平的考古专业队伍已经普遍成长起来。

黄河流域新石器早期文化的发现是这一时期田野工作的一个重要成就。1976 年，河北省文物管理处等单位发掘武安磁山遗址，发现了一种早于仰韶文化的遗存，此后被命名为磁山文化〔1〕。紧接着，河南开封地区文管会于 1977 年和 1978 年发掘了新郑裴李岗遗址，河南省博物馆于同期发掘了密县莪沟遗址，两处文化面貌同磁山相比既有相似之处，又有一定差别，有人主张单称为裴李岗文化，或统称为磁山文化而区分为磁山、裴李岗两个类型。

---

〔1〕 河北省文物管理处、邯郸市文物保管所：《河北武安磁山遗址》，《考古学报》1981 年第 3 期。

在陕西和甘肃，老官台文化又有许多新的发现，经过发掘的遗址有宝鸡北首岭下层（1977年）、临潼白家（1983年）、和西乡何家湾（1980～1983年）等处。甘肃省博物馆等于1979年发掘秦安大地湾时，也发现了老官台文化的遗存。

在山东，考古所山东队曾于1978年和1979年发掘了滕县北辛遗址，文化面貌接近于磁山文化，被命名为北辛文化。

到目前为止，磁山文化、老官台文化和北辛文化的遗址已发现上百处，发展阶段相同，年代上都早于仰韶文化和大汶口文化，是黄河流域的前仰韶文化或前彩陶文化。这样，黄河流域的新石器时代早期文化（确切些说是早期偏晚阶段）就终于被确定了。

关于江南新石器早期文化的研究也有较大进展。一是早期洞穴遗址年代的确定。那些地方因石灰岩系发达，用贝类测量的碳－14年代往往偏早。经过对广西桂林甑皮岩遗址及其附近各种标本的对比实验，大致了解了偏早的幅度，得知其下层的真实年代为公元前七千多年，是我国最早的前农业阶段的新石器遗存。二是长江中游一系列前大溪文化遗址的发现。例如1978年和1981年发掘的湖南石门皂市下层，1982年发掘的湖北秭归柳林溪遗址和1983年发掘的湖北宜都城背溪遗址等，年代均与磁山文化相当，是新石器早期偏晚阶段的文化遗存。

新石器晚期的研究同样取得了重要的收获。陕西临潼姜寨的发掘到1979年年底已经基本结束，总发掘面积达一万六七千平方米，主要属仰韶文化的堆积。其中第一期即仰韶早期的村落保存甚好，布局清楚，有一百多座房子，分为五组排成圆圈[1]，这在新石器考古工作中是极为难得的，为复原当时的社会组织和村落生活提供了极为宝贵的材料。

在甘肃，省文物队从1978年起连续六年发掘了秦安大地湾遗址，发现房屋基址280多座，还有大量窖穴、陶窑和墓葬，主要属仰韶文化。其中仰韶晚期的某些房屋建筑十分讲究，大的面积将近300平方米，地面和墙壁都抹白灰，室内有许多粗大的木柱，柱子上抹泥和白灰。有的房子内部分间，有的房子在抹白灰的地面上画出人物等尺寸颇大的图画，这都是以前从来没有见过的现象。

在山东，考古所于1975～1978年发掘了兖州王因遗址，发现大汶口文化前期或早期的墓葬一千多座，其中有不少同性合葬和不同性别年龄的多人集体合葬，与仰韶文化早期的葬制颇多相似之处，应属于同一社会发展阶段的遗存。从1979年起，北京大学考古实习队同省文物考古研究所、烟台地区文管会、昌潍地区文

---

[1] 半坡博物馆、陕西省考古研究所、临潼县博物馆：《姜寨——新石器时代遗址发掘报告》，文物出版社，1988年。

管会和考古所山东队等单位分别或合作进行了一系列调查发掘工作，主要有福山邱家庄（1979 年）、诸城前寨（1980 年）、烟台白石村（1980～1981 年）、栖霞杨家圈（1981 年）、长岛北庄（1981～1984 年）、昌乐邹家庄（1983 年）等遗址的发掘，初步建立了山东半岛新石器文化的年代序列，探讨了山东半岛同辽东半岛新石器文化的关系。

在辽宁，省博物馆等单位于 1978 年在长海县等地进行了一系列发掘，初步建立了辽东半岛新石器文化的年代序列。同馆 1979 年发掘喀左东山嘴红山文化遗址时，发现了一组前圆后方，并有陶塑女像和许多立石的祭祀遗址，这在我国新石器时代考古中是第一次，类似的祭祀遗址后来在凌源牛河梁又有发现。内蒙古包头市东郊也发现了属于龙山时代的祭祀遗址。

这一时期在湖北、湖南的一系列发掘工作，已能建立大溪文化和屈家岭文化的详细分期，并有可能划分为若干地方类型。安徽省文物工作队于 1979 年至 1980 年发掘的潜山薛家岗遗址，把长江下游同中游新石器晚期的文化联系起来了。过去很少进行工作的西藏这时也有了重要发现，自治区文管会等于 1978 年至 1979 年发掘的昌都卡若遗址，不但遗物别具一格，而且有许多石砌的房屋基址。

这一时期在龙山文化及其同时代的诸文化遗存中多次发现了铜器，从而可大致确定龙山时代就是中国的铜石并用时代。考古所河南队 1977 年发掘的永城王油坊遗址和安阳地区文管会等于 1976 年至 1978 年发掘的汤阴白营遗址，都发现了用夯土筑房基并用土坯砌墙的遗迹，表明这时建筑技术有很大发展。特别是登封王城岗（1975～1980 年）和淮阳平粮台遗址（1979～1980 年）内，都发现了龙山时代的城堡建筑，平粮台城内还有用土坯砌墙的多间式房屋以及陶管做成的地下水道等，已经具备城市的雏形，是我国已发现的最早的城市遗址。

过去对于龙山时代的墓葬所知甚少，考古所山西队于 1978 年至 1980 年发掘的襄汾陶寺遗址，发现了大批龙山墓葬，大小墓分化十分明显。少数大墓不但随葬器物多，而且有石磬、龙纹盘和鼍鼓等特殊器物，说明当时确已发展到氏族社会的最后阶段了。

这一时期的调查发掘工作还有许多，以上只是举其要者，单是这些也足以说明这一时期新石器考古的广度和深度了。

在这一时期，将现代科学技术应用于考古研究的工作也取得了较大的进展。与新石器时代考古有关的，一是用物探方法进行遗址调查，安徽、河南等地均已做过试验；二是环境的研究，其中包括古植物孢粉和动物群的研究等，都做了不少努力；三是年代测定，全国又建立了一批碳十四实验室，考古所和上海博物馆建立了热释光实验室，北京大学考古系建立了铀系实验室，科学院地球物理所开展了考古地磁的研究。测定年代的手段多了，可以进行互校，把新石器考古的年代学建立在更加可靠的基础上。

这时期的专题性研究也很活跃，例如有关农作物和家畜的起源，石器和陶器制造工艺的探索，房屋建筑技术的复原，某些标型器物和花纹的研究，单个村落和墓地的研究，年代学的研究等等。由于这样广泛的研究工作，我国原始社会晚期的历史面貌已经比过去清晰得多了，新石器时代考古对于研究原始社会历史的重要作用也日益为人们所认识和理解了。

以上是三十多年来关于新石器时代考古研究工作的简单回顾。可以看到，我们虽然走了一些弯路，但研究工作的发展仍然是迅速的，并日益走向成熟的境地。我们已经初步建立了全国新石器文化的分区和分期系统，在过去很少工作的地方发现了一系列新的考古学文化，过去已经发现的文化现在也大大充实了它们的内容，对于它们本身的分期和类型划分、生产水平和经济特点、社会面貌和精神文化等许多方面都有了比较深入的了解；对过去的一些传统观念进行了必要的清理和纠正。现在可以断言，中国新石器文化既不是外来的，也不单是从某一中心（比如黄河中游的中原地区）发源的。它是在本土上，从不同的地区或先或后地发生，并在多种形式的相互影响（包括邻国新石器文化的某些影响）和融合（有时也有分化）的过程中，一个阶段一个阶段地向前发展的。各地的具体情况不同，发展水平也有差异，在相互影响和融合过程中所起的作用自然也不相同。有的地方在某些时期的作用比较大些，另一些地方在别的时期的作用比较大些，没有一个始终处在领先地位的核心。只是发展到了后期，黄河中游的地位才逐渐突出起来，从而奠定了产生中国最早文明的基础。这是根据几十年来的研究成果而得出的关于中国新石器文化发展的一个总看法。

我国新石器时代考古研究发展到今天，显然已经具备了比较坚实的基础。目前，有待探索的问题还非常多，我们应该在已有的基础上继续前进，给自己提出新的更高的要求。

现在关于我国新石器文化的起源问题并没有彻底解决。黄河流域在磁山文化、老官台文化之前还应该有一个最早的新石器文化阶段，这个阶段以前也许还有一个中石器时代的文化阶段。前者目前还没有任何线索，对于后者也还存在着不同的看法。有些同志认为陕西沙苑、河南许昌灵井和山东临沂凤凰岭等以细石器为主的文化遗存是属于中石器时代的，即使这一判断不误，它们怎样发展为新石器早期文化这一课题也不能认为就解决了。这涉及农业和养畜业的起源、陶器的发明、磨制石器技术的发明和应用等一系列问题，也就是所谓"新石器时代革命"。探索这类遗存不能单纯用新石器考古的方法，也不能单纯用旧石器考古的方法，而要把两者结合起来。特别要加强环境考古的研究，即研究在怎样的环境条件下最有利于"新石器时代革命"的发生。如果我们做了这些努力，这一课题是可能解决的。

关于新石器时代向青铜时代过渡的问题也研究得很不够。这涉及我国是否存在一个铜石并用时代，龙山时代是否就是这样一个时代，是否还可以提早一些等问题。现知龙山时代已经有王城岗和平粮台那样的小城堡，但两处的遗址并不很大，将来也许会发现更多更大的城址。这时的墓地还只有陶寺较具规模，那里大墓和小墓的分化已很明显，将来必定会有更多和更典型的墓地被发现，会有更多反映当时社会面貌的资料。如果这些问题的研究有较大进展，那么在我国具体情况下手工业如何从农业中分离出来、私有财产如何产生、阶级如何萌芽、城市如何起源等一系列问题都会取得相当的研究成果，那将是对马克思主义社会发展理论的重要贡献。

从地域分布来看，我国新石器文化的研究还很不平衡。现在的情况仍然是黄河流域的工作较多，研究较深入，长江流域次之，其他地区都很不够，有些地方还是空白。一定要花大力气加强黄河流域以外广大地区的新石器考古研究工作，只有这样才能最后破除中原中心论或黄河流域中心论，正确阐明我国新石器时代文化发展的真实情况和各地新石器文化在孕育我国古代文明中的作用。

为了把我国新石器时代考古研究提高到新的水平，必须在马克思主义理论指导下，加强本学科的基本理论的研究，例如关于考古学文化的划分及其含义，就需要根据实际情况加以研究和发展。我们现在有许多考古学文化可分为若干类型，类型之下还可划分，而若干考古学文化又可组成一个文化群，像这样不同层次的划分，每个层次的实际含义是什么？考古学文化同经济类型以及居民族属的关系又是怎样？还有考古学分期和社会历史分期的关系，各地新石器文化发展的不同道路，以及中国新石器文化在世界原始历史上的地位等等，都是有待深入研究的理论性课题。

为了提高新石器时代考古研究的水平，还必须积极地应用现代科学技术，诸如数理统计的方法、物理探测的方法、微量元素分析的方法、各种器物制造工艺及其功能的研究、古动物和古植物的研究、环境的研究、年代学的研究等等。这样，我们就能在同一研究对象中获得尽可能多的科学信息，以实现新石器考古研究的主要目的——更加准确和全面地复原我国原始社会晚期的历史。愿同全国考古工作者一道，为实现这一目的而竭尽自己绵薄的力量！

1984 年国庆前夕

（原载《史前考古论集》，科学出版社，1998 年）

中国史前研究的现状 *

　　中国史前的历史研究是由考古学、历史学、民族学、古人类学以及其他相关学科的学者们分别进行的，他们研究的内容和方法各不相同，却都是为了正确地阐明中国史前历史的发展。为了组织和协调各方面的研究工作，集中发表有关研究成果，1983 年创办了《史前研究》杂志。尹达在创刊号的祝词中说："我热切地希望着我们史前考古学者、民族学者、古史学者密切配合，从各个学科的角度，深入地探索下去，使祖国有文字以前的社会历史的本来面貌再现于世。这对祖国历史学将是一件重大的贡献，对世界历史也同样是一大贡献。"这番话表达了广大史前学者的共同的心愿。

　　一些迹象表明，大约在一百七八十万年以前就已有人类生活在中国的大地上，云南的元谋人及其文化、四川的巫山人、山西的西侯度文化等大体上都是属于这一阶段的。如果考虑到云南元谋竹棚村和蝴蝶梁子发现的十分接近直立人的古猿化石，特别是在禄丰等地发现的十分丰富的禄丰古猿化石，人们提出中国西南可能是人类起源地区之一的说法就不能说是没有道理的。

　　在中国境内，从直立人、早期智人到晚期智人都有丰富的化石出土。对这些化石体质特征的研究表明其发展基本上是连续的，应是大蒙古人种也就是黄种人形成的核心。另一方面，这些化石人类的发展又是不平衡的。最显著的一个例子是最近发现的湖北郧县人，两个头骨都十分低平，牙床和牙齿远大于一般直立人，他们的发展阶段可能和北京人相当，但其头骨形态则和北京人有较大的差异。第二个例子是辽宁的金牛山人，其地质年代与北京人晚期相当，而体质特征远比北京人进步，大体应归入早期智人的范畴。这种不平衡发展的情况在世界其他地方也能见到，是古人类学研究中的一个新课题。

　　中国旧石器时代文化的发展也基本上是连续的，并且具有某些共同特征。不

---

　　* 本文为 1991 年 11 月 1 日在日本大阪经济法科大学主办的第二届东亚社会与经济国际学术研讨会上的发言。

论早晚也不论是在什么地方，都是以向背面加工的并以小石器为主的石器组群为显著特征，这同非洲或欧洲的旧石器文化显著不同。中国的旧石器文化又是多型性的，其发展也是不平衡的。南方和北方的旧石器文化有所不同，同是北方的旧石器文化，也还可以分为若干类型。辽宁海城小孤山的旧石器遗存年代比山西峙峪或北京山顶洞文化为早，石器骨器等却相当进步，其中有些可与欧洲马格德林文化的出土物相比，是很耐人寻味的。

中国的新石器时代文化早在 1 万多年以前便已发生。广西柳州大龙潭的遗址和墓葬，据碳 - 14 测定为 9500BC ~ 8560BC 年左右，现知华北也有很早的遗存，它们均应属于新石器时代早期；新石器时代中期在华北以磁山—裴李岗文化为代表，华中以城背溪文化为代表，年代约为公元前 7000 ~ 前 5000 年；新石器时代晚期以仰韶文化前期为代表，年代约为公元前 5000 ~ 前 3500 年；仰韶文化后期直至龙山时代结束为铜石并用时代，年代约为公元前 3500 ~ 前 2000 年。

由于自然地理条件和生态环境的不同，中国旧石器时代向新石器时代的过渡大约经历了三种不同的途径，并逐步发展为三个经济文化区，一是华北旱地粟作农业经济文化区，二是华中水田稻作农业经济文化区，三是长城以北包括东北地区、蒙新高原和青藏高原广大地区的狩猎采集经济文化区。

中国新石器文化的发展同样也具有统一性和多样性，并且已经有了民族文化区的萌芽。根据考古学文化的特点，可以大致划分为中原、山东、燕辽、甘青、江浙、湘鄂和四川等七个文化区，它们后来分别形成了华夏、东夷、古燕、戎羌、吴越、荆楚和巴蜀等族系。各文化区既有区别又有联系，好似一个以中原为核心的花朵。这些文化区外围又有许多文化区，分别同相邻文化区发生关系，从而构成一个向心的重瓣花朵式的格局，为往后中国民族文化的多元一体格局奠定了初步的基础。

关于中国史前时期社会制度及其发展阶段的研究，现在还很不充分。历史学家和民族学家们往往划分为原始群、血缘公社、母系氏族公社和父系氏族公社几个时期，并且力图同相应的考古学文化分期联系起来。但前两者主要是一种逻辑推测，考古学家们很少涉猎。对于新石器时代诸考古学文化的社会性质曾经进行过一些研究。一般认为仰韶文化属母系氏族公社阶段，而龙山文化则属于父系氏族公社乃至军事民主主义阶段，但也还有许多不同的看法。现在看来，依据考古学资料是难以判别母系或父系的，过去提出的一些证据大都经不起严格的推敲。但如果依据聚落形态的变化并结合墓葬等有关资料，则不难推知各时期的社会组织结构和经济所有制的情况。我发现无论是仰韶时代还是龙山时代都同时存在着不同级别的公有制，而基本所有制范围似有逐渐缩小的趋势。根据这一线索，似乎可以把整个新石器时代（或许还包括旧石器时代晚期）划归氏族公社时期，即氏族公社所有制为主的时期。它本身又至少可以分为早晚两个阶段，早期氏族公社较小，所有制比较单纯，即基本上为氏族公社所有制。晚期氏族公社显著扩大，所有制形式复杂化。除仍以氏族公社所有制为基础外，还出现了家族公社范围的所有制，同时仍有少量的部落公有制和胞族公有制。到铜石并用时代则应为家族公社时期，家族公有制成为这时期的基本所有制。这时期墓地中出现的由少数墓集结在一起的组群实乃家族墓地的表现。这时期明显出现的贫富分化应是家族公社之间的分化，而不一定是个体家庭之间的分化。氏族公有制依然存在，只是越来越退居次要地位。只有这样来认识中国史前社会的性质，才能理解为什么直到商周时期仍然长期存在宗族特色十分浓厚的农村公社这一事实。

有关中国史前时期的古文献资料可以分为两个部分。一部分是后人对远古时代的逻辑推测，没有什么史料价值；另一部分可能是根据史实口口相传，而后陆续被记录或引证而得以流传的。即使后一部分传说资料，也会因为多次传递而不免失实。过去中国治古史传说的学者往往碰到许多时代颠倒、方位错置以及张冠李戴的情况无法作出正确的判断。于是对于所谓三皇五帝的说法产生怀疑，称之为传疑时代，或者干脆把它说成是伪古史。在史前考古学已经得到相当发展的今天，如果把传说资料同考古学文化结合起来进行比较研究，至少可以找到一个判别真伪的立脚点。现在看来，司马迁《史记》从《五帝本纪》开篇，《尚书》从《尧典》编起并不是没有道理的，这一段历史应该很好地进行研究。当前中国考古学界正在掀起一个探索中国文明起源的热潮，9月份在内蒙古呼和浩特召开的中国考古学会第七次年会和10月份在山东济南召开的纪念城子崖遗址发掘60周年国际学术讨论会都着重讨论了这一问题。大多数学者认为铜石并用时代（包括仰韶晚期到整个龙山时代）就是中国文明起源的重要时代，它同传说中五帝的时代是大体吻合的。

由于中国在地理上自成一个大的单元，四周有高山、沙漠或海洋等自然屏障，难于同其他史前文化中心发生经常性的联系，所以中国的史前文化基本上是独立发展、自成体系的。但这不等于说中国史前文化同外国史前文化没有一点关系。中国史前的某些石器制造技术、粟作农业和稻作农业等曾对邻境地区发生很大影响；邻境地区的某些文化因素也曾传入中国边疆的史前文化，但规模毕竟有限。更多文化因素的传播与交流乃是在往后的历史时期发生的。

当前中国史前研究存在的问题主要是各学科领域的协作不够，至今还没有一个统一的机构或者研究学会；二是新技术和方法的采用还不够广泛，限制了某些研究的深入发展；三是理论性探索还不够活跃，一些重大的理论问题还缺乏深入的研讨。期望这种情况在不久的将来会得到改变。

最近，苏秉琦先生连续发表《重建中国古史的远古时代》[1]和《关于重建中国史前史的思考》[2]两篇文章，提出中国史前研究的两大任务，一是要具体研究从猿到人、从氏族到国家在中国是如何实现的。把这一课题研究清楚，犹如为《家庭、私有制和国家的起源》写一部东方的续篇，具有很深的理论意义。二是要阐明中华民族（以汉族为主体的多民族集团）和中国文化传统的根基是怎样逐步奠立起来的。他认为中华民族极富兼容性和凝聚力的特点，以及精于工艺、善于创造的特点，都是植根于史前时期，并且在整个历史时代直到现在都是在起作用的，很值得我们认真研究。我认为他的这些精辟的见解很好地表达了中国史前学者当前的任务与课题。

　　（原载《東アジアの社会と経済：'91 国際学術シンポジウム報告書》，大阪经济法科大学出版部，1992 年。后收录在《农业发生与文明起源》，科学出版社，2000 年）

---

〔1〕　苏秉琦：《重建中国古史的远古时代》，《史学史研究》1991 年第 3 期。

〔2〕　苏秉琦：《关于重建中国史前史的思考》，《考古》1991 年第 12 期。

中国史前考古研究的新进展（提纲）

一　20世纪中国史前考古的回顾

1. 20～40年代

起步晚，但是有很好的开头。

旧石器时代考古：主要是发掘周口店，它是中外合作和多学科合作的典范，为中国旧石器时代考古打下了坚实的基础，并且培养了裴文中和贾兰坡两位世界级的学者。

新石器时代考古：20年代安特生等对仰韶文化的研究，也是中外合作和多学科合作的典范，为中国新石器时代考古打下了初步的基础。30年代梁思永等的研究开启了中国文明起源的探索。

可惜时间短，后被抗日战争和国内战争所打断。

2. 50～70年代

考古规模扩大，与国外极少交流，自力更生做出了不少成绩。受教条主义和极左思潮影响，但庆幸没有接受苏联专家。

旧石器时代考古：增加了不少分布点，有蓝田猿人和丁村遗址等重要发现，但没有形成体系。

新石器时代考古：调查和大规模发掘许多遗址，发现不少新的考古学文化，但没有形成体系。积极开展了社会形态的研究，走了弯路，取得的成绩有限。

这段时间也不长，被"文化大革命"破坏了。

3. 80年代至今

有以下几个特点。

（1）思想活跃，摆脱了教条主义和极左思潮的束缚。

（2）强调与世界接轨。从研究的内容来说，认识到中国是世界的一部分。从学科发展来说，要在理论、方法和技术上进行调整。

（3）积极开展多学科合作，特别是现代科技的广泛应用。

（4）学科意识增强了，不仅是单纯配合基本建设。

（5）学校和地方力量相对加强了。

在以上条件下，中国史前考古有了比较大的进展。

二　中国史前考古的新进展

（1）关于人类起源和早期发展：过去人类起源是大一元论，猿人—古人—新人直线发展；现在倾向非洲起源，不排除亚洲起源，发展中有分支，有不平衡。现代人有非洲夏娃说和多元说，中国的资料似乎支持后者。

（2）关于旧石器时代文化发展谱系的研究：过去是早中晚三阶段，现在早期明显分早晚，分别与更新世早期和中期相对应。更新世晚期早段为过渡期，晚段为旧石器时代晚期。每期又分为若干地区。

（3）关于人类行为和相关遗迹的研究：注意活动面上遗迹遗物的布局，发现大窑和鸡公山等石器制造场，注意了石器的拼合，有的地方有火塘，马圈沟有大象足印。

（4）关于从旧石器向新石器时代过渡和农业起源的研究：前者进展很小，后者日益明确。确知黄河流域和长江流域分别是黍、粟和水稻的起源地和两种农业体系形成地。

（5）关于新石器时代文化发展谱系的研究：第一次建立了一个比较完整的分期分区系统，理清了几个主要考古学文化发展演变的谱系关系。但是还有比较多的缺环，文化的命名比较混乱。

（6）关于聚落演变与文明起源的研究：从新石器时代早期开始聚落演变的轨迹已经比较清楚，文明起源的过程和模式也逐渐明朗起来。过去的许多说法需要调整。

三　今后的任务

（1）加强人与自然关系的研究。

（2）完善文化谱系和社会发展轨迹的研究。

（3）建立具有中国特色的史前考古学的理论、方法和技术体系，建立中国考古学派。

（原载《丹霞集——考古学拾零》，文物出版社，2019 年）

1983 年的新石器时代考古

关于我国新石器文化的研究，近年来已取得不小的成绩，1983 年又有新的进展。

一　早期文化的探索

磁山—裴李岗文化和老官台—李家村文化的研究正在逐渐深入，陆续发表的资料有《河南新郑沙窝李新石器时代遗址》（《考古》第 12 期）、《河南方城县大张庄新石器时代遗址》、《河北三河县孟各庄遗址》（均《考古》第 5 期）、《临潼白家和渭南白庙遗址的调查》（《考古》第 3 期）、《陕西临潼白家遗址调查与试掘简报》（《史前研究》第 2 期）等。人们一般把磁山—裴李岗文化分为磁山和裴李岗两个地方类型。沙窝李属于裴李岗类型，它的遗址和墓葬都可分为两层，代表先后相继的两个时期，从而把裴李岗类型的分期研究推进了一步。大张庄位于河南省西南部，所见新石器遗存有圜底鼎、盂、小口双耳壶和支脚等，与裴李岗类型有某些相似之处，同时又有较大区别，应是裴李岗类型分布的南部边界。孟各庄遗址可分两层，分别代表两个文化期。它的上层与仰韶文化的后冈类型有某些相似之处，年代相若；下层出土的器物有平底盂、钵、罐、细石器和磨制石器，有些陶器上有"之"字纹或篦纹，其特征与磁山类型有某些相似之处。在它的南边约 150 千米的容城上坡遗址下文化层的特征则与磁山十分相近，看来磁山类型的北界不会超过永定河。

临潼白家是一处十分单纯的老官台文化遗址，除已发表的资料外，中国社会科学院考古研究所又进行了大规模的发掘，获得了丰富的资料，对于进一步认识这个文化的特征，它同北首岭下层以及大地湾一期文化的关系等问题，都将有很大的帮助。

关于黄河流域新石器早期文化的综合性研究，有吴汝祚的《论李家村—老官台文化的性质》一文（《考古与文物》第 2 期）。该文把老官台—李家村文化分为老官台类型（主要分布在渭水流域）和李家村类型（主要分布在汉中地区），认为是仰韶文化半坡类型和庙底沟类型的渊源；同时又把磁山—裴李岗文化分为磁山类型（主要分布在河北南部）和裴李岗类型（分布于河南开封、新郑一带），认为磁山类型是仰韶文化后冈类型的渊源。由于这两个文化的石器、陶器制作技术和农业、家畜饲养的水平都已远离其发生发展的初始阶段，故该文主张应定为新石器时代中期，而不宜作为新石器时代早期的文化。不过把这两个文化定为新石器早期的看法，往往是以整个黄河流域的新石器文化分为早晚两大期为前提，并且将两个文化都定为早期的较晚阶段，只是没有单分出一个新石器时代中期，与吴汝祚的见解并没有本质的不同。

在对早期文化的探索工作中，长江中游也已有了初步的突破。北京大学考古实习队与湖北省博物馆合作在宜都城背溪进行发掘时，新发现了一种文化遗存。其陶器全部为手制，多红褐色，夹杂一些灰色斑块，火候甚低，陶质松软。主要器形为圜底釜、圜底钵、圈足盘和支脚四类，造型十分简单，纹饰也很单调，多为交错绳纹，其风格在某些方面接近于老官台—李家村文化，与当地的大溪文化的早期遗存也有若干相似的因素。这类遗存在宜都枝城北门口、秭归柳林溪和湖南洞庭湖滨都有发现，应是新石器时代早期晚段分布于长江中游的一个地方性文化。

二　仰韶文化和马家窑文化

1983 年发表的有关仰韶文化的著作，主要有北京大学历史系考古教研室的《元君庙仰韶墓地》（中国田野考古报告集考古学专刊）、巩启明的《试论仰韶文化》（《史前研究》第 1 期），以及甘肃省博物馆关于秦安大地湾遗址发掘的几篇简报和论文等（均见《文物》第 11 期）。

《元君庙仰韶墓地》一书全面报道了陕西华县元君庙仰韶文化墓地的发掘资料，并且进行了详细的研究。该墓地属仰韶文化早期的半坡类型，共有 57 座墓葬，除 7 座空墓（人骨被当时迁走并进行二次葬）和个别严重破坏者外，大多保存完好。该书作者根据地层关系和随葬器物形制的变化对墓葬进行分期后，发现整个墓地可分东西两区，埋葬的顺序是自北而南，然后从东向西分排安葬。两个墓区都分成三排，紧密相连，这自然是一种有意的安排。据作者的推测，整个墓地应属于一个部落，两个墓区则属于两个互婚的氏族。

元君庙有 28 座多人合葬墓，埋葬一百九十余人，占墓地全部死者的 90% 以上，这是一个非常突出的现象。书中详细地分析了每个合葬墓中死者的年龄和性别的差异，认为大多数都是包含着不同辈分的亲族共同体。这种亲族共同体既存在于氏族墓地之中，当然是小于氏族的家族了。换句话说，一个合葬墓中的死者，是一个家族在一定时期内死亡的成员。由于死亡时间先后不一，而又要强调他们的亲缘关系，所以过一定时期把先死者的尸骨收集起来按家族为单位进行合葬。这可能是合葬墓中绝大多数骨架为二次葬的主要原因。书中还进一步分析了合葬墓中成年男女的比例相差很大，或男多于女，或女多于男，这说明他们没有因婚姻关系而调整，仅仅受到自然规律的制约。也就是说，墓中的男女都是血亲关系而非姻亲关系，这是同母系社会的家族制度相适应的。再从墓穴结构、随葬物品的种类、数量和质量来看，差别均不甚显著，大致反映了原始共产制的分配关系。但妇女和老人一般优于其他成员，这应是发达的母系社会的现象。仰韶文化的经济是以农业为主的，墓中蚌刀（收割用的农具）、纺轮等随女性葬，骨镞则随男性而葬，说明男女存在着劳动分工，而女性在生产中起主要作用，这就是发达的母系社会存在的深刻的经济原因。该书最后还分析了各墓和两墓区之间在墓穴结构和随葬品等方面的差别，认为当时部落——氏族组织虽然牢固，但已存在着明显的内部矛盾，即各家族的经济已有某些独立性和发展不平衡的现象，氏族经济也有差异。这也是说明母系社会已发展到它的后期阶段，即发达的母系社会的一个证据。

多年来，我国的考古工作者总是力图运用马克思主义的理论指导自己的研究工作。在新石器时代考古研究中，只要客观条件允许，一般都是尽可能地揭示遗址或墓地的全貌，客观地分析遗迹遗物本身的联系，以恢复当时的社会历史面貌。元君庙仰韶墓地的发掘和研究，正是这一总的努力中的一个环节。

甘肃秦安大地湾遗址是由甘肃省文物队从1978年开始发掘的，1983年又获重要成果，累计发现的房屋基址已达280座，还有大量的窖穴、陶窑和墓葬等，发掘规模之大，收获之丰富，在我国新石器考古工作中是不多见的。

大地湾的最下层或最早一期属老官台—李家村文化，在它上面的三个大文化层都属于仰韶文化，分别代表早中晚三期。早期陶器大多接近于姜寨二期，即半坡类型的晚期，如垂腹夹砂罐、带盖罐、葫芦形瓶、大头壶等。中期遗存十分丰富，仅房屋基址就发现100多座，其结构与陕西华县泉护一期和河南陕县庙底沟的大致相同，仅有一些微小的区别。陶器形制与泉护一期相近，但彩陶花纹有较大差别，没有泉护一期那样大量的侧视鸟纹。据报道，大地湾仰韶中期遗存还可分为不同的阶段，较早的阶段中残存着仰韶早期的某些因素，如变体鱼纹圈底盆、宽带纹圈底钵、变体鸟纹曲腹盆等，较晚的阶段则没有这种情况。它说明大地湾的仰韶中期是直接承袭早期发展而来的。

大地湾仰韶晚期的房子颇富特色，主要为长方形或方形，平地起建。大地湾仰韶晚期的陶器大部分与半坡晚期接近或相同，但彩陶远较半坡晚期为多，花纹母题也不相同。就中某些花纹颇与马家窑类型相似。

由于大地湾的发掘，甘肃东部新石器文化的发展序列已能初步确定，即属于老官台—李家村文化的大地湾一期→属于半坡类型的大地湾仰韶早期→相当于泉护一期的大地湾仰韶中期→相当于半坡晚期的大地湾仰韶晚期→相当于庙底沟二期的常山下层文化→齐家文化。为正确说明仰韶文化和马家窑文化的关系，大地湾的资料也是不可忽视的。

巩启明的《试论仰韶文化》一文，是他多年从事仰韶文化研究的结果。作者将仰韶文化分为三期四段八个类型。早期一段为半坡类型，二段为史家类型和后冈类型，中期（三段）为庙底沟类型，晚期（四段）则包括西王村类型、秦王寨类型、大司空类型和马家窑类型。作者对各类型的文化特征及其相互关系进行了研究，对仰韶文化与其他原始文化的关系也进行了探讨，认为仰韶文化是直接脱胎于老官台文化、磁山文化和裴李岗文化，是在这些文化的基础上发生发展起来的，并与周围的新石器文化（大汶口文化、屈家岭文化、半山马厂文化和红山文化等）互有影响，最后发展为龙山文化。关于仰韶文化的社会性质，作者认为早晚有别，不能一概而论，早期"处于母系氏族社会的繁荣阶段"，而中晚期则"应是由母系氏族公社向父系氏族公社转化的发展阶段，……有的地区可能已经跨入了父系氏族公社的门槛"。

关于黄河上游的马家窑文化，1983 年发表的资料有《兰州土谷台半山—马厂文化墓地》（《考古学报》第 2 期）、《兰州皋兰山营盘岭出土半山类型陶器》和甘肃古浪两处马厂期遗址的试掘简报等（分别见《考古与文物》第 3 期和第 6 期）。

土谷台墓地在兰州市西郊黄河北岸的台地上，共发现 84 座半山—马厂期的墓葬。这些墓葬具有以下几个特点。

（1）墓葬形制复杂，以土洞墓为主，以下依次为土坑木椁墓、土坑墓和瓮棺葬。土洞墓一般是先挖一圆形或方形竖坑，再在一侧挖成洞室，洞室平面呈圆形或椭圆形，多数用石板封门，也有插一排木棍封门的。由于这些土洞墓的发现，方知青海乐都柳湾的许多马厂期墓葬也应是土洞墓。并把我国土洞墓发生的历史上溯到了新石器时代晚期。

（2）葬式以侧身屈肢葬为主，有些二次葬的骨架也摆成侧身屈肢的样子。

（3）合葬墓占一定的比例，以二人合葬为主（13 座），次为三人合葬（5座），五人合葬的有 1 座。绝大部分是夫妻或夫妻带小孩的合葬，也有一位男性或一位女性带小孩合葬的，应是反映父系氏族社会的家庭和婚姻关系。

（4）绝大多数儿童采取同成年人一样的葬俗，看来年龄等级的差别已不如仰韶文化早期那样严格了。

上述墓葬可分三期，第一期是半山期，第二期是由半山到马厂的过渡期，基本上应算马厂早期，第三期是马厂期。由于这一情况，由半山发展为马厂的脉络更加清楚了。

三　海岛上的村落遗址

在山东半岛和辽东半岛之间，有一群南北排列的小岛即庙岛群岛，也就是长岛县的整个范围。调查表明，许多岛上都有丰富的新石器时代遗存，其中较大而保存又较好的当推大黑山岛上的北庄遗址（《史前研究》第 1 期）。北京大学考古实习队会同地县文物部门对该处遗址进行了发掘，发现了相当于大汶口文化早期的村落遗址。现已揭露房屋 41 座，分为南北两群。南边一群有 35 座房屋基址，分布在南北 20、东西 60 余米的宽带上。北边一群现仅揭露 6 座，从一些迹象看，也将有数十座房屋分布在与南群大致平行的宽带上，两群相距 30 余米。两群房屋的西边是墓地，已发现十余座墓葬，其中有两座合葬墓，分别埋葬 39 人和 54 人。房屋均为圆角方形、半地穴式，室内面积一般为 10～15 平方米，最大的有 36 平方米。居住面用胶泥抹成，质地坚硬，表面平光，也有用礓石铺面的。穴壁也抹胶泥。不少房子在地穴的四周做成高约 30～40 厘米，宽约 30 厘米的土台子，上面也抹胶泥，有的台子上放着石磨盘和石磨棒等物。台子外面是木骨泥墙。室内火塘常有二或三个，很少一个的。火塘多靠墙而设，底部与居住面齐平，周围筑土埂。每座房内往往有一个火塘，在火塘的靠墙一边有储火坑，其中积满灰烬。门道多呈斜坡状，有的开在房屋一侧的正中，有的开在角上，甚为特殊。

遗址中出土有石刀、石磨盘和石磨棒等农具和谷物加工工具，在抹墙的谷糠泥（已被烧成红烧土）中发现了黍子的皮壳，农业成分比较显著。发现的动物骨骼中以猪为多，其次是鹿，也还有一些贝壳。工具中有箭头和网坠。在这样一个海岛上，早在几千年以前就发展了以农业和家畜饲养业为主的经济，水产反而不很突出，是耐人寻味的。

北庄的陶器有一些是胶东地区所特有的，如肩上带两个蘑菇形把手的壶，腹部带一周附加堆纹的圜底鼎，无流细颈鬶和上下两组变体三角纹相互勾连的彩陶纹饰等；有些很明显受到鲁中南乃至苏北的大汶口文化的影响，如觚形杯、敛口钵，彩陶纹饰中的花瓣纹和八角星纹等；又有一些受到辽东半岛的影响，如筒形罐和某些刻划纹饰等。反映出在这个小岛上的原始部落并不是孤立地生活的，而是同大陆许多地方保持着程度不同的经济文化联系。

四　龙山时代诸文化的研究

黄河流域龙山时代考古的重要收获之一，是河南登封王城岗和淮阳平粮台城址的发现（《文物》第 3 期）。5 月在郑州召开的中国考古学会第四次年会的代表对此进行了参观和讨论。

王城岗位于登封县告成镇西约 1 千米，在颍水及其支流五渡河相交汇的三角地带。城址规模很小，分两次筑成。原先的城被山洪冲毁，仅余西墙及西南角，接着就以西墙为东墙向西另筑新城，这个新城保存尚好。大致为方形，其西墙长 92、南墙长 82.4 米，其东端有一宽 10 米的缺口，当为门。这样，城址的东西宽度也在 92 米以上。城墙地面部分已经不存，仅余基槽。槽深约 2、宽 4.4、底宽约 2.5 米，估计城墙的基部厚度应在 4.4 米以上。基槽内均填夯土，每一夯层厚 10 ~ 20 厘米不等，也有仅厚 6 ~ 8 厘米的。据一些迹象推测，这种夯土是用河卵石轧成的。城内中部和西南部较高地带曾发现一些断断续续的夯土残迹，当为城内重要的建筑基址，但原貌已不可得知。

王城岗的龙山遗存基本上属于王湾三期文化（或称王湾类型），共分五期，城堡基址属第二期，其碳 – 14 年代为公元前 2050 ± 65 年（ZK – 581）。

平粮台在淮阳城东南约 4 千米，为一高出地面 3 ~ 5 米的土台，城墙基址即在土台之上。城址为方形，长宽各 185 米，较王城岗城址为大。城墙残高 3 米多，基部厚 13 米，顶部厚 8 ~ 10 米。采用小版筑堆筑法，夯层厚 15 ~ 20 厘米，有些夯具是用四根木棍绑在一起做成的。

城门开在南、北城墙的中段，南门宽 1.7 米，有路土，两边各有一座依城墙筑成的房子，均用土坯砌筑，房门两两相对，当属门卫房。

城内已发掘房屋十余座，为多间式建筑，有的平地起建，也有在夯土台基上起建的，普遍使用土坯砌墙，较一般村落遗址中的房屋显然要讲究一些。城内重要建筑可能有较好的排水系统，其中一支排水管道从南城门下通过。排水管为陶质，每节长 35 ~ 45 厘米不等，细端直径 23 ~ 26 厘米，粗端直径 27 ~ 32 厘米，外表拍印篮纹、方格纹、绳纹或弦纹，个别为素面。城门下的排水管压在路土下 30 厘米，三根一束，节节相套，残长有 5 米多。这是目前我国发现最早的排水管道。

平粮台的龙山遗存可分三期，其特征与造律台类型比较接近。城墙压着第一期龙山灰沟 H61，而第二期龙山遗存也有压着城墙的，南城门的两座门卫房出土物属第二期龙山，故城址的年代始筑于该遗址的第一、二期龙山之间，并延续至第二期。城东南略晚于城址的 H15 中，木炭的碳 – 14 年代为公元前 2010 ± 140 年，城址当较这一年代稍早。

王城岗和平粮台城址尽管很小，但确实是有一定规模的城堡遗址。这两个城址的发现，不但对于探索我国城市的起源具有重要意义，而且使我们对于龙山时代的社会发展水平有了新的认识。

关于河南地区龙山遗存的发掘资料，还有《禹县瓦店遗址发掘简报》（《文物》第3期）、《郑州阎庄龙山文化遗址发掘简报》（《中原文物》第4期）等，研究文章有李伯谦《论造律台类型》（《文物》第4期），高天麟、孟凡人《试论河南龙山文化王湾类型》和唐云明《关于后岗第二期文化类型有关问题的讨论》（分别载于《中原文物》第2期和第3期）等。

山西襄汾陶寺墓地的发掘，为研究龙山时代社会形态提供了重要的资料（《考古》第1期和第6期）。该墓地在遗址东南，估计原有数千座墓葬，至1982年夏已发掘七百余座，分为不同的墓区。墓葬大小也有很大差别。大墓仅占总墓数的百分之一强。有木棺、内撒朱砂，随葬品多达一二百件，有彩绘龙纹的陶盘、木鼓、石磬、彩绘木器（案、俎、匣、盘、豆、仓形器等）、彩绘陶器、成套玉器和石器等，还有整只猪骨架。中型墓约占总数的十分之一强，有木棺，随葬成组陶器、玉石器和少量彩绘木器，还有猪下颌骨数副至数十副不等。小型墓将近90%，墓坑狭小，多无葬具，除少数有骨笄等小件随葬品外，绝大多数一无所有。反映当时的贫富分化已很明显。大墓中的石磬、木鼓、龙纹陶盘等应是一定身份或特权的象征，是氏族贵族特有之物。因之陶寺墓地所反映的社会形态，应为氏族制度行将解体、阶级社会即将产生的阶段。

五　红山文化的新发现

分布在辽宁西部和内蒙古东南部的红山文化，近年来有一系列的发现，使我们对它的文化特征及其与周围原始文化的关系有了进一步的了解。其中最值得注意的是辽宁喀左东山嘴宗教遗迹的发现。1983年7月在朝阳召开的燕山南北、长城地带考古专题座谈会上，着重讨论了东山嘴遗址及其相关的问题，并进行了现场考察（《文物》第12期）。遗址位于大凌河西岸一座高出河床约50米的小山顶上，正中有一个10米见方的石砌基址，所砌石块均加工成长方形，十分整齐，基址中央竖立着许多未经加工的大石块。距基址约6米的东西两侧分别有用石头铺垫的南北走向的宽带。方形基址以南约30米还有用石头镶边的圆形基址，直径约2.5米。从而组成了一处坐北朝南的石砌建筑群。在圆形基址的周围发现了许多陶质的女性塑像，小的约10厘米；大的已经残破，复原当有半米左右。据腿部姿势看应为坐像。与这些塑像同出的还有似龙形的玉璜、绿松石制成的鸮形饰件和形制特异的塔形陶器、筒形彩陶器等。从建筑所在位置、格局以及附近出土器物和女性塑像等情况来看，这显然是一处宗教活动的场所。像这样大型的宗教性建筑遗址，在我国新石器时代考古工作中尚属首次发现，因而引起了学术界的普遍重视。

为了搞清楚东山嘴遗址的性质及其同周围遗址的联系，辽宁省博物馆组成考古调查组，在凌源、建屏和喀左交界的牛河梁又发现了一处更大的宗教性建筑遗址和大规模的积石墓群，发现的女性塑像残件比真人的相应部位要大得多，还有泥塑的猪也同真猪一般大小。目前对这一遗址正准备进一步清理和妥善保护。

六　大溪文化和屈家岭文化

近年来关于长江中游新石器文化的研究比较活跃，发表的资料也越来越多，其中尤以大溪文化为最。1983 年发表的资料主要有《湖北枝江关庙山遗址第二次发掘》（《考古》第 1 期）、《宜昌县清水滩新石器时代遗址的发掘》（《考古与文物》第 2 期）和《安乡划城岗新石器时代遗址》（《考古学报》第 4 期），研究文章则有向绪成的《浅议大溪文化与屈家岭文化的关系》和《从关庙山遗址看大溪文化分期》（《江汉考古》第 1 期和第 3 期），魏京武和杨亚长的《论江汉流域的新石器时代文化》（《考古与文物》第 6 期）等，周国兴在综述长江流域的远古文明时（《史前研究》第 2 期）也讨论了长江中游新石器文化的有关问题。

关庙山和划城岗均有大溪文化、屈家岭文化和龙山时代的遗存，并有依次叠压的地层关系。划城岗的大溪文化分为两期（早一、早二期），屈家岭文化也被分为两期（中一、中二期）。二者分界明显，但中一期和早二期联系紧密，有些器物是直接继承早二期发展而来的。可以认为，以划城岗中期为代表的洞庭湖北岸的屈家岭文化遗存，主要是继承当地的大溪文化遗存发展而来的。

关庙山的大溪文化遗存可分四期，地层关系清楚，各期特征也较明确，基本上代表了整个文化自始至终的发展过程。向绪成的文章，就是以关庙山的地层和分期为准，来讨论整个大溪文化的分期，以及大溪文化和屈家岭文化的分际的。他还对此前发表的林向、何介钧和张之恒的分期进行了述评。

向绪成、何介钧等对于大溪文化、屈家岭文化和当地龙山时代文化遗存的相对年代序列，对于每个遗址的更为细致的文化分期的看法都是一致的，但对整个大溪文化的分期以及大溪文化同屈家岭文化的分界线的认识不尽相同。例如何文根据澧县丁家岗的地层关系划分出大溪文化的最早一期，向文认为可与第二期合并；向文依据关庙山的地层关系，所划分的大溪文化第二、三期，何文是作为第三期的前后两段来处理的。何文把王家岗上层墓，度家岗墓葬和划城岗中一期等划归屈家岭文化早期，向文则认为应纳入大溪文化的晚期。何文不仅将大溪文化和屈家岭文化进行分期，从每期文化的发展上进行考察；而且对每一文化划分为不同的地方类型，从每期文化的地域性联系上进行考察。但向文对后一方面的问题没有涉及，是其不足之处。

七　长江下游和华南的新石器文化

关于长江下游新石器文化的研究，1983 年仅发表《江苏海安青墩遗址》（《考古学报》第 2 期）和舟山群岛的调查试掘资料（《考古》第 1 期），还有魏正瑾的《宁镇地区新石器时代文化的特点与分期》一文（《考古》第 9 期）。

青墩遗址位于长江北岸，东距海岸仅 55 千米。全新世初期，这里曾被海水淹没，文化层下的青灰色淤砂土中有盐生的藜科植物孢粉便是证明，新石器时代距海当亦不远。该处新石器文化可分三期，第一期陶器多扁条形足鼎、豆、折腹或敛口钵、盂等，风格接近于北阴阳营第四层或常州圩墩中层的器物。彩陶较少，有花瓣纹和条带纹等。第二期陶器以鼎、豆、罐、筒形杯等为大宗，其特征与青浦崧泽中层或吴县草鞋山中层基本一致。第三期陶器中有"T"形鼎足、贯耳壶、豆、圈足碗、罐形鼎等，其特征与苏州越城中层或吴县张陵山上层的器物接近。从三期的发展序列及其文化特征来看，基本上与江南太湖流域的新石器文化相同，而与宁镇地区或苏北徐海地区的文化相去较远。

青墩的三期文化都发现过一些墓葬，第一期均为单人葬，随葬品甚少；第二期和第三期有少量合葬，有的可能是夫妻合葬，随葬品逐渐增多，多寡不均的现象也越来越显著，这应是社会性质的变化在埋葬习俗上的一种反映。

早在 1977 年在南京召开的长江下游新石器时代文化学术讨论会上，不少人提出江南的太湖、杭州湾地区和江北的鲁南苏北地区的新石器文化虽有若干相近之处，但总体特征是不同的，应属于不同的文化系统。两区之间偏西的宁镇地区似与二者均不相同，也许是单独一个系统，也许是江南新石器文化大系统中的一个分支，当时没有确定的见解。魏正瑾的文章对这一问题进行了探索。他认为宁镇地区的新石器文化大致可分为三类，分别代表三个文化期，第一期为北阴阳营期，以北阴阳营西区葬地为代表，年代相当于马家浜文化的晚期；第二期为昝庙期，以江宁昝庙下层遗址和墓葬为代表，年代相当于崧泽文化；第三期为昝庙二期，以昝庙采集的墓葬遗物为代表，年代约相当于良渚文化的早期。三期文化中有不少因素是江南新石器文化所共见的，并且有大体一致的演变序列，所以宁镇地区的新石器文化属于长江中下游（特别是在南岸）新石器文化的大的区系之内。但它又有明显的地方特色，例如流行多孔石刀，陶器以鼎、豆、盉、罐为大宗，鼎足根部外突，盉多角状把手，豆盘下有垂棱，豆把上多突起等，使它们构成一个相对独立的文化区，并在接受商周文化和几何形印纹陶等文化因素的影响的情况下发展为湖熟文化。

关于华南地区的新石器文化，过去发表的资料虽有不少，但很零散，缺乏综合性研究。1983 年除继续发表一些资料和研究论文外，还有曾骐《试论华南地区新石器时代文化》（《史前研究》第 1 期）一文，分洞穴遗址、贝丘遗址、台地（山岗）遗址、西樵山石器制造场等部分进行了综合性的论述。最后又对华南新石器文化中常见的有段石锛、有肩石器和几何形印纹陶等问题进行了探讨，使我们对华南新石器文化的类型、文化特征和年代有一个概括性的了解。

八　专题研究的进展

1983 年发表的有关新石器时代的考古论文中，专题性的研究占有一定的比例，并且取得了相当的进展。

农业和养畜业的起源问题，一直是史前学者，首先是研究新石器时代的考古学者所关心的重大课题，在我国学术界中也不例外。1983 年发表的论文主要有黄其煦《黄河流域新石器时代农耕文化中的作物》和《裴李岗、耶利哥与特瓦坎》（《农业考古》1982 年第 2 期至 1983 年第 1、2 期），黄崇岳《我国的原始畜牧业及其与农业的关系窥探》（《中原文物》第 3 期），曹隆恭《关于中国小麦的起源问题》、李润权《关中、陇东、豫西和晋西南地区的原始农业》、吴诗池《山东新石器时代农业考古概述》（以上分别载《农业考古》第 1、2 期）等。

黄其煦认为，黄河流域的新石器文化代表着一种有自身特点和发展脉络的农耕经济模式，不同于西亚，更不同于中美洲。他根据黄河流域新石器时代遗存中往往发现粟类作物的事实，分析了黄土特性和当地气候的特点，正好适应粟类作物所反映的农耕类型。由于粟类作物的野生祖本乃是具有很强适应性或竞争性的野草，分布地应较贫瘠，所以黄河流域粟作农业的发生地点应在林地边缘的杂草丛生地带。由于野生粟类对环境的要求很低，更容易踏进农业的门槛，故黄河流域农业的起源可能比西亚或中美洲更早。

关于房屋复原及用途考察的文章，有汪宁生《中国考古发现中的大房子》（《考古学报》第 3 期）和张孝光《陇东镇原常山遗址 14 号房子的复原》（《考古》

第 5 期）等。汪宁生分析了我国新石器时代至青铜时代的大型房屋基址，并与民族志资料作了广泛的比较研究，认为它有各种不同的用途，如作为公共住宅，其居民的社会组织、婚姻和家庭形态也可能很不相同，应根据具体材料进行具体分析。单纯根据大房子这一点来研究社会性质和文化性质是有很大局限性的，应该持审慎态度才是。

（原载《中国考古学年鉴·1984》，文物出版社，1984 年。后收录在《史前考古论集》，科学出版社，1998 年）

1984 年的新石器时代考古

　　1984 年，我国新石器时代考古又有较大的发展，田野考古工作仍然保持较大的规模；发表资料有所增加，据不完全统计，在省级以上刊物发表的调查发掘报告和简报等将近一百篇，另外还有专刊；研究论文也较多，涉及的内容比较广泛，对某些问题的不同观点的讨论也比较活跃。

一　新石器时代早期

　　学术界对于黄河流域新石器时代早期文化的研究仍然十分关注。一些调查发掘资料正在陆续公布，其中主要有《1979 年裴李岗遗址发掘报告》（《考古学报》第 1 期）、《山东滕县北辛遗址发掘报告》（《考古学报》第 2 期）、《河北武安洺河流域几处遗址的试掘》（《考古》第 1 期）、《河南新郑唐户新石器时代遗址试掘简报》（《考古》第 3 期）、《陕西临潼白家村新石器时代遗址发掘简报》（《考古》第 11 期）和《宝鸡北首岭》（专刊）等。

　　裴李岗发掘资料主要出自墓葬，器类单纯，有千篇一律之感。报告将其分为上下两层，实际是代表早晚两期，但器物的变化仅是局部性的，表明其年代差距并不很大。裴李岗的石器主要有舌形石铲、有齿石镰和有足石磨盘三种，并有少量似细石器的刮削器。陶器则主要有平底碗、圜底钵、三足钵、双耳壶和筒腹罐等，一般为素面，仅少数饰箅纹、指甲纹、划纹或乳丁纹。这些特点同河北武安磁山既有相同或相近的一面，又有十分明显的差别。人们在权衡二者的共同性和差异性时掌握的分寸不同，因而在考古学文化的划分上也有不同。有的划为一个文化即磁山文化或磁山—裴李岗文化，下面再分为磁山类型和裴李岗类型；有的则分为两个文化，即磁山文化和裴李岗文化，同时认为二者有密切的关系。裴李岗遗址的年代，目前共测过六个碳 – 14 数据，其中两个明显偏早，一个偏晚，其余三个经校正为公元前 5495～前 5195 年，与密县莪沟的三个数据十分接近，大体上可以代表裴李岗类型的年代。

山东滕县北辛遗址已作为北辛文化的代表性遗址，但它的资料到本年度才全部公布。该遗址石器多打制，多斧、敲砸器和宽舌形铲，石磨盘仅个别的有足，有石镰和有齿蚌镰。陶器中最多的是垂腹圜底鼎、圜底钵、平底碗、双耳壶、筒腹罐和支脚等，纹饰主要有窄堆纹、篦纹、划纹和乳丁纹，有些钵口沿有红边。从总体风格看，与磁山文化有不少近似之处。发掘报告将其分为三期，并认为它与大汶口下层、王因下层和大墩子下层的部分遗物相似，属同一文化。实际上，与上述遗址相同的只是北辛晚期的部分遗存（如 H32、H506 等），年代上与淮海地区的青莲岗期相当，应与北辛文化相区别。而北辛文化属新石器时代早期偏晚阶段，与磁山文化大体同时或略晚。

陕西临潼白家村是一处单纯的老官台文化遗址，由于它和其他一些遗址的发掘，引起了对老官台文化的性质、年代乃至命名等方面问题的讨论。因此，白家村遗址资料的公布，会有助于廓清某些疑团。

陕西宝鸡北首岭下层的文化性质也是人们普遍关注的。从《宝鸡北首岭》发表的资料来看，这个"下层"并不单纯。其中一部分属仰韶文化的半坡类型（如M9、M12 等是），只有一部分是较早的（如 M10），应该加以区分。而发掘报告将其统称为"北首岭下层类型遗存"并全部归入仰韶文化，作为半坡类型的直接前身，是不适当的。

此外，本年内还发表了一些讨论黄河流域新石器时代早期文化的论文，主要有安志敏的《略论华北的早期新石器文化》（《考古》第 10 期）、吴加安等的《汉水上游和渭河流域前仰韶新石器文化的性质问题》（《考古》第 11 期）和郎树德等的《关于老官台文化的新认识》（《考古与文物》第 6 期）等。

安志敏重申了他以前的观点，认为华北地区早期新石器遗存可分为三个文化系统：位于河南的称裴李岗文化，位于河北的称磁山文化，位于陕西和甘肃东部渭河流域的称大地湾文化。至于陕南汉水上游的则应称为李家村文化，与华北早期新石器文化不属同一个范畴。他还认为北首岭（按指下层）的三足罐等应属于仰韶文化早期，而不是大地湾文化。

吴加安等的文章也将陕甘的"前仰韶新石器文化"分为李家村文化、北首岭类型和"白家村一类文化遗存"，后者与安志敏所称大地湾文化的内涵基本相同。文章对各类遗存进行了较详细的分析，认为只有白家村一类文化遗存才是真正的前仰韶文化。以北首岭下层为代表的一类遗存（包括老官台、元君庙 H406 等）应称为仰韶文化的北首岭类型，它与白家村一类文化遗存在年代上不相连续，也没有直接的地层关系。而李家村文化是否为前仰韶文化，是否是仰韶文化半坡类型的渊源之一，都是值得怀疑的。

郎树德等的文章回顾了老官台文化研究的历史，对它的文化特征、分期和命名等问题进行了讨论。认为大地湾、北刘、老官台、北首岭下层等具有共同的文化特征，均与仰韶文化有实质性的区别。它们之间也存在着阶段性和地区性的差别，因此要进行分期的研究。文章将老官台文化分为三期：大地湾一期主要遗存、北刘下层、紫荆一期、元君庙 H403、H405 等属于早期，老官台、元君庙 H406 和大地湾一期的部分遗存属于中期，而北首岭下层（按应排除其属半坡类型的部分）属于晚期。文章不同意那种把老官台文化隶属于裴李岗文化或磁山—裴李岗文化的观点，认为二者是地域相邻、时代相近，而分属于不同系统的两个文化，不能混为一谈。

二　新石器时代晚期

本年度关于新石器晚期文化的研究仍是做得较多的，无论仰韶文化、马家窑文化、大汶口文化、红山文化还是大溪文化，都发表了一些新的资料，也有一些研究性论文。

关于仰韶文化的调查、发掘报告主要有《铜川李家沟新石器时代遗址发掘报告》（《考古与文物》第 1 期）、《咸阳市、高陵县古遗址调查简报》（同上）、《甘肃秦安王家阴洼仰韶文化遗址的发掘》（《考古与文物》第 2 期）、《河北武安洺河流域几处遗址的试掘》（《考古》第 1 期）、《内蒙古包头市阿善遗址发掘简报》（《考古》第 2 期）、《陕西华阴南城子遗址的发掘》（《考古》第 6 期）和《宝鸡北首岭》（中国田野考古报告集考古学专刊）等，其中最重要的是北首岭、李家沟、王家阴洼和南城子的发掘资料。

铜川李家沟是一处多层次和多期别的仰韶文化遗址，它的第一期属半坡期，第二期属庙底沟期，第三期属半坡晚期，第一期又分早晚两段，晚段即所谓"史家类型"的遗存。这一发现对仰韶文化的分期再次提供了同西安半坡、临潼姜寨等相同的地层关系的证据，可惜发掘报告整理过于粗疏，遗物期属多有误植者。

宝鸡北首岭是一处大型的仰韶文化遗址，经过 1958 年 8 月至 1960 年 12 月和 1977 年 10 月至 1978 年 6 月两个阶段的发掘，共揭露 4727 平方米，发现房屋 50 座、灰坑 75 个、窑 4 座和墓葬 451 座等，工作规模是很大的。其中除少量属老官台文化（下层的一部分）和仰韶文化的庙底沟期（上层的一部分）外，绝大多数是属于半坡类型的。

北首岭的 50 座房基中除 F27 和 F33 略晚外，其余都是属于半坡类型的。分为三组：北组朝南，西组朝东，东南组朝西北，东边因临近河岸已经崩塌，看来原先是分组围成圆圈的，与临潼姜寨早期村落的格局大致相同。且西组和东南组均有一座大房子，这种情况也与姜寨相同。只是姜寨的小型房屋有方形和圆形两大类，半坡亦然，而北首岭只见一座圆房子，其余全是方形，显得更加整齐。这一村落格局和丰富的墓葬资料，是研究仰韶文化社会性质及其组织结构的又一批重要资料。

秦安王家阴洼距大地湾遗址不远，1981 年秋在该处发现了仰韶文化的墓地。整个墓地有 63 座墓，分为两组。西北一组有 30 座长方竖穴墓和两座瓮棺葬，头朝东南；东南一组有 30 座长方竖穴墓和一座瓮棺葬，头朝东北。二者紧相毗连，年代相若，均属半坡类型的晚期，应是两个具有亲密关系的人们共同体的公共墓地。这一墓地的资料对于研究仰韶文化的社会组织也是很重要的。

华阴南城子是一处庙底沟期的遗址。渭河流域这类遗址不少，但发掘报告多未正式发表。南城子的资料是发表资料中比较丰富的一批，对于认识渭河流域庙底沟期遗存的文化特征是有帮助的。这个遗址的陶器与河南陕县庙底沟有不少相同和相近的地方，也有明显的差异。如彩陶碗较少而敛口瓮（缸）和筒形罐较多，彩陶花纹中以回旋勾连纹为主而缺少垂弧纹和凸弧纹等。因此不能简单地归属于庙底沟类型，应是与庙底沟类型同一时期的另一地方类型的遗存。

关于仰韶文化的研究论文，仅见吴耀利的《试论后岗仰韶文化的年代和分期》（《考古与文物》第 6 期）。该文根据地层关系将河南安阳高楼庄后冈的仰韶遗存分为早中晚三期，并指出目前所测后冈碳 – 14 标本的年代均属中晚期者，故显得比半坡类型为晚。如果把早期的年代估计进去，可能是和半坡类型差不多的。

本年度发表的马家窑文化的资料有《青海民和阳洼坡遗址试掘简报》（《考古》第 1 期）和《青海民和县阳山墓地发掘简报》（《考古》第 5 期）。

阳洼坡遗址是 1980 年发掘的，据说文化层可分为两层，从遗物看确实有早晚之别。早期有双唇的环形口尖底瓶，侈口夹砂绳纹罐和饰花瓣纹的卷缘曲腹盆，饰圆点纹的敛口钵等，当属仰韶文化的庙底沟期。晚期是主要的遗存，与甘肃石岭下遗存大体相当，应属马家窑文化的早期。这个遗址如能正确分期，将对马家窑文化如何继承庙底沟期发展而来的问题提供重要的启示。

阳山是一处半山至马厂期的墓地，1980 年和 1981 年共发掘墓葬 230 座，墓葬的大小和随葬品的多少有较明显的差别。绝大多数为单人葬，也有二人、三人、四人和五人的合葬。葬式特殊，在可看清葬式的 110 座墓中，俯身直肢葬占绝大多数，次为俯身屈肢、仰身屈肢、侧身屈肢和二次葬，仰身直肢者仅有一座，这与过去发现的兰州土谷台、永昌鸳鸯池和乐都柳湾等半山、马厂期的葬俗很不相同。随葬陶器中除常见各类别外，尚有喇叭状陶器。它的中间为筒形，一头碗形，另一头喇叭形，两头相通，上下各有一环纽，备系带用。此器仅出于随葬品丰富的大墓中，推测是一种腰鼓。

关于红山文化的研究继续引起学术界的注目。发表的资料有《辽宁建屏县红山文化考古调查》（《考古与文物》第 2 期）、《辽宁阜新胡头沟红山文化玉器墓的发现》（《文物》第 6 期）、《内蒙古翁牛特旗三星他拉村发现玉龙》（同上）、《辽宁省喀左县东山嘴红山文化建筑群址发掘简报》（《文物》第 11 期），后者并同时发表了有关考古工作者的座谈纪要。论文则有《三星他拉红山文化玉龙考》（《文物》第 6 期）和《论辽河流域的原始文明与龙的起源》（同上）。

喀左县东山嘴是我国新石器文化中首次发现的一处祭祀遗址。由前部的圆形祭坛和后部的方形祭坛组成，祭坛附近发现许多女性塑像，学者们认为与祈求丰收有关。在东山嘴遗址发现的前后，还曾在红山文化遗址中发现过积石冢和玉器窖藏，玉器中有龟、猫头鹰和猪龙等形象，其中多数也与祭祀有关。特别是建屏县牛河梁遗址发现数米高的女塑像和宗教性建筑物（可能是最古的庙），使得我们对红山文化的经济社会发展水平和宗教信仰有了全新的认识，并将对今后全国的新石器时代考古工作给予有益的启示。

关于大溪文化的研究也有新的进展。本年度发表的资料有《秭归龚家大沟遗址的调查试掘》（《江汉考古》第 1 期）、《湖北监利县柳关和福田新石器时代遗址试掘简报》（《江汉考古》第 2 期）、《天门龙嘴遗址调查》（同上）、《枣阳县雕龙碑遗址调查简报》（《江汉考古》第 3 期）和《湖北王家岗新石器时代遗址》（《考古学报》第 2 期）等。发表的论文有王杰《对大溪文化中几个问题的探讨》（《江汉考古》第 1 期）和邵兴《论安乡划城岗遗址的两个问题》（《江汉考古》第 3 期）等。目前关于大溪文化的特征与分期及其与屈家岭文化的关系等问题仍然存在着不同的看法，这些资料和论文将有助于这些问题的深入探讨。

三　铜石并用时代

近年来在龙山文化、齐家文化及其同时代的诸文化中不断地发现小件铜器，其中有些是红铜，有些是青铜或黄铜，人们推测这时至少已进入铜石并用时代（严文明：《论中国的铜石并用时代》，《史前研究》第 1 期）。《考古》第 12 期接着又发表了山西襄汾陶寺遗址第 3296 号墓中随葬的铃形铜器（《山西襄汾陶寺遗址首次发现铜器》），其中含铜 97.86%，是纯度较高的红铜。值得注意的是其中还有铅 1.54%，锌 0.16%，显然是原料中的杂质。由此可见，龙山时代其他遗址出土的所谓青铜或黄铜也不一定是人工合金，只不过其中的铅、锡或锌的杂质稍多一些而已。从技术发展史的角度来看，它们都应是青铜时代前夕的产品。

早在 20 世纪 30 年代初发现龙山文化之时，即同时在其典型遗址山东历城龙山镇城子崖（今属章丘县）发现了夯土城墙，但学术界对其城墙的年代多有怀疑。直至近年河南登封王城岗和淮阳平粮台龙山古城的相继发现，才引起普遍的重视，并把中国城市起源的研究推进到一个崭新的阶段。不过，这一工作还仅仅是一个开始，其后还将有许多新的发现和新的研究成果，本年度在山东寿光边线王的发现就是其中之一。边线王古城有很深的基槽，夯土中夹有许多龙山文化陶片，同时又被龙山文化的灰坑所打破，其年代应属龙山文化晚期的偏早阶段。平面略呈圆角长方形，东西宽 180～190 米，南北长约 220 米，面积 40000 多平方米，比王城岗和平粮台古城都大。在基槽中曾发现 11 个奠基坑，坑中发现有人、猪、狗等骨架。目前该城正在继续发掘，仅已经发现的这些情况就足以看出其重要性了。

关于王城岗古城的性质的讨论颇为热烈。发表文章有杨宝成《登封王城岗与禹都阳城》（《文物》第 2 期）、京浦《禹居阳城与王城岗遗址》（同上）、贾峨《关于登封王城岗遗址几个问题的探讨》（《文物》第 11 期）、董琦《王城岗城堡遗址分析》（同上）、李先登《王城岗遗址出土的铜器残片及其他》（同上），对平粮台和王城岗古城同时进行研究的则有马世之《河南淮阳平粮台龙山文化古城址试析——兼论登封王城岗非夏都阳城》（《史前研究》第 2 期）等。

杨宝成从五个方面分析了那种把王城岗城址看成是禹都阳城的论点，认为都是难以成立的。其中关键的有三个问题：一是年代不合，夏纪年本身就是一个尚待研究的课题，碳－14 年代又有误差，且一般应避免援引孤例。仅仅拿一个碳－14 年代同某些人对夏年的推算相扣合这种方法本身就不够科学，何况该碳－14 年代经校正后远远超出大家对夏年的估计。二是地望难定，先秦文献未明记阳城所在，后人注解又有多种说法，不能肯定阳城必在登封。历史上同名异地的情况所在多有，不能因战国至汉的阳城在登封就断定禹都阳城也在同一地点。三是规模和遗迹性质不符，王城岗古城仅 7000 多平方米，比二里头一号宫殿基址还小，其中又无宗庙、宫殿建筑，附近也没有发现够得上王公贵族的墓葬，很难说是一国的都城，只不过是有防御设施的一般性聚落遗址。京浦则遍考古籍，认为先秦本无禹都阳城之说，即便王城岗是古之阳城，最多也只是禹避居之地而非国都。董琦和马世之也都认为王城岗不可能是禹都阳城。贾峨对杨宝成等的论点逐一进行了辩驳，认为王城岗古城在目前虽然还不能肯定就是禹都阳城，但也不能说没有这种可能，至少是夏代初期或稍早的重要城址。随着发掘工作的进展，还会获得一些考古资料，对探索夏文化也许有所裨益。

关于铜石并用时代诸文化类型的划分，某些文化类型的分期、文化性质及其与其他文化类型的关系的研究文章也有不少。其中吴汝祚、杜在忠的《两城类型分期问题初探》(《考古学报》第 1 期)将山东东部的龙山文化遗存(即两城类型)分为四期,大致反映了这一文化类型的全部发展过程。文章还从该类型与前承后继文化的关系及其与相邻的城子崖类型的关系的研究中,探索了两城类型在我国史前文化中的地位及其对古代文明的发生所作的贡献。方酉生《河南龙山、二里头与二里岗》(《考古与文物》第 3 期)一文将所谓河南龙山文化分为后冈类型和王湾类型,二者处在同一发展阶段,已进入早期青铜时代(至少是它的晚期),属奴隶制国家夏王朝时期的文化的一个部分。梁星彭、陈超的《商县紫荆第四期文化遗存试析》(同上),将原来认为属龙山文化的紫荆第四期文化分为三组,认为一组属庙底沟二期文化,二组属屈家岭文化晚期,三组属客省庄二期文化。朱延平《〈山西夏县东下冯龙山文化遗址〉读后》和李健民《东下冯龙山文化早期遗存的再认识》(均载《考古》第 9 期)两文都对东下冯"龙山早期"进行了分期,并都认为其中包含仰韶晚期和龙山早期的遗存,对于解决当地仰韶向龙山过渡的问题具有一定的价值。

关于湖北境内的龙山遗存,过去曾被命名为"湖北龙山文化"、青龙泉三期文化、桂花树三期文化、季家湖文化、长江中游龙山文化等,莫衷一是。王劲、林邦存执笔的《房县七里河遗址发掘的主要收获》(《江汉考古》第 3 期)一文中,又提出了石家河文化的名称,并将其分为石家河类型、青龙泉类型、尧家林类型、季家湖类型、易家山类型等,惜未详论。

关于长江下游的良渚文化,最重要的是大批玉器的出土和研究。发表的简报和文章有《1982 年江苏常州武进寺墩遗址的发掘》(《考古》第 2 期)、《上海福泉山良渚文化墓葬》、《江苏昆山绰墩遗址的调查与发掘》、《江苏常熟良渚文化遗址》、陈丽华《江苏武进寺墩遗址的新石器时代遗物》和汪遵国《良渚文化玉敛葬述略》等(均载《文物》第 2 期)。此外,周南泉《故宫博物院藏的几件新石器时代饰纹玉器》(《文物》第 10 期)介绍了几件清宫旧藏的良渚文化玉器。

早在 20 世纪初年,浙江北部一带即曾大量出土玉器,其中有些被古董商倒卖到国外。30 年代又出土不少玉器,但因未经科学发掘,地层关系不明,难以断定它们的年代。直到 1973 年才在江苏吴县草鞋山发现随葬璧、琮等玉器的良渚文化墓葬。80 年代初发现了更多随葬玉器的良渚文化墓葬,仅江苏武进寺墩第 3 号墓一座墓葬,就随葬玉璧 24 件,玉琮 33 件,玉管和玉珠 40 件,另有玉镯、玉坠、锥形饰及玉斧、玉锛等二十余件。这样大量地随葬玉器的情况,在我国新石器文化中是仅见的。按照《周礼》"苍璧礼天""黄琮礼地"的说法,这些玉器大部分应属祭祀用的礼器,随葬这些礼器的墓主人应是掌握祭祀天地权力的祭司或氏族首领。鉴于当时的社会上已存在某种礼制，说明即将跨入文明时代的门槛。

四　专题研究

本年度关于新石器时代考古的专题研究涉及制陶工艺、玉器工艺、工具复原、作物鉴定、农业起源、人种成分和年代测定等许多方面。李湘生《试析仰韶文化彩陶的泥料、制作工艺、轮绘技术和艺术》（《中原文物》第 1 期）介绍他自己通过实验对仰韶文化彩陶制作工艺的初步探索，有不少新颖的见解。他认为手制陶仅包括手捏成型法一种，而泥条盘筑法、内模成型法、外模成型法和拉坯成型法都属于轮制的范畴，并且都是仰韶文化时期所采用的。换言之，他认为过去所谓慢轮修整并不限于修整，而是一种初级的轮制方法，而过去所谓轮制仅指拉坯成型一种是不够的。不过他所举仰韶文化中存在拉坯成型的例子还有进一步斟酌的必要。与此同时，山东省博物馆的钟华南也通过实验的方法制出了很好的蛋壳黑陶并通过了正式鉴定。龙山文化的蛋壳黑陶是 20 世纪 30 年代初就注意到了的，其工艺之精，见过的人莫不叹为观止。但在当时条件下究竟是怎样制造出来的，一直得不到科学的解释。钟华南从选料、制坯、修整到烧成，都尽量采用龙山文化时期可能采用的方法，其关键是用刀架旋削泥坯和用匣钵入窑煅烧，从而获得了满意的效果。

彩陶和黑陶是我国新石器时代文化中最重要的两类陶器，过去对其工艺的研究仅限于成分分析和物理性能的测定；现在通过实验的方法复制出来，使我们对于原始手工业的这一重要领域已经达到的技术水平有了切实的了解。这种现时被称为实验考古学的研究方法在我国刚刚开始，其发展前景是十分乐观的。

汪遵国在《良渚文化玉敛葬述略》中研究了良渚文化的琢玉技术，认为当时已用石英砂做解玉砂，用含石英粒的砂石做磨轮，并可能已有简单的琢玉机。王仁湘和袁靖将河姆渡文化的蝶形器同白令海峡两岸因纽特人的翼形器做了比较研究，认为是同一功用的东西，即是绑在镖枪后头做定向器，并且进行了画图复原（《河姆渡文化蝶形器的用途和名称》，《考古与文物》第 5 期）。这种看起来很难理解的器物，终于有了一个比较合理的解释。云翔的《锯镰辨析》（《文物》第 10 期）对新石器时代和部分青铜时代的这两种有齿工具进行了分辨和正名，认为外弧背或直背、内弧刃或直刃、单面刃或双面刃、刃薄而锋利、齿牙小而不均匀并可以竖向装柄的为镰，而直背直刃或外弧刃、刃部厚度与体厚相近、不开刃或双面刃、齿牙较大而均匀并适于横向装柄的是锯。这些研究都是探索新石器时代的技术发展水平和经济生活所必需的基础性工作。

本年度发表的关于农业起源和新石器时代农业遗存研究的文章甚多。主要有童恩正《略述东南亚及中国南部农业起源的若干问题》、何炳棣《中国农业的本土起源》、张光直《中国沿海地区的农业起源》、张之恒《中国原始农业的产生和发展》和佟伟华《磁山遗址的原始农业遗存及其相关问题》等（分别载《农业考古》第 1、2 期）。加上地方性杂志发表的资料和文章，总计达数十篇之多，是过去从来没有过的好现象。在这些文章中，有的对出土农业遗存进行了详细的记录和分析，有的介绍了国外行之有效的研究方法。对于中国农业的起源，一般地都做到了针对具体情况进行具体分析，把以黄河中游为主的旱地农业起源和以江南为主的稻作农业的起源看作是既有联系又不相同的课题分别进行考察，并尽量吸收国外的研究成果。有的文章把我国原始农业分为火耕农业、锄耕农业、发达的锄耕与犁耕农业三大阶段。这些都是有益的探索。

韩康信和潘其风的《古代中国人种成分研究》（《考古学报》第 2 期），全面地总结了我国古代人种研究的成果，指出从人种形成直到近代，我国各族人民基本上属蒙古人种，新疆的某些高加索人种的成分是在 13 世纪以后逐渐产生的，这种同其他人种相对隔离的状态，对中国古代文明的形成和长期持续稳定的发展起了重大的作用。作者深知根据骨骼形态所划分的人种集团同民族共同体不是一个范畴，但显然认为人种集团对于民族及其文化的形成并非毫不相干，而是起着积极的作用。他们认为，在新石器时代，生活在黄河中游的具有中颅型、高颅、中等面宽和面高、中等偏低的眶型、较宽的鼻型、比较扁平的面和上齿槽突颌、中等身高等特征占优势的居民可能与传说中的华夏集团有关。黄河下游的居民较前者颅、面更高，面更宽，鼻形稍窄，身体也稍高，并有颅枕部变形、人工拔牙和口颊含球的特殊风俗，大概和传说中的东夷集团有关。浙江河姆渡文化居民的长颅、较低的面、宽而很平的鼻骨等特征都有别于中原地区的居民。福建昙石山和广东河宕等滨海地区的居民可能与这种长狭颅型有更多接近关系。广西甑皮岩洞穴居民有很大的颅长，属典型的长颅型。其颅高稍低，低面、阔鼻，上齿槽突颌明显，也与黄河流域的居民有明显的差别，总的组合特征可能和华南的其他长颅类型比较相近。这些长颅型的居民比中原同类更接近于南亚或赤道人种，他们可能和传说中的苗蛮集团有关。但后者人骨资料比较零散，传说史料又不充分，难以做明确的结论。今后在这个地区的考古工作进一步开展后，必定会有更多新的发现，那时也许能够做到比现在更加细致地划分。

关于年代学方面的研究，继考古研究所编辑出版《中国考古学中碳十四年代数据集》（1983 年 6 月）后，本年度考古研究所实验室、北京大学考古系实验室和文物保护科技所实验室都公布了新的年代数据（《考古》第 7 期和《文物》第 4

期），总数达 237 个，是发表数目最多的一年。此外，安志敏发表了《碳 – 14 断代与中国新石器时代》一文（《考古》第 3 期），全面地讨论了中国新石器时代考古的年代学问题。

关于在考古研究中应用现代科学技术方法的问题也有新的发展。蔡莲珍和仇士华发表的《碳十三测定和古代食谱研究》（《考古》第 10 期）一文，介绍了国外利用碳 – 13 测定古代食谱的情况，并对他们自己所测定的我国新石器时代的一系列标本的初步结果进行了分析。指出仰韶文化早期的居民可能有将近一半的食物是小米，到山西陶寺龙山时代的居民，这一比例已增至 70%，且陶寺家猪的饲料中也有较多的小米和谷糠。这同迄今为止在黄河中游新发现的新石器时代文化的农作物遗存一直以小米为主的情况是一致的，同时也说明由仰韶到龙山的两千多年中，当地以小米为主的旱地农业生产有了显著的发展。在黄河下游，山东烟台白石村新石器时代早期的贝丘遗址的居民食谱中没有任何 C_4 植物（小米为 C_4 植物之一），到大汶口文化晚期则已占约四分之一，表明当地新石器文化经济类型的变迁及其同黄河中游的差别。这一研究领域显然有着广阔的前景。我们期待今后能测量更多的标本，提出和解决更多的考古学课题。

朱乃诚的《概率分析方法在考古学中的初步运用》（《史前研究》第 1 期）是现代科技方法应用于考古研究的又一例证。该文以陕西渭南史家仰韶文化早期的墓葬资料作为对象，运用概率分析方法对各个墓葬的相对年代进行了排比，并将其划分为六个阶段。用地层关系和器物类型的排比进行验证，大致是吻合的。不过这种方法要获得成功，必须有准确的地层记录，更必须对出土器物进行准确的分型分式。换言之，这种方法一定要同地层学和类型学的研究紧密结合起来而不是取而代之，否则难以达到预期的效果。

五　理论研究及其他

有关新石器时代考古的理论问题的探索已开始活跃起来。张之恒根据近年来的考古发现和研究成果，对从旧石器时代向新石器时代过渡及新石器时代早期的文化特征等问题提出了自己的见解（《史前研究》第 3 期，《考古与文物》第 1 期）。他认为从旧石器时代向新石器时代的过渡存在着不同的形式，作为过渡阶段的所谓中石器文化只是某些特定地区才存在的，包含的时间也很短，很多地区实际上不存在中石器时代，由旧石器时代直接向新石器时代过渡。这个问题在国外也是有争论的，但多数人还是认为存在着一个中石器时代，作为从旧石器时代向新石器时代过渡的一个时期，至少在欧洲等地应是如此（参见论文集：*Mesolithi-*

kum in Europa. Berlin，1981.）。关于新石器时代早期文化的诸要素中，张之恒特别强调农业的作用，认为农业是核心，农业的发展促进或制约着磨制石器、陶器和家畜的发展。这个问题自从 V. G. 柴尔德提出以农业发生为标志的新石器时代革命的命题以来便引起了很多人的注意，认为在新石器时代考古研究中应该把原始农业提到应有的地位。但发生时期的农业在考古遗存中是很难确认的，有人认为农业的发生是一个漫长的过程，它的契机可以追溯到中石器时代乃至旧石器时代晚期；此外，世界上还有非常广阔的地带在新石器时代早期甚至整个新石器时代都没有农业生产，那些地方仍然有少量磨制石器和陶器，有的也还饲养家畜。所以在新石器时代考古研究中给予原始农业应有地位的同时，也不宜把它强调到过分的程度。

利用考古资料说明原始社会史的关键问题以及原始社会历史的分期研究仍然受到关注，这方面的文章主要有张忠培《母权制时期私有制问题的考察》（《史前研究》第 1 期）、夏之乾《谈谈同性埋葬习俗》（《史前研究》第 4 期）、范志文《试论原始社会史分期的几个问题》（同上）等。由林耀华先生主编的《原始社会史》（中华书局出版），也广泛地征引了考古资料。张忠培的文章从考察仰韶文化半坡类型的埋葬资料及有关民族资料出发，认为在母系氏族社会时期，除公有制外，还存在着私有制，它是驱使母系氏族制度向前发展的动力，值得一读。

考古学首先是一门历史科学，它要通过实物遗存来研究古代人们的历史。这历史是具体的，包括不同地方不同时期的人们在各方面的活动，而不是几条抽象的规律。考古学家也要探讨历史发展的规律，但这不等于套用社会学公式。关于这一问题，夏鼐在《什么是考古学》（《考古》第 10 期）一文中已经讲得非常清楚。可惜现在还有某些讨论原始社会史的文章，往往成为一种纯思辨性质的逻辑推演，或是从某种既定的模式出发去征引考古资料和民族志资料，把它们生糅在一起。这样的研究当然是没有说服力的，也无助于学科的发展。

（原载《中国考古学年鉴·1985》，文物出版社，1985 年。后收录在《史前考古论集》，科学出版社，1998 年）

一份重要的考古学史文献

——梁思永评点《中国史前陶器》

最近在台湾大学任教期间，为着备课，托人在"中研院"傅斯年图书馆借到一本吴金鼎著的《中国史前陶器》[1]。翻开书一看，扉页上赫然写着："思永兄指正 吴金鼎 二八、一、卅一日"，是作者送给梁思永先生的，不知为什么转存到了傅斯年图书馆。梁思永在书中用铅笔密密麻麻写了许多批语、评论和提示，另外还有许多记号。字写得很小，经过了60多年，纸变黄了，字迹也更加浅淡了，看起来有些费力，如果马虎一点可能会疏漏过去，不过认真看还是可以看清楚的。其中批语部分有评论和批评指正，有的还注出参考资料，最后还另纸书写了提要和总批语夹在书中。于此可以看出梁思永先生对这本书的重视和阅读的认真程度，这实在是一本十分珍贵，可以作为文物收藏的书籍，是一份重要的考古学史文献。

梁思永和吴金鼎都是中国近代考古学的先驱，而梁思永的贡献尤为显著。吴金鼎是山东安邱人，在齐鲁大学毕业后于1926年入清华大学国学研究院，从李济先生学习人类学和考古学。李济关于在山西夏县西阴村考古发掘情况的报告引起吴金鼎的极大兴趣，产生了自己也要试一试的想法。1927年受聘于齐鲁大学，即开始进行考古调查。1928年3月发现山东历城县龙山镇城子崖龙山文化遗址，1930年1月入中央研究院历史语言研究所，并于1930年和1931年参加由该所组织的对城子崖遗址的考古发掘，参与编写了中国第一部大型田野考古报告《城子崖——山东历城县龙山镇之黑陶文化遗址》[2]。在此期间他还参加过河南安阳侯家庄高井台子和浚县大赍店等地的一些考古发掘工作，在梁思永主持的安阳高楼庄后冈考古工地也参加了12天的发掘，从此立志对中国新石器文化进行深

---

〔1〕 G. D. Wu，1938. *Prehistoric Pottery in China*，Kegan Paul，London.

〔2〕 傅斯年、李济、董作宾等：《城子崖——山东历城县龙山镇之黑陶文化遗址》，中央研究院历史语言研究所，1934年。

入的研究，尤其重视对史前陶器的研究，写过《高井台子三种陶业概论》[1]等论文。关于人类学的著作则有在李济指导下写的《山东人体质之研究》[2]。1933年吴受山东省政府派遣赴英国伦敦大学留学，师从著名考古学家皮特里（F. W. Petrie）和叶兹（W. P. Yetts）。1937年获博士学位。《中国史前陶器》就是在叶兹指导下写成的博士学位论文而于1938年出版的。从书中可以看到作者在从事田野考古和新石器时代考古研究时特别注意听取梁思永先生的意见，虚心地向他学习。从扉页上写的赠书日期为民国28年即公元1939年1月31日，离出版日期十分接近，便可以看出吴是在他的著作出版后，一拿到书就立即送给梁的。而梁思永也非常认真地阅读并作了批注。

　　《中国史前陶器》全书分五部分共15章：一，绪论；二，陶器群1～7章；三，陶器特征8～10章；四，陶器分类11～13章；五，年代和结论14～15章。在绪论部分，吴首先对中国史前陶器作一界说，在时间上是指商代以前和遗留于商周历史时期的史前陶器，在地域上则基于考古发现的情况而不得不限于中国北方。接着比较详细地介绍了中国史前考古的情况和他本人从事考古和史前陶器研究的经过。在博士论文写作过程中，曾经在1935年夏季回国短期参加了一些遗址的发掘，并且到各地广泛收集了史前陶器的资料。为了学习陶器制造的工艺技术，还专门到伦敦中央高等工艺学校实习，师从毕玲彤（D. M. Billington）女士，得到她的许多帮助。吴金鼎在绪论中还特别谈到他写这篇论文的目的，是想借由陶器的研究，来探索中国文化的起源以及与西方史前文化的关系。他不相信流行一时的中国文化西来说，认为中国史前文化有自己的起源。为了说明这一问题，他认为首先要分析各个史前遗址的陶器群，并且对各个陶器群进行比较研究；其次要对各类陶器进行综合研究，否则断代工作即无从着手。而年代不明确就无法进行不同文化之间的比较研究。因此吴金鼎的论文不仅仅是研究中国史前陶器，也是研究中国史前文化起源及其在世界史前文化中的地位的一部重要著作。只是他用的方法有些不大恰当或不够严密，梁思永的批评主要就在这些方面。把二者对照起来，不难看出我们的前辈为着给中国史前考古的健康发展奠定良好的基础，是如何兢兢业业、一丝不苟地做出自己的贡献的。

　　在第二部分陶器群的研究中，作者分七章全面分析了豫北、豫西、山东、山西、陕西、甘肃和辽宁所有新石器时代乃至历史时代早期的陶器，实际上是一种分区研究。在每一区则首先分析典型遗址的陶器，再分析一般性遗址的陶器，最

---

〔1〕　吴金鼎：《高井台子三种陶业概论》，《田野考古报告》第一册，1936年。

〔2〕　吴金鼎：《山东人体质之研究》，中央研究院历史语言研究所，1931年。

后排比出本区陶器的相对年代。这个思路是完全正确的，问题在于对典型遗址陶器的分析没有从地层关系出发，而是不管地层首先对整个遗址的陶器进行分类，再参考地层来排比相对年代。在第一章豫北陶器群中，作为重点首先排出的典型遗址是安阳高楼庄后冈和侯家庄高井台子。这两个遗址都有明确的地层关系，其下层是以红陶为主要特征的仰韶文化或后冈一期文化的遗存，中层是以黑陶为主要特征的龙山文化遗存，上层是以灰陶为主要特征的殷商文化遗存。如果从地层关系出发对不同地层出土的陶器进行详细的对比研究，就可以确定陶器的分期和各期陶器的特征。梁思永的《后冈发掘小记》[1]和《小屯龙山与仰韶》[2]两篇文章就是这样进行分析的，他所发现和阐明的后冈三叠层，成为研究中国史前文化和早期文明的相对年代与发展演变关系时必须征引的铁律。吴金鼎自己所写的《高井台子三种陶业概论》也有相似的思路，只是偏重于不同的陶业。该文末了注明是1935年10月21日于伦敦写成的，应该是他当年为准备博士论文而写的一篇习作。高井台子是他亲自发掘的，地层关系类似于后冈三叠层。他在该文中写道：

> "此址最复杂、最完备的文化堆积包含三层。其次第，红色陶层最下，黑色陶层居中，灰色陶层在表面。就此以推其时代：红陶层最早，黑陶层次之，灰陶层最晚。
>
> '三叠层'式之堆积，不独后冈、高井台子及大赉店为然，考古组同人年来又在洹淇流域发现数处相类之遗址。时至今日，吾人已能断言，此种连续之'三叠层'，至少在豫北一带，可视为通常情形。"[3]

这段话的结论无疑是正确的，是20世纪30年代初以梁思永为代表的考古组人员在河南北部考古所取得的十分宝贵的成果。但细细品味其中红陶层、黑陶层和灰陶层的提法，把一种颜色的陶器作为一个层位或一个时期陶器特征的总概括也不无问题。正因为如此，所以本书在研究中国史前陶器时就不是从地层关系出发，而是以陶器的分析为基础，把地层关系放到了次要的地位。在论述后冈和高井台子的陶器时，不管出自哪个地层，统一按有无纹饰分为A、B两类，下面再分1红、2黑、3灰、4白等颜色。例如素面红陶为A1，素面黑陶为A2，素面灰陶为A3，素面白陶为A4，有纹饰的红陶（包括彩陶和刻划、拍印等纹饰）为B1，

[1] 梁思永：《后冈发掘小记》，《安阳发掘报告》第四期，1933年。
[2] 梁思永：《小屯龙山与仰韶》，《庆祝蔡元培先生六十五岁论文集》，中央研究院历史语言研究所集刊外编第一种，1933年。
[3] 吴金鼎：《高井台子三种陶业概论》，《田野考古报告》第一册，1936年，201、202页。

有纹饰的黑陶为 B2，有纹饰的灰陶为 B3 等等。素面红陶下又分色、形、质、厚、制法 5 种；素面黑陶下又分色、形、质、厚、制法和表面处理 6 种；有纹饰红陶下则分为色、形、质、厚、制法、表面处理和纹饰 7 种。分门别类地详细介绍和讨论。这种分类描述和讨论的方法乍看起来似乎很严密、细致，实际上大有问题。因为不管你分得多么细致，实际上每一项特质都不是只出于一个地层，而往往是相互交叉的。你不从地层出发，把这些交叉存在的因素作为划分时期的依据就会产生许多矛盾。例如制法是根据痕迹推测出来的，有很大的不确定性。颜色也不是绝对的，有的陶器外面是红色的，里面却是灰色或黑色的；或者上面是红色的，下面却是灰色的。书中关于颜色的描述中已经说得很清楚。有的时候原本是灰陶或黑陶，打碎后一部分被火烧红了，一部分还是灰色或黑色。如果把颜色作为分类的第一标准，势必会造成不必要的混乱。至于质地、厚度和表面处理等项虽然在不同时期有些差别，同时也有相互交错的情况。如果不是首先按地层分清时间的先后，而是把不同时期的陶器混在一起来按照上述标准分类，那么这种分类的意义究竟是什么就很难想象了。

吴金鼎在对后冈出土的陶器进行上述分类和描述后，接着就谈后冈陶器的年代。指出后冈上层与小屯II期的陶器同属商殷，中层的黑陶与龙山黑陶相同，下层的红陶则早于仰韶。理由是后冈红陶的技术比仰韶原始，彩陶花纹只有两种，器形也比较简单。这个结论虽然没有大错，但是理由并不充分，缺乏必要的分析。特别是和前面关于陶器的分类与描述衔接不上，二者之间缺乏逻辑上的联系，结论得出来显得有些突兀。关于侯家庄高井台子的陶器也采取了相同的写法。吴金鼎在分析陶器时特别重视制造痕迹的观察与解释。他认为高井台子下层与后冈下层的陶器一样，大型器物是用泥条盘筑法成型的，小型的碗钵之类是用半球形模制造的；中层以上的大型黑陶和灰陶器用带模，即用木、竹或陶制成长 10、宽约 2 英寸的模片托在外面，贴泥后用手在里面抹平。梁思永对此颇为怀疑，在 32 页书眉上批道：

"带模？1）陶制从未发现过，？2）分段之痕未见，？3）极不易运用。此法似极不易。"

我们看到书中所举例子的图版，实际是从滚印的绳纹作出的推论，与陶坯用所谓"带模"的制法没有关系。吴金鼎关于陶器制法的演变有一个基本的看法，正如梁思永归纳的那样，是所谓"半球形模→带模→拍垫法"，实际上是很成问题的。吴在 42 页上谈到小屯陶器的制法比较复杂，几乎运用了所有史前陶器的制作技术，只有大型陶器不能用带模，而轮制技术尚未精良，所以就用拍垫法，是商殷时期特有的一种方法。梁思永不同意这一看法，在眉批上写道：

"？拍垫法在黑陶期已见。"

"??？殷代承黑陶之绪而云轮制法尚未臻精良，大有问题。又拍垫实制法中之一道手续，不能成为独立之一种制陶法。"

梁先生的批评显然是很中肯的。

吴在同一个区域内的每个遗址的陶器介绍完毕后，往往相互做些比较，根据制法等方面的不同排出年代顺序。这样的年代排比自然缺乏必要的科学依据，所以梁思永批评说：

"断代根据过于偏重于制法，而制法究系推测，以至有飘渺之感。断代比较最可靠之形制又被忽略。总之断代离开地层是难事。"

这段话说到了问题的关键，就是断代一定要从地层关系出发，并且要与类型学研究紧密地结合起来。如果不从地层关系出发，器物的先后无从排起；如果不注意比较器物形制的特点，而是从制法等带推测性的因素出发，就失去了判断某层或某个时期文化特征的客观基础。只有把两者紧密地结合起来，才能正确地进行文化分期，确实弄清楚陶器演变的轨迹。吴金鼎书中的失误，往往就是没有把地层学和类型学放在首要的位置，并且把两者紧密地结合起来的缘故。

关于仰韶村遗址，吴金鼎说他同意安特生关于仰韶遗存是属于一个文化的观点，但时间较长，所以要分为两期。梁思永批评说：

"仰韶村遗址似非一期之堆积，红陶外，有黑陶。仰韶 I、II 二期之分（既承认安氏一文化之说）未举出理由"。

梁思永的批评是正确的。我们知道 1921 年由安特生（J. G. Andersson）主持发掘河南渑池县仰韶村遗址，发现了丰富的新石器时代文化遗存，并将其命名为仰韶文化，从而揭开了中国近代考古的序幕，在学术上是有重大贡献的。然而安特生是地质学家，对于考古学地层的特点并不熟悉，以至于将不同地层和不同时期的遗物混同为同一时期的文化遗存。以梁思永为代表的许多中国学者，包括吴金鼎在内都对他的结论表示怀疑，但认识的深度还是有很大的差别。在这方面，当时作为吴金鼎同事的刘燿即尹达的认识可算是最清楚的。他在差不多与吴金鼎写作《中国史前陶器》的同时，于 1937 年写成《龙山文化和仰韶文化的分析》[1]，文章根据中国学者多年在山东和河南北部从事考古工作的经验，特别是他亲自发

---

〔1〕　刘燿：《龙山文化和仰韶文化的分析》，《中国考古学报》第二册，1947 年

掘过的安阳高楼庄后冈和浚县大赍店等遗址的地层关系，系统地分析了仰韶文化和龙山文化的特征及其相对年代关系，认为：

> "仰韶村遗址中实含有龙山和仰韶两种文化遗存。"
> "安特生所谓'仰韶文化'实杂有龙山文化遗物，应加以分别，不得混为一谈。"
> "在河南北部确知龙山文化晚于仰韶文化。"

时至今日，关于仰韶文化和龙山文化的研究已经大大推进，对于仰韶村遗址也重新做了发掘，尹达的基本观点仍然经受住了时间的考验。其原因就在于他坚持从地层关系出发，又对不同层位的文化遗存进行了认真的比较分析，也就是把地层学研究和类型学研究较好地结合起来，从而得到了正确的结论。可惜吴金鼎的分析偏离了这一正确路线。

在仰韶文化的遗址中常常出土一种小口、尖底的红陶瓶，引起很多人的注意。吴金鼎认为这种小口尖底瓶不是炊器，也不是盛食物或谷物的盛储器。因为那种器物的碎片经常发现于居住遗址中，故有可能是盛水器。当时华北吸井的水桶多为尖底大口，可作为参考。作成小口可能是为了便于封口以免水溢，细颈可以系绳。为了方便搬运装水后的大瓶，需要有绳系颈和耳，耳的功用大概仅止于此。梁思永在51页的眉批上写道：

> "红陶瓶　储水乃至输水之说可接受。吸桶之说似勉强，太大了。"

安特生在《中华远古之文化》[1]一书中，把仰韶村、池沟寨和不召寨的史前遗存都视为同一文化即仰韶文化。吴不同意这种说法。认为前二者可以，不召寨则不然。因为不召寨距仰韶村仅3里，而陶器形制大不相同，与仰韶村相距100里的池沟寨和秦王寨倒很相似，都有彩陶而不召寨没有。梁思永赞同地批道：

> "不召不能与仰韶同列入一期，至确。"

吴金鼎还进一步指出，安特生以为不召寨没有彩陶，所以早于仰韶村，我却认为不召寨晚于仰韶村、池沟寨和秦王寨等6处遗址。理由是：1）不召寨的模制法已经发展至较高的程度；2）不召寨陶器的形制比较繁复；3）不召寨有鬲和甗等形制近于青铜器的陶器；4）没有彩陶；5）不召寨的灰陶与大赍店中层的灰陶

〔1〕　安特生：《中华远古之文化》，《地质汇报》第5号，1923年。

相似。梁对于这些看法表示赞同。这在当时是一个大问题。因为解决了不召寨的相对年代问题，也有助于解决仰韶村遗址的文化分期问题，进而确定仰韶文化与龙山文化的相对年代关系。

关于山西夏县西阴村遗址，吴金鼎认为那里的文化堆积很厚，一定经历了很长的时期。但是没有分层，当是连续堆积而成。第四探方 4 平方米的范围就出土陶片有 1.8 万多块，当时人口的密度一定很大，这遗址一定比仰韶村遗址大，可能是居民集中的大城市。这些推测显然太离谱了，所以梁思永批道：

"所发掘之处是否一垃圾堆？如系一垃圾堆，堆积之时间难以厚度推定。"

西阴村遗址是李济发掘的[1]，他把发掘区划分为 8 个 2 米见方的探方，所出遗迹遗物严格按照三向坐标进行记录，在我国田野考古史上是一个创举和巨大的进步。但是毕竟发掘面积有限，发掘方法仍有不足之处。例如地层的划分，首先按照 1 米深度来划，0 ~ 1 米为 A 层，1 ~ 2 米为 B 层，2 ~ 3 米为 C 层，3 ~ 4 米为 D 层。虽然每大层中又按照土色或每次挖掘的厚度再分为若干小层，毕竟是人为的成分大，不能反映真实的文化层。何况无论是西阴村遗址发掘报告举例介绍的第三探方，还是梁思永整理的第四探方[2]，从发掘后的地形图来看都在一个大灰坑中，再加上人为的分层，根本无法作为文化分期的依据。所以李济和梁思永都没有进行分期。吴金鼎依据这样不大可靠的地层，又没有对陶器形制进行深入分析，根据他在前面所做的那些推测，就毫无根据地将其分成四期，又将年代从仰韶一直延伸到了商代。梁思永批评说：

"所拟各层并无其特殊之陶器，是否须如此分析？？？"

他在这里一连打了三个问号，表明完全不能同意吴的分析。事实上西阴村遗址的陶器基本上全部是属于仰韶文化的，这点李济和梁思永都没有怀疑，吴的推测实在是一个不应有的失误。

关于山西万荣荆村的陶器，现在看来至少包含仰韶文化庙底沟类型和庙底沟二期两种遗存，可是发掘者董光忠认为没有新石器时代的遗物，吴也同意他的意见，并且具体地分为二期，说一期相当于他所谓的西阴四期，既商代，二期为周代。这已经离题太远了。梁思永在 83 页的眉批写道：

---

〔1〕　李济：《西阴村的史前遗存》，清华学校研究院丛书第三种，1927 年。

〔2〕　梁思永：《山西西阴村史前遗址的新石器时代的陶器》，《梁思永考古报告论文集》，科学出版社，1959 年，1 ~ 49 页。

"荆村彩饰亦纹地并重，器多平底，此二点西阴不能专为特征矣。"

这话的意思很明确，就是荆村的陶器像西阴，都是属于仰韶文化的。可是吴说他见过荆村的某些素面陶器，相信是属于周代的。梁有些不相信地说："不举实例可惜！"

关于齐家文化，吴金鼎相信它是受中华文化影响之土著文化。梁思永表示赞同地说：

"齐家为深受中华文化影响之土著文化，可信。"

安特生本来把齐家文化放在仰韶文化之前。吴在本书后面所列"史前遗址年代序列"表中，将齐家文化排在龙山文化之后，与不召寨列在同一栏里，是很有见地的，也反映了当时中国学者比较普遍的看法。只是他仍然把半山、马厂列于齐家之后，说明他看得还不是很准。这个问题的彻底解决，是在以后的1945年夏鼐发掘青海宁定阳洼湾，于齐家文化的墓葬填土中发现了可能是甘肃仰韶文化半山期的彩陶片，才将二者的相对年代颠倒过来[1]。

本书第三部分讲陶器特征，其中第8章是技术特征，主要是从陶器的颜色、厚度、质地、制法和表面处理等方面在各地区之间进行比较，并且解释这些特征的由来，研究各个特征的历史演变。第9章讲形制的演变，第10章讲纹饰和装饰。吴金鼎对龙山文化黑陶形成的原因十分注意，在本书125页有专门的论述。他认为黑陶可能是用下述方法之一生产出来的：1）在陶器表面做特殊之处理，如用赤铁矿洗后再用氧化焰烧，或者在烧过后用石墨粉擦，或在陶器出窑后趁热用树胶、漆、蜡、油、脂肪或其他类似之物涂抹；2）烧窑时在还原气氛下，泥土中的氧化铁会还原成氧化亚铁而变黑，有时在烧窑的后期火将熄灭时，加入锯末等发烟剂后即行密封，由于烟尘或二氧化碳被渗入而变黑。或者趁陶器炙热时放进树叶或柴草，陶器表面会有一层烟灰，烟尘渗入陶器之气孔而使陶器变黑；3）在泥土中掺入氧化锰、碳或其他炭化物。吴认为中国黑陶不是仅仅对表面进行特殊处理，因为标准的龙山文化黑陶内胎也是黑的；也不像是在陶土中掺进了什么成分，因为有些黑陶的内胎是灰色或红色的。吴发现现代中国的黑陶首先是在还原焰中烧出蓝灰色，然后在长期装油脂等物质后变成了黑色。如果陶器厚，黑色不容易透入内胎；如果薄就全部变黑了。对于这一段话，梁思永也有自己的看法。他写道：

〔1〕　夏鼐：《齐家期墓葬的新发现及其年代的改订》，《中国考古学报》第三册，1948年。

"黑陶黑色之制法：1）表面加特种原料，2）产烟法，3）陶土中加入着色原料。中国黑陶非1）、3），似为2）与久用之结果。"

吴对于陶器的厚度颇为注意，梁不以为然，在128页眉批中写道：

"器之厚度与不与器之大小同比，似无多少意思。"

吴对于陶土处理方法的演变有一套自己的看法，认为除炊器外，最早的陶土要选洗，如仰韶文化者即是如此；其次要经过多次洗，如龙山文化者是；第三是不选不洗，如殷文化者是；最后是在陶土中加沙，如东周陶器是。梁颇不以为然，写了4个字："似不合理。"

吴对于陶器的制法也有一套自己的看法，其中颇多可商榷之处。他认为河南是模制的中心，特别是半球模。而带模或箍模在黑陶期的早期即有。小屯期的拍垫法是对于绳带模的改进。他认为模制的特点有三：1）圜底，底外有席纹或布纹；2）如果器物较深，外表有直绳纹，如鬲就是用三块模拼接起来使用的；3）陶器里面用手抹光，或者用某种物件刮抹。他比较各地的制法后认为，河南、山西、陕西在以下方面是相同的：模制，有小口瓶，用慢轮加工口部等。他说甘肃没有轮制，主要是泥条盘筑和慢轮修整；山东没有半球模与带模，大量黑陶是轮制的。他认为河南、山东、辽宁制陶方法的演变顺序是：1）首先是手制，包括泥条盘筑，还有绳模与半球模；2）轮制，用带模；3）用粗拍拍印；4）用细拍拍印或转轮制后再拍。而山西、陕西和甘肃制陶方法的演变顺序是：1）同前；2）用粗拍拍；3）用细拍拍，或转轮制后再拍。梁对这些说法表示怀疑，他在139页上的批语写道：

"拍垫由河南传入甘肃之说，系根据本书中（推测的）各种制法的演变而来，大有商榷之余地。"

吴在147页将彩陶纹饰分为四期，梁在书眉上做了一个简单的提示：

"饰纹母题分为四组，个代表一期。第一，原始的点、线、三角、方块等（后冈、高井）；第二，原始加水平线、乳、耳等（仰韶、西阴）；第三，拼合母题，划纹初次出现（此说不确，划纹见于后冈下）；第四，成套固定之母题（半山、马厂、单砣）。"

本书第四部分讲陶器分类，其中第11章将全部史前陶器分为6类，一类是所谓红、细、中厚、手、光、彩或无彩，碗、盆、罐；二类是黑、细、薄、轮、光、素，碗、盆、罐、鼎、耳、把；三类是灰、粗厚、模、不抹、素，尖底水瓶、罐、水罐、豆、皿、鬲、仿铜器形者；四类褐或黑陶；五类白陶；六类灰陶。这种划分方法之不科学是一望可知的，所以后面第 12 章讲 6 类陶器之分布和第 13 章讲 6 类陶器之特征等，实际上都没有什么意义。

本书第五部分是年代和结论。第 14 章讲年代时列了一个总表，即"表 5 史前遗址年代序列"，实际上也就是全书的结论。梁思永先生在本书的最后附了一张纸，写了本书的提要，又着重写了我们在前面引过的一段话：

> "断代根据过于偏重于制法，而制法究系推测，以至有飘渺之感。断代比较最可靠之形制又被忽略。总之断代离开地层是难事。"

粗略统计，梁思永先生在全书上的批语、评点或提示性文字共有 152 处，而全书也不过 180 页，绝大多数页面都留下了他的意见，可见他对本书的重视和阅读的认真态度。

最后，让我们简单讨论一下作为本书结论的年代序列表。先将该表抄录如表一。

表一　史前遗址年代序列表*

辽宁	山东	豫北	豫西	山西	陕西	甘肃
		后冈 1 侯家庄 1 大赉店 1				
			塌坡			
		刘庄				
			仰韶 1	西阴 1		
		侯家庄 2	秦王寨 池沟寨 陈沟	西阴 2		
单砣子 沙锅屯 1	龙山 1 两城	后冈 2 小屯 1	青台	西阴 3		
	凤凰台 安上村	辛村 大赉店 2	仰韶 2 不召寨			齐家坪
此栏以下诸遗址某些史前陶器延续至历史时期						
沙锅屯 2		后冈 3 小屯 2		西阴 4 荆村 1		半山

续表

辽宁	山东	豫北	豫西	山西	陕西	甘肃
高丽寨1 沙锅屯3-4				荆村2	斗鸡台	马厂
		侯家庄3 大赍店3				
						寺洼
	龙山2					辛店
高丽寨2						沙井

＊　包括史前陶器延续至历史时期者，同行的遗址年代相同。
（此表载《中国史前陶器》170页）

　　这是20世纪30年代关于中国新石器时代文化的一张最完整的分区分期总表。表一中刘庄在浚县车站西1英里，中研院1933年发掘，据说与大赍店一期相当；辛村在浚县车站西2英里，淇水北岸，属龙山。塌坡在广武西北7英里，据吴金鼎说象后冈下层，资料见郭宝钧：《河南古迹研究会成立三周年工作概况》，开封，1935年。陈沟在广武西北6英里，青台在广武西2.5英里，均属秦王寨类型。连塌坡三者均为河南古迹研究会1934年发掘。拿现在的知识来看这张表（表一）当然有不少误判和不确切之处，但是在当时还应该说是一项重大的成就。吴金鼎最熟悉的是豫北区，我们就先从该区的相对年代谈起。

　　这区最早的是后冈1、侯家庄（高井台子）1和大赍店1，把它们列在第一栏是对的。不过我们从书中的插图看到高井台子的下层实际有两类遗存，一类属后冈类型，如插图10、12、13等，多是钵或鼎的近口沿部分，饰成组的竖条彩纹；另一类属大司空类型，如插图11、14、15等。11是碗的残片，口沿饰窄带彩纹；14是敛口钵残片，饰成组平行斜线和豆荚纹；15是折腹盆残片，饰成组平行竖线和细腰纹，都是大司空类型的典型器物。所以表一中侯家庄1应该再划分为侯家庄1a和侯家庄1b。刘庄的资料未发表，书中说与大赍店一期相当，表一中却列在大赍店一期之后，中间还空了一栏，未知何故。也许和侯家庄1b相当。下面一栏为侯家庄2，再下面一栏是后冈2和小屯1，再下面一栏是辛村和大赍店2。这五者应该是属于同一时期的，吴也认为侯家庄2基本上与后冈2和大赍店2相同，只是略有差别，不知道为什么要分为先后三栏，而且把侯家庄2与秦王寨等放在同一栏内就更加不合理了。再往下就进入了历史时期，表中做了一个说明："此栏以下诸遗址某些史前陶器延续至历史时期"。在豫北区先有商代的后冈3和小屯2，后有周代的侯家庄3和大赍店3。令人不解的是既认为已经属于历史时期，有什么根据确定它们仍然是史前陶器，只不过是延续的时间长些，这显然是一种糊涂认识。

豫西区最早的是塬坡，吴说像后冈下层，但未见具体资料，估计是像郑州大河村前期那样的东西。吴将仰韶村遗址划分为两期是不够的。据我们研究，安特生所发掘的仰韶村资料至少可以分为 5 期[1]：第一期相当于洛阳王湾一期前段，也就是大河村前期，应该与塬坡并列；第二期相当于庙底沟期，或者相当于表中仰韶 1 的位置；第三期为秦王寨类型，第四期相当于庙底沟二期，第五期相当于表中仰韶 2 的位置，属中原龙山文化时期的王湾三期文化。吴将秦王寨、池沟寨、陈沟和青台置于仰韶 1 和仰韶 2 之间是完全对的，但又将青台置于前三者之后则不确，实际上四者同属于一个时期，即秦王寨类型时期。表一中将不召寨放在最后，与仰韶 2 并列也是正确的。

在表一中山西区只列了西阴村和荆村两个遗址。如前所述，吴将西阴分了 4 期，最后一期放到了商代；荆村分了两期，分别放在商、周的位置，都是不正确的。西阴只有一期，与荆村 1 同属于仰韶文化的庙底沟类型，荆村 2 则属于庙底沟二期。

表一中陕西区只列了斗鸡台，放在相当于周的位置是对的。甘肃区总起来说年代排得比较晚，这与他反对西来说的思想不无关系。表一中把齐家与不召寨放在同一栏基本上是对的，但是把半山、马厂放在齐家之后分别相当于商、周的位置就没有根据。辛店、寺洼、沙井放在后面固无不可，但把寺洼放在辛店之前也表现出任意性。

山东区列的一些遗址吴金鼎应该很熟悉。表一中列了 4 个遗址：龙山 1、两城、凤凰台、安上村，大概都是属于龙山文化的。表一中将前二者列于后二者之前，同时也在不召寨和大赉店 2 之前并没有什么根据，可能与当时一些学者认为龙山文化是从东往西发展的看法有关。

辽宁的情况比较复杂，那里的工作不少是日本人做的，地层关系不清楚，关于年代的推断也很混乱。表一中列了沙锅屯、单砣子和高丽寨三个遗址，只把单砣子和沙锅屯 1 列为史前，并且放在同一时期。现在看来，沙锅屯最早的遗存属于小河沿文化，而单砣子实际上是介于龙山文化和岳石文化之间而更接近于岳石文化的文化遗存当然应该放在沙锅屯 1 之后。至于高丽寨被放在历史时期应该是十分正确的。

把上面的讨论归纳一下，可以列出一张新表（表二），大略如下。

---

[1]　严文明：《从王湾看仰韶村》，《仰韶文化研究》，文物出版社，1989 年。

表二　中国北方新石器时代文化遗存分区分期总表

总分期	辽宁	山东	豫北	豫西	山西	陕西	甘肃
一（半坡期）			后冈 1 侯家庄 1a 大赉店 1	仰韶 1 塌坡			
二（庙底沟期）				仰韶 2	西阴 荆村 1	？	
三（秦王寨期）	沙锅屯 1		侯家庄 1b 刘庄？	仰韶 3，秦王寨， 池沟寨，青台			
四（庙底沟二期）				仰韶 4	荆村 2		
五（龙山文化期）	单砣子	龙山 两城	后冈 2 侯家庄 2 大赉店 2	仰韶 5 不召寨			半山 马厂 齐家

　　表二虽然是根据现在的认识改制的，资料却是在 20 世纪 30 年代就已经知道的。改制时把时间限在史前，是为了与原来的书名相适应。其实这个表在当时也是可以作出来的。如果吴金鼎把论文的稿子先寄给梁思永看，梁的意见可能会提得更加充分具体，论文的质量肯定会提高很多，这张修正表就基本上可以作出来，从而对中国新石器时代考古的贡献也会大得多。可是历史是不能改写的！我们现在能够读到梁思永评点的《中国史前陶器》，了解到我国考古界的老前辈是怎样为奠立中国史前考古学的基础而做的不懈努力，该是多么有意义的事啊！

2000 年 5 月于台湾大学完成初稿

2001 年 5 月于北京大学蓝旗营改定

纪念西阴遗址发掘八十周年*

今天我们在这里聚会，纪念西阴村遗址发掘 80 周年，是很有意义的。80 年的时间不短，几乎代表了中国考古学发展的整个历程。今天中国考古学的状况同 80 年以前相比当然不可同日而语，但千里之行始于足下，我认为西阴村的考古对于往后中国考古学的发展具有方向性的奠基作用。为了说明这个问题，下面我想讲两个问题。

一　关于西阴村遗址发掘的历史意义

（1）第一次由中国学者主持田野考古发掘工作。西阴村遗址是 1926 年发掘的，在此之前的仰韶村遗址发掘虽然也是中国的学术机构地质调查所进行的，但主持者是当时政府聘请的外籍专家，中国学者只做了些辅助的工作。西阴村遗址的发掘则完全由中国学者李济主持，袁复礼等参加。从此中国考古学才逐渐走上了自己发展的道路。

（2）第一次有计划地用探方方法进行考古发掘，并且详细地记录了地层的变化。仰韶村的发掘是试探性的，东挖一坑，西挖一沟，只有第 12 地点的墓地挖得稍微大些。地层只有深度记录，没有文化层变化的记录，更没有一张像样的地层剖面图。西阴村虽然也是按水平深度发掘的，但是注意了土质土色的变化，并且有清晰的地层剖面图，在图上可以看到不同层次土质土色的变化。这是很不容易的，至今西方仍然有不少考古学者采用这种方法。

（3）第一次按照三维坐标记录和采集小件遗物，按照层位采集陶片，为进一步的研究提供科学基础。直到现在，我们绝大部分工地仍然采用这种记录和采集遗物的方法。

（4）西阴村的发掘是 1926 年 12 月结束的，1927 年 8 月就及时地发表了考古

---

*　本文为 2006 年 10 月 15 日在纪念西阴村遗址发掘 80 周年学术研讨会开幕式上的讲话。

报告《西阴村史前的遗存》[1]，向学术界通报发掘成果。这一点我们现在还往往做不到。

（5）报告中谈到西阴村的彩陶时，认为应与共存的其他陶器作为一个整体来研究，不要单独抽出来谈它的来源，第一次对彩陶西来说提出质疑。

（6）发掘结束后及时让梁思永整理陶片。梁思永是第一次对第四探方的全部陶片进行形态分类统计和描述的学者，是探索如何进行类型学研究的先驱。

（7）历史的际遇往往有想不到的巧合。两位中国考古学最重要的奠基人在这里初试身手，就获得了不同凡响的成果，其重要意义自不待言了。

（8）西阴村的考古发掘当然也有局限，主要是地层关系并没有真正弄清楚。报告中虽然注意到坑穴一类的遗迹现象，并且讨论是否是居穴的可能性。从袁复礼测绘的发掘后的地形图上也可以清楚地看到几个灰坑的遗迹，但发掘中却没有单独编号，没有把灰坑中的堆积作为单独的地层单位对待，更没有注意到是否有遗迹与地层或遗迹与遗迹之间的打破关系（例如位于第 2、3、5、6 探方之交深2.59 米的灰坑与它南边那个最大的灰坑就可能有打破关系）。这就不能不影响到分期研究的准确性。这在早期的考古发掘工作中是难以避免的。这个问题直到后来安阳殷墟的考古发掘时才逐渐解决。

二　关于西阴村文化遗存的性质及相关问题

（1）西阴村遗址的文化遗存比仰韶村单纯得多。按照现在的认识，它只有仰韶文化的遗存，而且主要是庙底沟类型的遗存，根本没有龙山文化时期的遗存（等到 1994 年秋第二次发掘时才发现有庙底沟二期和更晚的遗存）。仰韶村遗址则从仰韶文化早期直到中原龙山文化晚期的遗存都有。如果西阴村的发掘在仰韶村发掘之前进行，很可能就叫西阴文化而没有仰韶文化的名称，在 20 世纪 30 年代探讨仰韶文化和龙山文化的关系时也不至于弄得那么复杂。事实是那时主要强调了安阳后冈等地龙山文化叠压仰韶文化的地层关系，同时关注两个文化的分布状况，在这个基础上做文章，没有充分利用西阴村的资料。如果利用西阴村和不召寨比较单纯的资料去甄别仰韶村的资料，不但可以把仰韶文化和龙山文化（应该叫中原龙山文化）清楚地区别开来，也会进一步看到西阴与后冈的区别。所谓混合文化的概念也不会提出来。但历史不能假设。学术研究总是走着曲折的道路。

---

[1]　李济：《西阴村史前的遗存》，清华学校研究院丛书第三种，1927 年。

（2）20 世纪 50 ~ 60 年代之交，由于西安半坡、陕县庙底沟、华县元君庙和泉护村以及洛阳王湾等遗址的发掘，对于仰韶文化以及仰韶文化与龙山文化关系的认识逐渐深化。1962 年杨建芳首次全面提出仰韶文化的类型和分期，1965 年苏秉琦《关于仰韶文化的若干问题》更把仰韶文化的研究推进到一个新水平。考虑到一些典型遗址的资料发表得不够理想，进而影响到研究的深入。我花了比较多的精力对典型遗址进行分析，在此基础上对各个自然区的仰韶文化遗存进行比较细致的分期研究，进而对整个文化进行分期和划分类型的研究。最后探讨整个文化发生、发展与走向衰亡的过程与内部机制，探讨周围文化在仰韶文化发展过程中的作用。力求从发展演变和相互关系上辩证地处理考古学文化的研究，避免了静态的研究方法，也避免了外因论和孤立发展论。

（3）大约从 20 世纪 90 年代以来，有关仰韶文化的遗存发现得越来越多，仰韶文化的内涵显得非常复杂，一些学者提出将其中的某些文化期或文化类型独立为考古学文化的意见，但究竟如何划分，划分出的文化又如何命名，各人的意见并不一致。一些学者仍然坚持仰韶文化的概念，只是在仰韶文化下面划分出不同的文化期和文化类型，对整个仰韶文化的时空范围也有多少不同的认识。有不同意见是很自然的，学术研究往往是在不同意见的争论中找到解决问题的方法和前进的方向的。我赞成保留仰韶文化的名称，也不反对在仰韶文化之下再划分为若干文化。按照柴尔德和夏鼐提出的划分考古学文化的原则，再小的范围也可以称为考古学文化。只是我们要对考古学文化进行层次分析，有大文化，有小文化或者说亚文化，不能一锅煮。仰韶文化是中国考古学史上第一个被发现和命名的考古学文化。当时认为它属于新石器时代晚期至铜石并用时代，是以彩陶为特征的，并且很可能是汉民族祖先的文化；现在看来这些看法还基本上是正确的。仰韶文化是一个大文化。马家窑文化过去曾经被称为甘肃仰韶文化，其地位即相当于仰韶文化之下的亚文化。后来改称为马家窑文化，或再分为马家窑文化和半山—马厂文化，实质上也只相当于仰韶文化晚期的一个特化了的地方类型，或者说是一个亚文化，不能与仰韶文化平起平坐。同样在内蒙古发现的海生不浪文化也是仰韶文化晚期特化了的地方类型，也是一个亚文化。以此类推还可以划出一些亚文化。

（4）仰韶文化能不能作为一个独立的具有自身特征的考古学文化而存在，要看它是不是具有基本的共同特征以区别于其前后和周邻的其他考古学文化。仰韶文化最富特征的陶器是小口尖底瓶，它是仰韶文化各个时期和各个地方类型的主要器物之一，别的文化是没有的。仰韶文化基本的器物组合是瓶、钵、盆、罐、瓮，它形成于仰韶文化早期即半坡期，也是其他各期最主要的器物。这既区别于以前的白家文化（老官台文化）、裴李岗文化和以后的中原龙山文化，也区别于大致同时而相邻的大汶口文化、红山文化和大溪文化。仰韶文化是以彩陶著称的，这很明显区别于比它更早和更晚的文化。但具有彩陶的文化不止一个，仰韶文化的彩陶有什么特点呢？仰韶文化的彩陶非常复杂，要归纳出共同的特点是很难的。但只要与周围的文化相比，还是可以看出某些规律性的差别。仰韶文化的彩陶主要是在红陶地子上画黑彩，早期多以直线和直边块体构图，中期多以曲线和曲边块体构图，晚期多以直线和曲线构图，这一演变规律不同于红山文化，也不同于大汶口文化和大溪文化。仰韶文化的鱼、鸟、蛙、鹿等动物花纹也不见于其他文化。仰韶文化是一个强势文化，它对周围文化有明显的影响，同时也接受周围文化的某些影响，因而有某些彩陶花纹相同或相似是不奇怪的，但毕竟各有特点。从这些方面来看，仰韶文化是完全可以成立的。

（5）仰韶文化的研究涉及许多方面，不只是文化特征、分布范围、文化分期、地方类型、具体年代及与其他文化的关系等问题，也不只是它发生、发展和消亡的具体过程以及引发这种变化的内部机制和外部原因等问题。还有这个文化的经济诸如农业、养畜业、采集、捕鱼、狩猎等生业经济，还有建筑业和石器、陶器、骨角蚌器等的制造业以及纺织、编织等手工业生产经济，还有为实现这些生产的技术，产品的分配与交换等，其中有一些有专门的研究但不深入，有一些还没有进行研究。至于当时的家庭形态、社会组织结构和社会性质、风俗习惯以及艺术、宗教等精神文化的研究也是如此。其中有些关键性问题，我在纪念仰韶文化65周年的讲话中提出了一些不成熟的意见。20年过去了，似乎没有太大的进展，我也没有太多新的想法，就不耽搁大家的时间了。

（原载《鹿鸣集——李济先生发掘西阴遗址八十周年·山西省考古研究所侯马工作站五十周年纪念文集》，科学出版社，2009年。后收录在《中华文明的始原》，文物出版社，2011年）

尹达对新石器时代考古的贡献

　　以田野考古为基础的近代考古学在我国起步较晚，但发展十分迅速。尤其是近三十年来更取得了举世瞩目的成就，进入了自己的黄金时代，作为整个中国考古学的一个组成部分的新石器时代考古，从某种意义来说可能是更有代表性的。现在关于中国远古文化的起源和发展道路，各地远古文化在中国古代文明发生中的作用，各地不同系统的新石器文化之间以及中国和邻国新石器文化之间的关系，都已进行过许多研究，并已有了比过去远为实际的了解。对于用马克思主义指导考古学研究，通过实物遗存探讨各考古学文化的生产力发展水平、经济特点、社会组织结构和意识形态等等，也取得了不少实际的经验。所有这些探索性的努力和所取得的多方面的进展，凝集着许多人的心血。其中特别难以忘怀的，是对学科的发展起过突出作用的先行者和领路人尹达同志。

　　尹达对新石器时代遗址的考古发掘是从 1931 年开始的。那时他还是中州大学（今河南大学前身）的学生，参加了由著名考古学家梁思永主持的河南安阳高楼庄后冈遗址的发掘工作，第一次揭示了小屯（殷）、龙山与仰韶依次叠压的地层关系。"后冈三叠层"的发现，为确立中原地区新石器文化和青铜文化的相对年代奠定了基础。正如尹达所指出的，这次发掘及其研究结果，"是中国新石器时代考古发展中的一个极其重要的转折点"[1]。

　　为什么说后冈的发掘是一个转折点呢？这要从我国近代考古学最初的发展历史说起。

　　我国近代的田野考古工作是从 1921 年辽宁锦西沙锅屯洞穴遗址和河南渑池仰韶村新石器遗址的发掘开始的。这两项工作都是由当时北洋政府农商部的矿业顾问、瑞典人安特生及其在地质调查所的合作者一同进行的。他们在 20 世纪 20 年代前期还在河南中西部、山西和陕西北部、甘肃、青海东北部等处进行过许多考古调查和试掘，发现了丰富的新石器时代和青铜时代的文化遗存。这对于那时某

---

　　〔1〕　尹达：《悼念梁思永先生》，《文物参考资料》1954 年第 4 期。

些外国学者否认中国有自己的石器时代文化，硬说中国远古文化乃至人种都是从西方传播过来的种种谬说，无疑是一个有力的驳斥。安特生的第一部考古学著作的标题就是《中华远古之文化》（*An Early Chinese Culture*）[1]，书中明确指出像仰韶村等地发现的新石器文化应是中国商周文化的始原。现在看来，这一观点是非常正确的。但安特生本是一个地质学家，于考古学原非专攻，尽管他对这项事业很热心并投入了他后半生的主要精力，都难以避免犯原则性的错误。

安特生不了解人类文化遗址堆积的复杂性，简单地以为埋藏深的遗物要比埋藏浅的为早，所以他详细地记录了出土遗物的深度而没有按土质土色划分层次，更没有注意到遗迹的打破关系。这样他就不能正确地将不同时期的遗存从地层上区分开来。安特生也不了解类型学的基本方法和它对于分期研究的必要性，主观地认为无彩陶要早于彩陶，而彩陶中花纹原始的要早于成熟的和进步的。至于为什么会是这样，怎样的花纹才算原始或成熟，却没有任何客观的依据。所以他关于中国新石器文化的分期基本上是错误的。

安特生的另一错误是他对中国新石器文化起源的看法。本来他认为仰韶村遗址等所代表的新石器文化具有鲜明的民族特点，是中华远古之文化。但他后来请教了一些西方考古学家，了解到西方（中亚、西亚、东南欧等地）也广泛存在彩陶。特别是他在 1923～1924 年间在甘肃广泛调查后，发现甘肃彩陶比河南更为发达，便不问西方彩陶是否比东方早，是否有本质的相同或相似的因素，是否有可能发生实际的联系，就贸然认为中国新石器文化（首先是彩陶文化）是从西方传播过来的，成为中国文化西来说的代表性人物。

由于安特生是在中国进行田野考古发掘的第一人，也是对中国史前文化进行系统研究的第一人，所以他的观点在学术界存在着较大的影响。有些人虽然不大相信他关于中国新石器文化起源于西方的说法，却很少怀疑他赖以立论的基础——他的田野工作和中国新石器文化分期的理论。后冈的发掘正是在这个问题上打开了一个缺口。它用事实说明：（1）必须按土质土色划分地层，才能给遗址的分期提供科学的基础。单纯按深度记录出土遗物不但达不到分期的目的，反而会形成一种错觉，给分期工作制造混乱。（2）后冈的地层说明，至少在仰韶文化和龙山文化这一时间范围内，不是单色陶器早于彩陶，恰恰是彩陶及其所代表的文化早于无彩陶的文化。这就从根本上动摇了安特生的工作和理论体系，并且向着田野工作的科学化和重新建立中国新石器文化的分期体系迈出了关键性的一步。这自然是我国近代考古学发展中的一个转折点。换句话说，在我国近代考古学包

---

〔1〕　安特生：《中华远古之文化》，《地质汇报》第 5 号，1923 年。

括新石器时代考古的发展史上，安特生等人虽有开创之功，但并没有打好基础，反而留下了一些包袱。只是通过 1930 年山东城子崖的发掘和 1931 年后冈的发掘，尤其是后冈三叠层的确定，才走上了健康发展的轨道。尹达从一开始步入考古学家的行列，就能参加后冈发掘这样关键性的工作，并能得到有丰富田野工作经验的梁思永先生的指导，加上他自己刻苦钻研、勇于探索，所以很快就成长为一位出色的新石器时代考古学家。

尹达于 1932 年大学毕业，旋即参加前中央研究院历史语言研究所和河南古迹研究会主持的河南浚县大赉店发掘工作，在那里又发现龙山文化叠压仰韶文化的地层关系。同年在浚县辛村发掘了一处龙山文化遗址。1933 年，他和石璋如一起调查了安阳西边的同乐寨遗址，后来经梁思永发掘，也发现龙山文化叠压仰韶文化的地层关系。1934～1935 年，尹达的主要精力用于安阳侯家庄西北岗殷代王陵的发掘。1936 年，他和梁思永一起发掘了山东日照两城镇龙山文化遗址，并已基本上完成了发掘报告的文稿，后因资料运往台北而未能发表。

连续多年的田野工作使尹达积累了丰富的经验，获得了许多极为宝贵的第一手资料，从而使认识达到了一个飞跃。他对安特生在仰韶村等处的发掘工作进行了检查，认为存在着许多问题，由此而怀疑安特生关于中国新石器文化的分期的理论也是站不住脚的，必须予以重新考虑。1937 年夏，当安特生重来中国在南京地质调查所作学术报告时，尹达曾就上述问题和他交换过意见，并向他介绍了中国学者的工作。安特生于此也认为他自己的工作存在一些问题，有必要重新予以清理。那时，尹达事实上已写成了《龙山文化与仰韶文化之分析》[1]。那篇文章的副题就是《论安特生在中国新石器时代分期问题中的错误》，表现了他敢于面对权威的胆识和实事求是的探索精神，标志着他的学术思想已达到成熟的境地。该文根据作者和其他中国学者多年来在河南和山东等地的工作，系统地分析了仰韶与龙山两种文化的基本特征及其相对年代关系，进而分析了安特生主持发掘的河南渑池仰韶村、不召寨和甘肃和政齐家坪等遗址，得出了六条十分精辟的见解。

（1）龙山文化与仰韶文化同为中国新石器时代末期的两种不同系统的文化遗存。

（2）在河南北部确和龙山文化晚于仰韶文化。

（3）仰韶村遗址中实含有龙山和仰韶两种文化遗存。

（4）安特生所谓"仰韶文化"实杂有龙山文化遗物，应加以分别，不得混为一谈。

---

〔1〕《中国考古学报》第二册，1947 年。

（5）不召寨为龙山文化遗存，不得混入仰韶文化之中。

（6）齐家坪遗址是否早于仰韶期，其间问题很多，不得遽为定论。

这些话写得何等中肯啊！我们只要看看当时学术界对仰韶文化和龙山文化的关系还是若明若暗，对仰韶村的复杂的新石器文化遗存缺乏正确认识，甚至直到 20 世纪 50 年代初期，有的学者还把它视为仰韶、龙山的混合文化，就可以看出尹达写这篇文章时在学术上已经具有何等的功力！将近五十年过去了，对于仰韶、龙山文化的研究已经大为深入。过去有不少观点经不起时间的考验而被淘汰，或必须加以修正。而尹达在这篇文章中所得出的基本结论却仍是不可动摇的。这是他坚持科学的发掘和研究方法，坚持实事求是的学风所取得的成果，而这种学风在他的整个学术生涯中是始终贯彻如一的。

如果说《龙山文化和仰韶文化的分析》一文着重在分析安特生的错误，那么1939 年写成的《中国新石器时代》[1] 一文则是一个全面的综合研究，诚如他自己所说的："主要目的是试图突破安特生的体系，建立起中国新石器时代的比较可信的体系。"[2] 应该说，这篇文章较好地完成了这一任务。它对过去的中国新石器时代的考古工作进行了述评，接着将经过发掘的比较可信的资料，按照经济类型区分为"以渔猎为基础的氏族制的社会"和"以农业为基础的氏族制的社会"，分别介绍了昂昂溪遗址、仰韶文化和龙山文化的考古资料及其研究成果。最后对中国新石器时代考古研究中存在的一些关键问题及其努力方向提出了自己的看法。这篇文章所初步建立的体系，差不多到 20 世纪 50 年代前期还起着支配的作用，并一直影响到以后的研究。

正当尹达全力从事考古研究并已取得显著成果之时，日本帝国主义发动了全面的侵华战争，考古工作已无法正常开展。他决定暂时放下手里的小铲，于1937年底奔赴延安参加革命工作，只是在业余时间搞点考古调查。中华人民共和国成立后，先是参加接管北京的文物、博物馆部门，后到中国人民大学和北京大学负责教务。1953 年调入中国科学院，先后担任考古研究所副所长、所长和历史研究所副所长等职，长期负责考古和历史学科的领导工作。虽然 1962 年以后离开了考古所，集中精力负责历史所的工作，但他仍然关怀着考古学的成长。他同考古学界有广泛的联系，参观和考察过一些考古遗址，收集了许多考古资料。他先后发表了《论中国新石器时代的分期问题》《论我国新石器时代的考古研究工作》《新石器时代研究的回顾与展望》《从考古到史学研究的几点体会》等一些带指导性

---

〔1〕 尹达：《中国原始社会》，作者出版社，1943 年。

〔2〕 尹达：《新石器时代》，生活·读书·新知三联书店，1979 年，243 页。

的文章。同时又以不能直接参加田野工作为憾事。1963 年，他在所著《中国新石器时代》再版后记中一再地说："如果工作、精力和时间许可的话，还想从考古学这方面再钻研一番，比较系统地研究一下其中的一些问题。如果工作、精力和时间许可的话，我还想在这一基础上进而钻研我国氏族制度的历史。我将以最大的努力争取新石器时代考古学家的帮助和协作，以实现这个愿望。"[1] 1978 年，已经 72 岁高龄的尹达同志，还在其《新石器时代》增订再版的前记中写道："我准备抽出时间，到有关地方去看看那些新发现的遗址，对新出现的问题也作些必要的探讨，再写一本《新石器时代》的续篇……我虽年越古稀，但是还有充沛的精力，去实现这个诺言！"[2] 可惜因为病魔肆虐，他的计划竟没有能够实现，这对于学术界该是多么大的损失啊！

　　尹达作为一个颇有素养的马克思主义学者，又长期处在学术领导岗位，自然特别关心学科发展的方向，经常思考一些全局性的和带根本性的理论问题。在他所熟悉的新石器时代考古这一学科领域内更是如此。记得在 1959 年 1 月召开的编写《十年考古》（后来正式出版书名改为《新中国的考古收获》）座谈会期间，我们曾同他进行过几次很有意义的交谈。当时全国正掀起一股批判资产阶级学术思想的高潮，北京大学考古专业的学生和年轻教师被这股热潮鼓动起来，提出要在批判资产阶级考古学体系的基础上建立起我们自己的马克思主义的中国考古学体系。我们把这些情况告诉尹达，并且问他资产阶级考古学体系究竟包括哪些主要内容，怎样才能批中要害等等。尹达对年轻人的革命热情十分赞赏，同时又对一些不切实际的想法进行耐心的引导。他指出批判资产阶级学术思想，首先要侦察敌情才能对准靶子。他认为中国资产阶级考古学发展的时间短，工作不多，事实上还没有形成体系，只有某些错误的理论或观点。就拿安特生来说，他的影响是比较大的，他的一些错误理论过去批判过，现在也还可以批判，但我们不能把主要精力用来算陈年老账，而忽视了对中华人民共和国成立以来积累起来的极其丰富的考古资料的深入研究。再说安特生也不能光看他的错误，他首先发现了仰韶文化，我国以田野工作为基础的近代考古学事实上是从他起头的，这个功绩还是不应该抹煞的。至于李济就更应该一分为二地对待了。在座谈会的正式发言中，他进一步阐述了上述观点。他说："如果我们在那些不可靠的资料里，转来转去，以大部分精力去批判他们，而推迟了我们对大量珍贵资料的研究，甚至放弃了这

---

〔1〕　尹达：《新石器时代》，生活·读书·新知三联书店，1979 年，254、255 页。
〔2〕　尹达：《新石器时代》，生活·读书·新知三联书店，1979 年，1、2 页。

一工作，这对我国考古事业的发展是不利的。"[1]因此，他同我们商量：是否不要把批判资产阶级考古学体系作为建立马克思主义的中国考古学体系的前提条件。他说，建立马克思主义的中国考古学体系这个口号很好，它明确了我们的目标和任务，能够正确地调动全国考古界的革命积极性。座谈会上对这个问题要议一下，正式向全国考古界提出来。要组织起来，对全国考古工作做一个通盘的规划，以便有计划有步骤地把各地区各个历史时期的典型文化遗存调查和发掘出来，用马克思主义的观点和方法进行研究，努力复原我们祖国光辉灿烂的历史。这不但对马克思主义理论是一个贡献，而且对人民群众进行历史唯物主义和爱国主义教育也能发挥积极作用。这是一项非常艰巨的任务，要求我们每个考古工作者不仅要提高田野工作的水平，还要加强综合研究的能力和马克思主义理论的素养。对于考古学研究中的一些重要的方法论问题要持慎重态度，要用马克思主义的观点去进行分析。现在大家对陶器排队有很多议论。有人把这种方法神秘化或者搞烦琐哲学固然不好，但不要因此一提陶器排队就斥之为资产阶级的研究方法。要知道对于陶器的类型学研究乃是划分文化时期和区别文化类型的有效手段。无产阶级不但不应拒绝，反而要做得更加认真和更加科学化，使它能够最大限度地反映客观实际。总之，要建立马克思主义的中国考古学体系首先要考虑立，不要先破后立，而是立中有破，边立边破。在座谈会的正式发言中他也大胆地提出了这一方针[2]。在当时全国开展批判资产阶级学术思想的那种气氛下，作为考古工作领导者的尹达提出这一方针是需要有对事业的革命责任感和巨大勇气的。后来事实证明他的这一主张对我国考古学的健康发展确实起到了积极作用，对于有些知名的考古学家是一种保护，对于年轻的考古工作者的成长则是一个巨大的帮助。

在组织编写《十年考古》的同时，尹达还参加了并负责组织郭沫若主编的《中国史稿》的编写工作。为着尽量把中华人民共和国成立以后的考古工作的成果吸收进去，他比较系统地阅读了有关的考古资料，特别是新石器时代的资料。一方面，他为十年来新石器时代考古的巨大发展感到由衷的高兴；另一方面，在运用这些考古资料来编写原始社会的历史时又觉得不大顺手。大量的考古报告过于简单，难以提供确切的科学根据。经过较大规模发掘的遗址，资料虽然不少，但从复原当时社会面貌的要求来看还是十分不足。他深深地感到："从这样一些考古资料中，很难比较系统地反映出某一地区、某一时期的具体的氏族制度社会的基本状况。写来写去，或者是忍心割爱，放弃那些残缺不全的资料，描绘出一幅抽

---

〔1〕 尹达：《组织起来，大家动手，编写〈十年考古〉》，《考古》1959 年第 3 期。

〔2〕 尹达：《组织起来，大家动手，编写〈十年考古〉》，《考古》1959 年第 3 期。

象的空洞的社会发展过程的幻景；或者是充满盆盆罐罐，却缺乏人的气氛、生活气氛以及社会气氛的综合考古报道。"[1]他坚信这种局面的形成不是由于考古学本身的不可克服的局限性，也不是由于考古学和史学之间隔着一道不可逾越的鸿沟，而主要是由于我们的考古工作和研究工作中还存在着某些问题。

由于旧中国给我们留下的考古工作的底子极薄，业务力量严重不足，而中华人民共和国成立后经济建设发展很快，配合基本建设进行考古发掘的任务极重，这一尖锐的矛盾给我们的工作造成了相当大的困难。许多考古发掘都属于抢救性质，难以从一定学术目的出发进行周密的计划和准备；大量发掘资料没有时间进行整理和消化，难以写出具有较高水平的报告，勉强赶写出来的报告或简报自然难以作为进一步研究的基础。此外由于工作发展过于迅猛，考古队伍的培养，考古人员业务水平和理论素养的提高，也都存在着不少困难。不过这些都是暂时性的，到中华人民共和国成立后十年的时候已经有了很大的改变，通过有关部门的全面规划，是可以在一个不太长的时期内较好地解决的。

尹达注意到了上述客观条件所带来的种种困难，并且主张尽快研究加以解决，但他认为单是注意这一方面是不够的，还必须从考古工作者的主观认识上寻找原因。在他看来，这主要是对于考古学科的性质与任务的认识问题。尹达把自己的想法写成文章，先是打印出来送给一些考古学家征求意见。大家觉得写得很好，同时又提了一些具体的意见，经作者修改后以《新石器时代考古工作的回顾和展望》为题于1963年予以发表[2]。文章对中华人民共和国成立后的新石器时代考古工作做了简单的回顾，提出了一些尚待深入钻研的学术问题，着重点则是讲如何在已有成绩的基础上继续前进，也就是如何沿着在编写《十年考古》时即已提出的建立马克思主义的中国考古学体系的轨道前进的问题。这样他就把从群众中产生的革命口号加以具体化和理论化，使之成为一条实际可行的道路。

尹达在文章中主要讲了两个问题。第一个是"考古学、史学及其相互关系"，实际是讲考古学的性质、目的与任务；第二个是"综合研究、科学发掘及其相关诸问题"，实际是讲考古学的研究方法。这都是考古学研究中的根本问题，当然也是新石器时代考古研究的根本问题。

有一个时期，有些考古工作者对自己所从事的工作的意义还不甚了解，有一

---

〔1〕　尹达：《新石器时代》，生活·读书·新知三联书店，1979年，219、220页。

〔2〕　本文分别发表于《新建设》1963年第10期和《考古》1963年第11期，该文的前面还有很长一段对中华人民共和国成立后新发现的考古资料的综合评述"新发现和新问题"，全文经修改后，以《新石器时代研究的回顾与展望》为题，收录在《新石器时代》论文集。

种为考古而考古的思想。在提出厚今薄古的方针以后，又有一些人觉得考古无用，考古不如考今。这些都是对考古学的性质与任务认识不清的反映。尹达指出："考古学是历史科学的有机构成部分之一，它通过实物的历史资料的研究，以了解人类过往的历史。"[1]他进一步强调说："考古学是历史科学的一个构成部分，它的目的是研究过往的历史，而不是其他。新石器时代遗址的考古调查、发掘和研究的最终目的，应是为了更具体、更深入地了解祖国原始社会氏族制度的历史，而不是其他。"[2]

有人也许原则上承认考古学是历史科学的构成部分，而实际上还是觉得有相当大的差别。在他们看来，历史科学是具有鲜明的阶级性的，考古学则不尽然，对于尚没有产生阶级的石器时代的考古研究似乎更无所谓阶级性了。尹达不同意这种观点，他认为新石器时代考古研究的核心问题是探索氏族制度的具体历史，全面复原原始共产主义社会的历史图景。它能够用具体的事实说明私有制和阶级如何产生的过程，说明它们并非自古就有，而只是同一定的历史时期相联系。它实质上是给予无产阶级要求消灭私有制和一切阶级、最终实现共产主义的远大目标以理论上的武装，这样的考古学研究能够说没有阶级性吗？

因为我们的新石器时代考古的目的是探索氏族制，复原原始社会的历史，而原始社会之所以作为人类社会发展的第一个形态，它的基本特征和基本发展规律，都是在马克思主义产生以后才被逐渐发现的。换句话说，只有马克思主义才能给原始社会的研究奠立科学的基础。因此，新石器时代考古的研究，只有在马克思主义指导下，才能正确地复原原始社会的历史。当然，任何一个考古学家，只要他尊重客观事实，并且按照考古学的基本方法去进行研究，即令他不相信马克思主义，也能阐明若干历史问题。但是在没有马克思主义指导的情况下，要想全面地复原原始社会并说明其实质，无论如何是难以达到的。

尹达认为，为了实现我们的目的，还必须要有正确的方法。他提出要严格遵守考古学研究应有的科学程序：首先是考古调查发掘及其报告的编写出版，其次是深入的比较研究和综合研究，最后才是原始社会历史特别是氏族制度的复原。他认为三者虽然相互渗透、互相作用，不可机械地分割，但如不弄清楚每个阶段应有的主要任务，则会影响科学工作的进程。他特别反对那种不尊重田野考古的科学程序和科学基础，在一些尚未经过科学检验的资料的基础上一再推论，急于进行氏族制度的复原，制造出一些似是而非的理论，认为这是一种不健康的倾向。

---

〔1〕　尹达：《新石器时代》，生活·读书·新知三联书店，1979 年，220 页。

〔2〕　尹达：《新石器时代》，生活·读书·新知三联书店，1979 年，221 页。

尹达十分重视田野发掘的科学性，认为"科学的考古发掘和发掘报告的整理出版，是最根本的基础工作"[1]。它的首要责任是正确地划分地层，正确地记录各层的遗迹和遗物，全面而系统地反映所发掘的遗址的本来面貌。他认为这不单纯是一种技术工作，"而且要求考古学家有高度的学术责任感，以严肃认真的态度对待这些工作。如果粗枝大叶，草率处理，就会弄得时间错乱，祖孙颠倒，对遗址的相对年代的解决是极为不利的"[2]。

尹达十分清楚，仅仅保证发掘阶段的科学性而放松了整理研究的一环，还是难以写出符合要求的考古报告来的，1958年以后的一个时期，有些地方曾出现单纯强调快速编写考古发掘报告的倾向，把出土遗物、特别是陶片的整理放到了次要的位置，甚至认为详细地研究陶器和陶片是一种烦琐哲学，尹达专门写了一节《陶器在新石器时代研究的作用》，指出"新石器时代考古学家在科学研究中十分重视陶器，这是完全合理的；陶器给我们以相当明确的标帜，去识别各种不同类型的文化遗存。它具备其他遗物遗迹所不可能有的各方面的优越条件"[3]。尹达认为要充分发挥陶器在新石器考古研究中的作用，但也要防止陷入支离破碎的描述而失却主题的倾向。

尹达认为从发掘整理到一个好的考古报告的编写和出版，只能算是完成了最基础的工作。在这个基础上，还必须进行深入的比较研究和综合工作，以解决有关的学术性和理论性的问题。他特别强调这两个工序的密切关系："这就是说，科学的综合研究必须在科学的调查和发掘的基础上，才能使自己的比较、分析和综合所得的结论有结实而稳定的论据；科学的发掘工作必须以综合研究所得的知识和理论为基础，并从其所提出的问题出发，才能使发掘工作具有更明确的学术目的。"[4]而当时正是综合研究十分缺乏，这样就造成了两方面的问题，一方面是考古调查、发掘有时陷于盲目而缺乏明确的学术目的，在一定程度上降低了田野工作的质量，或者是使田野工作的质量难以迅速地提高。另一方面，由田野考古所提供的大批资料，因为缺乏比较研究和综合研究而不能很好地消化。如果拿了这些未经消化的资料径直去复原某种社会面貌，侈谈某某氏族制度的特点，就必然无法保证其科学性，闹出许多似是而非的乱子。所以尹达大声疾呼要加强考古学的综合研究，认为它是沟通考古学与史学的桥梁，是考古学成为历史科学构成

---

〔1〕 尹达：《新石器时代》，生活·读书·新知三联书店，1979年，223页。

〔2〕 尹达：《新石器时代》，生活·读书·新知三联书店，1979年，228页。

〔3〕 尹达：《新石器时代》，生活·读书·新知三联书店，1979年，229页。

〔4〕 尹达：《新石器时代》，生活·读书·新知三联书店，1979年，229页。

部分的一个杠杆，而他自己正是进行新石器考古的综合研究的一个典范！

尹达关于新石器考古的性质、任务及其研究方法的一些观点虽然不全是他自己的独创，但他是结合了我国新石器考古的实际首先系统地阐述的。现在看来，他的许多看法仍然是正确的，许多实际上已经成为广大考古工作者的共同看法了。我们回想 1949 年后新石器时代考古的发展，1958 年以后的一段是一个关键时期。那时在大跃进的形势下，广大考古工作者一方面批判资产阶级考古思想，一方面又以极大的规模在全国开展田野考古工作。他们要求迅速摆脱资产阶级影响，想努力在我国建立起马克思主义考古学体系，但又与在左倾思潮影响下出现的一些不切合实际乃至错误的想法和操之过急的毛病纠缠在一起，形成一股激流。在这种时候不加分析地跟着群众的尾巴跑是不对的，给群众泼冷水也是不能解决问题的。尹达非常珍视我们考古队伍中的革命要求，同时对一些不切实际乃至错误的想法、做法耐心引导。正是由于他和其他一些老同志的指引和全国考古工作者的共同努力，我国的考古工作才得以在健康的轨道上阔步前进。

现在，一个以马克思主义为指导的、具有中国特色的考古学体系正在形成，作为其中组成部分的新石器时代考古也日益成熟和迅速发展起来。在这种时候，我们特别不能忘记曾为我国新石器时代考古的发展做过重大贡献的尹达同志。尹达同志曾经计划编写而终未能完成的《新石器时代考古续编》，现在正由许多后学通过自己的工作和研究来加倍地完成，我想这是对尹达同志最好的纪念。

（原载《中国原始文化论集——纪念尹达八十诞辰》，文物出版社，1989 年。后收录在《史前考古论集》，科学出版社，1998 年）

史前考古学的理论基础

——纪念《起源》发表一百周年

　　《起源》的内容是十分丰富的，它是研究史前史或史前考古学的理论基础。大家知道史前考古的主要任务，就是研究原始社会的历史，但这个社会究竟是怎样发生和发展，最后又是怎样走向灭亡的？它不同于阶级社会的本质是什么？它的成就对于往后历史发展起了什么作用？这些问题在马克思主义产生以前是不知道的。马克思主义创始人关于原始社会问题的论述散见于许多著作，而最集中的则是《起源》。

　　《起源》根据的资料主要是美洲印第安人等民族志材料和欧洲上古传说史料，没有涉及中国的，也基本上没有考古资料。但它以历史唯物主义原理进行分析后所得出的一般性结论，却完全符合中国史前的情况。例如《起源》中分析私有制和阶级的起源，总是紧密地同生产发展阶段的分析相联系，把它看成是普遍性的自然历史过程。我国新石器时代考古研究也证明，在仰韶文化的早期及其以前，生产力的发展还处在较低的水平。人们居住的房屋和拥有的各种物件都没有显著的差异，墓葬的大小和随葬物品的多少优劣也看不出明显的分化。有时许多人住一所大房子，储藏东西的窖穴不是同个别小房子相联系，而往往是同一组房屋相联系，有时许多人合葬在一起，共同随葬一两套物品，这些都是原始共产制经济的一种体现。到了仰韶文化的后期以及同时期的大汶口和马家窑文化等，由于石器制作技术的进步和金属工具的出现而使社会生产力有了比较显著的提高。这时才第一次看到分间房子的出现，少数大墓从众多的小墓中分化出来，其中的随葬物品又多又好，如此鲜明的贫富对比只有私有制的出现才能得到解释。

　　由于贫富不均，人们事实上已经不平等了。在进一步的发展中，有些地方出现了殉人的现象，乱葬坑随处可见，还有无头墓，龙山时代更出现了设防的城堡，阶级和最初的阶级斗争就这样出现了。只是在阶级斗争达到不可调和之时国家才会出现，那大概就到了我国历史上的夏代。请看我国历史发展的这一历程同《起源》最后一章所得出的一般性结论是何等的相似啊！

　　《起源》对摩尔根关于母系氏族的研究给予很高的评价，认为"确定原始的母权制氏族是一切文明民族的父权制氏族以前的阶段的这个重要发现，对于原始历史所具有的意义，正如达尔文的进化理论对于生物学和马克思的剩余价值理论对于政治经济学的意义一样。"不但如此，《起源》还对母系氏族发展为父系氏族的社会经济根源做了深刻的分析，这对于原始社会史是一个极大的贡献。现在西方仍然有不少人根据某些民族志资料而怀疑这一理论，但我国史前考古的研究却再次证明这一理论的普遍意义。我国考古学者从合葬墓中性别的配置情况以及男女随葬物品的比较等方面论证了仰韶文化早期及其以前应属母系氏族社会，从仰韶文化后期以及大汶口文化、马家窑文化等开始，随着生产的发展和贫富的分化，出现了一些一夫一妻的合葬墓，并且往往是男左女右，似已形成为一种定制。进一步的发展则男子仰卧，女子侧身屈肢面向男子，甚至有一夫二妻的合葬，生动地再现了由母系发展为父系氏族的历史进程。这一事实不要囿于个别民族志资料（因为它常常受到相邻的先进文化的影响）而对《起源》的一些基本的结论发生怀疑。当然《起源》发表一百年来关于史前历史、考古、人类学和民族学的研究都有巨大的进步，我们无疑应当用新的科学事实和研究成果来充实和发展马克思主义关于原始社会的理论。随着时日的增长，《起源》一书对于原始社会历史的奠基作用也就看得越来越清楚了。

（原载《史前研究》1984 年第 4 期）

考古研究所四十年研究成果展览笔谈

一个面积不大的展览，要把一个取得了许多举世瞩目的科研成绩的考古研究所四十年的工作，集约地展现在观众面前，本是一件很难的事；但看过展览的人莫不交口称赞，说明展览取得了巨大的成功，新石器时代考古部分自然也不例外。

我国新石器时代考古研究近 40 年的成绩主要表现在两个方面，一是文化发展谱系的建立，二是诸考古学文化社会经济形态的探讨。这两个方面考古研究所都做了许多工作，其成果足以代表全国新石器时代考古研究的水平。20 世纪 50 年代中期西安半坡遗址的发掘，是首次对一个史前聚落遗址进行大面积揭露，无论是研究内容还是工作方法都具有开创性质。其后对陕县庙底沟、华阴横阵村和宝鸡北首岭等处的大规模发掘，与北京大学对华县元君庙与泉护村以及洛阳王湾等地的发掘一起，大大深化了对仰韶文化和当地龙山文化的认识，并且为全国新石器时代考古提供了宝贵的经验。

20 世纪 70 年代以来，苏秉琦先生提出对全国考古学文化进行区系类型研究，有力地促进了考古学的发展。展览一开始便以十分醒目的位置陈列了新郑裴李岗、临潼白家、天水西山坪、滕县北辛和敖汉旗兴隆洼等一系列新石器时代较早时期的典型标本。它明确地告诉我们：（1）中国在仰韶文化以前还存在着一系列相当发达的新石器文化，这些新石器时代较早遗存的发现，大大推进了我国新石器文化起源与农业起源等重大课题的探索；（2）中国新石器文化是多元的而不是一元的，各新石器文化之间是有程度不同的关系的而不是各自孤立发展的；（3）所有较早的新石器文化都是没有彩陶的，而仰韶文化、大汶口文化、红山文化、大溪文化等都是有很多彩陶的，往后的龙山时代诸文化又都是没有彩陶的，而物质文化水平明显高于前一时期。不论学者们有什么更加精密和科学的分期方法，就是一般的观众也可以很容易地划分出前彩陶文化、彩陶文化和后彩陶文化三个发展阶段，从而把我国新石器文化放在一个时间顺序和逻辑过程中进行观察和研究，有利于正确理解和复原当时的历史，这正是许多考古学者所追求的目标。

展览在考虑时代顺序的同时，又特别注意各地新石器文化自身的特点及其发展谱系。例如山东地区的北辛—大汶口—龙山文化的谱系，内蒙古东南和辽西地区的兴隆洼（赵宝沟）—红山文化的谱系，甘青地区由天水西山坪、师赵村和柳湾等遗址所建立的大地湾一期—半坡—庙底沟—马家窑—半山—马厂—齐家文化的谱系等等，从而进一步说明了我国在新石器时代的文化发展中，就已基本形成了多元一体的格局，为往后我国民族发展的多元一体格局奠定了初步的基础。

展览中新石器时代考古部分的最后一段着重陈列了山西襄汾陶寺和山东临朐朱封的资料。陶寺是一个约 300 万平方米的巨大遗址，墓地规模也极大，在迄今已发掘的 1300 多座墓葬中，大约 90% 的小墓既无葬具又无随葬品，少数大墓则有木棺，有彩绘陶器和木器以及成套的礼乐器物，其中的大石磬、彩绘龙纹陶盆和鼍鼓等不但陶寺的中小墓中不见，就是同一文化的其他遗址或墓地中也还没有发现过，它不但说明当时社会上已有明显的贫富分化，并且出现了社会地位和身份等级的差别。西朱封是一处龙山文化的墓地，目前对整个墓地的情况虽然还不大清楚，但从已发掘的三座大墓（其中考古所山东队发掘两座）来看，墓圹面积已相当于殷墟妇好墓，有棺有椁，有的还有重椁、边箱或脚箱。大量精美的黑陶、玲珑剔透的玉雕以及大量彩绘木器的遗痕等，从另一个侧面说明了陶寺墓地所体现的社会变化原则。如果再结合最近对城子崖龙山城址的确认（这是一座比迄今发现的任何龙山城址都大得多，面积约 20 万平方米的城址），人们自然不得不反思一下过去对于龙山时代社会经济形态的估计是否过于保守。现在关于这个时代的考古工作仍然做得不多，对于已经发现的一些现象，人们的认识也许还不大一致。但至少应该承认那时已不是典型的原始社会，而是向文明社会迈出了脚步。这里涉及到私有制、阶级和国家起源的一系列理论问题乃至东方早期文明的特色等这种带有世界范围的意义的问题。对于这样重大的课题，考古所已经开了个头，希望以后作出更大的成绩。

最后我想特别要指出的是，整个展览虽然只能挑选一些典型标本，但设计者总是把这些标本放在一定的时期、一定的地域和一定文化属性的背景之下，放在整个聚落遗址或墓地的背景之下来进行陈列的，使观众比较容易从标本本来的意义去理解它的价值。否则把一个个标本孤立地突出出来，人们不能从事物的联系中去深化自己对事物的认识，反而容易产生猎奇式的遐想，便会违背展览者的初衷。考古所展览获得成功，这大概是一个很重要的原因。

（原载《考古》1991 年第 1 期）

"中研院" 历史语言研究所七十年

——考古学评论

　　首先，请让我感谢东道主的邀请，使我有机会参加"中研院"历史语言研究所（以下简称"史语所"）成立七十周年的盛会，能够向各位著名的学者学习和交流心得，是我的荣幸。不过，让我担任考古学的评论人，心里有些惶恐不安。因为从史语所成立到现在都在这个机构工作，学术造诣极高，又最了解史语所考古组发展情况的老前辈石老璋如先生在座，应该由石老来做评论才是最有权威的。现在让我坐在这个位置上，所以有些不安。如果有讲得不对的地方，请石老和各位同仁不吝指教。

　　刚才听了几位先生的精彩报告，特别是臧振华先生的主旨演讲，很受启发。臧振华先生在中国台湾和东南亚都作过很多考古工作，对大陆的考古学也比较了解。我昨天拿到他的文章，粗粗翻了一下，觉得用了不少工夫，写得不错。后来才知道他原来并没有什么准备，是临时赶出来的。原来这个主旨演讲是安排由张光直先生来作的，因为健康关系医生不让他来，才改由臧振华先生来做。当时臧先生在伦敦，手头没有什么资料，多半是靠记忆，一个多礼拜就写出来了，没有相当的学术功底是办不到的。臧先生报告的中心意思是中国考古学的传承与创新问题，这是很多学科都会遇到的问题。事实上史语所的创立就是解决中国学术传承与创新的一项重要举措。当时在傅斯年先生主持下，一方面注意继承中国学术的优良传统，一方面又大力推行学术的现代化，开拓了许多新的学术领域，在全国学术界和思想界产生了很大的影响。史语所七十年的历史实际上是不断地解决传承与创新的历史。我们的考古学发展到现在，有许多成功的经验，也会有一些不足之处，需要好好地总结，找出继续前进的方向。现在面临世纪之交，各门学科都在飞速发展，学科之间的相互影响与渗透的趋势也日益加强，势必影响到考古学今后的发展。我们究竟是故步自封，完全按照过去的老路走呢，还是勇敢地

　*　本文为 1998 年 10 月 23 日在台北"中研院"历史语言研究所七十年会议上的讲话。

迎接新世纪的挑战，在充分总结既有经验的基础上不断地探索新的路子，也就是解决好传承与创新的问题呢？答案自然是非常清楚的。

几年以前，在北京大学考古学系赛克勒博物馆开馆的时候，我们主持召开了一个国际学术讨论会。在准备的时候要确定会议的主题，筹备组研究了一下，几乎一致主张定为"走向 21 世纪的中国考古学"，并且要我用同样的名称做主旨演讲。如何走向 21 世纪，自然要解决一个传承和创新的问题。中国考古学发展的历史经验我们要吸取，外国考古学发展的经验我们也要吸取，在这个基础上考虑如何进一步发展和创新的问题。我想在台湾的同仁也面临着同样的问题。史语所成立七十年，分两个大阶段，前一段在大陆，后一段到了台湾。前一段是创业和打基础，拿考古学来说，从设立机构、招聘人才到开展田野工作，都做得非常好。安阳殷墟连续十五次的大规模发掘取得了重要的成绩，把一个三千多年以前的辉煌的青铜文明展示在世人面前。与此同时还发现了一系列新石器时代的文化遗址，为进一步探索中国文明的起源打下了一定的基础。后一段史语所迁到了台湾，而留在大陆的部分考古学者和其他机构的考古学者共同建立了中国科学院考古研究所。国家文物局下属的许多博物馆设立了考古队或文物工作队，后来大多数从博物馆分离出来建立为文物考古研究所。一些大学设立了考古专业或考古学系。大家分工合作共同承担了整个大陆的考古工作。史语所在台湾开始主要是整理在大陆发掘的资料，特别是安阳殷墟的丰富资料，后来才逐步开展台湾地区的考古工作。这些在臧振华先生的报告里都已经说得很清楚了。大陆考古学界对于史语所以前的工作是基本肯定的，并没有因为政治上的变动而低估那时的成绩。但社会政治环境与经济文化环境的改变自然也会影响到考古学的发展。正如臧振华先生所指出的那样，大陆的考古学几十年来有很大的发展，已经基本上建构起来了从旧石器时代早期直到元明清的全国范围的文化发展谱系，各种专门性研究也已经取得了不少成绩。对于中国农业的起源、文明起源和发展的特点与模式等都有了新的比较深刻的认识。但不可讳言也走了一些弯路。开始在学习苏联的时候多少有一点生搬硬套，后来觉得不大合适，想走自己的路，又犯了简单化和急于求成的毛病。有些人用社会发展史的模式来框架具体的考古学研究，也有人抵制这种倾向而遵循实事求是的科学路线。总之情况是比较复杂的，我们曾经进行反思，可能认识还很不够，需要进一步的分析和检查。也欢迎台湾的同仁乃至外国学者提出善意的批评和建议。检讨过去是为了更好地把握现在和策励将来，相信我们的考古学会在一个更加健康的基础上发展起来。

台湾的考古工作我们也一直是很关心的。我到台湾来过几次，每次都有一些收获。今天很高兴听到了刘益昌先生的报告，让我对台湾考古的过去、现在和未来可能的发展有了一个比较明确的认识。刘先生认为台湾考古有自己的特点，不能完全用研究安阳殷墟考古的眼光来看待台湾考古。而且考古学发展到今天也要尽可能拓展研究的领域，引用新的研究方法，这样台湾考古就决不是普通的青菜豆腐，而是大有可为的。我很同意刘先生的这个看法。这里面还涉及什么是考古学的问题，就是考古学是属于人类学的一部分呢还是属于历史学的一部分。这问题首先是美国人提出来的，现在大陆也有人讨论。美国殖民时代以前是印第安人的天下，要研究印第安人的历史就必须由考古学、语言学、民族学乃至体质人类学等各个方面来进行了解，这就是美国的人类学。所以美国人比较自然地把考古学看成是人类学的一部分。中国的情况有很大的不同。中国有几千年的文明史，研究中国的历史主要靠历史文献和地下的实物资料。从"五四"以来，一些学者提出要用科学的方法来整理国故，发现有很多文献记载不可靠，对古人的好多说法产生了怀疑。从过去盲目的信古到疑古虽然是一种进步，但总不能老是停留在怀疑上面，有必要寻找新的方法来解决这个问题。所以在史语所设立考古组的目的，一开始就很明确是要研究历史，是要用新的手段来拓展历史研究的新领域，以便解决单靠文献的研究难以解决的关键问题。安阳殷墟的发掘正是在这种思想支配下采取的一个具有历史意义的举措。由于殷墟发掘取得了巨大的成绩，一下子就把中国的信史和文明史至少提早到了商代晚期。这是一个很好的开端，在这个基础上，从20世纪50年代以来先后发现了郑州商城和偃师二里头都城级遗址，把中国的信史和文明史一步一步地推进到了夏代。现在大陆的一些学者想把夏商周年代的研究推进一步，搞了一个"夏商周断代工程"，我和裘先生都参加了，但是我没有担任具体工作。我觉得年代学研究不一定要用某种工程的方法来解决，不过如果能够从上面拨一笔经费，把各方面的专家集中到一起进行研究还是有些好处的，现在也确实有一些进展。当然问题还是不少，还需要不断地进行研究。至于夏商周以前的历史，以前只能讲一点传说，没有多少可靠的证据。现在我们可以根据考古学资料写出一本远古时代的书了。这些成绩的取得固然有许多方面的原因，但是与我国的考古学一开始就定位在研究历史这一点是不无关系的。所以我们要感谢傅斯年先生。如果一开始就把考古学定位在人类学，那情况就可能很不一样。如果傅先生不是选李济先生担任考古组的主任，而是选资历和声望都更高的马衡先生，那情况可能也很不一样。这实际上是为了更好地解决传承与创新问题而在人事上所做的一项抉择，历史已经证明这一抉择是正确的。

　　学术带头人的任用是重要的，专业人才的培养也是十分重要的。刚才李匡悌先生在讲到考古学与自然科学家合作问题的时候，特别讲到了人才的培养问题，我很有同感。考古学发展到今天，越来越需要进行多学科的合作，包括同许多自然科学家的合作，这是许多人的共识。但是在具体合作中往往发生一些不必要的摩擦，不能相互理解而达不到预期的目的。不仅台湾有这个问题，大陆也常常遇到这个问题，国外也往往是这样。人家以为你考古学家把地层一划，谁早谁晚就会清清楚楚。同样考古学家往往以为我请你科学家测年代或者分析什么成分，你用最先进的仪器来进行研究，难道还会不准确吗。实际上里面还有很多问题，需要进行比较复杂的研究。把不同学科的研究结果整合起来并不是那么容易的，这就需要考古学家有比较宽阔的知识面，有能够适应时代的新的知识结构。当然要求一个人什么都懂是不可能的，但相关学科的知识总要有一些，知道在哪里能够找到契合点。在考古学发展到今天这个水平的时候，提出要培养新型考古人才是势所必然。李匡悌先生的这个意见提得很好，但是他举的年代学例子却没有把话说透彻。我原来想听听他关于摄食系统的研究情况，因为这是他的专长，如果举这个例子可能会说得透彻一些。

下面，我想简单地说一下颜娟英女士和陈芳妹女士的两篇文章。颜娟英女士的文章是讲美术考古或美术史的问题，陈芳妹女士的文章是讲艺术史学与考古学的关系，从青铜器的研究来讲艺术史的研究方法。两个人的说法不同，意思应该差不多，大概都是指对于古代的美术品或者艺术品作考古学的研究。我个人理解的所谓美术考古大概也就是这个意思。有人觉得考古学不是这个样子，说考古学无非就是排排队、分分类，就是所谓类型学研究；还有所谓地层学研究，如此而已。地层学和类型学当然是考古学的重要内容，是考古学的基本功，但不是考古学的全部。考古学应该还有更加广阔和更深层次的研究，这在臧振华先生和刘益昌先生的报告里都已经涉及了。其实两位女士的报告里也谈到了这个问题。因为我们通过考古学来研究的历史，在内容上是很广阔的。其中包括古代人类社会的各个方面，有政治、经济、文化、科学、宗教、风俗习惯，有物质文化和精神文化，其中就包括艺术品的内容、风格、流派及其历史价值等等许多方面。我不知道这种理解是不是正确，请各位批评指正。

总之，今天几位考古学同仁的报告都很好，对我有很大的启发。我们考古学的天地大得很，需要我们去努力开拓。有人说现在是中国考古学的黄金时代，我觉得现在中国考古学确实有很大的发展，但还没有到达黄金时代。中国有那么大，历史那么悠久，文化那么发达，内容那么丰富多彩，是发展考古学理论和方法最理想的地方。只有中国自己的或者带有中国特色的考古学理论和方法建立起来，并且得到世界公认的情况下，才可以说是中国考古学的黄金时代，我想那一天终归是要到来的。台湾的考古学也是中国考古学的一部分，同样是大有前途的。在目前这种情况下，我希望有更多的台湾学者来关心大陆考古学的发展，参与大陆的考古学研究，也希望有更多的大陆考古学者到台湾来看看，参与台湾的考古学研究。两岸的学者应该在考古学理论、方法和研究课题等各个方面进行充分的交流。在历史语言研究所成立七十周年的时候，热切地期望两岸的交流与合作能够得到进一步的加强，为发展中国考古学而共同努力！谢谢！

（原载《中华文明的始原》，文物出版社，2011年）

第四届东亚历史与考古国际讨论会开幕词

各位先生，朋友们！

　　7～8 世纪东亚地区的历史与考古国际学术讨论会现在开幕。首先，请允许我对前来参加会议的各国学者和朋友们表示热烈的欢迎！炎热的夏天，应该是休闲避暑的季节。各位不远千里来到北大，讨论东亚历史与考古学上的重大问题，是我们北京大学的荣幸。我谨代表北京大学考古文博院表示衷心的感谢。

　　关于古代东亚历史与考古的国际学术讨论会，在日本大阪经济法科大学的主持下已经举行过四次了。这四次会议曾经分别就稻作农业的起源与展开、东亚考古与历史研究的现状与课题、东亚古代文化交流和东亚古代文明起源研究的再检讨等课题进行了富有成果的讨论，我有幸参加了其中的三次，深感组织这样的会议十分必要，它促进了有关领域的学术研究，加深了各国学者之间的理解和友谊，是应该大力提倡的。在这里，我要特别谈一谈对我们的会议有着特殊贡献的村川行弘先生，由于他的远见卓识和孜孜不倦的努力，才使我们的历届会议获得成功。1994 年，他为了组织第四届讨论会到北京来，在街上不幸腿部被严重挤伤。当我们到医院去看望他的时候，他完全不顾自己的伤痛，坚持向我们介绍和商量会议的准备工作。1995 年在大阪开会时，他坐着轮椅坚持参加了整个会议，还陪我们到神户进行学术访问。为把会议开得更好，也为扩大会议的影响，他很早就提议分别在东北亚各国轮流召开。我说各国的条件有所不同，可以根据实际情况来进行安排。这次北京的会议，也是几经磋商之后才确定下来的。对于他为发展学术研究，加强东亚各国学者之间的联系与学术交流所做的努力，我们是十分敬佩和感激的。

　　经过商量，本次会议的主题确定为 7～8 世纪东亚地区的历史与考古。这个时期的东亚在世界历史上是值得大书而特书的。因为这时的欧洲正处在封建主义的黑暗时代，而东亚各国则是文明昌盛的辉煌时期。当时的长安是世界最大的都会，包括西方各国在内的许多国家的使节、学者、僧侣和商人云集在那里。人们在谈到中国的历史时往往用汉唐盛世来指称汉唐两代，不过唐代的昌盛又有别于汉代，并且在许多方面超过了汉代，其中很重要的一个方面就是唐代比汉代更为开放，出现了空前规模的对外交流。这个时期的朝鲜半岛和日本的社会经济文化也飞速地发展起来，这两个地方同唐代的交流也最为密切。中国的历史文献中有许多关于这些地方之间相互交往的记载，值得我们仔细研究。更加令人兴奋的是，近年来东亚各国的考古工作都有很大的发展，发现了许多 7~8 世纪的实物资料，例如日本的高松冢和鸿庐馆的发掘，以及朝鲜半岛龙江洞的发掘等，都提供了十分珍贵的资料，中国和俄罗斯也有不少新的发现，其中渤海国的资料引起了学术界的普遍注意，使学术界对于 7~8 世纪东亚的历史又有了一些新的认识。相信在这次会议上大家会充分交流信息和研究成果，相互切磋，加深了解，增进友谊，我们的会议一定会取得圆满的成功！

　　谢谢大家。

（原载《丹霞集——考古学拾零》，文物出版社，2019 年）

《童恩正全集》序

近闻巴蜀出版社计划出版《童恩正全集》。作为恩正的老同学和好朋友，得知这个消息自然十分高兴。

恩正 1935 年出生于江西庐山。不知什么时候迁居到长沙郊区的宁乡县。1950 年我们同时考入长沙清水塘的湖南省立第一中学。那时的省立一中只有高中部，我们上的是第 56 班。后来省立一中改为长沙市立一中，增加了一个初中部，我们班就改称为高一班了。

恩正原先是在长沙的雅礼中学上初中的。那是一所教会办的学校，特别重视英语教学，所以恩正的英语口语很熟练。我们两人都喜好理科。我崇拜爱因斯坦，重视科学理论；他崇拜爱迪生，重视创造发明。他的父亲是湖南大学的教授，1952 年以莫须有的罪名被捕了，童恩正也忽然不见了。后来知道是随父亲到了广州。我们从此就失去联系了。实际上他 1956 年就考入了四川大学历史系，1961 年毕业后被分配到峨眉电影制片厂任编剧，次年回历史系任冯汉骥先生的助手，并从事考古教学与研究工作。还担任四川大学博物馆馆长，四川省文物指导委员会副主任，中国古代铜鼓研究学会理事长，中国西南民族研究学会副理事长等职。

1976 年，我和俞伟超带领学生到陕西周原进行考古实习，同时举办亦工亦农考古训练班。我主持发掘岐山京当凤雏遗址，揭示了一座布局结构十分完整的西周宫殿基址，一下子轰动了文物考古界。国家文物局为此专门召集了一个非常热烈的现场会，有来自全国各地的文物考古界人员。我当时就在现场讲解。一位青年走到我的面前："你还认识我吗？"我愣了一下，很高兴地说："你不是童恩正吗？"两人高兴极了，情不自禁地相互拥抱。1952 年到 1976 年，整整 24 年不见面，想不到都成了考古学者。恩正在四川大学师从著名学者冯汉骥先生，主要从事西南民族考古。还曾经应西藏文物管理委员会邀请发掘了昌都卡若遗址并出版了《昌都卡若》考古报告。他还先后主持或参加过巫山大溪、广汉月亮湾、岷江上游石棺墓、西昌大石墓的考古发掘，并主持了西南六江流域民族考古综合考察。先后出版了《古代的巴蜀》《中国西南民族考古论文集》和《文化人类学》等著作，主持编写不定期的大型学术辑刊《南方民族考古》等。

不过他的兴趣是多方面的，也擅长文学。他创作的电影文学剧本《古峡迷雾》和《珊瑚岛上的死光》以及《西游新记》等都是难得的考古文学作品。北京电影制片厂特地把他请到北京来指导拍摄。他虽然很忙，却很会生活，做得一手好菜。我在四川大学讲学时，还特地请我到他家欣赏他的厨艺。他会拉小提琴，还教不到十岁的小儿子也拉小提琴。他在四川大学独自一人张罗办了一个内容丰富的博物馆。除了陈列考古文物外，还征集了许多西南少数民族服饰等展品。他出色的成绩得到了西南民族考古的奠基人冯汉骥老先生的垂青，冯老的大量藏书没有留给他唯一的研究生林向，却全部送给了童恩正。

我和童恩正虽然是老同学，又都是教考古学的老师，平常却很少交往。1986年6月18日至7月7日，我们应美国科学院的邀请，由中国社会科学院组团到美国弗吉尼亚州的艾尔莱庄园参加"中国古代史与社会科学一般法则"的国际学术研讨会，我们都宣读了论文并参加讨论。会后到纽约等地参观。我和童恩正等一同参观航天中心，一同进入在那里展陈的登月舱。接着又参观了赛克勒博物馆等，在那里陈列着许多中国的古物。然后我们还先后去华盛顿、波士顿哈佛大学、最后到西海岸的旧金山，正好是7月14日美国的国庆。天上的飞机挂着彩带来回飞，下面进行美国传统的体育项目垒球赛，好不热闹！从旧金山回国后很久没有相会。最后一次相聚是在1989年5月。我俩同时在长沙参加中国考古学会年会，会上特意将我们两人安排住同一个房间。后来他乘参加学术会议的机会到了美国，又陆续把妻子和儿女接了过去。我那时也应邀参加在美国西雅图举行的太平洋沿岸史前考古会议。如果成行，我们还会有见面的机会。当时我赴美的一切手续都已办好，只等对方为我买好的机票。其中有一项最诱人的安排是招待我到阿拉斯加西部海上看冰山以及到印第安人的居地参观和联欢。可是到了开会时期还没有拿到机票，不免心中纳闷。差不多一个月后才接到由校方转来的机票，简直哭笑不得。同年到印度尼西亚日惹参加印度—太平洋史前考古年会，同时安排到巴厘岛参观的事也告吹了。这两次会我都提交了论文，是与会外国朋友代为宣读的。那个时期总有些烦人的事，令人十分无奈。恩正一家到了美国首先遇到生活问题和孩子上学的问题。靠着朋友们的帮助总算找到了多份教职，先后受聘于加州大学、宾夕法尼亚大学、密执安州立大学和华盛顿州立大学，还担任匹兹堡大学和威斯里安大学的客座教授等。要让生活过得像模像样，就必须拼命地工作。还必须应对必要的社交和日常生活中的琐细事情。担子如此之重，他的身体怎么能吃得消！又有谁能经得起这样大的压力！一天下午，学校的计算机中心转发来一封从美国哈特福德 Wesleyan 大学的慕容捷发来的电传，告知我童恩正因患肝癌在医院的手术台上去世了。这简直是晴天霹雳！慕容捷是捷克人，是张光直的学生，跟我也很熟。一位铮铮硬骨的英才就这样倒下了，实在是时代的悲哀！我抑制不住心头的悲愤，又无法去美国参加恩正的追悼会，就立刻给恩正的夫人杨亮升发了一封电传，弟妹杨亮升也立即回了一封充满感情的信。

《纪仲庆文集》序

南京博物院的基础是前中央研究院，有多位知名的学者。20 世纪 50 年代初还负责华东地区各省的文物考古工作，后来才专管江苏省的文物考古。由于底子较厚，在省级同类机构中仍然占有比较突出的地位。但一些老专家过去虽然做了不少工作，却很少发表著作。于是院领导决定为他们出个人文集，以褒扬先生们在学术上的贡献，这是一件值得称道的好事。我看到的第一本就是老院长的《曾昭燏文集》。现在健在的老专家中自然少不了纪仲庆先生。院方前曾为他举行八十大寿庆典，现在又决定为他出版个人文集，我从心里感到高兴。承蒙仲庆兄的厚谊，要我为他的文集作序，为弟自当义不容辞。

仲庆兄早年就学于北京大学历史系考古专业，是我的同窗好友。论学习成绩在我们班是拔尖的。记得 1957 年我们在河北邯郸进行田野考古实习，参加完涧沟遗址的发掘后转到龟台寺遗址。他发掘的探方中有一个龙山文化时期的大灰坑 H56，他根据土质土色的变化把灰坑中的堆积分了 8 层。仔细排比各层出土陶器的形制，发现前后确有些微带规律性的差别，从而将其划分为三个小期或小段。这种认真细致和一丝不苟的科学精神受到指导老师的好评。现在回想起来，那时一些知名学者连仰韶、龙山都分不开，而一个还在实习的学生却能做到如此精细，实在是难能可贵。

仲庆兄在毕业后被分配到中国科学院考古研究所工作，不久就转到南京博物院，曾经任该院考古部主任和江苏省考古学会理事长等职，成为江苏省考古学界的领军人物。

在中国科学院考古研究所工作的短暂时期，恰遇全国性的三年困难时期，他却全身心投入丹江水库区的抢救性考古工作中。他和队友们一起先后发掘了均县乱石滩、朱家台和郧县青龙泉、大寺等一系列新石器时代遗址。发现了明确的地层关系，证明 20 世纪 50 年代初在湖北发现的屈家岭文化，原本以为晚于龙山文化，实际上是晚于仰韶而早于龙山，这个结果曾经在考古所引起强烈反响。其实仲庆兄的分析更加细致。在他给我的资料中，对几处遗址逐个进行了分析和排比，发现仰韶和龙山都应再分为两期，总共可以分为五期。第一次给出了汉水中游地区新石器时代考古学文化发展阶段的年表。至今虽然过去了半个世纪，这个年表仍然适用。这与他重视把地层关系与类型学分析紧密结合的研究路线是分不开的。

在南京博物院，他把主要精力投入到跟工程建设相关的考古工作中，虽然经常是抢救性发掘，还是尽量按科学发掘的要求办事，从而取得了许多重要的成果。例如邳县大墩子的发掘，第一次分出了青莲岗、刘林和花厅三个时期的遗存。邳县刘林的第二次发掘，第一次将刘林分为早晚两期。海安青墩遗址的发掘，第一次在江北过去以为很晚才成陆的滨海地区发现一处重要的史前遗址，从而改写了当地海岸线变迁的历史。这个遗址同样也可以分为三期，而文化面貌则与江南文化区基本相同。我想正是由于这些扎实的工作，才奠定了建立江苏新石器时代文化谱系的坚实基础。1973年我在《文物》杂志上看到吴山青《略论青莲岗文化》一文，吴将青莲岗文化分为江南、江北两个类型，每个类型又各分为三期。对江苏新石器时代的考古学文化如此明确地进行分区与分期研究，这还是第一次，真是大开眼界。尽管作者用了别人不知道的笔名，我却一下子就明白那肯定是纪仲庆的手笔。文章的资料和论点都是新的，却用了一个原本概念不甚明确的文化的名称，用旧瓶装新酒，自有他之所以要这样做的理由。1977年在南京召开"长江下游新石器时代文化学术讨论会"，仲庆兄为了与会议的主题相呼应，提交的论文就叫《长江下游新石器时代文化若干问题的探析》，进一步申述了《略论青莲岗文化》一文的基本观点。由于涉及问题的核心，自然成为会议上大家关注的焦点。不过讨论中多在考古学文化的名称上做文章，而实际内容跟仲庆兄的观点并没有多大差别，都赞同江南、江北应属于不同的文化区，两区各自的文化分期也大同小异。由此可以看出，仲庆兄关于长江下游新石器时代考古学文化谱系的基本观点是符合实际情况的科学结论。

仲庆兄对江苏考古的贡献不限于新石器时代。他在多年中参加或主持发掘的古遗址和古墓葬还有很多，而且多有重要的发现。他写了很多考古报告，并且都以单位的名义发表。几十年劳累奔波，竟没有多少时间撰写学术论文。不知道的人以为他没有多少成绩，其实他是做了很多工作的。除新石器时代考古外，在历史时期的考古方面也有许多重要的贡献。例如他在对扬州古城进行调查发掘的基础上所作扬州城变迁历史的研究，对邗江甘泉汉广陵王墓葬的发掘与墓主人身份的考证，都是很见功底的杰作，其中还有一些颇饶兴味的故事。这在他自己写的《考古伴我此生行》中都已经讲得很清楚了，兹不赘述。

仲庆兄为人正直厚道，乐于助人而淡泊名利，许多成果都不署自己的名字。他治学严谨，从不人云亦云，有自信而决不张扬。兢兢业业，为考古事业奉献一生，可谓考古学者的楷模。他的文笔也非常好。看他最近写的《破解盱眙南窑庄窖藏之谜》，全文条理清晰，逻辑严密，按照所能收集的证据步步推演，引人入胜，看下来简直是一种享受。很多人感到考古文献难读难懂，除了考古学本身的特点外，作者的水平应该也是一个原因。这篇文章就是一个很好的回答。我想本文集的出版不但是对考古学的一份贡献，也一定会受到广大读者的欢迎。

2010 年 5 月 1 日于北大蓝旗营蜗居

（原载《中华文明的始原》，文物出版社，2011 年）

中国东南地区的民族考古研究

厦门大学的吴春明教授告诉我，说要为吴绵吉老师编一个文集，名曰《中国东南民族考古文选》，命我作序。吴绵吉教授是我多年的老朋友和知心朋友，为他的书写几句话自是义不容辞。但我对绵吉的研究所知不深，觉得颇难动笔，以至一拖再拖。勉强为之，总是不大满意。如果有说得不妥当的地方，请绵吉不要见笑。

中国东南地区的考古工作开始并不算晚，但是除了江浙以外，其发展速度和取得的成果，在相当长的时期内都不能算是很理想的。这里有许多方面的原因，其中最主要的一条是在全国考古工作的布局中，长期没有把东南地区放在适当重要的位置，少数人的努力难以从根本上改变相对滞后的局面。还有很重要的一条也许有些人没有注意到，就是由于湿热多雨的气候和特殊的土壤条件，使得相当一部分遗址保存状况不太好，田野考古工作相对比较困难，短期内不容易取得显著的成效。如果说以前的工作筚路蓝缕，有开创之功，毕竟水平有限，没有打下很好的基础。后来情况有了一些变化，逐步掌握了当地遗址的特点，走上了更科学化的道路。就我所知，吴绵吉是起了很大作用的。绵吉兄乃科班出身，毕业后在中国科学院考古研究所工作数年，受到了很好的田野考古工作的训练。回到厦门大学任教，一直关心田野考古水平的提高。他带领学生到湖北、江西、浙江和福建等省的许多遗址进行考古实习，从来都是以身作则，兢兢业业，一丝不苟，为后学树立了很好的榜样。正因为有坚实的田野考古基础，绵吉兄的科学研究才扎扎实实，不尚浮词，一步一个脚印。

要把东南地区的考古研究深入开展下去，不能不涉及古代百越民族的研究。在中国历史上，百越民族曾经占有十分重要的地位。汉族实际上是以华夏族为基础，先后融合了东夷、苗蛮和百越而初步形成的。以后虽然还不断地融合了其他民族的成分，但基本上还是以华夏、东夷、苗蛮和百越为主体。由于历史久远，东夷、苗蛮和百越在人们的记忆中已逐渐淡忘，只有通过考古学、历史民族学、民俗学和人类学的共同努力才可望在一定程度上恢复历史的本来面目。这个任务是十分艰巨的，而通过多学科的合作来研究百越民族及其在中国历史上的地位与贡献，进而研究其对东南亚乃至太平洋地区的巨大影响，这条学术道路是由厦门大学已故的著名学者林惠祥先生开辟出来的。厦大的不少同仁继承林先生的事业做出了许多成绩，只是各人情况不同，有的偏于人类学，有的偏于考古学，有的在海外交通和外销瓷方面做了许多工作。而把考古学和历史民族学等真正有机地结合起来，绵吉是做得比较好的，这在本文选的内容和分组编排上也可以大致反映出来。

　　本文选分为"百越综论""吴越考古"和"闽台文化"三个部分。第一部分集中讨论了百越的名称、来源、分布和各种文化特征，以及这些特征之所以形成的自然和历史条件。其中既有对历史文献的详细考证，又有对考古资料的深刻分析，更有对此前各家说法的客观而公允的评说，最后得出自己的结论。例如历史上生活于长江左岸即今江苏南部的勾吴人是不是属于百越系统的问题，民族史学家多持否定的态度。但是勾吴与其邻近的于越语言相通，断发文身和善于舟楫等许多风俗习惯也相同。特别是都流行几何印纹陶和都有铸剑的盛名，其他许多文化特征也相类似，所以考古学界通常把它们连在一起而称之为吴越文化。划分民族的主要标志是在一定地域范围内拥有共同的语言和共同的文化，包括物质文化和风俗习惯、信仰崇拜等精神文化在内。用这些标准来衡量，勾吴显然应属于百越族系。再如濮、越的辨析也是以文献和考古学资料相结合，逻辑严密，颇有说服力。关于百越的来源问题，过去有所谓"华夏后裔说"和"马来人种说"，都没有可靠的根据。时下多数学者主张土著说，认为百越就是当地原始先民的后裔，但论证多不甚详尽有力。作者在梳理历史文献的基础上，着力对公认为百越文化的几何印纹陶文化遗存与当地新石器时代文化遗存进行了详细的比较，令人信服地证明当地起源的可靠性。作者关于百越文化特征的分析更是十分精到。其中物质文化有种植水稻、治葛麻为衣、住干栏式房屋、喜吃蛇蛤等小动物、使用有段石锛和有肩石器、善用舟楫和习于水战、普遍用几何印纹陶和原始瓷器，还有极其精良的铸剑技术等；精神文化则有越人的语言、断发文身、拔牙、鸡卜、崖葬、迷信鬼神、崇拜蛇鸟等许多方面，甚至还从近代惠安女等"不落夫家"的民俗中找到了百越民族的遗风。在作者归纳的这些特征中有些不一定是百越独有的，但却是百越人生活的重要内容。把这些特征集合在一起，一个特色鲜明的百越民族就活灵活现地呈现在我们面前。我注意到其中有不少特征是从考古学资料中归纳出来的，这是由于作者有比较深厚的考古学功底才可能做到的。

　　第二部分所收吴越考古的论文，主要是研究江浙地区的青莲岗文化、良渚文化和土墩墓文化遗存，这些都是学术界关心的热点。第三部分闽台文化所收的文章最多，其中关于昙石山文化的论述占有比较大的分量，文中的一些基本观点不但为大家所熟知，而且已成为学术界的共识。关于台湾与大陆考古学文化的关系问题，是海峡两岸学者都很关心的重要课题，把闽、台文化编在一起也体现了这方面的用意。记得好友张光直先生在世时多次同我谈到组织两岸考古学家在福建开展田野考古工作，我们两人还做过一些实际的筹划，可惜至今没有实现。他在1988年写的一篇短文章《新年三梦》（载《考古人类学随笔》143、144页，台北联经出版社，1995年）中，说到他的第一个梦想就是联合有关学者做海峡两岸的考古工作。他说尽管现在对台湾史前考古的来龙去脉摸了一个大概，"但每要做进一步的研究时，总是说得等将来看到福建、广东、浙江沿海地区考古资料之后才能进行。等来等去，已等了三十多年。两年以前我等不及时，到福建去参观了许多史前文物，发现其中很多与台湾的相同或相似，更觉得两岸的考古工作应当一起进行。如有三五年大规模积极作业，相信可以解决不少考古老问题，包括整个太平洋区居民文化的起源问题"。他说得多么深切又是多么动情啊！绵吉曾经多次到台湾参加学术考察，对台湾考古和民俗有相当的了解。作为大陆学者，特别是对包括福建在内的东南地区考古有深切研究的学者，因为拥有一个关系极为密切而又非常明确的参照系，对台湾史前文化的特点和与大陆史前文化的关系可能看得更明白和真切些，所以这方面的论述也是十分重要的。但毕竟不如亲自参加田野考古来得直接，而这在当前的状况下是难以做到的。我想横在海峡两岸的人为障碍终将会被拆除，张光直和包括绵吉在内的我们许多人的梦想一定能够实现！

　　一个对学术执著追求的人，是不肯随便写些不疼不痒的文章的。绵吉的所有文章不能说字字珠玑，但都是经过深思熟虑以后写成的，理应得到学术界的重视。关心和研究中国东南民族考古的人是不可不读的。

2003年4月5日写于北京阜外医院

　　（原为吴绵吉著《中国东南民族考古文选》序，香港中文大学中国考古艺术研究中心，2007年。后收录在《中华文明的始原》，文物出版社，2011年）

夏商周青铜文明的探研

　　李先登先生长期从事先秦考古学研究，论著不少。最近他将过去发表的论文辑成一书，名曰《夏商周青铜文明探研》，命我作序。我于夏商周青铜文明虽颇关心也有兴趣，但是从来没有什么深入的研究。给先登作序，实乃狗尾"序"貂，于心有所不安。

　　现在治先秦史的人，除了必须有古文献的修养外，还要懂得考古学和古文字学，否则难以胜任。而治先秦考古的人也必须懂得古文字和古文献。先登是个勤快人，又是考古专业科班出身。从早年任职天津艺术博物馆和天津师范大学，到后来在中国历史博物馆（现中国国家博物馆）考古部长期工作，数十年中，始终不忘田野考古，尽可能找机会参加一些田野考古工作，同时又孜孜不倦地致力于博物馆藏品和古文字与古文献的研究，逐渐形成了自己的风格。

　　夏商周青铜文明是个很庞大而复杂的研究领域，先登的研究比较重视这个文明的起源，包括城市的起源、文字的起源和青铜器的起源，以及这个文明的某些重要内容。这些都是当前学术界普遍关注的热点话题。

　　关于中国文明的起源，近年来研究者甚多。从表象上来看，各家的观点颇不一致，实际上差别并不很大。例如就进入文明的时间来说，目前主要有夏代说和龙山说，也有把时间定得更早或更晚的，乍看起来相差很远。但实际上，龙山说者并不认为当时已有成熟的文明，只不过是说当时的社会有了明显的分化，出现了凌驾于社会之上的强制性权力机构也就是国家的雏形，从而区别于以血缘关系为基础的氏族社会或原始共产制社会。而夏代说者并不认为夏代的文明是一个早上突然出现的，在夏代之前还有一个长期的酝酿、转变的过程，龙山时代则是这个过程的关键时期。主张文明起源更早或更晚的也并不否认这些基本事实。这里固然有对文明概念的理解问题，而更为重要的则是对考古资料的揭示、评价与解释的问题。先登基本上是夏代说者，但是他对龙山时代和传说中的五帝时代倾注了特别的关心，力求使自己的立论符合实际情况，而不至于犯片面性和绝对化的毛病。

　　由于对文明起源时间早晚的认识不同，从而对文明起源的地区与模式的看法也不相同。夏代说者强调中原的突出作用，认为中国早期文明基本上是一元的，但并不否认它的起源除中原以外还有其他地区的多方面的影响。龙山说者强调起源的多地区性和文化多元的特点，同时指出多元文化在文明起源过程中有显著的相互作用和逐步趋同的倾向，只是在进入夏代以后中原的中心作用才逐渐形成，因而主张起源的多元一体模式。

　　文明起源有一个过程，经历的时间相当长，可划分为若干阶段，这是许多学者的共识。但文明究竟有没有一个标准，进入文明社会是不是应该有个标志，是不是可以根据某些标志的出现来确定进入文明社会的时间，则还存在着不同的看法。就中国而言，城市、青铜器和文字的出现似乎就是这样的标志，所以一些学者在这些方面的研究应该是有意义的。读者不难看出，本书的作者是重视这些标志的，并且分别进行了研究和探索。鉴于目前考古资料还不能说是很充分的情况下，有些研究还属于探索性质，这是大家都容易理解的。相信今后随着考古工作的进展和研究的不断深入，这些问题会日益明朗起来。那时关于中国文明起源的认识也必然比现在深入得多，必然更加符合历史的真实情况。

　　先登治学态度谨严，他认为有把握的问题便大胆提出自己的看法，自己不熟悉的问题就设法向有关人士请教。例如三星堆青铜器的年代问题，除了注意从形制和花纹的比较研究以外，还特别注意到制作技术的特点。前者是自己熟悉的考古类型学的方法，当然是比较有把握的；但他觉得还不够，还必须从制作技术方面进行观察，必须虚心向有关专家求教。他是这样做的，从而得出了单是从类型学角度所得出的不尽相同的结论。不管这一结论是不是还有商榷的余地，这种治学的态度和精神却是值得大为提倡的。

　　（原为李先登著《夏商周青铜文明探研》序，科学出版社，2001 年。后收录在《中华文明的始原》，文物出版社，2011 年）

陈振裕的楚文化与漆器研究

　　陈振裕同志将自己多年撰写的学术论文选编成集，要我在卷首写几句话，我欣然应允。

　　早在大学期间，我曾忝为振裕的老师，带领他所在的五九级历史系考古专业的学生赴安阳殷墟进行田野考古实习。当时他留给我的印象是天资不算很高，却十分勤奋好学，这是一个人获得成功的宝贵品格。记得那时国家正处在经济困难时期，实习队的生活非常艰苦，发掘工作又非常紧张。队里安排休大礼拜，两个星期才有一天洗洗衣服，料理一下个人的事情。好不容易等到一个公休日，他也不放过学习的机会，和另外两个同学找了我一同到洹河岸边进行考古调查，接连发现了好几处新石器时代和商周时代的遗址，有的还有不同时期的文化层相互叠压的地层关系。实习的时候如此，平时在班里也是找老师请教最勤的一个，给我留下了十分深刻的印象。后来他被分配到湖北省博物馆工作，仍然和我保持比较密切的联系。所以我们之间是比较了解的。

　　振裕在湖北省从事考古工作一晃就是37年了，从一名普通考古工作者，成长为一名全省考古工作的领导者，在全国也有一定影响，其间经历了多少艰辛是可想而知的。按照他自己的意见，他的学术生涯可分为三个时期：20世纪60～70年代是打基础的时期，80年代是主动按一定课题进行考古研究的时期，90年代以来是抓重点和出成果的时期。这不但符合学者成长的一般规律，也是与一个人所处的环境，包括我国社会大环境的变迁息息相关的。不过在同样的社会环境条件下，有的人能够不断前进，有的人则少有成绩，这其中最重要的还是要靠自己的努力。在20世纪60～70年代，不但生活艰苦，还会有政治上的压力。接着是持续十年的"文化大革命"。振裕正是在那样的环境下坚持学习，坚持下田野，做了大量的考古调查和发掘工作，为后来的研究工作打下了坚实的基础。记得有一次他在云梦发掘汉墓，我到他的工地去视察，窄小的房间搁一扇铺板，既当床又当工作台，其余的地方放满了用于发掘的工具、仪器，还有许多图纸和各种资料。饭食十分简单，多少天也难得洗一次澡。其实这种情况在别的工地也是差不多的，振裕很少考虑生活的问题，在当时的条件下考虑多也没有用，就一心扑在工作上。他动作麻利，把工地的工作安排得井井有条。发掘完了，好多器物都修复好了，甚至图都画好了，资料也整理得差不多了。一个不大的工地，采取这种短平快的方式是很必要的。从单位来说避免了资料的积压，从个人来说可以从资料的及时整理中不断地得到提高。在省级考古单位，工作很难单打一，你不能说只能研究某某时期的考古，别的时期我不熟悉做不了；也不能够说只会做田野考古，筹备展览或者举办培训班之类的事做不了。往往是有什么事做什么事。这种情况多了，会使人难以集中精力；但如果调理得当，又可以是一种全面的锻炼。振裕正是由于长期坚持田野工作，又得到其他方面的锻炼，积累了经验，增长了才干和见识，才能做到厚积薄发，到后来抓课题时能够得心应手，在同代人中获得了较多的成果。

陈振裕是福建人，初时在湖北省工作，遇到困难不免产生思乡情绪。但既然命运让他长期待在湖北，那就只有铁下心来做好工作。在湖北做考古研究，课题自然是很多的，而最大的课题当数楚文化研究。虽然他参加的田野工作上自旧石器时代下迄明代，毕竟做得最多的是楚文化遗址和墓葬。这样他把楚文化作为重点研究的课题也就是很自然的了。振裕研究楚文化是从楚墓的研究开始的。早在到湖北省工作之初的1965年他就参加了江陵县望山和沙冢楚墓的发掘，从1980年撰写的《湖北楚墓综述》开始对楚墓进行比较系统的研究，同时着手对早期楚文化的探索，进行了许多富有成果的调查。尽管这个问题不是一下子就能够解决的，但是他和他的同事们所做的工作至少为更深入的调查研究提供了很好的基础。此后，他为了更深入地研究楚文化，便分门别类地进行了多方面的专题性研究，其中涉及楚国的漆器工艺和装饰艺术、竹器手工业和竹器的装饰艺术、曾楚关系、秦楚关系、楚与吴越的关系以及东周楚城的研究等等，其中不少在学术界有一定影响。在楚文化的研究中，城址的勘探与发掘较之墓葬的勘探与发掘更为重要，难度也大得多。在墓葬的考古研究取得一定成绩之后，城址的研究自然会提到日程上来。春秋战国时期的楚城，无论是从文献记载还是考古调查的结果来看，数量都是很多的，在当时各诸侯国中也许是首屈一指。振裕参加过一些楚城的发掘和勘探工作，并且按层次等级进行过综合研究。尽管限于当时的条件，其研究还只能是初步的，但是他的思路和方法都是正确的，从而为今后楚城的进一步研究，乃至对于整个楚文化的研究都提供了一定的基础。

振裕的研究是多方面的，除了楚文化的研究是重点外，对于漆器、先秦乐器和乐制以及农业考古等方面也有几篇力作值得一读，这里就不用多说了。他虽然已届耳顺之年，然精力旺盛，又勤于劳作，应该有更多和更好的研究成果问世。这是我个人的期望，相信也是广大读者的期望！

（原为陈振裕著《楚文化与漆器研究》序，科学出版社，2003 年。后收录在《中华文明的始原》，文物出版社，2011 年）

《卢连成学术文集》序

　　连成将他的学术论文与考古发掘简报等汇集成书，命我作序。老朋友虽多年不见，却不时感念。能为文集的出版写几句话，自然非常高兴。

　　连成原来是在陕西宝鸡市工作的，著名的弡国墓地就是他在那时发掘的。1976年陕西周原大规模考古发掘时，他在沟东扶风的召陈跟俞伟超在一起发掘西周时期的礼制性建筑，我在沟西岐山的凤雏发掘西周的宫庙基址。我们经常相互观摩切磋，知道他是一位很细心认真的学者，对西周历史也比较熟悉。此后他一人留在召陈继续发掘多年，每次到北京来，他都将发掘的情况向我介绍并相互交流看法。后来他调到北京中国社会科学院考古研究所，见面就更方便了。他从事考古研究的领域随之也有所扩展。不但发掘了沣西张家坡井叔墓地，出版了《张家坡西周墓地》大型考古报告。还同李零与陈平发掘了凤翔西高泉70多座秦墓。在当时考古研究所所长徐苹芳主编的《中国文明的形成》一书中，我们还共同编写了其中的第六章《中国青铜时代和三代社会》，我写了第二节，其余四节都是卢连成写的，我们的学术思想是相通的。后来他离开了考古研究所，我们就很少联系了。经过这么多年，他还记得我，命我为他的文集作序。我就回忆我们的交往，叙叙旧情，聊以为序！

2020年5月10日

　　（原载《耕耘记——流水年华》，文物出版社，2021年）

解读自然与人文

周昆叔先生继《花粉分析与环境考古》文集出版之后，又在将近耄耋之年推出一部分量更重的《自然与人文》论文集，可谓老当益壮。他是我的老朋友，又是老乡，在文集付梓之前要我写几句话。我想他这本书的精义，就是试图解读自然与人文的关系，解读中国的自然环境与传统人文精神的关系，所以用这个题目作序。

周先生本来是学高等植物的，因为工作需要，在 20 世纪 50 年代开始做孢粉分析。考古界凡是谈到西安半坡仰韶文化聚落的古环境时，莫不引用周先生的报告。但周先生觉得单就孢粉分析来研究古环境有很大的局限性。于是从 80 年代起就着手从事环境考古的研究，从北京的平谷上宅文化到整个北京地区，进而到全国的各个地区，几乎踏遍了神州大地广阔的原野和山山水水。他注意到全新世黄土与马兰黄土之间普遍存在一个不整合的地层现象，认为这一现象应该与气候剧烈的变化有关，并且对人类文化产生了极大的影响，考古学上从旧石器时代向新石器时代的转变就是发生在这个时期。他对陕西周原和河南洛阳皂角树的全新世地层进行了详细的调查，发现全新世黄土可以明确地分层，并且与文化层的演进有耦合关系。由此提出了周原黄土的概念。我个人因为在周原做过考古工作，又应周先生的邀请，与俞伟超和刘东生先生一道对皂角树的地层进行过仔细观察。一致认为他把自然地层与考古学地层结合起来研究的思路十分正确，并且在实际工作中找到了突破口，把一盘棋下活了，具有开创性质。他在此基础上进一步把周原的全新世地层划分为杂色黄土、褐红色古土壤、褐色古土壤、新近黄土和表土五层，代表从早到晚的五个时期，每期都与考古学文化的分期相对应，在华北黄土地带具有普遍意义。

周先生是我国环境考古的开拓者和领导者，在他和有关先生的努力下，1990年在西安召开了首届中国环境考古学术讨论会，首次出版了《环境考古研究》，此后每隔几年就召开一次环境考古讨论会并出版论文集，大大促进了环境考古学的发展，从而也促进了考古学本身的发展。更为重要的是在 1994 年成立了中国第四纪研究委员会环境考古专业委员会，周先生在众望所归的情况下出任委员会主任。从此环境考古作为一门独立的边缘学科在我国正式宣告成立，并且有了正式的研究机构。

　　周先生关于环境考古的研究不但是脚踏实地，一步一个脚印，而且是步步深入的。按照他自己的说法，大致可以分为四个阶段。每个阶段都有新的研究成果，随之认识也不断深化。他认为环境考古实际上是研究人与自然关系演变的历史，因此他不是单纯地做考察和研究，而是时刻思考中国环境的特点，在这个特殊的大环境下又是如何对铸造伟大的中华文明持续地起着巨大的作用。为此他在对全国环境考古研究的基础上，又特别关注中原地区的历史作用，并且以处于中原地区中心位置的中岳嵩山为标志，提出了嵩山文化圈的概念。这个文化圈的内容可说是博大精深，但她又不是孤立的，不单是全国的中心，还是与全国各地多种多样的文化有机地结合在一起的一个中心。她所孕育的文化具有中道的特点，成为中华民族传统文化的精髓。兹事体大，不是一下子就能够阐释清楚的，需要有关方面的学者进行更加深入地研究，也希望周先生继续做出新的更大的贡献。

　　　（原为周昆叔著《自然与人文》序，科学出版社，2012 年。后收录在《丹霞集——考古学拾零》，文物出版社，2019 年）

《嵩山文化文集》序

奉献给读者的这本文集，内容沉甸甸的。书中讲的是山——著名的中岳嵩山，看到的是文化——嵩山文化，体悟到的是这文化的核心精神——中：道中庸，行中道，致中和。它是伟大的中华文明的象征和长盛不衰的精神支柱！

中华文明，多元一体。有中心，有主体，有不同层次的重圈式结构，形成一个有机的整体，从而产生无比的凝聚力和向心力。历经磨难而从未中断，创造了人类历史上伟大的奇迹。人们著书立说，试图从不同角度来解读"何以中国"。本书作者周昆叔先生有感于斯，从最基础的工作做起，一步一个脚印，一步一番思考。他是中国环境考古的开拓者和领导者，认识到一方水土养一方人，有什么样的自然环境会产生什么样的文化。他不疲倦的足迹踏遍了祖国的千山万水，首先研究了北京地区的古环境，继而深入研究了陕西的周原和河南洛阳地区的全新世黄土，看出黄土演变与文化发展阶段有密切的耦合关系。后来又长时期地考察嵩山及其周围地区，认识到作为中国中心地区的嵩山乃是维系整个中华文化的擎天柱，从而提出了嵩山文化圈的概念。

作者回顾了自己艰难跋涉的漫长历程，注意到中国人选择生存环境有鲜明的特点，就是依山傍水。既有资源优势，又有安全保障，是文化得以稳步发展的基本条件。不像世界其他古老文明主要是濒临大河，即所谓大河文明。虽有高度发展，仍然经不起严重的冲击而早早地陨落了。这个分析是十分精到的。他认为嵩山文化之所以崇高，应是山、水、土、生、气、位六大生态环境共同作用的结果。再加上有区位的优势，就是古人所说的天下之中，有利于掌控全局。这在世界上是独一无二的。

作为一位学者，当然要力求攀登学术高峰，但不能忘记自己从事学术研究的目的。综观周先生的学术生涯，处处体现着深深的爱国情怀，对辉煌的中华文明无限崇敬。这使他不畏艰难险阻，坚忍不拔，做出了如此重要的贡献，不愧为当今学者的楷模。是为序。

（原为周昆叔著《嵩山文化文集》序，文物出版社，2016 年。原载《中国文物报》2016 年 7 月 19 日。后又收录在《丹霞集——考古学拾零》，文物出版社，2019 年）

《北美洲印第安人》序

1989 年春，北京大学考古学系在校方和国家教育委员会的支持下，邀请美国肯塔基大学人类学系教授和系主任威廉·亚当斯（William Adams）先生偕夫人来我系讲学。亚当斯先生当时 61 岁，1958 年在亚利桑那大学获人类学博士，1959 ~ 1966 年作为联合国教科文组织专家赴苏丹从事考古发掘与研究工作。后来曾经长期在美国西南部那发和印第安人部落中生活并从事调查研究，在此基础上又对整个北美洲印第安人的历史和文化进行比较深入的了解。著作甚多，在国际人类学和考古学界都有较高的声望。

亚当斯先生的讲学从 2 月 28 日到 5 月 31 日，主要讲"北美洲印第安人"，同时做了"美国人类学的理论和实践"的学术报告，亚当斯夫人则做了"古代埃及的纺织"学术讲座。

"北美洲印第安人"讲课的内容丰富，大部分是讲 16 ~ 18 世纪欧洲移民尚未建立统治时期的印第安人的土著文化，同时也涉及印第安人更早时期以及后来白人统治时期的情况，乃至当前北美印第安人的现况等。

所谓印第安人是欧洲人对美洲原住人民的称谓。因为当初哥伦布于 1492 年初到美洲时，误以为到了印度，于是把当地的原住民也错误地称为印度人——Indian，即现在翻译的印第安人。现在北美地区已不大用印第安人这个名称，而改称 First peoples 或 First nations，即原住民或原住民族；或者称 Native peoples 或 Native nations，即土著或土著民族。根据这一情况，亚当斯先生讲课的名称应该是"北美洲的原住民族"，之所以还称为"北美洲印第安人"，不过是考虑到习惯的用法罢了。实际上美洲的原住民并没有给自己一个共同的名称，而只有各地区或各个部落的名称。但如果从考古学和体质人类学的研究来看，则可以知道这些原住民本来有共同的来源，即主要是北亚蒙古人种的一支，在最近一次的大冰河时期（大约 2 万年前），从现今已成为白令海峡的陆桥上，为追赶驯鹿群而一批批不知不觉地迁移过去的。等到冰河期过去，陆桥消失，从此长期跟亚洲大陆失去了联系。他们的子孙也就在美洲安顿下来，繁衍生息，并且陆续分布到南北美洲的各个地区，组成了许多部落，因生存环境不同而发展出了不同的经济和文化。

由于各地的自然环境不同，人们经济文化发展的方向和水平也很不同。大致是农业部落发展比较稳定，其中有些地方发展出了很有特色的文明社会。例如中美洲的玛雅文明、北美南部的阿兹特克文明和南美洲的安第斯文明。而在北美的广大地区直到欧洲殖民者到来的时候，还都处在前文明的发展阶段。

根据亚当斯的研究，在欧洲人到来之前，北美洲至少有 200 个部落，还有许多地方连部落组织都不存在。各部落操着不同的语言，也有不同的文化和风俗习惯。若是按经济文化特点来划分，则大致可以区分为十个地区或十个经济文化类型：①极地海岸区，②近极地森林区，③北部太平洋沿岸区，④哥伦比亚高原区，⑤加利福尼亚区，⑥大盆地地区，⑦大平原区，⑧西南地区，⑨东北森林区，⑩东南森林区。同一区域内不同的部落是相对独立的，往往有不同的语言和各自的历史传说，但由于处在相同的生态环境下，有相似的经济生活，相互间又不时有各种形式的交往，包括互通婚姻等情况。所以也有不少文化方面的相似性，只是没有形成任何高于部落的地区性组织。

最早对北美印第安人进行系统研究的当首推美国人类学家摩尔根（1818 ~ 1881 年）。他曾经在大湖区易洛魁人的部落中生活了 40 多年，作为律师努力为印第安人争取应得的权利，受到印第安人的爱戴和尊敬。他首先对易洛魁人的社会进行了深入的调查，于 1851 年出版了他的第一部民族学著作《易洛魁联盟》，后来在收集更多民族学资料的基础上，于 1871 年发表了《人类家庭的血亲和姻亲制度》，提出亲族制度不但是家庭和婚姻制度的反映，而且因为后者是能动的，前者是被动的，有时会落后于后者。因此在某些情况下，可以根据亲族制度来恢复现实社会已不复存在的家庭和婚姻制度。这一论述在人类学界产生了巨大的反响。接着他又在收集更多资料的基础上，于 1877 年发表了《古代社会》一书，不但按照当时通行的办法把人类早期的社会划分为蒙昧、野蛮和文明三大阶段，而且更进一步把每一阶段又分为低级、中级和高级三小阶段。把物质资料的生产和家庭与婚姻形态的发展都排比出一条进化的序列，并且一一对应起来，把人类早期社会的发展描绘出了一幅十分清晰的蓝图。这一巨大的贡献使他成为人类学中进化论学派的创始人，甚至被尊称为人类学之父。

摩尔根的著作受到了马克思和恩格斯的高度关注。马克思在晚年对《古代社会》做了详细的摘要和批注，恩格斯更在此基础上写出了《家庭、私有制和国家的起源》一书，成为尔后长时期内指导研究原始社会史的经典著作，从而又更加彰显了摩尔根的影响。

不过从那以后，不少人类学家对美洲印第安人进行了更加深入细致的调查与研究，发现摩尔根的一些说法并非完全正确，他所建构的基本理论框架也多有可商榷的地方。四川大学的童恩正先生就曾经比较详细地介绍了学术界的这一重要的进展[1]。为了更加直接地了解美洲印第安人研究的现况和主要成果，我想最好邀请美国研究印第安人的权威学者来我校讲学，这就是为什么会邀请威廉·亚当斯先生的原委。

　　亚当斯先生讲课时只写了一个提纲，由曹音进行即席翻译，课后整理了一份讲稿，但比较粗糙，最后又由严文明进行了加工整理。为慎重起见，仅供教学内部使用，没有正式出版。

1989 年 10 月 5 日

　　（原载《耕耘记——流水年华》，文物出版社，2021 年）

---

[1]　童恩正：《摩尔根的模式与中国的原始社会史研究》，《文化人类学》附录，上海人民出版社，1989 年。

洛阳皂角树的考古工作

　　洛阳地区在古代号称天下之中。那里有非常发达的新石器文化，自成体系。紧接着出现的二里头文化则是我国早期青铜文化中发展水平最高和最具有影响力的一个，一般认为它就是夏文化。如果考虑到问题的复杂性质而不宜简单地将二者画等号，那么我们至少可以蛮有把握地说，在探索夏文化的考古学研究中，首先要研究的就是二里头文化。而要深入地研究二里头文化，就不能仅仅研究二里头这种都城级的中心遗址，也还要研究次级的乃至一般的村落遗址。皂角树就是离二里头不远的一处村落遗址。这个遗址早在 20 世纪 50 年代初就发现了，只是到 90 年代初，由于洛阳市要在那里建设经贸开发区，才由洛阳市文物工作队进行了详细的勘察和大规模的发掘。记得在 1993 年 10 月下旬，在皂角树遗址考古发掘告一段落的时候，我和刘东生、俞伟超等几位先生应邀到洛阳参加了"皂角树遗址考古座谈会"，听取了发掘人员的详细介绍，考察了考古发掘现场和遗址周围的自然环境，参观了出土的各类遗物，获得了深刻的印象。当时我们都认为皂角树遗址的考古发掘取得了丰富的成果，应该及时进行资料整理和编写发掘报告。后来经过一些周折，到现在发掘报告终于可以和读者见面了，毕竟还是值得庆幸的。

　　我认为皂角树考古有三点是值得我们认真思考和提倡的。首先，这是一项与基本建设工程相关的考古工作。不少文物考古人员认为，凡属与建设工程相关的考古工作，不管遗址的具体情况如何，都属于配合基本建设的项目，考古人员要主动去配合，或者干脆就是"随工清理"。这是一种错误的认识。早在 20 世纪 50 年代初期，当全国开展大规模经济建设的时候，为了有效地保护古代遗址，政府提出了"重点保护，重点发掘；既对基本建设有利，又对文物保护有利"的方针。按照这个被称为"两重两利"的方针，在进行基本建设之前，首先要进行考古调查。如果是重要遗址，就要视情况改变建设计划，或者首先进行考古发掘，根据发掘的结果再作处理。最明显的例子是偃师商城的保护。那里原来计划建设洛阳首阳山电厂，是国家重点工程项目，规模很大。可是在一切准备工作都已经做好并开始动工打基础的时候发现了商代早期的城址。为了有效地保护这座城址，经国务院批准把电厂改建到别的地方。显然这是正确地贯彻两重两利方针的举措，而不是片面地强调考古要配合基本建设。皂角树遗址也是这样。本来政府部门计划建设的洛阳市经贸开发区包括皂角树遗址，当文物部门详细勘探后，了解到遗址的重要性，及时报告有关部门，市政府遂决定局部改变开发区的规划设计，而文物部门也及时地进行了较大规模的发掘，从而取得了重要的成果。假如全国所有与建设工程相关的考古遗址都能够像偃师商城和皂角树遗址那样处理，我们的古代遗存将要避免多少破坏和损失啊！

其次，皂角树遗址的发掘一开始就注意了多学科的合作，注意了科学技术在考古工作中的应用。邀请了各方面的专家进行了第四纪地质和地貌的研究、环境的研究、不同地层土样的磁化率分析、古土壤微结构分析、地球化学分析、孢粉分析、植硅石分析、果实种子鉴定、脊椎动物鉴定和碳－14年代测定等。这些研究的成果不是像一般的考古报告那样作为附录，而是作为正文编排在有关章节，这是一个有益的尝试。为了采集更多的标本，在发掘过程中对一些有代表性的文化堆积普遍地进行了浮选，获取了大量谷物和其他植物遗存。其中比较重要的有小麦和大豆，还有粟、黍和稻等农作物的种子。看来先秦时期的几种重要农作物这时都已经种植了。关于粟和黍都起源于黄河流域在学术界几乎是没有异议的，稻作农业起源于长江流域也已经得到广泛的共识。这些都有众多考古学证据的支持。小麦的主要起源地在西亚，这是大家都承认的。问题在于是不是还有别的起源地，中国是不是也是起源地之一。小麦是多型性作物，主要有一粒小麦、二粒小麦和普通小麦。西亚有前二者的野生种和栽培种，而且从野生种到栽培种的转化过程也已经比较清楚。只有普通小麦至今没有发现直接的野生祖本，一般认为它是经过多次杂交后形成的六倍体小麦。人们发现二粒小麦与广泛分布的小麦草（*Aegilops quarrosa*）杂交，染色体加倍成六倍体，便可以产生与普通小麦十分相似的小麦。西亚具备这些条件，那里多次发现了早至公元前6000～前5500年的普通小麦，比中国栽培小麦的年代要早得多，所以不少学者认为中国小麦应该是从西亚传播过来的。不过中国没有一粒小麦和二粒小麦，在可能的传播路线上又缺乏明确的考古学证据，这个问题目前还只是一个悬案。人们注意到中国有许多与小麦有一定亲缘关系的羊草属、黑麦属和鹅冠草属的植物，近年来在西南和西北许多地方又发现有野生和半野生的原始小麦。这种原始小麦颖壳紧包子粒，成熟后会自行分节断落，自行繁殖，并且同普通小麦一样具有多型性。所以一些学者主张中国具有小麦独立起源的条件，应该也是小麦起源地区之一。皂角树遗址小麦的发现虽然难以为本土起源说提供充分证据，却是在中原地区发现的最早的小麦遗存，值得注意。学术界历来认为大豆应该起源于中国，但是至今在新石器时代遗址中只发现过野生大豆，皂角树的大豆是迄今所发现的大豆遗存中年代最早的，所以弥足珍贵。相信今后会有更多的发现，大豆的起源问题也终将会得到解决。现在多学科的合作已经成为田野考古工作和整个考古学研究的一种潮流，但在具体合作中也还存在不少问题，应该认真研究加以解决。

第三，皂角树考古最重要的收获也许是对遗址北部长达 100 余米的断崖的观察与利用。这个断崖位于遗址北部的边缘，几乎没有文化堆积，只有少量的灰坑和墓葬。那里的地层从下到上依次是马兰黄土、深褐红色顶层埋藏土、褐色顶层埋藏土、新近黄土和表土。类似的地层在洛阳盆地、三门峡乃至渭河盆地都可以看到，反映了黄河中游地区从更新世晚期经整个全新世直到现在的地质过程和阶段性气候变化的历史，对于了解旧石器时代晚期以来人类生活环境的变迁是很有帮助的。不过如果只有这样的地层，对于每一个阶段的绝对年代还是无法确定，同相关考古学文化也无法直接挂钩。皂角树大剖面的重要性在于它在村落遗址边缘，既有自然堆积，又有少量文化遗迹打破自然堆积。从剖面图上可以清楚地看出，二里头文化的 H18 和 H19 被褐色顶层埋藏土叠压，同时打破了深褐红色顶层埋藏土；东周文化的 H17 和汉代的 H1 则夹在几小层褐色顶层埋藏土之中；唐墓被新近黄土叠压而打破褐色顶层埋藏土。这样几层埋藏土和新近黄土的绝对年代的幅度就可以有一个大致的了解，对于判断其他地方的自然层的年代提供了一个可贵的参照系。这是地质学家和考古学家合作研究的一项重要成果。

从以上情况来看，我认为皂角树考古报告是值得推荐的。希望以后凡属与工程建设有关的考古项目都能够切实贯彻"两重两利"和"保护为主，抢救第一"的方针，在实际考古工作中都能够像皂角树一样切实做好多学科的合作。如果是这样，我们的田野考古工作水平和研究水平必将得到进一步的提高。

（原为《洛阳皂角树——1992～1993 年二里头文化聚落遗址发掘报告》序二，科学出版社，2002 年。后收录在《中华文明的始原》，文物出版社，2011 年）

段宏振关于赵都邯郸的研究

在东周列国中，赵国的历史是较短的。邯郸是赵国后期的都城，从公元前386年到前228年，只有158年，但在历史上的知名度却不在其他国都之下。这不仅是因为邯郸城市本身颇为独特，更是因为在这里或以这里为中心曾经发生过若干重大历史事件，演绎了许多脍炙人口的故事。

赵国历史上最为人传颂的当为武灵王胡服骑射，以此国力大振，屡征中山、楼烦、林胡等所谓胡人的国家，拓地千里，使赵国一下子成为不可小觑的强国，成为秦始皇统一六国进程中最大的障碍，可惜长平一战被秦军坑杀了四十多万将士，从此元气大伤。诸如廉颇、蔺相如的故事也是千古传颂。这些引起人们对赵都邯郸城的极大兴趣。

赵都邯郸城的遗迹中保存得比较好的是赵王城。记得50多年前我在邯郸考古实习时，曾经不时到赵王城的龙台上眺望，体验赵国都城的雄伟气派。登上丛台想体验一下赵武灵王检阅骑士的威风。还几次到插箭岭、梳妆楼和照眉池一带徜徉，发思古之幽情。以为插箭岭是当日胡服骑射的打靶场，梳妆楼和照眉池是宫女们梳妆打扮的地方，不管那些遗迹是否真实可靠，更不知道它们的年代是否合得上拍，可见那时了解的古都邯郸实在是太少了。现在通过多年的考古和不懈研究，特别是对大北城和周围相关城镇的发现与研究，以及赵王陵的考古研究等，使得对赵都邯郸的了解有了飞跃的进展。段宏振的《赵都邯郸城研究》就是最好的说明。

本书全面总结了历年考古工作的成果，包括最近发掘勘探与航空测量的成果，并尽可能在现有认识的基础上给予必要的解读。赵邯郸故城除了王城的东城和西城外，绝大部分都已被现代城市所覆盖。考古工作只能随机地跟着街道或工厂的建设工程零敲碎打地去做。如何把这些发现有机地联系起来，是非常困难又必须努力去做的。如果没有全局的观点，就难以正确阐明那些零星发现的遗迹遗物的性质与作用。本书用了很大篇幅把大北城的真实面貌大致显现了出来，并且把大北城与王城等有机地联系起来。认为"大北城在建都之前完全代表着邯郸城，建都之后以王城不可替代的重要方面继续代表着邯郸城，废都之后大北城又继续全面代表邯郸城"。一个几乎完全被历史的尘埃所湮灭的大北城，第一次被提到了应有的地位。由此一个真实的邯郸城的全貌才基本上显现出来。

作者本来是研究新石器时代考古的，他发表的有关新石器时代考古的论文受到学术界的关注与好评。前不久出版的《北福地——易水流域史前遗址》便是一部具有相当水平的发掘报告，并且通过对相关遗存的深入研究与全局性考虑，提出了所谓"文化走廊"的概念，说明作者具有相当的理论概括能力。由于作者长期担任河北省文物考古研究所的业务领导，自然不能局限于新石器时代考古，而必须有全局的把握。对以邯郸为中心的赵国的考古工作也是他关注的重点之一，并且主持过邯郸城址和赵王陵的部分发掘、调查与航空摄影等工作。正是因为他对新石器时代考古有较深的研究，很自然地把其中的某些理论和方法也运用到邯郸考古研究中来。例如作者运用聚落考古的理论，系统地考察了邯郸如何从一个普通聚落逐步演变为地方性中心城镇。这里有着便利的交通，发达的采矿冶铁业和商业，还有丰富而颇具特色的文化娱乐生活，并且成为晋国赵家悉心经营的政治据点，三家分晋后遂成为赵国的都城，在秦汉时期统一王朝下邯郸角色有所变换的情况下，又如何作为一个地方都城发挥着重要的作用。为了把问题说清楚，作者全面考察了邯郸初起时沁河流域的自然环境，以及发展为都城时期的更大范围的环境，包括地形、地质、水文、交通、动植物资源和矿业资源等诸多方面。同时又用更多的篇幅考察赵国政治、经济、文化、军事等方面的发展对聚落形态的影响，或者反过来从聚落形态演变的情况来考察不同时期政治、经济、文化和社会等各方面的发展。在这方面，作者就不限于考古资料而大量引用文献资料，并且把二者有机地结合起来。这样做的好处是既有历史的真实感（考古发现的实物都是古人所做所用的实物的遗留），又有比较浓郁的人文生活气息，这两种资料天然的缺陷与不足也能在一定程度上得到弥补。

作者特别注意到作为都城的邯郸的凝聚作用和辐射作用，这也是聚落考古的应有之义。因此本书的研究就不限于邯郸城本身，还分几个层次详细考察了周围广大地区的几个聚落集群的情况，特别是这些聚落集群与邯郸城的关系。如果把邯郸城本身的核心区作为第一个层次，那么近郊的聚落就是第二个层次。这些聚落主要分布在西郊和西南郊，其生活应该与邯郸城密不可分，自然也就成为邯郸贵族墓地的主要分布区。赵王陵则分布在西北郊区较远的地带。第三个层次是远郊的城镇，主要有西边的固镇—午汲集群区和北边的阳城集群区。其中固镇—午汲集群区发现有10座城镇遗址和近40座普通聚落遗址。由于附近有丰富的铁矿，邯郸又以冶铁业著称，邯郸城内也发现多处冶铁遗址。史载"邯郸郭纵以铁冶成业，富埒王侯"。所以这个集群区应该是一个采矿和炼铁的中心，又是通往西方的门户。其中有些城址位居洺河上游，附近没有普通聚落，可能是扼守交通要道的军事性城堡。在阳城集群区中，阳城本身有较大规模，又处于南北交通的要道，作者推测可能是赵国的副都或陪都。更远一些的第四个层次有柏人、邢台和北界城—讲武城集群区。柏人是赵国北方的重镇和门户。邢台遗址面积极大，作者认为也可能是一个副都或陪都。讲武城濒临漳河，遗址规模甚大，是邯郸的南大门，有人推测可能是赵国早期的都城中牟。这样以邯郸为核心形成了一个层次分明的超大型聚落群体。这种情况既是赵国政治经济发展的产物，也是赵国之所以强盛的物质基础。

关于邯郸都城的特点及其历史地位，应该放在当时的社会历史背景下来考察。作者注意到邯郸都城的布局甚为特别，但并非一次形成，而是有一个发展演变的过程。其实东周的大部分都城也有一个发展演变的过程，并不是一次性规划的产物。为此他把东周列国的都城——做了考察和比较，将其区分为单城制、双城制、组团式多城制和多层次的多城制四种类型。后二者各仅有一例，即晋国的新田和赵国的邯郸，实际上无所谓类型。几个双城制都城的具体情况也各不一样。从而打破了那种认为东周时期流行宫城与郭城的所谓两城制的传统看法，是很有说服力的。作者进一步探讨造成这种情况的原因，与东周时期的社会历史背景大有关系。因为东周是由青铜时代向铁器时代转变的时期，铁器的广泛应用大大促进了地方经济的发展，也促进了兵器的改进。各地诸侯凭借自己的实力称霸一方，互争雄长，先后推行各种改革，打破以宗法制为基础的传统制度。商人和士人的兴起大大改变了城市生活的内容，思想的大解放造成文化的多元发展与繁荣，反映在都城设计思想上也就出现了不拘一格、多元发展的繁荣景象。

在古代文明研究中，城市考古占有特别重要的地位。我国的城市考古虽然有多年的历史，也有不少成果问世，但对都城全方位的个案研究还很缺乏。本书关于邯郸都城的研究不但视野开阔，方法新颖，而且多有创见，可以看作是铺路之作，为古代都城的研究做出了重要的贡献。

（原为段宏振著《赵都邯郸城研究》序，文物出版社，2009 年。后
收录在《中华文明的始原》，文物出版社，2011 年）

新疆的青铜时代和早期铁器时代

　　新疆占称西域，是个多民族聚居的地方。公元前 138～前 126 年前汉张骞通西
域时有 36 国，后汉时有 55 国，那多半是依托绿洲建立的城邦小国。自从汉宣帝
于公元前 60 年设西域都护，统辖西域，这地方才首次被纳入中央王朝的管治之
下，同时也便进入了中国正史的记载。至于汉代以前的历史，只有一星半点的传
说，不足征信。要把这一段历史逐渐追寻出一个眉目来，就只有依靠考古学家的
努力了。

　　新疆考古虽然可以追溯到 20 世纪之初，那时英、法、俄、德、日等国学者或
探险家纷纷造访此地，肆意掠走了大批文物。之后也做了一些研究，但对于汉代
以前的历史可以说没有摸到一点皮毛。虽然如此，新疆却因此成了国际学术界关
注的场所。

　　20 世纪 80 年代以前，在新疆的考古学者做了不少田野调查和发掘工作，获得
了许多资料。而汉以前考古工作的突破则是在 80 年代以后。以往出土细石器或彩
陶的遗址多被定为新石器时代，那是不确实的。80 年代初，长期在新疆从事考古
工作的陈戈和王炳华发表文章，分别提出划分新疆青铜时代和铁器时代的问题。
陈戈后来又明确提出要划分新疆的新石器时代、青铜时代和早期铁器时代的问题。
学术界大多同意他们的说法，只是划分的具体年限和界标还有一些不同的认识。

　　近些年来，新疆的青铜时代和早期铁器时代文化遗存又有不少新的发现，人
们逐渐认识到这一时期各地的文化有所不同。以新疆之大，自然地理环境之复杂，
各地考古学文化出现较大差异原本是十分正常的现象。问题在于如何分辨和正确
解读这些差异。如果不分年代早晚，笼统地将各地区的文化进行比较，就不容易
分辨出哪些是因年代不同而发生的差异，哪些才是同一时期因为某些原因而发生
的地方性差异。要把这两种性质不同的差异分辨清楚，首先就必须对各个地区的
文化遗存进行分期。而各个地区的分期又必须建立在各个遗址或墓地本身分期的
基础上。事实上，遗址或墓地本身的分期也不是一件容易的事。一要有地层根据，
二要有标型器物以便进行全面的标型学研究。可惜在新疆的青铜时代和早期铁器

时代的众多遗址和墓地中，这两个条件都不够充分。一是可利用的地层（包括墓葬）叠压打破关系不多，二是作为标型器物的陶器在墓葬中并不很多，而且往往不成组合。而遗址中不同层位的陶器可资对比研究者更是十分有限。这两个条件不充分，细致而准确的分期事实上是不可能的。但是如果退而求其次，还是从陶器入手，尽量把墓葬进行归类，也就是分组。再参照个别地层关系，大致排出各组的先后次序。然后把各个地区的分组进行对比，以便相互验证或进行个别的调整，还是可以划分出总的分期来的。在这个基础上参照碳－14 测年的数据，也可以大致确定各期的绝对年代。韩建业在本书（《新疆的青铜时代和早期铁器时代文化》）的研究中正是采用的这种方法，是在现有条件下唯一可行的方法。但是这个分期并不是文化的分期而只不过是相对年代的排比。要进行文化分期还必须考虑全部遗迹遗物的变化，全面估价各期之间的关系和前后变化的幅度。本书作者正是在进行了这样的分析后，把五期合并为三个发展阶段。第一阶段是青铜时代，第二、三阶段是早期铁器时代。

新疆那么大，民族那么复杂，在汉代乃至汉以前已经是小国林立，表现在考古学遗存上必然是多种文化并存。本书开始所作的十个地区的划分和后来进行的三个阶段的划分都不是考古学文化的划分。十个地区主要是根据自然地理单元和考古工作的情况而初步设立的，是研究的出发点而不是研究的结果。考古学文化的划分是要在各个地区的分期和相互比照研究的基础上，根据在一定地区一定时期范围内具有一定文化特征的考古学文化划分原则，反复比较推敲才能够确定的，绝不可以只依据某些个别因素的相似而随意圈定。本书将新疆青铜时代划分为哈密天山北路文化、古墓沟文化、安德罗诺沃文化和克尔木齐类遗存等四类遗存。早期铁器时代则划分为焉布拉克文化等四个文化和香宝宝等两类遗存。这里的遗存也可能是一种文化，只是因为有些情况还不大清楚而暂时称为某某遗存罢了。两个时期的文化有继承也有一些变化，即使早期铁器时代两个阶段的文化也有一些局部的变化，书中对这种变化的原因也作了一些分析。有的文化之下还可以分为不同的类型，而在文化之上又可以归纳为不同的系统。在青铜时代，可以划分为东部的带耳罐文化系统和中西部的筒形罐文化系统。如果从经济文化类型来划分，则可以将东北部的克尔木齐类遗存划分为畜牧狩猎经济文化区和其余大部分地区的半农半牧经济文化区。在早期铁器时代，大部分地区可以划分为高颈壶文化系统，而西部则为圜底釜文化系统。这时期经济生活上也有区别，北疆可能是游牧经济，而南疆依然是半农半牧经济。由于经济文化的发展，特别是作为交通工具的马和骆驼的利用，加大了地区之间的文化交流，新疆或西域作为一个相对独立的文化区的面貌也日益显现出来。这样就把新疆青铜时代和早期铁器时代的考古学文化进行了多层次的系统分析或比较完整的文化谱系分析，从而对新疆的考古学文化有了更加清晰的认识。

本书第四章以相当大的篇幅谈到了各考古学文化的来龙去脉和交互关系。尽管许多学者就这类问题发表过各式各样的意见，但多是从某些文化因素出现的早晚和可能的传播路线立论，而不是以新疆地区考古学文化的分区、分期和详细的谱系研究为基础，缺乏整体的把握，因而显得单薄而欠说服力。在这种情况下，本书的研究就特别值得关注了。

应当指出的是，讲新疆青铜时代文化的来龙也就是起源问题，自然首先要了解当地青铜时代以前的新石器时代文化的情况。可惜直到现在，新疆的新石器时代文化究竟是什么样子还不清楚，无从进行比较研究。我相信这不等于新疆没有新石器时代文化遗存，而是至今还没有发现或发现了而没有认识到。不过从另一方面来看，既然到现在还不清楚新疆新石器时代文化是什么样子，那它本来就可能不是很发达。当受到发展水平很高的邻境文化的影响时，必然会发生剧烈的变化。日本的情况也许可以作一参照。那里新石器时代的绳文文化还比较发达，因受大陆青铜文化的影响而产生的弥生文化不但迅速替代了绳文文化，而且连人的体质也发生了明显的变化。新疆的情况更加复杂。因为新疆很大，各地的自然环境和人文环境有很大的差别，接受外部影响的情况各不相同。从外部情况来看，新疆的东西两边都有很发达的新石器时代文化，西边的中亚在公元前第三千纪就已经进入青铜时代，并迅速影响到南西伯利亚等周边地区。其中安德罗诺沃文化直接发展到新疆西部，南西伯利亚的阿凡那谢沃文化和奥库涅夫文化则从西北影响到新疆，使新疆全境逐渐进入青铜时代，并形成若干具有一定特色的考古学文化，它们可以概括为筒形罐文化系统。新疆东部的甘肃、青海地区从仰韶文化到马家窑文化以至四坝文化，发展的方向一直是从东往西。当一部分马厂期和四坝文化的人群到达东疆的哈密地区时，与东进的青铜文化发生了遭遇，两者碰撞融合而产生了哈密天山北路文化，从文化特征来看可以称之为带耳罐文化系统。在这个时期，新疆各青铜文化的居民大体都是不同类型的欧罗巴人种，蒙古人种只进到东疆的哈密地区。哈密天山北路文化就是两大人种和两种文化会聚所产生的一种复合文化。进入早期铁器时代，情况似乎发生了逆转。与带耳罐文化系统有较多联系的高颈壶文化系统占据了全疆的大部分地区，蒙古人种也逐渐向西移动；而与筒形罐文化系统关系密切的圜底釜文化系统则仅见于帕米尔一小块地方。尔后随着匈奴文化和汉文化影响的加强，新疆各地文化之间的交流更为频繁，作为东西文化交流通道的作用也日益显现出来。早先是西方的青铜文化带着小麦、绵羊和冶金技术，不久又赶着马匹进入新疆，并且继续东进传入甘肃等地；东方甘肃等地的粟和彩陶技术也传入新疆，甚至远播中亚。这种交互传播的情况后来发展为著名的丝绸之路。即使在这时，在新疆的广大地域上，具有西域特色的文化仍然鲜明地展现出来而为世人所称道。

读者不难看出，本书不但全面介绍了新疆青铜时代和早期铁器时代丰富多彩的文化内容，而且依据考古学的方法构建了一个多层次的文化谱系，分析了这个谱系之所以形成、演变、发展的内部和外部原因，以及它在早年东西文化交流上所起的特殊作用。这是第一部研究汉代以前新疆历史的考古学著作，很值得一读。

（原为韩建业著《新疆的青铜时代和早期铁器时代文化》序一，文物出版社，2007 年。后收录在《中华文明的始原》，文物出版社，2011 年）

百越与南岛语族的海洋文化

中国不但有辽阔的陆地面积，还有几百万平方千米的海疆，历来在开发海洋和发展海外交通的事业中做出了很大的贡献，而最早起步的是先秦的东夷和百越的祖先们。东夷祖先入海的路线是比较明确的，那就是从山东半岛经过渤海与黄海分界线的庙岛群岛到辽东半岛，此后更延伸到朝鲜半岛和日本列岛，对朝鲜和日本社会的发展起到了非常积极的作用。而百越文化及其历史作用的研究则要复杂和困难得多。

百越一名是战国秦汉时期对今中国东南沿海及中南半岛一带非华夏居民的称呼。这些越人喜欢住干栏式房屋，流行平地葬或悬棺葬，有披发文身、穿树皮布衣服、拔牙、喜吃蛇蛤和崇拜蛇鸟等风俗，特别是善于操舟水行，都是与华夏民族大不相同的。但越人并非一个严格意义上的民族实体，而是各有种姓，分布地域甚广，地区之间也有许多差别，故谓之百越。

历史上关于百越及其先民的记载几乎都出自华夏民族，资料零散又不甚确切，有时甚至带有偏见。要恢复百越及其先民与后续子孙的历史，需要靠文化人类学、体质人类学、考古学、民俗学和语言学等多种学科的共同努力。在这方面做出最大成绩的，当推厦门大学的林惠祥先生和他的学术继承人。

林先生有很好的文化人类学和考古学功底，早在 20 世纪 30 年代初期开始，就曾经在中国台湾、福建和菲律宾、马来西亚等地广泛地从事民族学和考古学的调查，伴随有少量的考古发掘，并且把民族学和考古学研究紧密地结合起来。他视野开阔，不是局限于百越或东南沿海土著文化的研究，而是把东南沿海与东南亚联系起来，首次提出"亚洲东南海洋地带"的概念。之后凌纯声先生主要通过民族学的研究，提出"亚洲地中海文化圈"的概念，与林惠祥先生相呼应。由于当时考古学还没有得到充分的发展，有关研究的深度和广度自然会受到一定的局限。所幸林先生开辟的学术路线在厦门大学得到了很好的继承和发展。

我在学生时代就拜读过林先生一些著作，十分仰慕他的学识。他关于有段石锛的分析曾给我很深的印象。那时曾经有一位新西兰的年轻学者叫杜夫的访问北大，历史系请他作学术报告。他一开头就说：我到中国来是要寻找毛利人的祖先，因为毛利人普遍使用有段石锛，中国东南史前文化中就有许多有段石锛；毛利人的房屋和衣服上的装饰跟中国商周器物上的花纹也很相似。其实他讲的有段石锛不只是毛利人用，东南亚和太平洋上许多岛屿上的居民也用。那时我就想到中国东南沿海的古代居民也许真的与太平洋上的岛民存在某种文化上的联系。后来读到一些学者关于南岛语族起源的论述，有的径直把太平洋上岛民文化的起源追溯到中国东南沿海。例如张光直就认为南岛语族的祖先应是分布在台湾与福建沿海的大坌坑文化。我曾经到大坌坑遗址和出土过所谓大坌坑文化遗存的台北圆山和芝山岩等遗址考察过，那都是一些很小的遗址，出土遗物不多，没有一件可以复原的陶器，难以准确把握其文化特征。所以他所画文化分布的范围也不确定，有时把广东沿海也画进去了，同时又强调闽台是第一起源地。澳大利亚国立大学的贝尔伍德也认为南岛语族起源于闽台地区，并且像海浪一样一波一波地向东面的太平洋扩张。这些都有一定道理，但总觉得把起源地过分集中到一个很小的地区，证据不够充分。首先依赖语言学的所谓原语言研究来探索民族文化的起源也不甚恰当。本书作者吴春明则别开生面，在继承林惠祥等先生研究的基础上，以考古学研究为出发点，同时注重民族学、民俗学、语言学和体质人类学等的研究成果，把百越和南岛语族的研究结合起来，提出百越—南岛一体化的主张，是很有见地的。

　　吴春明教授关于百越和南岛语族的论述甚多，本书将其汇集在一起，分为四编：第一编讨论南岛语族的起源问题；第二编研究百越民族的历史与考古，重点在用民族考古的方法进行华南民族史与文化史的重建；第三编是关于百越—南岛海洋文化中一些具有鲜明特色的个案的研究；第四编主要是讨论华夏文化的南渐与东南土著文化的变迁，重点在发掘土著文化的基础。全书大致构成一个完整的系统，内容十分丰富。这里不拟进行全面的评述，只想就第一编和第三编讨论的问题谈一点粗浅的看法。

　　第一编首先从万年前后亚洲东南海洋地带文化特征的分析开始，力图弄清楚南岛语族文化的源头。他认为万年前后在华南的洞穴遗址和东南亚和平文化中普遍存在的介壳堆积里，带穿孔、磨刃并不同程度共出小石片石器的遗存，乃是与当地旧石器时代砾石石器文化的传统一脉相承的，是砾石石器工业发展的新阶段。而且正是这个新阶段孕育了亚洲东南海洋地带新石器时代定居、农耕文化的代表性因素。这就是说，在整个华南和东南亚海洋地带，从旧石器时代起，经中石器时代到新石器时代，主要是自身的发展和演变，而不是传播、征服与替代。他在这个认识的基础上对以往南岛语族起源研究中出现的"太平洋群岛说""东南亚群岛说""中南半岛说"和"华南大陆说"等一一作了评述。特别对近年来影响较大的闽台起源说发表了不同意见，认为它"忽视了东南土著文化的统一性"，又"割裂了东南土著文化发展的连续性"。他在本书中除了比较详细地研究了大陆东南包括台湾的史前与历史时期文化的发展，还用专门的章节研究了菲律宾史前文化与华南的关系，研究了越南红河下游新石器时代文化与东山文化等的问题。因此他的结论应该是建立在可信的基础之上的。不过由于这一广大地区的考古工作不很充分也很不平衡，因此并不排除今后会有更加细致和更加明确的分析。至于太平洋三大群岛上的居民，应该是较晚时期逐步迁移过去的。

第三编中对树皮布、边架船、裸体文身和台湾少数民族始祖神话等的研究都十分精彩。

一般认为中国古代的衣着主要是丝麻织品，其实这只是华夏民族的情况。北方的少数民族很多是衣皮毛，东北个别民族更有以鱼皮为衣的，历史上称为"鱼皮部"。西北较早有毛织物，而东南沿海则流行树皮布的服饰。后来广泛流行的棉织品只是很晚才从印度传入我国的。所谓树皮布乃是用具有较好韧性纤维的树皮经过拍打等工艺而制成的一种无纺布。中国古代文献中很早就提到这种树皮布，只是过于简略。民族学家则有比较详细的描述。其流行范围广布于太平洋上的美拉尼西亚和波利尼西亚群岛等地，在东南亚的印度尼西亚、马来西亚、越南、泰国、中国的台湾、海南岛和云南西双版纳也多有发现。这些地方正是古百越和南岛语族分布的区域。基于对树皮布制作工艺中广泛使用拍打工具的认识，考古学者陆续在东南亚的菲律宾、印度尼西亚、越南、泰国和华南的台湾、福建、广东等地的新石器时代和早期历史时代的遗址中，发现了许多刻槽的石拍，认为就是制作树皮布的工具。香港中文大学的邓聪教授认为最早的石拍出于环珠江口，距今6000~5000年；之后向南传播到越南北部的冯源文化，距今4000~3500年；距今3500年前后到了泰国和马来半岛，之后再到达中国台湾和菲律宾。太平洋岛上最早的树皮布木拍出自法属社会群岛，距今1100~700年。我相信今后随着考古工作的进展，这个年表一定会有所修正。但它反映的大致趋势应该是符合实际的。正如本书作者所说："树皮打布石拍的发现与编年研究，不但从考古实物资料的角度再现了华南、东南亚土著树皮布文化的内涵，而且石拍的编年所反映的树皮布文化的华南起源、东南亚和太平洋群岛传播扩散，还印证了华南百越先民与太平洋南岛语族的民族关系史。"

人们都知道百越先民和南岛语族都善于乘舟水行，在近岸的地方普通舟船甚至竹木筏即可充用；如果远洋航行，在原始技术的条件下，怎样才可能实行呢？人类学家很早就注意到太平洋岛民经常使用一种叫作边架艇或边架帆船的交通工具。就是凿一个独木舟，在其一边或两边做一浮架，使独木舟不易倾覆。如果远航，还必须有风帆以解决动力问题，单靠人力是难以持久的。尽管这样的船在太平洋各岛之间往来非常适用，但最初是在什么时候什么地方由什么人创造发明，又是怎样流传开来的，却是一个不易解决的难题。人类学家在调查中发现双边架艇主要分布于印尼群岛和美拉尼西亚及其附近，范围较小；而单边架艇几乎分布于南岛语族的全部领域，太平洋东部的密克罗尼西亚和波利尼西亚更只有单边架艇。一般认为单边架艇航海性能优于双边架艇，因而推测印尼—美拉尼西亚一带居民较早使用双边架艇，在向东部的密克罗尼西亚和波利尼西亚扩展的过程中才加以改进为单边架艇。这与南岛语族自西向东扩展的假说相一致。但印尼等地发现的双边架艇年代并不早，无法与百越—南岛语族走向海洋的历史相联系。吴春明注意到2001年在浙江萧山跨湖桥遗址发现的独木舟，旁边还有许多长短和横竖不一的木料，应该是边架的设施，不远处遗留的竹席残片可能就是船帆。如果这个判断不错，它就是迄今所知最早的带帆边架艇，因为其年代为距今8200～7500年！不但如此，他还注意到在华南各地周汉时期遗存中发现的独木舟，上面的穿孔也可能是安装边架用的，可见跨湖桥的边架独木舟并不是孤立的。他还特别调查了贵州台江施洞的龙舟——子母船，这种船虽然不用帆，功能也和普通边架艇不同，但其形状和结构却和双边架艇十分相似。因此他推测施洞子母船应该是百越先民曾经使用过的边架独木舟的活化石，是"太平洋南岛语族边架艇独木舟的逻辑原型"。这使我想起20世纪50年代以前在洞庭湖和鄱阳湖上航行的宏船。那是一种挂着双帆的大船，能够乘四五十人，有船篷可以遮风避雨。值得注意的是船的两边各有一个"腰划子"，很窄很长像独木舟但不是独木舟，用横木与大船连接而略高于大船，与大船相距约半米。平时悬空不着水面，但在很多情况下，大船因风向关系是侧身航行的。这时一边的"腰划子"就贴到水面而起到平衡的作用，使大船不致倾覆。因风向的不同，大船会向左侧或向右侧，两边的"腰划子"可以轮流使用，但从不会也不可能同时贴水航行。我想这比施洞龙舟更像双边架艇的形状和结构，而且有帆，功能也是远航，更像是双边架艇的发展形态，是百越先民曾经使用过的边架独木舟的活化石。这样在华南地区就有从8000年前直到现代可能用于航海的边架帆船的实物标本或改进型的活化石，相信以后的考古发现会把这一残缺不全的发展链条逐步连接起来。

　　吴春明的著作内容十分丰富，这里不可能一一加以评述，仅就部分内容谈了一点个人的看法。最后我想要强调的是，关于古代百越与南岛语族海洋文化历史的研究，是一个非常重要的国际性课题，相关部门应该给予足够的重视。而研究这一课题的学者又需要有考古学、人类学、语言学乃至航海知识等方面的修养，充分掌握国内外研究的历史与现状。吴春明正是具备了这些基本条件和学术素养，才能写出这部高水平的著作。希望在此基础上继续努力，今后做出更大的贡献！

2010年9月3日于北大蓝旗营

（原为吴春明著《从百越土著到南岛海洋文化》序，文物出版社，2012年。当时未刊，先收录在《中华文明的始原》，文物出版社，2011年）

"中国盐业考古与盐业文明"总序

  2016 年，我和北大中文系李零教授向国家出版基金推荐了"中国盐业考古与盐业文明"的出版项目计划。这套学术著作包括有：《中国盐业考古》（李水城，北京大学）、《秦汉盐史论稿》（王子今，中国人民大学）、《长江上游古代盐业开发与城镇景观》（李小波，四川师范大学）、《中国古代盐道》（赵逵、张小莉，华中科技大学）、《滇藏地区的盐业与地方文明》（李何春，广西师范大学）。以上几位作者分别从考古学与民族志、历史学与古文献学、交通史、历史地理学、文化遗产线路、文化人类学的不同视角对中国古代的制盐遗址、制盐生产及工艺技术、盐政及与盐有关的贸易通道、城镇发展、盐业产区的景观环境、文化习俗等进行了广泛、深入的研究，可以说是全方位地对中国盐业发展的历史和研究进行了全面系统的展示。最近，这套学术著作即将出版，这无论是对学术界还是出版界都是一件前所未有的喜事，我也借此机会表示衷心的祝贺！

  盐是人类日常生活的必需品，看似极为普通，但却是维系地球生命繁衍生存的重要元素，其作用就犹如空气、粮食和水一样。对于人来说，盐的重要性还体现在以下四个方面：即维持胃液的酸碱平衡，调解血液中的碱度，维持心脏的跳动和肌肉的感应力。由此可见，盐对人的生存和健康是何等重要！

  盐的重要还体现在它关乎国计民生，是国家财政的支柱和赋税的来源。因此，中国历朝历代都将盐当作战略资源来掌控。先秦时期，齐国的"管仲相桓公，霸诸侯，一匡天下"（《论语·宪问》）；汉武帝时，桑弘羊发表了著名的《盐铁论》，在朝廷引发一场大讨论，最终将盐、铁视为国家的经济支柱；盛唐一代，盐税几占国家财政收入的一半；宋代以后，更是将盐税全部收归国有。由此不难看出，"盐"对一个王朝、一个国家的社会安定和政权稳固是多么重要，也无怪乎中国古人很早就将盐视为"国之大宝"。

  中国古代已有池盐、井盐、海盐和岩盐的开采。传说古代山东沿海的"宿沙氏煮海为盐"。宿沙氏一说为黄帝臣，或说是炎帝诸侯。总之，早在新石器时代人们就知道采卤制盐了。四川出土的汉代画像砖还有开采井盐的生动画面。但过去传统研究盐史和盐文化主要依靠文献记载，多有局限。盐业考古是我国近些年来才有计划开展起来的新领域。较早的工作从长江三峡起步，特别是重庆忠县中坝遗址的发掘。接下来在黄河三角洲的莱州湾地区发现大量煮海盐的遗迹，据说数量多达 700 余处，规模巨大。此后，又在全国其他地方陆续发现不少制盐遗址。以上工作的绝大部分是在北京大学考古文博学院李水城教授的主持下进行调查和发掘的。其中，有些是与国外学者合作，有些是与相关学科的科技工作者协作研究，可以说是国际合作和多学科协作的成功典范。李水城教授和罗泰教授还在此基础上主编出版了几部《中国盐业考古》文集，在《南文文物》组织"盐业考古"专栏，向学术界和公众介绍中国盐业考古的发现和研究，所取得的诸多成果已引起国内外学术界的广泛关注和高度评价。

正是由于盐业考古的出现和迅猛的发展势头，不仅迅速填补了中国盐业考古的长期空白，在中国考古学中建立了盐业考古这一分支学科，也极大地推进了中国盐业史和盐文化的研究。在即将出版的"盐业考古与盐业文化"这套著作中，李水城所著《中国盐业考古》一书不但对中国盐业考古做了全面介绍，同时也介绍了欧美与亚非拉等外国盐业考古的情况和有关人类学的调查研究，可作为中国盐业考古比较参考。相信这套著作的出版，对中国历史、盐业史乃至整个中国经济发展史、科技史和文化史的研究起到重要的推进作用，也将进一步显示出盐业考古这一非常具有潜力的新兴研究领域的重要价值。

2019 年 5 月 10 日

（原载《丹霞集——考古学拾零》，文物出版社，2019 年）

《中国古代装饰品研究》序

　　秦小丽博士新著《中国古代装饰品研究》即将付梓，我把书稿通读之后，感到这是一部很有分量的力作，值得向学术界和广大公众推荐。

　　这里所说的装饰品仅限于人体身上戴的、挂的、套的、插的、坠的以及在衣服上穿缀的等等，总之是与人的身体密切相关的。不是指一般性的装饰品，比如房屋里的或作摆设的装饰品就不包括在内。日本人叫作装身具可能更确切一些。

　　人类天生有爱美之心，所以从很早的旧石器时代晚期（大约距今一两万年）起，就开始用美丽的贝珠等挂在颈上或戴在头上。其中有些除了觉得美丽以外，还可能有护身符的意义。随着经济文化的发展，装饰品的种类、材质和加工技术不断有所发展，装饰品的功能也不断发生变化。不同地区和不同民族逐渐形成不同风格的传统，这使得装饰品的研究具有越来越丰富的内容而为广大公众所关注。

　　本书具有如下特点。

　　一是资料全面翔实。作者收集了中国新石器时代至夏商时代考古发现并经正式发表的全部装饰品，分为发饰、腕臂环饰、耳饰、串饰和佩饰等，每类又按照材质和具体形态，进行仔细地分析和研究，找出每类饰品的基本特征和发展规律。这在以前的相关著作中是没有先例的。过去的一些研究往往是单项的或举例性的，难以从中窥视不同时期不同地区装饰品的全貌。

　　二是特别关注装饰品的地区性差别，将全国分为六个大区，实际上代表着六个不同的装饰品风俗和艺术传统。作者用高度概括又十分精练的语言表达六大传统的特色，说西北地区是源于黄土的自然审美情趣和朴素的艺术表现，东南地区是源于蔚蓝色江河湖海滋养的晶莹美玉和尽显华贵的装饰情趣，中部地区是从单一的装饰品到接纳吸收不同特色装饰品的魅力型地区，北方地区是源自砂石与黑土之间的平衡与粗犷之美，长江中游是南北东西文化碰撞中结出的一朵奇葩，南方地区是游离中原主流文化之外独具个性的差异美。每个大区的具体分析都是十分详尽和精彩的。

　　三是特别注意装饰品的出土状况和在图像资料中所见装饰品佩戴的情况，尽可能正确复原各类装饰品的功能和使用方法，做到有凭有据而不是仅凭主观的推测。

四是在充分注意装饰品的美学和装饰价值时，还特别关注它的社会功能，包括礼仪和个人身份的体现、某种荣誉的象征或作为护身符等宗教的含义，某种装饰品究竟具有何种意义则需要具体问题具体分析，不能一概而论。书中有关部分的分析都是很有分寸和实事求是的。

五是总结装饰品研究的历史，分析取得的成绩与不足。一方面充分尊重和吸收前人研究的成果，另一方面又开拓新的思路和研究方法。这其实是任何研究都必须做到的，但在现在学术界一片浮躁空气的情况下而能够坚持这样做，却是难能可贵的。

我想一部著作能够做到以上五点是很不容易的。从某种意义来说，本书实际上开辟了一个新的研究领域，对于考古学、民族学、美术史、服装史的研究和装饰品设计都是有重要参考价值的。希望此项研究今后有更大的发展。

秦小丽是考古学科班出身，多年从事田野考古和研究工作。不但相关考古资料十分熟悉，而且善于运用类型学和定量分析的方法，扎扎实实而不尚浮词。同时由于她多年在国外学术机构工作，现在是加拿大多伦多皇家安大略博物馆世界文化部的客座研究员和日本奈良文化财研究所的客座研究员，对国外学者的研究也相当熟悉。这使她的研究视野开阔而具有鲜明的特色，相信会受到广泛的欢迎。

（原为秦小丽著《中国古代装饰品研究》序，陕西师范大学出版社，2010 年。后收录在《丹霞集——考古学拾零》，文物出版社，2019 年）

《发现中国：2005 年 100 个重要考古发现》序

　　回顾 2005 年中国的考古工作，可以从三个方面来看：一是重要的发现特别多，有些发现在学术上还有所突破；二是与基本建设相关的考古工作中课题意识明显增强；三是田野考古方法有所改进。

　　先说第一点。2005 年是中国考古非常不平凡的一年，重要的考古发现不下百项。初选入围 25 项就颇不易，最后还要评选出十项重大考古发现，喜悦的同时又很为难。因为这些入围项目，每一项也许在别的年度都可以入选，扒拉下来于心不忍。例如新石器时代入围的有五项，最后只选出湖南怀化高庙和浙江嵊州小黄山两项。这两处发掘当然很好，其他三项也颇不错。比如北京门头沟区东胡林遗址，20 世纪 60 年代就已经发现，但资料很少，也没有测年。这次发掘采取与地质学、环境考古学及动、植物考古学等多学科合作的方式，获得了较好的效果。遗址位于马兰黄土之上，被板桥洪积期的冲沟切断。当地距离马兰黄土和板桥期的命名地很近，地质年代清楚。二十几个碳－14 测年数据都在距今 10000～9000 年，可以确定属于新石器时代早期。遗址内发现了多处火塘，还有保存比较完好的墓葬。出土了直筒形平底盂和罐等陶器以及石磨盘、磨制石斧和细石器等。中国北方地区新石器时代早期遗存十分稀少，除河北徐水南庄头外，其余几处资料都很有限，工作也比较粗疏。即使南庄头也还没有发现墓葬和可以复原的陶器。因此东胡林的发掘可以认为是北方地区新石器时代早期遗存研究的突破。

　　再如浙江钱山漾遗址，20 世纪 50 年代发掘过，出土了一大批有机物如丝绸和各种编织物等，以为属于良渚文化。这次发掘成果内容丰富，文化面貌独特，其时代介于良渚文化和马桥文化之间。过去学术界认为良渚文化之后紧接着是马桥文化，但两者之间的差距甚大，看不出任何前承后继的关系。因此良渚文化的去向和马桥文化的来源问题一直成为大家讨论的热门话题。这次钱山漾遗址的发掘不但纠正了过去的错误，还确定了一个新的考古学文化，在一定程度上为这个问题的解决铺平了道路。

　　陕西吴堡县后寨子峁遗址，文化上具有较大的地域特点，地貌也非常有特色，几组房屋成排地分布在不同的山梁上，并有相互联系的道路和石墙等防卫设施。这样特殊地形的特殊聚落，弄得这样清楚是很不容易的。

这一年商周时期的重要发现也很多。河南鹤壁刘庄遗址是与南水北调工程相关的项目，那里发现了一处比较完整的先商墓地，有东西两个墓区，两区时代相同而墓向不同，随葬的器物也不尽相同，应属于同一时代两个有紧密关系的族群的墓区，对研究当时的社会形态具有重要的意义。山西绛县横水的西周墓地是因盗墓猖獗，被制止后进行的抢救性发掘。墓地规模大，保存好，发掘工作也仔细，出土铜器上有"倗伯"的铭文，过去在文献中没有记载，属于新发现的一个小国诸侯及其族群的墓葬。与此同时，在陕西韩城的梁带村也发现了类似的西周小国墓地，铜器铭文上有"芮太子""芮公"，是芮国诸侯的墓地。周文王一个重要的政绩就是解决了"虞"和"芮"两个小国的矛盾，其声望因此提高。"芮"国在哪里，过去也不知道，现在就清楚了。因此这两处遗址的发掘至少可以说是西周考古的一个小小的突破。

2005 年诸如此类的发现很多，像河南内黄三杨庄遗址，发现了黄河淹没的汉代农村宅院，规格很高，且保存完整，被称为中国的"庞贝"遗址。以往秦汉考古多限于都城的勘探发掘和墓葬发掘，像内黄三杨庄这样保存完好的汉代村落遗址十分罕见，对于了解当时农村的真实面貌是非常珍贵的资料。目前只发掘了其中的几座房子，应该采取坚决措施进行整体保护，以便有计划地逐步开展发掘和研究。

再说第二点。关于在与基本建设相关的考古工作中要加强课题意识的问题，早在 1983 年在昆明召开的全国考古汇报会上苏秉琦先生就作了专门的讲话，受到大家的重视。近年考古工作者在观念上都有了改变：考古发掘不再单纯为了配合基本建设做工作。但在提法上还有些滞后。在 2005 年的全国考古工作汇报会上，国家文物局正式提出将"配合基本建设的考古工作"改为"与基本建设相关的考古工作"。这是一个中性的提法，而"配合"有主次之分，如果只是配合基本建设，文物考古和保护工作就处于从属的位置。我国的基本建设有不同的级别，如三峡水利工程等关乎国计民生的大工程，文物考古工作应积极参与配合；即使如此，如果遇到特别重要的文物，如白鹤梁历史上长江水文变化的题刻等，还是要不惜代价地坚决加以保护。有些基本建设工程并不是太重要，或者虽很重要但可以适当挪动位置，那就要为文物遗址让路，要配合文物保护。如嵊州的小黄山遗址，发现地位于一个砖厂，当地政府的文物保护意识很强，积极配合，关闭并妥善安置了砖厂，使整个遗址得以整体保存下来。福建浦城猫耳弄山商代窑群，是在高速公路建设中发现的，公路为此改变了路线。河南鹤壁刘庄遗址是南水北调工程涉及的区域。南水北调工程沿线经过的地区，文物遗迹密集，其中有许多重要的遗址和墓地。为了做好南水北调的文物保护工作，文物部门经过详细的调查勘探，与水利部门协商，能避让的尽量避让，实在无法避让的，就通过考古发掘提取资料。在课题意识和文物保护意识增强的情况下，文物部门与工程建设部门的关系有所好转。

中国经济建设的加快，对中国考古学来讲，是一个千载难逢的机遇，中国考古学正处于一个考古大发现的时代。同时，从国家经济建设的角度讲，也是建设高潮不断深入的时代，如南水北调、高速公路建设、铁路网建设、开发区建设等等，施工过程中必然会碰到很多遗址，如果把握得好，能保护的尽量保护，无法保护的跟上做考古工作，在相当的一段时间内，重大的考古发现必将接踵而至，一定会促进我国考古学的发展。

我国历史悠久，幅员辽阔，古文化遗存丰富。各地区的文化有各自的特点。我曾经说过，在我们这个文化积淀深厚的国家，是可以出考古学大师的，是可以形成新的考古学方法和理论的。2005年的考古发现更加深了这种认识。

机遇往往与挑战并存，中国的考古工作正面临非常严峻的挑战。建设的范围如此之大，不是所有的人和部门都具有文物保护意识。而更严重的是盗墓行为愈演愈烈。今年入选十大新发现的佣国、芮国墓地，都是在与盗墓者抢时间、比速度，发掘的同时也在与盗墓者较量。国家应从立法、管理等各个方面加强打击盗墓的力度，像打击贩毒一样，否则无法保护一些重要的文化遗存。因为盗墓者的技术装备不断更新，盗墓的速度加快；同时盗墓者又高价收买当地的百姓。而盗墓是盗宝行为，为了几件珍贵文物而毁掉了整个墓葬。墓上建筑、墓葬形制、随葬品位置，甚至一些重要的遗迹现象等等，都可能毁于一旦。考古对一个墓葬的发掘是全面的研究，像这两个诸侯级的墓葬，如果被盗，就彻底毁了，有可能永远不知道这两个小国的存在。

从2005年的考古发现看，对此应提到一个新的高度认识，否则对不起我们的祖先，对不起子孙后代，甚至也对不起世界人民。因为这些遗产是中国的，也是属于全人类的。

第三点，关于改进田野考古方法的问题。2005年审批了少量的主动性发掘项目，除了有明确的学术目标外，也希望在考古学方法上有所改进，实践证明这样做是必要的，也是有效的。

与基本建设相关的考古工作，往往时间紧迫，任务重，发掘面积大，动辄几千平方米。尽管考古学者具有明确的课题意识，但实际工作中难以做得很细致，难以在方法上有新的突破。研究性的主动发掘有条件在田野考古方法上进行改进。

例如山东大学参加的中美考古队在日照两城镇的发掘，中国社会科学院考古研究所在河南偃师二里头的发掘，国家文物局委托北京大学在山东临淄开设的田野考古培训班所进行的考古发掘，都进行了较多的田野考古工作方法的改进。临淄培训班通过实践形成了一个田野操作规程的改进意见，上报国家文物局，准备在全国范围推广。在当前和今后一个时期，全国有众多的建设项目涉及古文化遗址，我们不得不将主要的力量放在与基本建设相关的考古工地上。但一些有条件的单位，如中国社会科学院考古研究所、高等院校还会进行一些主动性发掘，这些发掘的课题意识更强，在田野工作方法、技术等方面可能有更多的思考和改进，这样取得的成果会更多地应用到一般的田野考古工作中，这是促进我国考古学发展的必由之路。

（原为中国文物报社编《发现中国：2005 年 100 个重要考古发现》序，学苑出版社，2006 年。后收录在《丹霞集——考古学拾零》，文物出版社，2019 年）

山东 20 世纪的考古发现和研究

　　无论从中国古代历史发展的格局来说，还是从中国考古学本身的发展历史来说，山东地区都占有非常重要的地位。早年蒙文通提出的三民族说和徐旭生的三集团说，都把山东视为中国文明启蒙时期的三大鼎足之一。夷夏关系也是我国上古史的重要篇章，山东则属于东夷的一方。周代初年大封建时，齐、鲁是最被看重的两大诸侯国。秦汉以后山东仍然占有十分重要的地位。正因为如此，在中国考古学初起时，第一被看重的地方是中原的河南，特别是已经出土大量甲骨文的安阳殷墟；而第二重点就是山东。

　　山东的考古大约经历了三大阶段。

　　第一阶段大约从 20 世纪 20 年代末到 30 年代。1928 年，当中国第一个国家级的考古学机构中央研究院历史语言研究所考古组成立伊始，时任教于齐鲁大学的吴金鼎便调查了历城县汉平陵故城和龙山镇城子崖遗址，开启了山东考古的先河。不久中央研究院便与山东省政府合组山东古迹研究会，考察了益都苏埠屯、济南大辛庄和著名的齐国临淄故城等商周遗址，并且正式发掘城子崖遗址，首次发现了一个以黑陶为特征的新石器时代文化——龙山文化，1934 年出版了中国第一部田野考古发掘报告《城子崖——山东历城县龙山镇之黑陶文化遗址》[1]。当时河南安阳殷墟刚开始发掘不久，便已经知道那是商代晚期的都城，有很发达的青铜文明。跟着的一个问题自然是要了解她的来源，进而追溯中华文明的始原。正如李济在《城子崖——山东历城县龙山镇之黑陶文化遗址》报告的序言中所说："有了城子崖的发现，我们不但替殷墟一部分文化的来源找到一个老家，对于中国黎明期文化的认识，我们也得了一个新阶段。"因此他希望由此开始，能够"渐渐

　　[1]　傅斯年、李济、董作宾等：《城子崖——山东历城县龙山镇之黑陶文化遗址》，中央研究院历史语言研究所，1934 年。

的上溯中国文化的原始，下释商周历史的形成。"[1]1936 年日照两城镇的发掘又获得了丰硕的成果。与此同时在山东东南、西南多处龙山文化遗址的调查，以及在邻近山东的河南北部和安徽北部的一系列考古调查与发掘，大大推进了对于龙山文化的认识。1939 年梁思永发表《龙山文化——中国文明的史前期之一》[2]的论文，对这个时期考古工作的成果做了很好的总结。在不太长的时间内取得这些成绩是不容易的，可惜这一良好的发展势头不久就被日本的侵华战争所打断。

　　第二阶段大约是从 20 世纪 50 年代到 70 年代，中间虽然经历了"文化大革命"的严重干扰和破坏，但从整个时期来看，还可以说是全面打基础和快速发展的时期。50 年代初山东省文物管理委员会和山东省博物馆相继成立，随即配合基本建设对全省考古遗址进行调查，选择重点遗址进行了发掘。1958 年中国科学院考古研究所成立山东队，主动地或与省方合作进行考古工作。1972 年山东大学建立考古专业，成为在山东境内开展考古工作的又一支生力军。北京大学考古专业的师生也不止一次地在临淄等地进行田野考古实习。这个时期山东省的考古工作，从地域来讲几乎遍及全省，从时代来讲涉及旧石器时代、新石器时代、商周、汉唐乃至元明的各个时期，其中尤以新石器时代和商周考古成绩最为突出。

　　此前山东的新石器时代只知道有龙山文化。1959 年泰安大汶口墓地的发掘[3]，揭示了一种崭新的文化，此后又有多处重要发现并被命名为大汶口文化。从地层关系和文化内涵的比较来看，可以确定大汶口文化早于龙山文化，并且是龙山文化的直接前身，解决了龙山文化的渊源问题，连带也廓清了龙山文化与仰韶文化的关系这一长期未能正确认识的问题。

　　这个时期山东的商周考古主要由省博物馆承担。商代考古最重要的收获是益都（今青州）苏埠屯两座大墓的发掘。其中 1 号大墓有四个墓道，殉葬 48 人，出土一批精美铜器，这种高规格的商代墓葬至今还是殷墟商代王陵之外所仅见的。两周考古的重点则是临淄齐国故城和曲阜鲁国故城的勘探与发掘[4]，通过多年的工作，对两座故城的形制、布局结构和年代都有了比较明确的认识，基本上弄

　　〔1〕　傅斯年、李济、董作宾等：《城子崖——山东历城县龙山镇之黑陶文化遗址》，中央研究院历史语言研究所，1934 年，XIV、XVI 页。

　　〔2〕　梁思永：《龙山文化——中国文明的史前期之一》，《梁思永考古论文集》，科学出版社，1959 年，145～152 页。

　　〔3〕　山东省文物管理处、济南市博物馆：《大汶口——新石器时代墓葬发掘报告》，文物出版社，1974 年。

　　〔4〕　山东省文物考古研究所、山东省博物馆、济宁地区文物组等：《曲阜鲁国故城》，齐鲁书社，1982 年。

清了齐鲁文化不同时期的特点，为故城的保护和进一步研究打下了坚实的基础。

此外，这个时期的秦汉考古也颇多收获，其最重要的成果，当数曲阜九龙山四座可能是鲁王的墓葬的发掘和临沂银雀山 1 号汉墓中近 5000 支竹简的发现。

第三阶段是从 20 世纪 80 年代到世纪之末，是山东考古向全面和纵深大发展的时期，其势头至今方兴未艾。其标志是 1981 年山东省文物考古研究所的成立。我们看到这个所一成立就着手全面规划和开展全省的考古工作。与此同时中国社会科学院考古研究所山东队、山东大学考古专业和北京大学考古系等单位也加强了在山东地区的考古工作，特别是加强了各单位之间的协作，从而取得了一系列的成果。

首先是初步建立了比较完整的文化谱系。过去山东没有发现旧石器时代的文化遗存，就是新石器时代的较早遗存也不清楚。从 20 世纪 80 年代起这些缺环已逐步填补起来。80 年代初发现的沂源猿人化石及相关的文化遗存，使一向寂寞的山东旧石器时代考古正式揭幕。接着在沂沭流域和汶泗流域发现了近百处细石器地点，出土了大批的细石器。在此前后，河南、河北、山西、陕西等省也发现了许多细石器地点。尽管正式发掘的材料不多，地层关系大多不明，确切年代难以匡定，但从文化发展的大趋势来看，这些细石器遗存当是从旧石器时代向新石器时代转变的中间环节，意义重大。

新石器时代考古先是在大汶口文化之前发现了北辛文化，接着又发现了年代更早的后李文化，从此新石器时代中期文化的基本面貌得以揭示出来。从后李文化、北辛文化、大汶口文化到龙山文化的一个相当完整的发展谱系已经建立起来，只剩下新石器时代早期文化还不大清楚。

至于龙山文化的后继者是什么，在很长时间是不清楚的。正是在探索龙山文化去向的过程中发现了一个早期青铜文化——岳石文化。有趣的是，在认识岳石文化的基本特征之后，重新审视 20 世纪 30 年代初发掘的城子崖遗址的资料时，发现它的下层以黑陶为特征的文化遗存并不单纯属于龙山文化，其中还包含有岳石文化的因素。对城子崖遗址的重新发掘，更进一步证实了这个结论，并且在龙山文化的城址之上发现了十分先进的岳石文化的版筑城墙。而岳石文化则已被证明为夏代至早商时期的东夷族系的文化[1]。

到了商周时期，中原的华夏文化逐步向东扩展，形成非常复杂的情况。起初在鲁西出现一些相当于二里岗上层时期的据点，以后商文化逐渐向东推进，直抵胶莱河流域，与当地夷人发生了密切的关系。从华夷杂处到华夷交融，出现了不

---

[1]　严文明：《东夷文化的探索》，《文物》1989 年第 9 期。

少可能是由商人控制或者是吸收了商文化的夷人的国家。只有胶东和鲁东南地区还基本上是夷人的天下，表现为长岛等地的珍珠门文化和乳山等地的南黄庄遗存等〔1〕。即使在这些文化遗存中也可以看到商周文化的影响。周代初年在山东建立了许多诸侯国，其中除齐、鲁外还有不少诸侯国的都城已经过勘探或试掘而得到确定，其中包括滕州滕国故城和薛国故城、寿光纪国故城、郯城郯国故城、莒县莒国故城和邹县邾国故城等。有些诸侯国的遗存则是由出土青铜器的铭文而确知的。

这个时期秦汉及以后历史时期的考古则以墓葬发掘为主。单是 1985 年在齐鲁石化区就发掘了 1700 座汉墓。而 1995～1996 年在长清发掘的济北王墓则是规格最高、随葬器物最为丰富的一座。与此同时对汉画像的研究也有重大的进展。至于 1996 年青州龙兴寺大批彩绘佛教造像的发现与发掘，对于研究我国东部地区佛教的流传及其造型艺术的特点，更是一种突破性的进展。关于瓷窑遗址的研究也有不少的收获。

与第二阶段相比，这个阶段的课题意识明显地加强了，考古方法也有许多改进。在新石器时代和商周考古方面，区系类型理论的贯彻相当明显，聚落演进和文明起源的研究也卓有成效。与此同时还特别注意聚落群和聚落等级的研究，注意大遗址的勘探和保护。在建设田野考古基地和苏秉琦先生提倡的考古实验站或考古资料中心方面也做了积极的探索。这些工作对于考古学本身的发展也是具有重要意义的。

从上面简单的叙述中，可以看出 20 世纪的山东考古已经由初探到全面发展而进入成熟的阶段了，其成果不但对研究山东乃至中国古代历史具有十分重要的意义，就是对考古学本身的发展也提供了不少宝贵的经验。

本书（《山东 20 世纪的考古发现和研究》）比较全面地反映了 20 世纪山东考古的主要成就，是山东考古的一个综合性的总结。取得这些成就是不容易的，其中包含了几代学人的辛勤努力。全书系统分明，重点突出，读者可以从中获得许多知识和重要的启示。

山东省文物考古界有一个勇于开拓和重视开放与协作的好传统，对高等学校的科研与教学实习也一贯给予大力支持。北京大学考古学系的主要教师，包括邹衡、俞伟超、吕遵谔、李仰松、高明、张江凯、赵朝洪、高崇文和赵辉等，都曾经先后带领学生到山东有关地区进行田野考古实习。我个人从 1978 年带领学生整理中国社会科学院考古研究所山东队发掘的兖州王因的墓葬资料起，接着就在胶

〔1〕　北京大学考古学系、烟台市博物馆：《胶东考古》，文物出版社，2000 年，244～268 页。

东地区、潍坊地区和济南郊区展开了广泛的调查，对一些重要遗址进行了发掘，从而对山东考古有了一些实际的感受。在持续多年的工作中，绝大部分是跟省、地文物考古部门合作进行的，也有跟中国社会科学院考古研究所山东队合作的。我每次到山东，总是先拜访当时的省文物处长刘谷和文物考古所历任所长杨子范、张学海和李传荣等负责同志，向他们汇报和商谈具体的目标和计划安排，每次总是得到他们的热情支持和帮助，地县的有关单位和同仁也无不积极配合协助。我有幸在考古工地上直接同郑笑梅、韩榕、吴诗池、何德亮、李步青、李前亭、王锡平、杜在忠等许多同学、同事和年轻朋友共事，共同研究考古工作中遇到的各种问题，共同享受每一项新发现的乐趣，至今回想起来犹历历在目。张江凯本来在省文物考古研究所工作，为了支持北大的考古实习，首先是借调，然后是调进北大考古学系，成为北大的主力教师之一，山东的考古实习许多是在他直接指导下进行的。大概就是因为我与山东考古结下了不解之缘，本书的主编才要我在前面写几句话，要求我除了谈谈感受，还要提一些期望。我只好奉命再谈一些个人的肤浅之见。

前面讲了，山东考古在全国占有十分重要的地位，经过 20 世纪走过的非常不平坦的道路而取得了骄人的成绩。但学科的发展是无止境的，必然会随着时代的演进而不断前进。展望山东考古的未来，需要开拓或进一步研究的问题还有很多。例如山东旧石器时代遗存至今发现不多，明显是考古工作做得不够。因为无论从自然环境和本地新石器时代文化发达的程度来看，还是从山东周围旧石器时代文化发展的情况来看，山东旧石器时代文化理应比较发达，旧石器时代考古的潜力是很大的，应该纳入规划并切实开展工作。山东的细石器遗存发现甚多，这是一个非常重要的情况，是探索从旧石器时代向新石器时代转变的关键所在。而这一课题乃是中国考古学中的一个薄弱环节，学术界长期关注而苦于找不到突破的着力点。如果适当选择若干细石器遗址进行发掘，从地层关系、环境演变、文化分期及与前后文化的关系等各方面进行深入研究，这个问题是有可能弄清楚的。

从新石器时代起，山东就以一个相对独立而稳定的文化区呈现在人们面前。现在知道的山东最早的新石器时代文化是主要分布于鲁北地区的后李文化，稍后是主要分布于鲁中南的北辛文化。这两个文化的关系还需要进一步研究。而后李文化只不过相当于新石器时代中期，新石器时代早期文化仍然是一个未知数，这也是今后需要探索的一个重点。相对而言，大汶口文化和龙山文化的考古工作是做得比较多的，研究也是比较深入的。但大汶口文化的资料多出于墓葬，聚落遗址的工作做得比较少；龙山文化除墓葬以外虽然也发现过一些城址，但仅有大致的轮廓，城址的布局结构和功能等方面的问题还没有来得及研究。这关系到中国文明起源的具体途径问题，一定要作为学科的重点来加以推进。

岳石文化的发现是对东夷文化考古研究的重大突破，但至今发现的遗址远远不及龙山文化。除城子崖城址有超过龙山文化的夯筑技术以及在尹家城等处发现有少量青铜器以外，其他方面似乎还不如龙山文化那么发达。这究竟是反映了历史的真实情况，还只是因为考古工作做得不够，或者两者都有，目前还无法做出明确的判断。毕竟岳石文化的确认还是比较晚近的事。商周时期在山东是东夷与华夏从争斗走向融合并最终被华夏化的重要时期，也是中华文明形成和早期发展的重要时期。其具体过程究竟怎样，现在虽然多少有些了解，但还远远不够，还需要更多的发现与研究。至于秦汉及以后各时期的考古工作，主要是关于墓葬和一些专题的研究方面有比较多的成绩，还没有形成一个比较完整的系统，今后还需要做出很大的努力。

以上是从历史研究的大目标上提出的一些思考。而要达到这些目标，还必须在田野考古的方法上有所改进，必须把文化区系类型的研究体现在田野考古的规划上并切实推行，必须大力推进环境考古和聚落考古，加强现代自然科学技术在考古工作中的应用，使考古工作赶上时代前进的步伐，为提高山东考古的整体水平，进而为建设具有中国特色的考古学体系做出应有的贡献。

（原为《山东 20 世纪的考古发现和研究》序，科学出版社，2005年。后收录在《中华文明的始原》，文物出版社，2011 年）

《燕园聚珍》前言

北京大学赛克勒考古与艺术博物馆落成之际，正值北京大学考古专业成立四十周年，这是值得庆贺的喜事。考古系同仁决定选择开馆展览中有代表性的器物编成一本图录出版，这不仅是一种极好的纪念，也是一件很有意义的学术工作。

这个博物馆的藏品大致有四个来源：（1）北京大学在 1952 年设置考古专业之前的收藏；（2）前燕京大学史前历史博物馆的藏品；（3）考古专业建立后从田野考古发掘现场带回来的教学标本；（4）博物馆筹备期间各地文物、考古机构赠送或调拨的展品。

早在 1922 年，北京大学研究所国学门便成立了中国最早的考古研究室，开展了一些田野考古工作并开始逐步收集古代文物。稍后，北京大学文科研究所成立，下设考古研究室，同时成立了博物馆专修科并建立了北京大学博物馆，收集了一些古物及民族学标本。1952 年院校重新调整，北京大学历史系建立了考古专业，上述收藏便都归入了考古专业标本室。

前燕京大学也是较早收藏古物的学校之一，并成立了燕京大学史前博物馆。古人类学家和史前考古学家裴文中和日本考古学家鸟居龙藏都曾在该馆任职，帮助收集了不少古代文物标本。院校调整后也都归入北京大学考古专业标本室。

考古专业建立以来，先后在全国许多地方进行了田野考古实习，发掘了多处古代遗址，其中较重要的有陕西西安半坡，华县元君庙与泉护村，岐山与扶风间的周原；河南洛阳王湾，安阳殷墟大司空村；河北邯郸涧沟和龟台；山东临淄故城；北京昌平雪山，房山琉璃河；湖北宜都红花套，黄陂盘龙城，江陵纪南城；江西清江筑卫城和吴城等。其中大部分是属于新石器时代和商周时代的。1983 年考古系建立，田野考古实习规模进一步扩大，并在山西曲沃曲村建立了实习基地，对该地的西周遗址进行了连续多年的发掘。在山东长岛北庄和湖北天门石家河两处新石器时代遗址，也进行了连续多年的发掘。这期间还广泛地开展了旧石器时代考古实习，其中最重要的是辽宁营口金牛山遗址的发掘。瓷窑遗址考古则以河北磁县磁州窑遗址的发掘最为重要。上述发掘所得标本，绝大部分都存放在当地文物考古机构或博物馆，北京大学考古系只选取少许教学标本。这些标本都很有代表性，是考古系实物教学的主要资料。

为充分研究和利用丰富的古物标本，改善教学条件，开展学术活动，并向社会公众介绍考古知识，我们一直计划改善考古标本的保藏和陈列状况，设想建立一座北京大学考古博物馆。这一愿望终于在阿瑟·姆·赛克勒博士的热心支持下得以实现了。

赛克勒博士长期致力于促进中、美两国人民的理解、交流和友好的事业。20世纪 30 年代，他努力筹集资金和药品，帮助过白求恩大夫在中国的医疗工作。多年来，他热心收集中国古代文化遗物，向世界人民介绍中国古代文明。1976 年以后，赛克勒博士曾多次访问中国，热情支持中国的考古和博物馆事业。1986 年，北京大学赛克勒考古与艺术博物馆破土奠基。但深为遗憾的是赛克勒博士不幸于1987 年 5 月逝世，未能亲眼看到这座博物馆的建成。

这座博物馆装备有先进的保藏、研究和展览设施。它的建成，使北京大学考古系收藏的考古标本得到妥善的保存，同时为学生观摩、研究考古标本，以及学习博物馆理论和方法创造了良好的条件。博物馆还将努力为国内外学术界利用馆内藏品从事科学研究提供方便；将热诚帮助公众鉴赏历史文化遗物，帮助他们学习历史知识和增进对考古工作的了解；并将积极开展文化交流，为促进世界人民之间的理解和友谊做出自己的贡献。

博物馆筹建过程中，我们始终得到赛克勒博士及其家人，以及赛克勒艺术、科学和人文基金会及艾尔丝·赛克勒基金会的全面帮助和支持。得到国家文物局、中国社会科学院考古研究所和中国历史博物馆等许多单位，以及美国华盛顿特区的弗利尔美术馆与赛克勒美术馆的支持。中国社会科学院考古研究所、河北省文物研究所、河北省磁县文物保管所、山东省文物考古研究所、河南省文物研究所、陕西省考古研究所、湖北省文物考古研究所、湖北省荆州地区博物馆、湖南省文物考古研究所、南京市博物馆、内蒙古自治区文物考古研究所、北京市海淀区文物保管所等机构热情赠送、调拨或借展大量考古标本，不仅使这次开馆展览大为增色，也大大丰富了馆藏。其中部分精品已选入本书中。

对上述在博物馆建设中给予我们大力支持和帮助的机构和个人，以及给我们以热情关怀和鼓励的国内外同仁和朋友们，对资助出版本书的吉琳·赛克勒夫人，我们谨致以衷心的感谢。

（原为《燕园聚珍》的前言，文物出版社，1992 年）

《考古器物绘图》序

　　考古学是研究人类实物遗存以阐明人类历史的学科。实物遗存都具有一定的形状，研究各种实物遗存的形状特征及其演变规律，不但是考古类型学赖以建立的基础，而且是全面研究考古学文化的必要条件。各种遗迹、遗物和花纹的形状特征，可以用文字来描述，但是难以做到准确和直观。照相不但可以做到直观而且有真实感，但难以反映各个部位的具体尺寸和准确的空间位置，仅仅根据照片无法准确复原所拍摄的对象，这要靠考古绘图来解决。因此，考古学对于实物的记述，总是把文字描述、绘图和照相结合起来，以尽可能真实地再现实物的原貌。

　　考古绘图不同于一般的绘画，它基本上是一种几何作图，就是根据制图学的投影原理，结合考古遗存的特点而发展起来的一门技术性学科，属于考古技术的范畴。

　　我国的考古绘图基本上是跟考古学一同发展起来的，经过多次的改进，逐步形成了自己的特点。从 1952 年北京大学设立考古专业以来，考古绘图一直被列入考古技术的必修课之一。最早是请中国科学院考古研究所的徐智铭和郭义孚两位先生开设的，他们讲授的课程是考古测量与绘图，基本内容后来发表在考古研究所编辑的《考古学基础》一书中。20 世纪 50 年代后期由刘慧达先生接着讲授考古绘图，她陆续编写和修订的教材在"文化大革命"中不幸散失。从 1982 年起由本书作者马鸿藻讲授考古绘图，他曾多次就教于郭义孚先生，获益良多。在讲课的基础上重新编写教材，其后又几经修改，于 1992 年由北京大学出版社正式出版了《考古绘图》一书，受到有关方面的好评。

　　由于考古工作和研究的不断发展，对考古教学提出了更高的要求，考古绘图也应更进一步。作者多年来不但讲授考古绘图，还担任繁重的绘图任务，工作踏踏实实。他根据自己多年积累的绘图与教学经验，广泛收集资料，还多方征求意见，专门就考古器物绘图进行了较大幅度的修改和补充，形成了一本新的著作。这就是本书产生的原委。

　　本书比较全面而系统地讲述了考古器物绘图的基本原理和操作要领，较好地做到了理论和实际的结合。全书结构合理，逻辑性较强。插图丰富，不但有各种器物和各种表现手法的实例，还举了一些容易犯错误的例子。反复讲述怎样画才是正确的，怎样表现才是最好的。作者在本书的最后一章还专门讨论了插图的阅读和分析。器物或花纹图是一幅一幅画的，但放在书籍中就有一个如何配合的问题。插图的大小、摆放的位置都是有讲究的。如果一幅插图中有多个器物或花纹，如何配置成整幅的图，使它既符合科学性，又有一定的艺术性，做到科学性与艺术性的完美结合，应该是考古绘图所必须追求的目标，也是编著本书的宗旨。相信本书的出版，对于提高考古绘图和相关绘图教学的质量会有一定的帮助。

（原为马鸿藻著《考古器物绘图》序，北京大学出版社，2008 年。后收录在《丹霞集——考古学拾零》，文物出版社，2019 年）

片断的回忆

我和翦伯赞同志接触不多，但每次都给我深刻的印象。

记得还是在我当学生的时候，有一次，我去请翦老参加除夕师生会餐。他一听我的口音就说：

"你是湖南人吧，大概还是常德专区的？"

我奇怪翦老怎么会知道我的籍贯，只好承认。讷讷地表示说：

"是华容人，您怎么知道……"

翦老好像看出了我的心情，连忙解释道：

"我是桃源人，离华容不远，一听你的话就知道是老乡。"停了一会儿，他又问我："学哪个专业？"我说，我原来想学近现代史，但是考古专业的主任苏秉琦先生找我谈话，动员我学考古，所以就到了考古专业。翦老一听就高兴地说：

"学考古好哇！学考古可以解决重要的历史问题。比如古代史分期问题，讨论好久了，单凭文献上那么几句话，辩来辩去还是搞不清楚，我看最后要靠考古研究来解决问题。原始社会史离开考古发现根本就无法讲。再说中华民族并不都是炎黄子孙，汉族的组成很不单纯，汉族以外还有很多少数民族，我就是维吾尔族人。少数民族对祖国历史有很多贡献，古文献中很少记载，只有依靠考古发现才能说得清楚。"翦老说到这里稍稍停顿了一下，接着又语重心长地说："学考古是好，但是学的时候要知道这些道理，要常常想到这些道理，那才会有明确的目的，才能同革命理想联系起来，不能为考古而考古。"

类似上面的话，以后还听他讲过不止一次。我揣摩其中的意思，把考古学的根本任务，考古学在研究历史中的特殊作用，以及研究考古学的理论意义和现实意义都讲清楚了。这些话给我的印象十分深刻，无论是我当学生的时候，还是后来当老师教人的时候，我都牢记这些教诲，对于我的治学道路也有很深的影响。

翦老重视考古学的研究是一贯的，他在 1941～1943 年写的《中国史纲》第一卷史前史和殷周史中，就曾大量征引考古资料，为此他还亲自编选过石器时代考古资料。1948 年寓居香港时曾亲自调查史前遗址，并发表了《舶寮岛史前遗迹访问记》。此外他还写过《诸夏的分布与鼎鬲文化》（1943 年）、《略论殷商的青铜器文化》（1943 年）、《关于台湾的石环及其他》（1948 年）、《考古发现与历史研究》（1954 年）、《谈谈中国历史博物馆预展中陈列的秦汉时期少数民族的历史文物》（1959 年）等文章，有的是对考古资料或考古学文化的研究，有的是阐述考古学与历史科学的关系。1956 年第一次全国考古工作会议上他和郭沫若同志都作了重要的发言，讲到考古学对于研究历史的作用和大力培养考古学人才的意义，我们到会的同志都受到很大的鼓舞。

翦老之所以那样重视考古学研究，是与他决心冲破旧史学体系，建立以马克思主义为指导的历史科学的抱负分不开的。这种新的历史科学能够正确反映中国历史的特点和发展规律，正确估计各族人民在创造我国光辉的历史文化中的作用。为了建立这样一个崭新的历史科学体系，他几十年如一日，从资料编纂到各种历史问题的研究，从专史、通史的编著到基本理论问题的探讨，都做了大量的工作；与此同时，还同各种反马克思主义的史学观点进行了斗争。他的《目前历史教学中的几个问题》（1959 年）和《对处理若干历史问题的初步意见》（1961 年）等文章，不啻为马克思主义历史科学研究的经验总结，其中充满着革命的辩证法，对于克服当时存在于历史教学和研究中的各种错误倾向起了重要的作用。翦老在发表这些文章以前曾经在不同的场合谈过或作过正式报告，我也有幸多次聆听过他的教诲，至今记忆犹新。每当我在教学或科研中遇到有关的问题时，重温翦老的文章，总是能够从中受到启迪和教益。

大约在 1959 年或 1960 年期间，我们系在群众科研的基础上，开始组织一些教师（主要是青年教师）改写教材。我除了负责《中国考古学》的新石器时代部分的重写任务外，还被指定编写《中国通史》的原始社会部分。我不知道如何着手，就去找翦老。当时学校同全国一样受到"左倾"思想的严重影响，在编书过程中单纯强调群众的智慧，强调青年人的革命精神，而忽视老教师和专家的指导作用。翦老认为这种倾向是不对的，他一方面十分爱护青年的热情，一方面又进行耐心的引导。他说青年人的思想比较解放，接受新事物比较快，但知识面窄，处理问题容易简单化。应该发扬长处，克服短处，不要只看到老年人的不足，更要看到他们有丰富的知识和经验，所以要好好向老教师和专家学习。他建议我首先去找裴文中先生。他说：

"你去找裴老，拜他为师，就说我要他帮我带一名徒弟，带得不好我是不依的，带得好我一定登门去道谢。"

我说，裴老本是我的老师，他给我们讲过旧石器时代考古，还带我进行过考古调查试掘的实习，我们本来是很熟悉的。他说："那更好，你就对他说要永远当他的学生，老师对学生应该负责到底。"

当我去找裴老的时候，他正准备写一部十几万字的《中国原始社会史》，见了我非常高兴。除了给我拟的提纲提了许多具体意见外，还把自己准备写书的主要论点和资料都毫无保留地告诉了我。以后我在写作的过程中又去过好多次，裴老都非常热情地帮助了我，使我受到了很大的鼓舞。

我在第一次编写教材时，感到最难处理的是理论和史料的关系问题。当时流行的提法是"以论带史"，反对"史料挂帅"，认为后者是一种资产阶级倾向。我觉得写原始社会史还比较好办，因为马克思主义的经典作家有过不少论述；写新石器时代考古就主要是资料，经典作家很少有直接的论述，即使引用一些词句，总是感觉有些牵强，但如果不引或引得太少了，又怕犯"史料挂帅"的错误。我带着这个问题去请教翦老。他说："你提的问题的确是非常重要的，很多人都没有处理好。"他兴致勃勃地足足给我谈了一个上午。他说，"以论带史"，看你怎么理解，如果说是以马克思主义的理论指导历史研究，那无疑是正确的；但现在一般人的理解好像不是这样，往往先引几句经典作家的话，再用一些史料加以印证。比如毛主席说过中国封建社会有几个特点，大家就找些材料去证明这几个特点，表面上好像理论性强，其实是一种取巧的懒汉行为。"以论带史"如果成了"以论代史"，危害就更加明显，容易产生教条主义。我们研究任何问题都要从客观实际出发，研究历史就要从史料出发。史料本身也有一个考证问题，要辨伪，要弄清楚它本来的含义。在这个基础上要详细地占有资料，用历史唯物主义的观点和方法去分析这些资料，从中引出必要的结论。我们同资产阶级史学的对立主要是在观点和方法方面，而不是要不要史料。只要观点和方法对头，掌握史料越多越好，那不是什么"史料挂帅"，而是尊重历史事实。这样写出来的历史著作才会有血有肉，有真实感，也才会有个人特色。否则都是那么一套，抄来抄去，有什么意思？他问我是否看了范文澜同志的一篇文章《反对放空炮》，如果没有看，要找来好好看一下，还要读读郭沫若同志的历史著作，看看他是怎样处理理论和史的关系的，然后再考虑自己如何动笔写《新石器时代考古》。翦老、范老和郭老都是我十分崇敬的史学老前辈，他们的治学态度和所走过的学术道路是永远值得我学习的，尽管我们研究的学科领域不完全一样。

从那以后，我在编写《新石器时代考古》的过程中，又找过几次翦老，他总是很热情地给予指导。这一段经历对于我是如此宝贵，使我在学术道路上刚刚起步时就能端正方向，少走弯路。

翦老一直关心考古专业的科学研究，希望我们编写的《中国考古学》尽快问世。当1960年该书的初稿铅印本作为征求意见稿印出来时，他便建议尽快修改正式出版。1964 年 5 月，当重新改写的《新石器时代考古》（《中国考古学》之二）铅印本印出后，我特地给他老人家送去一本，他很高兴地说："这回总该可以正式出版了吧?"我说还需要征求意见，再改几遍。他不以为然地说："那要等到什么时候? 革命也有个阶段论嘛! 早点出版对史学界有很大好处，对你们自己也是一个督促。你们等得起，我等不起，能不能在我有生之年看到一部正式出版的《中国考古学》呢?"遗憾的是，翦老的这个愿望竟没有能够实现，至今只出了《商周考古》一册（《中国考古学》之三，文物出版社，1979 年）。写到这里，我的心里感到十分不安。我们现在的条件比那个时候好得多了，没有理由再拖下去，一定要抓紧编写并争取早日问世，以慰翦老在天之灵!

（原载《翦伯赞学术纪念文集》，北京大学出版社，1986 年。后收录在《农业发生与文明起源》，科学出版社，2000 年）

裴老带我们实习

1956年7月初至8月中旬，北京大学历史系考古专业组织53级的学生进行考古教学实习。全班15人分为两组，一组赴内蒙古赤峰、林西一带进行田野考古实习，一组去中国科学院考古研究所洛阳工作站整理汉河南县城的发掘资料。我参加了第一组的实习，指导老师是中国科学院古脊椎动物研究所的裴文中教授和北大历史系考古教研室的吕遵谔先生。同组的同学还有纪仲庆、李炎贤、戴尔俭、白瑢基、杨式挺和徐秉铎。北大地质系测绘教研室的毛赞猷、范心圻和中国科学院考古研究所的刘振伟、王树林参加测绘工作，内蒙古自治区博物馆的汪宇平先生也一同参加考古调查和发掘。因为他对当地情况十分熟悉，给了我们实习队许多方便。裴先生当时不过五十出头，已经是世界知名的大学者，号称中国旧石器时代考古之父，我们都尊称他为裴老。他是中国科学院生物地学部的学部委员（也就是院士），文化部社会文化事业管理局博物馆处的处长，同时是北京大学考古专业的兼职教授，全国政协委员等等，但是他特别平易近人。有人说他跟农民在一起像老农，跟工人在一起像工人，跟知识分子在一起是学者，跟官员在一起是大专家，确实很形象地表述了他的性格和为人，对此我们在跟随裴老实习的日子里深有体会。

路过锦州

我们从北京坐火车到达锦州时已是下午，要等第二天才能搭乘去赤峰的火车。等着没事，就一起在市内散步。看到一位挑担走街的理发师傅，裴老把他叫住，吩咐我们说："哥儿们去溜达，我就在这里理个发。"我想怎么在这里理发？又不好意思说，就跟大家一起去逛街。首先去看辽代兴建的广济寺塔，塔身高大约有五六十米，十分雄伟。我们绕塔转了转，看到周围雕刻的佛像和飞天等，不时赞叹雕工的精致：那可是经历了千年风雨的古塔啊！离开古塔随便走了两条街。我们知道1948年初冬辽沈战役曾经在锦州打了一大仗，解放军是林彪亲自指挥的，几乎全部歼灭了国民党精锐部队十几万人，还俘虏了东北"剿总"副总司令范汉杰将军。战争那么惨烈，应该还留下一些痕迹，可能因为时间太短，都没有找到。我们走了半个多小时，回到裴老身边。他原来只是要求随便剃个光头，竟然还没有完。看见我们来了，就跟理发师傅说"可以了吧？"师傅说"可以了。""多少钱？""八毛。"裴老随即照付了八毛。当时剃一个头一般只要一两毛，那师傅可能注意到我们左一个裴老右一个裴老，估计是个大人物。所以使出了全身的解数，又是刮脸又是推拿，简直没完没了。我们问裴老为什么剃了那么长时间，他说"还不是想多要几个钱嘛，手艺人不容易！不过刮刮揉揉也挺舒服的。"他这种对待手艺人的态度令我们非常感动。

前往赤峰

第二天乘火车去赤峰。到车站一看，哎呀，哪是什么火车，是拉货的闷罐子车！一共只有六节，车厢很短，里面只有条木板凳坐。车速极慢，你如果在车下走绝对不会落在后面。天又热，车上不提供任何食品，连杯开水都没有。我们年轻人好说，裴老怎么也坐这样的车？可是他挺乐观，不时说些笑话。好不容易到了叶柏寿（现在叫北票），我问是什么地方？裴老说"夜难受到了！"我说怎么是夜难受？他说"你体会体会就知道了！"原来因为这段路晚上不能开车，只好停下来过夜，那夜晚还能好受吗？

第三天到了赤峰，受到极为隆重的接待，那场面真叫人难以忘怀。赤峰是昭乌达盟的首府，盟领导特地准备了几辆马车迎接我们。那种带斗篷的双轮马车我过去只是在电影里看过。马身上挂着铃铛，碎步跑起来当当响，真是气派。我们住在盟政府招待所，裴老住的是头等房间，那里有唯一的席梦思床。可是裴老放着那样舒服的床不睡，一定要睡在自带的行军床和睡袋里，他说是习惯了。晚上盟领导设宴招待，一桌有 30 个菜，盘子摞盘子，好不丰盛！裴老知道蒙古人特别好客，席间一定会敬酒，就事先给我们几个没见过大场面的孩子打招呼。说"人家劝酒，你就说不会喝。实在拗不过你就喝，喝了用手帕擦擦嘴或者装着咳嗽不就可以吐出来了吗？再不行就装着要出去方便一下也可以，千万不要弄得醉醺醺一个个东倒西歪！"我们都听裴老的话，只有一个同学稍微喝多了一点。桌上那么多菜，主人还谦虚说："我们赤峰小地方没有什么好吃的，也不知裴老和各位客人觉得合口味不？"裴老说："这么多好吃的菜，真是太丰盛了，我看都是一个味，好吃！"这么爽直的话说得主人有点下不来台。饭后我问裴老："您怎么说都是一个味呢？"他说："怎么不是？都是民脂民膏嘛，又不是他们自己掏的钱！"我再一次体会到了裴先生为人的风格。

在红山实习

我们到赤峰的目的是要考察红山遗址。红山在赤峰市东北约 6 千米，是一座花岗岩的小山。远远望去，从平地突起的一排红颜色的山岩，高有二百多米。蒙古语叫乌兰哈达，意思是红色的山。我们每天坐着马拉的大板车，顺便带些发掘工具。路很不平，板车一颠一簸，有时简直要翻车。裴老跟我们同坐在板车上，先到红山西边的龙王庙，下车后再向东到红山前的山坡上。裴老先捡了几块小石片，告诉我们这就是细石器，为什么说这就是细石器，细石器有什么特点，让我们仔细辨认。然后要我们各人在山坡上转，看谁捡得多。一边捡一边注意地面的情况，看有没有灰烬或灰色土，特别要注意冲沟形成的断面，看看有没有文化层。裴老一边爬坡一边说，不一会儿捡了十几片细石器制品。我们几个学生瞪着大眼睛寻找，有的找到了一两片，有的一片也没有发现，都佩服先生的好眼力。最后看到有的冲沟侧面有几块带灰烬的地方，就选了三个地点试掘。我负责挖的是5602：Ⅱ地点，其中出土了一件有使用痕迹的细长石片和几片细石屑、一枝鹿角、一件有刻纹的蚌片和几块陶片，陶片上多有连续折弧形或之字形的划纹和箆点纹，这些跟《赤峰红山后》上发表的赤峰第一期文化的遗物基本上是一致的，尤其是其中一件饰箆纹的泥质红陶片，无论是陶质陶色和纹饰都跟该书上发表的小口高领红陶罐别无二致。在附近采集的细石器和陶片大多与 5602：Ⅱ地点所出基本相同，并且有少量的彩陶片。另外两个地点出土的遗物都比较晚，应属于青铜时代乃至更晚。

红山前发掘结束后，我们全部人员转到了红山后。那里有几条很大的冲沟，叫作北大沟和吊死鬼沟。在沟边可以清楚地看到暴露的灰坑和墓葬。我们先后挖了几个灰坑和 6 座墓葬，我自己则挖了一个灰坑，又和别人一起清理了一座墓葬。挖灰坑主要是学习找边，挖墓葬主要是学习剔人骨架。这些灰坑和墓葬属于所谓赤峰第二期文化，现在看来应当是属于夏家店上层文化的。吕遵谔先生把红山考古工作的收获写了报告在《考古学报》上发表[1]。

裴老只带我们到红山后去了一趟，没有参加发掘。盟政府邀请他作学术报告，到会的大约有一百人，多是中小学老师和基层干部，没有人懂得什么考古。裴老首先说我们为什么要到赤峰红山来考古，因为这里是北方细石器文化和南方彩陶文化的交汇点。生物杂种有优势，文化也是这样，所以赤峰历来在我国北方文化的发展上具有重要的地位。接着他讲什么是细石器和细石器文化，这个文化怎么

---

〔1〕　吕遵谔：《内蒙赤峰红山考古调查报告》，《考古学报》1958 年第 3 期。

从黑龙江往南经林西传到赤峰，又怎么同南来的彩陶文化相遇，形成一种既有细石器又有彩陶的混合文化。他说："诸位如果不相信，可以问严文明，他挖的一个地点正好是两种文化因素混合在一起。"经他这么一说，我才悟到自己挖的那个5602∶Ⅱ地点有那么重要。不过那是不是应该叫混合文化，我心里还是有疑问。裴老讲话特别生动又诙谐，深入浅出，把深奥的学术问题讲得浅显易懂又头头是道，听讲的人津津有味，我们做学生的也深受教育。

从赤峰到林西

赤峰实习结束后即动身到林西去找单纯的细石器文化遗址。经过整天的颠簸好不容易到了翁牛特旗的首府乌丹，住在一个大车店里。听说那里臭虫很多，我们都有些发毛。裴老说哪个大车店没有臭虫？没有臭虫就不叫大车店。晚上下面是一队一队的坦克，上面是一串串的炸弹，哥儿们好生欣赏，热闹极了。吕老师说裴老的生活经验特别丰富，遇到什么情况都能对付，确实如此。

过了乌丹全体人员分成了两队，我们一队在前面走了，李炎贤和几位负责测量的先生花八块钱买了一头毛驴，让它驮测量仪器。人家驮得辛苦，可是到目的地后就把它杀了吃了，真是没有良心！从乌丹到林西要经过一片草地，因为刚下过雨，地面一汪汪的水，没有像样的路。汽车怕陷入泥泞就走之字路，在草地上左右摆动。好不容易到了林西，由县教育科安排住宿，同时在教育科搭伙。

第二天由汪宇平先生带领到林西西门外的山坡上调查，发现有大型打制石器、细石器和少量陶片，还捡到了几个石犁的残块。陶片多泥质红陶，总的情况跟赤峰红山的所谓赤峰第一期文化基本相同。

体验沙漠考古

我们在林西的主要目的地在县城西南的沙窝子。从县城往南约两千米过木石匣（音 ha）河，再往西南走约三千米便是一片延绵数千米的沙漠。沙漠西部有两个淡水小湖当地人称为水泡子或泡子。接近水泡子的地方有许多因为定向的西北风刮走沙子而形成的椭圆形沙窝，沙窝底部有许多细石器、大型打制石器、石磨盘和石磨棒，还有少量灰褐色陶片，那里显然是一个细石器文化遗址。从沙窝边缘的剖面上可以看出上部是流动的黄沙，中间是相对固定的黑色沙土层，下部应该是属于更新世的黄白色沙层。这种情况跟梁思永先生描述的黑龙江昂昂溪遗址十分相似。

我们选择了三个地点进行发掘，每个地点仅仅挖两平方米的小坑。我选在泡子近旁的地点进行发掘。因为发掘得很仔细，所以进度很慢。挖下去的地层关系跟在沙窝边缘的剖面上看到的完全一样。第一层是黄沙，很松软。因为大风的吹刮，很不稳定，其中没有发现文化遗物。第二层是黑色沙土层，半沙半土，含少量腐殖质，比较坚硬，当是在气候温暖湿润时期形成的堆积。在这一层中发现了少量的细石器和陶片，跟在沙窝底部捡到的遗物基本相同。下面便是很纯的黄白色沙层，没有发现任何遗物。因此只有黑色沙层才可能是文化层，只是没有发现任何灰烬或其他能够进一步证明是文化层的迹象。这次发掘无非是验证了在沙窝边剖面上观察到的现象，没有什么重要的发现[1]。但对什么是细石器文化遗址有了一点感性的认识，也算是一个收获。

第一次到沙漠里很不适应。一是口渴得特别快，比平常要多喝很多水。二是太阳特别毒，皮肤晒得生疼，火辣辣的，接着就起泡、退皮。三是沙地特烫，穿着鞋还是热得难受。好在挖的面积小，时间不长，挺过来了。这么热的沙地，裴老竟然可以躺下来睡觉。说声"哥儿们慢慢挖，我躺着休息一下"。我想躺在热沙地上也许可以起到理疗的作用吧。裴老爱钓鱼，也爱打猎。正好我们旁边的泡子里有鱼，又有水鸟。所以他每次都要拿钓鱼竿，还叫别人"把我的臘枪也拿上！"因为那时还用繁体字，獵和臘很接近，他是故意把獵枪念成臘枪。我们休息时偶尔也钓鱼和打鸟，但成绩不佳。沙窝子旁边有座小山，常见有羊倌在山坡上放羊。吕老师想弄一副羊骨架，顺便让大家来一次野餐，就请裴老掏腰包。大家挑了一只最肥的羊，羊倌只要了五块钱，真是便宜极了。县文教科的干部早有准备，预先带了一口大锅和一些佐料，用附近捡拾的干柴烧了一大锅开水，把宰杀的羊整只放在锅里煮。煮到半熟就用刀子割了吃。我们虽然很不习惯，也还是吃得津津有味。

实习结束后，我们就跟吕老师一起回学校，裴老又风尘仆仆到吉林榆树去调查旧石器时代遗址去了。回想跟裴老实习的情况，不但能够学到业务知识，还可以学到不少社会知识和为人处世的道理。不论遇到什么情况，裴老总是处之若素，没有一点大专家学者的架子。他那乐观的精神和诙谐的谈吐，让我们大家一路都很快乐，累了也一点都不觉得疲劳。多少年后还能清晰地记得那时的情景，裴老高大的形象时时萦回在脑际，让人难以忘怀。

2004 年 1 月写于裴文中先生 100 周年诞辰之际

（原载《足迹：考古随感录》，文物出版社，2011 年）

---

〔1〕　吕遵谔：《内蒙林西考古调查》，《考古学报》1960 年第 1 期。

永远的导师苏秉琦

　　苏秉琦对中国考古事业的贡献是多方面的，在人才的培养方面，更是孜孜不倦，成效卓著，是我国高等学校考古教学的开拓者，赢得了普遍尊敬。

　　以田野考古为基础的中国考古学肇始于 20 世纪 20 年代，比欧洲晚了七八十年。那时的考古人才多靠国外留学或师父带徒弟的方式培养，人数很少。50 年代初随着国民经济建设大规模的开展，许多工程都涉及考古遗址，急需进行考古调查和发掘工作，这样就需要培养大批考古人才以应燃眉之急，同时也需要培养较高层次的专家学者。于是由文化部社会文化事业管理局、中国科学院考古研究所和北京大学共同举办考古工作人员训练班，前后四届。苏秉琦参与了训练班的领导工作，同时又与北大历史系教授、古器物整理室主任向达先生共同筹办考古专业，1952 年正式成立。为此在北京大学历史系设立考古教研室，苏秉琦兼任教研室主任，直到"文化大革命"，都一直领导北大考古专业的教学科研和人才培养工作。

　　高等学校的考古教学在欧美有长久的历史，但没有固定的模式。欧洲多把史前考古、历史时期的考古（比如古代东方或古典时期的考古）和美术考古等分开设置，美国把考古设在人类学系，美术考古设在美术史系。苏联则把考古专业或考古专门化设在历史系。当时中国整个高等学校进行院系调整就是学习苏联的体制，把考古专业放在历史系也是学习苏联的做法。但中国考古学有自己的特点，中国的考古教学也应该有自己的特点，这在当时参与筹办考古专业的苏秉琦和有关学者是很明确的。为了郑重起见，1952 年 12 月 9 日特地在文化部社会文化事业管理局召开有关专家会议，专门研究北大历史系考古专业的教学计划问题。会议确定考古专业的学制为四年，前三年课堂学习，第四年进行田野考古实习和撰写毕业论文。计划开设的课程有考古学通论、人类学通论、博物馆学通论、史前考古、中国历史考古、美术史或美术考古、考古方法、考古学史和古文字学等。拟聘请的主讲教师有梁思永、夏鼐、裴文中、苏秉琦、郭宝钧、张政烺、唐兰、林耀华、向达、郑振铎、韩寿萱、傅振伦等，几乎所有相关学科的著名学者都在邀请之列。所以北京大学的考古专业不只是自己一家开办的专业，而是倾全国之力共同举办的，特别是在中国科学院考古研究所和中央文化部文物局的大力支持下才得以顺利进行的。因此北大考古专业的教学科研和人才培养，也应该是面向全国，为全国相关部门服务的，苏先生经常向我们强调这一点，要求教研室的同仁都要有明确的认识。

随着中国考古学的快速发展，考古教学计划和教学内容也必须进行相应的调整。北大考古专业在苏秉琦的领导下，曾经对教学计划进行多次调整。较大的变化有两项：一是中国考古学由原来的史前考古（或石器时代考古）和中国历史考古细分为旧石器时代考古、新石器时代考古、商周考古、秦汉考古和唐宋考古（或三国至宋元考古）五大段，以充分反映中国考古学在各个时段的重大发现和研究成果。二是考古实习的安排，田野考古应该是考古人员的基本功，仅仅一次实习，在能力培养方面略显不足。

从1953年起考古专业改为五年制，学习时间长了，可以安排较多的实习，于是把整个实习分为三个阶段。一是教学实习或认识实习，主要是配合课程教学安排短时期的参观考察，以及摄影、绘图、测量和器物修复等技能训练。二是所谓生产实习，实际是田野考古的基础实习，时间是一个学期，包括考古调查、发掘、资料整理和编写考古报告一整套训练。有了这个实习，毕业后就基本上可以从事田野考古工作了。三是专题实习或叫毕业实习，全班同学按照旧石器、新石器、商周等不同时段分为若干组，要求各自围绕某一课题去进行调查、发掘（当然是小规模的）或整理地方文物机构既有的资料。以培养独立从事考古工作和研究的能力，并为毕业论文准备资料。每个实习都有教师或研究生带领。教师和研究生在辅导学生的同时自己也得到了锻炼和提高，在考古学研究的前沿阵地上取得了不少成果。因此组织考古实习也是培养年轻教师和研究生的一个重要方法和途径，还为教材建设和进一步的考古学研究打下必要的基础。经过一段时期，主要的课程都基本上由考古教研室的教师自己担当起来了，而且每年都为文物考古部门输送一批不同规格的考古人才。

1958年"大跃进"，学校掀起了"教育革命"，鼓励青年学生起来批判所谓资产阶级学术权威，考古专业也不例外。批判的对象除已故的著名学者外，苏秉琦首当其冲。主要是说他提倡的考古类型学其实是资产阶级烦琐哲学，是形而上学的伪科学等等。对于学生的批评，苏先生总是非常宽厚地对待。当时他没有回答，会后却进行了深刻的反思。不是反思要不要类型学本身，而是考虑类型学研究如何更加科学化，如何同中国历史文化的研究更紧密地联系起来。不久在陕西华县进行的考古实习期间，学生们面对泉护遗址出土的大批仰韶文化陶片时简直眼花缭乱，无所适从。苏先生首先按照出土单位挑出标本，把典型陶片分为四类八种，分别排出其演变序列，又综合起来分为三期。再把各期的标本放入地层关系中进行验证，结果屡试不爽。学生们这才相信类型学在考古学研究中的重要作用，对苏先生也更加尊敬和爱戴了。

苏先生在主持考古教研室工作的同时，还亲自为本科生讲授秦汉考古课，并且先后指导了多名研究生、进修教师、外国留学生和进修生等，其中研究生就有俞伟超、杨建芳、张忠培、郭大顺、黄春征（越南）、胡人瑞、信立祥、佟伟华等十多名，多数已成为著名学者或学术带头人。对于教研室的年轻教师，他也热心帮助和指导。那时他每周三天来北大，住在未名湖北边的健斋，我们经常去请教，他总是耐心指导，循循善诱。考古研究所的年轻人找他，他也是把着手教。地方上的考古人员到北京来，多喜欢去看望苏先生，因为先生对所有找他的人从来不分彼此，一视同仁，丝毫没有门户之见，是大家公认的好导师。这种作风也影响到考古专业的全体教师。北京大学历史系考古专业就是这样在苏秉琦和宿白（他当时是考古教研室副主任）两位先生的领导下逐步成长起来的。

可惜的是，在那史无前例大灾难的日子里，学校一切正常的教学科研工作都被打乱，完全停摆，考古专业自不能幸免。1972 年考古专业恢复招生，但学校是在所谓军宣队和工宣队的控制下，主要是搞所谓"斗批改"，没有正常的教研室的活动，苏先生就被挂起来了。即使在这种情况下，他还是非常关心考古专业的教学工作。他关于中国考古学区系类型的理论，就是在北大跟首批工农兵学员作学术报告时提出来的，那时是把中国古代文化分成十个块块，1975 年跟吉林大学考古专业学生讲话时有了进一步的归纳，1981 年再次为北大 77、78 级同学作"考古类型学的新课题"的学术报告，对区系类型理论又有一些新的思考。

粉碎"四人帮"后，学校逐渐恢复正常秩序，1977 年恢复高考招生，考古专业的教学科研工作也得到全面的恢复和发展。但是由于考古专业设立在历史系，历史专业的政治理论课、中国通史、世界通史等课程都必须跟着上，那些课程的分量都很大，使考古专业的学生总是感到负担过重，一些实习的安排在时间上也受到掣肘。考古专业有自己的资料室、摄影室、绘图室、修复室、标本陈列室，还要准备建设实验室。组织实习需要有成套田野考古的仪器设备与生活用具，还需要筹措经费以及与相关部门打交道等等。这些事历史系不管也管不了，作为系下面的一个教研室也很难管理。所以苏先生很早就想把考古专业与历史系分开，单独成立考古学系。考古教研室的同仁希望早日成为现实，历史系领导也有同样的想法，请示校方和高教部社科司领导也都表示同意，于是到 1982 年年初就开始了实际的筹备工作。

在苏秉琦先生八十大寿生日宴会上，右坐者为苏师母

1990 年 1 月陪同苏秉琦先生看望北大考古系老职工、
九十一岁高龄的容媛先生

　　建立考古学系应该是在考古专业基础上的一个发展，而不简单是考古专业的
扩大。但究竟应如何办，究竟要建立一个什么样的考古学系，我们心中无数，在
酝酿过程中首先想到要请教苏秉琦先生。记得在 1982 年 3 月 31 日，俞伟超和我
为此特地到北京西直门内苏秉琦家拜访了先生，专门请先生谈谈如何建设考古系
的问题。说到要建立考古系，苏先生很高兴也很兴奋。话谈得很多，从考古专业
初办到后来的演变及其在中国考古学发展中所起的作用，乃至中国考古学在世界
上的重要地位等都谈到了。他认为考古系的设立是势所必然，甚至有一定程度的
紧迫性。因为"文革"后期许多大学也办起了考古专业，说明考古人才的培养是
社会的需要，单靠北大一家满足不了这个需要。在这种形势下，北大的任务应该

着重在提高。如何提高，当然是在原有的基础上，充分吸取办考古专业的经验，结合新形势的需要来考虑提高的问题。谈到最后，苏先生说："这样吧，我谈你记，这样有个结果，供你们参考。"于是他一条条地说，我一条条地记。下面就是根据我当时的笔记整理的谈话要点：

（1）北大建立考古系很有必要。建系后要教学和科研并重。重要的是要加强科研。过去有些经验，但回想起来科研并没有摆到足够重要的地位。不必扩大本科，要扩大研究生，包括博士生和进修生。

（2）对于学科建设和教师队伍建设，北大要起更大的作用。队伍要精，宁缺毋滥。现在队伍和学科都处在转折时期，搞得好或者搞得不好对今后二三十年都会有重要影响。要有思想准备，考虑在最近几年为此做些扎实的工作。

（3）以现有人力为基础，在稳定的基础上逐步加强。现在十来个人，两三年内要考虑配备同样人数的助手。争取前出师表的目标，如果要写后出师表就惨了。

（4）现在建系的形式或方式不新，还是1952年建考古专业大协作的形式。不要关门干，要更加主动地在协作上做文章。

（5）要搞点基本建设。包括资料、技术、教材、重点科研项目，以及近期和长远的教学规划和科研规划。在更好地利用现有物质条件的情况下，要特别加强实验室和田野考古基地的建设。

1952年我在《科学通报》上发表了一篇文章，讲到考古所要在重要地方设立工作站，组建田野考古工作队。后来事实证明这样做是正确的，发挥了很好的作用。现在考古系可以考虑建立考古学博物馆。考古学博物馆跟一般的历史博物馆不同，主要是配合教学。里面陈设各种房屋、墓葬等遗迹模型，各种石器和陶片标本等。石器要反映各种主要的类别，从原料到制作过程的各种标本。陶片有的要按照地层单位放置，有的要按照文化类型和期别挑选标型器物摆放。例如华县泉护过去挑选了四类八种标型器物，别的文化类型也可以那样做。同时要有照片和线图相配合。

1983年，北京大学考古系终于正式成立，宿白先生被任命为系主任。这个时期在学制改革、课程建设、科研规划、实验室建设、实习基地的建设以及考古与艺术博物馆的建立等方面做了许多工作，考古系确实有了比较大的发展。苏先生虽然不再担任什么职务，却还是一直关心考古系的工作，并参与指导研究生等。

在北大学生的社团活动中，考古学系的学生是一支非常活跃的力量。他们不定期地编辑出版《青年考古学家》杂志，发行面很广，苏先生也很爱看，并给予许多鼓励。考古学系的学生还发起成立北京大学文物爱好者协会，得到广泛的响应。1984 年 12 月 14 日举行成立大会，到会的学生大约有两千人，来自 14 个系，文科理科都有。苏先生作为名誉会长参加了大会，看到这种情况非常兴奋，好像自己也年轻了许多。他在讲话中一方面表示祝贺，同时又提出殷切的希望。他认为中国考古学正在跨入一个崭新的历史时期，要注意各门学科（包括自然科学和社会科学）的相互渗透，同时要面向社会，面向人民群众，面向未来。这个讲话道出了考古学科的根本性质和发展方向，值得我们每一个人深思。

1992 年 12 月是北京大学考古专业成立 40 周年的日子。苏先生特地在《中国文物报》上发表纪念文章，标题是《中国考古学的黄金时代即将来临——纪念北京大学创设考古专业四十年》。北大考古学系本来打算在这个时候召开一个"迎接 21 世纪的考古学国际学术讨论会"，一则纪念考古专业 40 年，二则庆祝北京大学赛克勒考古与艺术博物馆开馆。后来因博物馆筹备工作延期，改在 1993 年 5 月开会，苏先生参加了这次盛会，并在会上作了热情洋溢的讲话。文章和讲话的主题都是一个：中国考古学成长了，这门学科的专业队伍也成长了。作为培养考古人才重要基地的北大考古专业已经发展为考古学系，因而面临着更加光荣而艰巨的任务。他认为在新的形势下，"中国考古学要上升为世界的中国考古学，中国考古学家要上升为世界的中国考古学家"，要从学科建设、人才培养、学术交流诸方面采取切实可行的措施并持之以恒。如果朝着这个方向前进，中国考古学的黄金时代就在眼前。真是高瞻远瞩，语重心长！

现在考古学系又已经扩建为考古文博学院，同时还成立了中国考古学研究中心。与中国社会科学院考古研究所等兄弟单位的合作与交流，以及国际的合作与交流正在稳步地开展。兄弟院校也多由考古专业升格为考古学系或某某学院，苏先生生前的宏愿正在逐步实现。薪火传递有后人。让我们以加倍的努力发展中国的考古事业，让中国考古学真正成为世界的中国考古学，以纪念我们大家的老师苏秉琦先生！

（原载《中国历史文物》2010 年第 1 期。后收录在《足迹：考古随感录》，文物出版社，2011 年）

重温苏秉琦关于王湾二期文化的谈话

最近翻检旧时笔记，发现有一篇苏秉琦先生于 1961 年 12 月 22 日所作的关于王湾二期文化谈话的记录。谈话的内容在苏先生发表过的文章中还从来没有发现过，现在披露出来，一以纪念老师的恩泽，同时也为学术史增加一点新的资料。

1959～1960 年，北京大学历史系考古专业的师生在洛阳王湾进行田野考古实习，邹衡、夏超雄、李仰松和我几位教师曾经先后参加发掘和指导。通过两个季度的考古发掘，发现了非常丰富的新石器时代、西周、春秋—战国和北朝各个时期的文化遗存，其中尤以新石器时代的文化遗存最为重要。当时我国新石器时代考古研究正处在一个快速发展的时期，田野发掘的规模空前扩大，新的资料不断涌现。如何认识这些资料的文化性质和相对年代，进行正确的分期并给予恰当的名称，成为首先要解决的急迫问题。王湾遗址有非常复杂的地层叠压打破关系，不同地层中的陶器有明显的差别，可以区分为许多文化期。我们当时根据各期器物变化的幅度和前后发展演变的情况，初步将其分为三大期，分别称之为王湾一期文化、王湾二期文化和王湾三期文化。每一大期又分为若干小期，发展脉络非常清楚。很明显，从王湾一期之初到三期之末基本上是一个连续发展的过程，即使有缺环也不会很大；同时这种发展又是有阶段的，有大阶段还有小阶段，符合一般事物发展的辩证逻辑。这样王湾考古不啻为豫西地区谱写了一部新石器时代文化发展演变的历史[1]，进而对周围地区新石器时代文化的分期与相互关系的研究也会有重要的参考价值。

王湾的发掘已经过去四十多年，发掘资料几经沧桑，完全整理出来有一定难度，但一般性错误应该避免。感谢编写者和有关同仁的努力，现在王湾发掘报告终于出版了[2]，书中关于从王湾一期到三期各段演变的表述基本上是清楚的，

---

〔1〕 严文明：《从王湾看仰韶村》，《仰韶文化研究》，文物出版社，1989 年。
〔2〕 北京大学考古文博学院：《洛阳王湾——田野考古发掘报告》，北京大学出版社，2002 年。

只是对王湾一期未做进一步的划分，对王湾二期文化性质的提法又有些模糊，认为"即本地区仰韶文化向龙山文化过渡阶段"[1]。实际上这个问题是早就解决了的。记得在王湾发掘期间我们就进行过讨论，大家一致认为，王湾一期文化是仰韶文化，王湾三期文化是当地的龙山文化。至于王湾二期文化，有的认为是过渡文化，有的主张干脆取一个新名称，叫作王湾文化。有的则认为王湾二期虽然具有过渡性质，但过渡文化的提法不大妥当。这类遗存不是新的发现，过去就称为仰韶文化，现在从地层上证明它比王湾一期那样的仰韶文化要晚，那就称为仰韶文化晚期行了。当时的讨论没有结论。1961年秋，曾经参加发掘的57级毕业班的杨虎和郭大顺等五名同学，在教师指导下对王湾资料进行了初步整理并写出了报告初稿，认为王湾二期是从仰韶文化发展为龙山文化的中间环节，是一种过渡文化，这在当时的年轻人中是一种比较普遍的看法，但也有不同的意见。我当时正在修改新石器时代考古讲义，觉得王湾二期确实具有过渡性质，但似乎不宜称为过渡文化。王湾一期到三期的新石器时代文化其实在仰韶村早有发现，只是当时没有进行分期，以至后来对它的文化性质、年代和同其他文化的关系都有许多不同的认识和争论。王湾的发掘应该说把这个问题比较彻底地解决了。王湾二期其实跟仰韶村的许多因素相像，跟荥阳秦王寨的陶器更像。这些大家都称为仰韶文化，没有别的说法。似乎应该把王湾二期文化还叫作仰韶文化，只是比第一期的仰韶文化晚一些就是了。有一次我到中国科学院考古研究所办事，夏鼐先生专门把我叫到他的书房去，问我新石器时代考古学讲义写得怎么样了，洛阳王湾二期文化怎么看待等，我如实做了回答。夏先生明确表示王湾二期就是仰韶文化，可能是豫西仰韶文化的晚期。他也谈了仰韶文化发现和研究的历史，叮嘱考古学文化的命名要慎重，不要叫什么过渡文化或王湾文化。过些日子我又去请教苏秉琦先生，先生觉得这个问题值得好好谈一下，于是特地请先生给考古专业的师生作个报告。这就是事情的原委。

苏先生拿着讲课提纲，一条一条地讲，这在他讲课的历史中是很少有的，足证他对这次讲话很重视。他讲的内容虽然不是很长，但是该谈的方面都涉及了，又很有针对性，我们听了都觉得茅塞顿开。可惜当时没有正式记录，我的笔记只是提纲挈领地记下大意。因为我很重视苏先生的意见，所以笔记内容的忠实性应该是没有问题的。为了让读者看起来比较方便，我在谈话中加了一些注释。

看了苏先生这段谈话，再回想当时学术界对仰韶文化的认识，主要在半坡类

〔1〕　北京大学考古文博学院：《洛阳王湾——田野考古发掘报告》，北京大学出版社，2002年，94页。

型和庙底沟类型的关系上打圈子，缺乏历史眼光，更缺乏对各处有代表性的遗存进行实事求是地深入分析，对比是何等的强烈！苏先生首先从仰韶文化发现与研究的历史中探索对王湾二期文化一类遗存的认识过程，接着又同其他地方的仰韶文化遗存进行比较，从时空关系上全面把握仰韶文化，在这个基础上来认识王湾二期文化的性质和地位。话语不多，却是高屋建瓴，慧眼独具。在我的印象里，苏先生虽然把半坡类型和庙底沟类型看成是仰韶文化的主要类型，却从来没有把它们看成是仰韶文化的全部。他看到仰韶文化的分布范围那么大，经历时间那么长，应该有不同的发展阶段和不同的地方文化相，而且跟周围的文化发生非常复杂的关系[1]。在对仰韶文化总体把握之下，他很自然地得出结论：王湾二期文化是仰韶文化后期的中原类型在豫西地区的一个文化相[2]。

　　四十多年过去了，仰韶文化的研究又有了巨大的进展。在这个过程中，许多关于仰韶文化的论述经不起时间的考验而被淘汰或遗忘，苏先生的观点却为越来越多的考古发现所证实。我想从这件事情中首先应该学习的是先生观察和分析考古资料的方法，而不仅仅是对王湾二期文化的具体看法。研究任何问题都要有正确的方法，只有方法对头才可能得出正确的结论。如果方法不对，研究问题就会南辕北辙，越离越远。先生治学特别讲求方法论，这差不多是学术界所公认的，也是留给我们后学的最宝贵的财富。

为纪念苏秉琦先生逝世10周年而作

2003年5月10日于蓝旗营蜗居

　　（原载《中国文物报》2009年9月4日。后收录在《中华文明的始原》，文物出版社，2011年）

---

　　[1]　苏秉琦：《关于仰韶文化的若干问题》，《考古学报》1965年第1期。

　　[2]　苏先生曾经考虑把仰韶文化晚期划分出一个中原类型，后来没有这么做，而称为"中原地区后期仰韶文化"，见苏秉琦：《关于仰韶文化的若干问题》，《考古学报》1965年第1期。

附：

关于王湾二期文化

苏秉琦

1961 年 12 月 22 日

关于王湾二期文化的性质问题，大家有不同看法。为了把问题说清楚，我们可以追溯一下历史：

（1）首先，当安特生发现仰韶村遗址时，以为彩陶和鼎、鬲是共存的，合在一起叫作仰韶文化[1]。

1926 年李济发掘西阴村，发现的新石器时代遗存比较单纯，有彩陶，没有鼎、鬲，也叫仰韶文化[2]。

1937 年尹达发表《龙山文化与仰韶文化之分析》[3]，认为仰韶村既有仰韶文化，又有龙山文化，应该加以区分。

抗战时期夏鼐在甘肃做考古工作，首先提出马家窑文化的命名以区别于仰韶文化[4]。1951 年他到仰韶村调查和试掘，发现红陶和黑陶共存，认为仰韶村确实存在一种仰韶文化和龙山文化的混合文化[5]。考古所 1954 年发掘洛阳涧滨的 H5 时[6]，也提出过不同文化因素共存的问题。

（2）我们在 1954 年发掘洛阳中州路，提出 T101，T103，T2C 和 H4 的彩陶有所不同，可能代表早晚不同的阶段[7]。

（3）1957 和 1958 年洛阳西干沟的发掘，把仰韶文化一分为二，龙山文化也

〔1〕　安特生：《中华远古之文化》，《地质汇报》第 5 号，1923 年。

〔2〕　李济：《西阴村史前的遗存》，清华学校研究院丛书第三种，1927 年。

〔3〕　尹达：《龙山文化与仰韶文化之分析》，《中国新石器时代》，生活·读书·新知三联书店，1955 年。

〔4〕　夏鼐：《临洮寺洼山发掘记》，《中国考古学报》（第四册），1949 年。在这篇考古报告中首先提出了马家窑文化的命名。甘肃仰韶文化是安特生首先提出来的，见所著《甘肃考古记》，《地质专报》第 5 号，1925 年。

〔5〕　夏鼐：《河南渑池的史前遗存》，《科学通报》2 卷第 9 期，1951 年。

〔6〕　中国科学院考古研究所洛阳发掘队：《洛阳涧滨古文化遗址及汉墓》，《考古学报》1956 年第 1 期。

〔7〕　中国科学院考古研究所：《洛阳中州路》（西工段），科学出版社，1959 年，12～18、137、138 页。

一分为二。在相当于王湾二期和三期之间还有一些东西，当时与方酉生等一起曾经提出过渡问题。而蒋若是1954年发掘了孙旗屯[1]，我看过他写的发掘报告初稿，里面从仰韶到龙山分了四期，也不太明显地提出了过渡的问题。

王湾的考古工作，就是在以上考古工作的基础上进行的，问题也是在以上探索的基础上提出来的。从1921年到1961年，整整40年了，问题的发展过程便是如此。

怎么看待王湾二期文化呢？

（1）不同意把王湾二期文化称为混合文化的看法。它显然不是两个文化接触的中间地带，而是占了很长的一个文化时期。

（2）不同意称为过渡文化。因为跨越的时间太长，又不是文化发展过程中的转折点，自己有很大的特色。

（3）也不宜于取名为王湾文化。它不是仰韶文化与龙山文化之外的一个第三者。它与王湾一期的关系比较亲近，可以看作是王湾一期文化的一个新的发展阶段。与王湾三期的关系好像比较远，不大好说是王湾三期文化的直接前身。

因此，我认为王湾二期文化还是仰韶文化，是仰韶文化的后期。同时王湾二期文化又要与其他地区的后期仰韶文化相区别。它基本上没有小口尖底瓶而有比较发达的彩陶。山西南部的西王村晚期[2]和陕县以西的渭河流域，则有许多小口尖底瓶而基本上没有彩陶。但是如果同郑州[3]、荥阳[4]等地发现的仰韶文化遗存相比好像是差不多的。一过黄河又不同了，豫北、冀南的像大司空村[5]和百家村[6]那样的遗存就不大一样。因此它应该是仰韶文化后期中原类型的一个文化相。

——严文明记录并加注释

〔1〕　河南文物工作队第二队孙旗屯清理小组：《洛阳涧西孙旗屯古遗址》，《文物参考资料》1955年第9期。

〔2〕　中国科学院考古研究所山西工作队：《山西芮城东庄村和西王村遗址的发掘》，《考古学报》1973年第1期。

〔3〕　河南省文化局文物工作队第一队：《郑州西郊仰韶文化遗址发掘简报》，《考古通讯》1958年第2期。

〔4〕　阿尔纳：《河南石器时代之着色陶器》，《中国古生物志》丁种第一号第二册，1925年。

〔5〕　中国科学院考古研究所安阳发掘队：《1958~1959年殷墟发掘简报》，《考古》1961年第2期。

〔6〕　罗平：《河北邯郸百家村新石器时代遗址》，《考古》1965年第4期。

深切怀念夏鼐先生

我们今天怀着十分崇敬的心情来纪念夏鼐先生诞辰一百周年。在我的心目中，夏先生一直是一位学识渊博又虚怀若谷的大学者，长期引领中国考古学健康发展的掌舵人，又是所有后学者的好导师。

夏先生学识的渊博和造诣之深，在中外学术界有口皆碑。他研究的范围十分广泛，不但涉及考古学的理论、方法和从史前到汉唐乃至更晚的各种具体问题的研究，举凡与考古学相关的古代天文、数学、冶金、纺织和放射性碳素断代等方面也都游刃有余，发表过很多重要的论文。对先生在学术上的成就做出恰如其分的评述并不容易，我这里只能用高山仰止的心情来加以形容。

夏先生长期担任中国考古工作的领导人，一生担负了许多要职，这是大家都知道的。但我要特别强调的是，他是中国考古学健康发展的引路人和掌舵人。中国考古学的底子本来很薄，1949 年以后，李济、董作宾、石璋如、高去寻等著名学者都去了台湾，留在大陆的考古学者屈指可数。但是在几十年的发展中，中国考古学却取得了举世瞩目的成就。这当然与全体考古人员的努力分不开，但若是没有像夏先生这样的中流砥柱和掌舵人，很难想象会是一个什么样的情景。

近代考古学是以田野考古为基础的，而中国的田野考古基础太差。1950 年中国科学院考古研究所成立的时候，做过田野考古的没有几个人。曾经是中国考古学掌门人的梁思永先生长期卧病，1954 年又过早地离开了人世。如何尽快地培养考古人才以发展中国考古学的重任，历史地落在了夏鼐先生的肩上。夏先生曾经师从英国伦敦大学的考古学泰斗惠勒先生，又在英国、埃及和巴勒斯坦做过田野考古调查和发掘工作，在国内也曾在安阳殷墟、四川彭县和甘肃的兰州附近、洮河流域和河西走廊的敦煌等地做过广泛的考古调查和发掘工作，既有严格的科班训练，又有丰富的实践经验。所以他在 1950 年担任中科院考古研究所的副所长后，上任不到一个月，就率领所里年轻的骨干力量到河南辉县进行考古发掘，又到河南中西部进行新石器时代遗址的调查发掘，手把手地从田野考古的 ABC 教起，边教边干，初步培养出一批中国考古学的中坚力量。接着又与裴文中、苏秉琦等合作举办全国范围的考古人员训练班，在北京大学历史系设立考古专业，亲自讲授考古学通论、田野考古方法等课程，还参与讲授史前考古、中国历史考古和考古学史等课程的部分内容。在培养考古人才方面可谓殚精竭诚。有了一批又一批考古人员的成长，中国考古学的发展才有了基本的保证。不但如此，他还亲自参与全国许多最重要的考古工作的领导，例如1955年成立黄河水库考古队，夏先生亲自任考古队队长，在三门峡水库库区进行大规模的考古调查和发掘工作，开启了在基本建设工程中组织各方面人力进行考古工作的先例，取得了重要的成果。

夏先生是中国考古学发展的总体策划者，他主持制定和领导实施了新中国的考古学发展规划，一贯坚持考古学要通过实物资料的研究来复原古代社会历史的正确路线。但中国考古学的发展并不是一帆风顺的。在夏先生领导考古工作的那些年代，政治运动接连不断。作为考古界的最高领导，有时不能不做一些姿态。但在涉及考古学如何发展的关键问题上，总是稳操舵杆，把住正确的航向。举两个例子。第一个例子是在1958年及其以后的一个时期，在所谓"大跃进"的风潮中，有些人以批判资产阶级考古学为名，对考古学本身的科学性提出挑战。夏先生首当其冲，经常被不点名地批判。一要清除考古报告中表示器物类型的Ⅰ式Ⅱ式和A型B型之类的做法，说什么不就是喝了几口洋水吗，不要拿那些洋码子糊弄人！二要改变考古插图的画法，说看了那些阴阳脸就别扭，怎么就不能改？在有的省搞边发掘、边整理、边写报告的所谓流水作业，在发掘工地挑灯夜战等非科学的做法，上面还在那里开现场会加以推广。夏先生顶住了这股歪风，不让它影响到考古所的工地。当时还有人提出，什么仰韶文化、龙山文化，都是糊弄人的，老百姓看不懂。就叫原始文化不好吗？中原地区的叫中原原始文化，山东地区的叫山东原始文化。你说仰韶文化人家不知道你说的是什么，还要说仰韶文化就是中原地区的原始文化，翻译起来多麻烦，直接叫原始文化多省事！对于这些无知妄说夏先生没有直接批驳，而是从正面对一些基本知识和基本原理加以阐述。这就是1959年在《考古》第4期上发表的《关于考古学上文化的定名问题》。在这篇文章中，他从什么是考古学文化和如何给考古学文化定名说起，进而讨论为什么要划分考古学文化和如何划分考古学文化的问题。条理清晰，高屋建瓴，不仅廓清了一些人的糊涂观念，更对中国考古学文化的研究起到了重要的指导作用。第二个例子是对西晋周处墓发现"铝片"和石家庄台西发现早商铁刃铜钺的问题的处置。有些人认为这些发现是中国科技发明史上的大事，应该大书特书，中国的铁器时代有可能提早到公元前一千四五百年等等。夏先生以他深厚的学识和实事求是的科学精神，提出要重新审查。结果证明那个铝片是盗墓者无意中带入的，而台西的铁刃乃是陨铁锤炼所制，与冶铁业的产生没有关系，从而避免了两项重大的失误。至于他对中国文明起源和夏文化研究的论述，也都有拨正航向的指导作用，兹不赘述。

我在学生时期就听夏先生讲授《考古学通论》，受到了考古学的启蒙教育。1954 年在梁思永先生的追悼会上，1956 年在北京饭店召开的全国考古工作会议期间，以及 1957 年以原田淑人为团长的日本考古代表团访华期间，我都有幸见到夏鼐先生。1958 年我留校当了助教，业务方向是以新石器时代考古为主。当时学校为了培养年轻教师，往往请一位老教授做业务指导，叫作"对号入座"。宿白先生跟我讲，请夏鼐先生做我的指导老师，并准备带我去拜见夏先生。后来此事虽没有正式确定，我却一直把夏先生看成是自己的导师。开始是想在学习中国新石器时代考古的同时兼学西亚的新石器时代考古。因为我在学生时期听过两位埃及专家阿·费克里和埃米尔讲授的埃及考古课程，也看过一些有关西亚考古的书，对西亚—北非一带的考古多少有一点了解。后来因为各种原因没有坚持下去，主要精力就是研究中国新石器时代考古了。1959 年上学期，在所谓"大跃进"精神的号召下，我和 57 级的同学一起编写《中国新石器时代考古》讲义，中间遇到了一些问题，就去请教夏先生。一个问题是，浙江良渚遗址一类遗存过去叫龙山文化的杭州湾区，虽然也是以黑陶为主，但跟龙山文化相比还是有很大的区别，分布范围又不相连续，可不可以分开来，就叫良渚文化？夏先生说："你讲得很对，我正好也有这个想法，准备把这个问题正式提出来。"这样我就放心大胆地把良渚文化写进了讲义。夏先生则在长江流域规划办公室文物考古队队长会议上首次提出，后在《考古》1960 年第 2 期上以《长江流域考古问题》的文章中正式发表。第二个问题是讲义中要不要批判资产阶级考古学观点。夏先生说："这个问题尹达同志在编写《十年考古》的座谈会上已经讲清楚了，主要精力应该是整理这些年发现的考古资料，把它梳理成一个系统并不容易，如果能进一步说明一些历史问题就更好了。讲义似乎更应该正面地讲述，不要以为不批判什么就一定不好"。在当时讲这些话是需要有政治上的勇气的。1961 年下学期的一天，我本来是到考古研究所办点小事的。夏先生见了我，叫我到他的书房里坐坐。问我新石器时代考古学讲义修改得怎么样了，对王湾二期文化到底怎么看待和处理等等。我如实谈了自己的看法。夏先生说，王湾二期文化就是仰韶文化，可能是豫西仰韶文化晚期的一种遗存。他还谈到了仰韶文化发现和研究的历史，说他早年所说混合文化的提法并不妥当。叮嘱考古学文化的命名要慎重，不要叫什么"过渡文化"，也不要叫"王湾文化"，因为它跟过去发现的仰韶文化没有什么区别。后来我请苏秉琦先生专门就这个问题跟北大考古专业的师生讲课，也表达了大致相同的见解。

从 1963 年起，我陆续写了几篇讨论仰韶文化的文章，主要是想把一些重要的资料清理一下，以便进一步讨论有关问题。其中有些是针对考古研究所的工作的，如庙底沟与西安半坡等。要不要送到考古研究所的机关刊物上发表，开始是有些犹豫的。没有想到却得到了夏先生的鼓励，这使我更加敬仰先生。"文化大革命"期间，夏先生受到不公正的待遇。斗争会上极力羞辱他，我们看了都非常难过。可是他一点都没有消极，只要有机会，照样努力工作。记得 1975 年 9 月在承德避暑山庄召开"北方边疆各省区考古座谈会"期间，夏先生就作了很有启发意义的报告。休息时有些代表想到山庄东边的磬槌峰（老百姓叫棒槌山）上去看看。但那个山坡度很陡，还有很多碎石，不好行走，爬起来又有些滑，很多人上不去。夏先生是年岁最长的，竟然奋力爬上去了，而且参观时用他惯常书写的蝇头小楷密密麻麻地记了许多笔记。负责看护他的刘观民兄爬不上去，只好在山下望着。这一幕给大家的印象极深，都无不从内心感佩夏先生的毅力和对文物考古事业的执著，以及勤奋好学与一丝不苟的科学精神。先生在改革开放以来更是精神倍增，在担任了社会科学院副院长、国家文物委员会主任委员和新成立的中国考古学会理事长等重要职务的同时，还努力参加南越王墓发掘等重要的考古工作，关注并亲自考察偃师商城的考古工作，主编和完成了《中国大百科全书·考古学卷》，这是一部全面论述考古学各种问题，并且体现中国考古学与世界接轨的综合性大著作，对中国考古学的发展具有重要的指导意义。与此同时，先生还发表了许多重量级的论文。

1982 年北京大学酝酿在考古专业的基础上成立考古学系，1983 年正式成立，夏先生非常关心并大力支持。1985 年 3 月，在北京大学召开中国考古学会第五次年会，先生特别作了《考古工作者需要有献身精神》的充满感情的报告，旗帜鲜明地反对当时出现的所谓"下海"挣钱的歪风，引领考古工作者端正学风，坚持走正确的道路起了很好的作用。在会议休息的时刻我去看望先生，他非常关注北大考古教学的质量问题，说外面有不少反映。北大考古系一定要办好，要给后来各个学校开办的考古专业做出表率等等，叮嘱我们要认真研究。我问他的健康状况，他说："我身体好得很。前些日子我经过考古所月亮门那里，不小心踩上冰滑了一跤。旁边的同志吓坏了，赶忙过来搀扶。我自己不用扶就站起来了。"当时我听了真是高兴，衷心祝福先生健康长寿，那将是中国考古人的大福分。万万没有想到那竟是我同先生最后的一次谈话。不到三个月后，先生就因劳累过度而溘然长逝。但先生留下的宝贵遗产，必将得到很好的继承并发扬光大。

为纪念夏鼐先生百年诞辰而作

2010 年 2 月 1 日

（原载《足迹：考古随感录》，文物出版社，2011 年）

阎文儒先生祭

　　时间过得真快，我敬爱的老师阎文儒先生一晃就过世二十多年了，但先生的音容笑貌仍历历在目，难以忘怀。先生字述祖，号真斋主人，辽宁义县生人，满族。先生从小好学，早先在辽宁沈阳的东北大学史地系学习，1939 年考入北京大学文科研究所，师从著名的向达先生读研究生，主攻西域文明史。1948 年任职于北京大学文科研究所古器物整理室，1950 年参加文化部文物局组织的雁北文物考察团的野外调查，接着又参加东北考古发掘团的考古调查与发掘工作。1952 年北京大学成立考古专业，先生被聘入考古教研室任资料室主任，同时部分参与考古学通论、历史考古学和中国美术史等课程的教学，并主讲石窟寺艺术和中国考古学史。后两门课我都有幸听了。先生讲课认真并带有感情色彩，我们都很爱听。为了更全面而深入地研究中国石窟寺佛教艺术，他曾经不畏艰难，对全国的石窟进行了全面的调查与记录，最后出了一本《中国石窟艺术总论》和若干专论，包括《莫高窟的石窟构造及其塑像》《麦积山石窟》《炳灵寺石窟》和《龙门石窟研究》等。

　　1966 年年初我在北京昌平区小汤山附近的后牛坊大队搞"四清"。按照规定，我们在那里工作都是在贫下中农家里吃派饭。我到一户很不讲卫生的家里吃派饭，那家的一位小伙子得了黄疸型肝炎，脸黄黄的，我很小心地勉强吃了一碗饭，总觉得不大对劲。果然当晚就觉得有点发烧。工作队队长劝我立即回校检查。我 3 月初回校在校医院住了一个月，没有发现什么问题就出院了。这时北大考古陈列室的大批文物按当时规定就必须转移到陕西汉中地区。领导让我和阎先生负责清点整理，重新建立账目，并且订做了一大批锦匣和木箱。锦匣是根据文物标本的具体情况而设计的，规格大小和材质都不大相同。铜器和陶器多用硬纸板做成方盒子，里面衬以丝绵和绸缎面。我们有一千多片刻字甲骨，阎先生特地请老技工徐立信全部精拓一遍。徐公的拓片技术极高，在全国无出其右，拓出来的字迹特别清楚。我们把这些拓片依据甲骨的编号裱贴在六开的宣纸上，然后装订成册，就成为相当高档的线装书。阎先生十分郑重地在每册书的封面题写书名。我们都知道阎先生的毛笔字写得很好，可是不久前因颈椎病切掉了一根颈椎，右手不能写字了，先生就改用左手写。照样运笔如神，遒劲有力。先生的坚强意志和书法功力实在令人叹服。

1969 年 10 月 26 日，北京大学一千多名教师到江西新建县鄱阳湖边的鲤鱼洲劳动种田。北大历史系去了五十多人，并与哲学系的教师一起编为第八连，我和阎先生也都去了。原来鲤鱼洲是新从鄱阳湖围垦出来的沙洲，里面没有一户人家，当然也没有一间房屋。在我们去之前，北大物理系的先遣队在大堤坡下搭建了一座长长的茅棚，里面是一个三四十米长的两层通铺。因为地势很低，有时青蛙和蛇都可以爬到床板上来。

整个八连就只有一个伙房。大米饭足够吃，就是没有菜。附近老鲤鱼洲的军垦农场送给我们每个连一筐鸡毛菜，还尽量节约吃。每餐烧一大锅水，倒一瓶酱油和一勺盐，抓一把鸡毛菜往锅里一搅，就是我们一百多人的菜。每人一勺，里面只有一两片菜叶，我想鄱阳湖里有的是鱼，何不想法子弄点鱼来吃？但我们没有任何捕鱼的工具。于是我约了几个年轻的朋友，到湖边水浅的地方，用铁锹挖泥筑成一个小池，然后用洗脸盆往外戽水，等只剩了不多的水，鱼就会跳跃起来，大家高兴地抓了几条鱼。我因为有胃溃疡的老毛病，在凉水里泡久了，引起胃病大发作，几天吃不下一口饭。白天大家都去上工，我一个人躺在大棚里木板床上，总觉得不是滋味，但又没有办法。连队里有个赤脚医生小苗给我吃苏打片，反而更痛得不行。大家都很着急，最急的是阎先生。他打听到校医院有一位著名的老中医杜大夫编在六连，也被打成了"历史反革命"，请他来要冒极大的风险。思来想去还是救人要紧，趁一个晚上把杜大夫请来了。大夫首先为我号了号脉，看了看舌苔，便开始扎针。从头部、腹部到四肢一共扎了十几根针，我就感到有些恶心，一下子喷吐出许多黄水，吐得大夫满脸都是。我当然很不好意思，大夫却非常高兴，说这下好了，赶紧把针一根根拔下，叮嘱了几句要注意的话，就匆匆离开了。我这时感到轻松了许多，当晚就睡了一个好觉。第二天一早竟然能够起床大便，拉出了一大摊黑血！肚子空了，也想吃点东西了。厨房专门为我熬了稀粥，从此就慢慢缓过来了。这事想起来都很害怕。要不是阎先生冒险找杜大夫，我这条命就搭在鲤鱼洲了。师恩难忘，恩深似海啊！

"文革"后学校逐渐恢复了教学秩序，北大考古专业也从历史系独立为考古系。我除了照常教学和指导田野考古实习外，还担任系里的行政工作。虽然很忙，但还是经常去看望阎先生。先生是我系年事最高的长者，却特别谦虚随和。先生有一个和睦的家庭。师母没有学历，却很有文化，是实际的当家人，先生总是跟着孩子一样称呼她为妈妈。二老有三个孩子。老大万石，老二万钧，都是男孩，都没有上过大学。万石比较聪明，先生请我系的孙贯文先生辅导，以便考历史系的隋唐史专家王永兴的研究生，可惜没有成功。老三万英是女孩子，在中国农业大学毕业后留校当了教授，著有《中国农业发展史》等。先生九泉有知，也应该可以瞑目了。

2014 年 10 月起稿，2020 年 3 月修改

（原载《耕耘记——流水年华》，文物出版社，2021 年）

永远的老师*

——纪念宿白先生

　　宿白先生字季庚，本来是老北京大学文科研究所的研究生。1952 年院校调整后在新的北京大学历史系设立中国第一个考古专业并成立考古学教研室，室主任由当时的中国科学院考古研究所研究员苏秉琦先生兼任，宿先生任副主任，具体的教学组织工作主要由宿先生担任，包括考古实习的组织和领导。专业成立之初，学生的田野考古实习是参加中国科学院考古研究所的重要考古工地的发掘，由考古所工地负责人指导。例如 50 级和 52 级的同学都参加了西安半坡的考古发掘，但不参加室内整理，相关资料不许抄写带回学校，不利于学生考古能力的培养。1956 年在北京饭店召开的第一次全国考古会议上，北大历史系主任翦伯赞先生为此发了脾气，决定以后北大的考古实习由自己来组织。1957 年 53 级的考古实习就是由北大考古教研室自己组织，并且由宿白先生亲自领队的。那次实习的安排是首先对事先选定的遗址集中进行田野考古方法的系统训练，时间约两个月。接着分途进行约半个月的田野考古调查，最后两个月进行室内整理和编写报告，让学生受到了一次田野考古方法的全面训练。此后北大考古专业的实习基本上都是按照这一模式进行的。宿先生办事认真，积极负责。考古专业初办时曾经设计了一个比较完整的课程体系，大部分教师需要外请，并尽可能配备助教，以便经过一段时间的培养能够接班。这些事很多都是由宿先生操办。他对年轻教师的培养特别关心，要求也特别严格。他要做教学检查，亲自听课。记得我做助教的时候，讲课的效果反映还不错。宿先生就特地来听课，课后提了一大堆意见，给我极大的震动。可是他提的确实有道理，对改进教学大有好处，从而也促进了年轻教师的成长。经过宿先生的精心安排和一段时期的锻炼成长，北大考古专业的课堂教学和田野考古实习基本上已全部由自己的教师担任。专业培养的学生在业务水平

---

　　*　本文据 2018 年 5 月 11 日在北大考古文博学院召开的宿白先生追思会上的发言补充修改。

和工作能力上都比较出色。记得教育部社科司文科处曾经专门派了两名干部来调查，他们说北大考古专业每年毕业的学生只有一二十名，是一个很小的专业，可是全国文物考古界的主要领导差不多都是由他们担任的。据统计他们升任副高或处长以上职称的比例是全国文科所有专业中比例最高的。他们想了解一下我们是怎样培养的。我想这既和考古专业的特点有关，也应该与宿先生的努力有很大关系。20世纪70年代后期，不少综合性大学也办起了考古专业，并希望北大给予帮助，这给我们很大的压力。再说北大的考古专业一直设在历史系，负责教学和田野考古实习的只有一个教研室，下设资料室、照相室、绘图室、技术室和实验室等，没有自己的办公室和行政管理机构，非常困难和不方便。因此一些教师就酝酿成立考古系。现在说要建立一个什么系再平常不过了，在当时却是一件大事。谁来当这个系的主任，外面有各种传闻，宿先生当然也知道。我们当时想还是宿先生最合适，校领导也是这个意思。我知道凡是沾一点荣誉的事宿先生都会推脱。我麻着胆子找宿先生，没有想到先生很爽快地答应了，说"不就是要我多办点事吗？"这事办得如此顺利，大家都高兴极了。考古系在宿先生领导下首先建立了山西曲村等考古实习基地，建立了碳－14年代测定实验室，接着又建立了赛克勒考古与艺术博物馆，为以后的更大发展奠定了坚实的基础。

宿先生对考古系的课程建设一直十分上心。北大考古专业建立之初，课程建设完全是白手起家。作为最基础的课程中国考古学是由相关著名学者分段开设的。旧石器时代考古由裴文中和贾兰坡先生讲授，新石器时代考古由安志敏先生讲授，商周考古由郭宝钧先生讲授，秦汉考古由苏秉琦先生讲授，隋唐考古则由宿先生自己讲授。后来这些课程除隋唐考古外都基本上由本专业较年轻的教师接任。随着全国考古发现和相关研究的进展，各段课程的内容也不断充实和提高。宿先生的隋唐考古除了充实内容，还不断向前后扩展，成了"三国两晋南北朝隋唐宋元考古"。其他各段的划分基本上没有多大变化，大家开玩笑说是铁路警察各把一方。宿先生觉得这样的分段教学虽然可以发挥相关教师的特长，但作为一个整体的中国考古学却被肢解了。这样对学生的学习不利，对教师正确把握教学内容也没有好处。于是他提议要开设一门"中国考古学通论"课，同时保留各分段的课程。可是谁来开这门课呢？他考虑了一下说："开始恐怕只好由我们两个人抬了，以后再由年轻人接棒吧"。于是就让我讲先秦，先生自己讲汉唐宋元。我自知有相当的难度，在先生的督促下，也只好应承下来。后来证明这样的调整确实很必要，效果也是很好的。

大家都知道宿先生对学生和年轻人要求严格，其实他对自己要求更加严格，做一件事情就一定要把它做好。宿先生的时间抓得特别紧，每天早晨4点多就起床看书或写作。他说这个时候最安静，效率最高。有两件事给我印象很深。一是改革开放后好不容易可以出国了，可是他第一次应邀去美国讲学，空余时间全泡在美国国会图书馆了。他说那里有些善本书国内没有，就在那里抄了两厚本资料，字写得整整齐齐。回来拿给我看，那种一丝不苟的认真精神很使我感动。二是1994 年 1 月我和宿先生应台湾"中研院"邀请出席海峡两岸历史学与考古学学术交流研讨会，同行的有张政烺和胡厚宣等著名学者。会后东道主招待我们参观日月潭和阿里山等风景名胜，老先生们都玩得很高兴。宿先生却一人去图书馆抄写资料。他说来台湾一趟不容易，有些善本书大陆没有，只好在这里抄录一些。他这种见缝插针专心治学的精神，连同行的老先生们都很感佩。他给老家沈阳文物考古研究所题写的所训"致学存乎心，补拙莫如勤"，也正好道出了先生自己的心声。先生天资聪慧，思维敏捷，效率极高。你给他一篇文章，几分钟就看完了。你以为他没有好好看，其实他都看明白了，还能给你提出一些中肯的意见。先生讲课也很快，条理分明，没有一句多余的话。而且一面讲一面在黑板上写字画图，图画得又快又好，我们记笔记都很难跟得上。记得高尔基说过什么是天才？天才就是聪明加勤奋。宿白先生是绝顶的聪明加绝顶的勤奋，才会有那么多方面别人难以企及的成就。他是中国考古学界的一棵参天大树！

（原载《丹霞集——考古学拾零》，文物出版社，2019 年）

纪念佟柱臣先生（代序）

著名考古学家佟柱臣先生离开我们两年多了，他以 92 岁的高龄走完了平淡而光辉的一生，真正做到了"淡泊明志，宁静致远"。先生名如其人。因此，我在八宝山的追悼会上，特地写了一副挽联："治学励志当柱石，为人谦和做臣民"。同时还写了一幅题词："淡泊明志，与世无争；辛勤耕耘，奉献一生。无牵无挂，无怨无悔。先生精神，惠泽后生"。表达了我对先生的崇敬和仰慕。

先生是中国社会科学院考古研究所的研究员和荣誉学部委员，著作等身，涉猎面极广。举凡东北考古、新石器考古、边疆民族考古、博物馆学等诸多方面都有重要的贡献。先生早在学生时期就对考古发生兴趣。自学阅读了许多考古书籍，还经常到野外实地调查。这几乎养成了他终身的习惯。古人说治学要读万卷书、行万里路，先生是实实在在的身体力行者。他虚心好学，曾先后得到金毓黻、罗福颐、裴文中等著名学者的指导和帮助，使自己的学识日益精进。

先生的考古生涯是从他的故乡起步的，对东北地区的考古调查和研究是全面性的，从旧石器时代直到辽金以后，内容包括村落遗址、城址、窑址、墓葬和长城等。著名的牛河梁遗址、夏家店遗址等都是先生首先发现的。他还参加了裴文中先生领导的西团山考古发掘。而在英金河北岸发现长达一百余里的燕秦汉长城，则是我国学者早期对长城研究的重大成果。

先生从 20 世纪 40 年代起，曾先后在沈阳博物院和中国历史博物馆任职，对博物馆的藏品编目、管理、陈列说明等都进行了认真的研究，期间还特地到苏联访问和考察了莫斯科、列宁格勒（即今圣彼得堡）等地主要的博物馆和博物馆学研究所，进而对博物馆学有了更深的理解。还曾经在北京大学考古专业讲授部分博物馆学课程。

先生是满族人，特别关注边疆历史和少数民族地区的历史考古研究，倾注了大量心血，发表了许多重要的见解。最后完成的《中国边疆民族物质文化史》更是一部奠基性著作，表达了维护祖国统一和民族团结的强烈感情。

先生是我国新石器时代石器工艺研究的开拓者和集大成者。为了全面掌握我国新石器的情况，跑遍了全国除西藏和台湾以外的各个省区，将已发表和未发表的各类石器亲自观察、测绘和统计，数量达 10 万件之巨。他据此对全国新石器进行分期分区分文化的系统研究，并且与世界各地的新石器进行比较，最终完成了 220 万字的巨著《中国新石器研究》，这需要有多大的胆识和毅力啊！更有进者，为了研究石器的制作工艺，特地考察现代石匠的作业过程，向石匠师傅学习。结合他对大量石器的观察，知道要制造一件典型的新石器，大致须经过选料、选形、截断、打击、琢、磨、作孔等多道工序，并且对每一道工序都做了仔细的考察。为了观察工具使用中形成的摩擦痕迹，特地购置了一架体视显微镜，亲自观察和拍照各种微痕。还拿了这些微痕的照片请清华大学副校长、著名机械工程史学家刘仙洲等先生从力学上进行研究，以便对各类工具的安柄和使用方式做出更加科学的解释。是国内最先研究石器微痕并取得成功的考古学家。

先生对中国新石器文化进行了全面而系统的考察，认为中国幅员广大，各地的自然环境不同，文化发展水平不同，特征不同，因此主张多中心论和不平衡发展论。他一方面明确指出中国新石器文化不是从一个地方起源再传播到全国各地的，同时又提出黄河中下游是文化最发达，因而也是最早进入国家的地区。这一前瞻性的见解为以后越来越多的事实所证明。

先生德高望重，为人厚道，谦虚谨慎，从不以权威自居。自己勤奋治学，又注意提携后进，许多年轻学者都曾得到先生的关怀和帮助。真正做到了"学而不厌，诲人不倦"，体现了为人师表的长者风范，赢得了大家的尊敬和爱戴。这本文集收集的许多文章就是最好的体现，我想也是对先生最好的纪念！

2014 年 2 月 18 日于北大蓝旗营蜗居

（原载《无限悠悠远古情——佟柱臣先生纪念文集》，科学出版社，2014 年。后收录在《丹霞集——考古学拾零》，文物出版社，2019 年）

敬悼传玺兄

2月28日早上打开电脑，忽然看到张传玺先生去世的讣告，随即给历史系发去唁电，并请代送挽联和花圈。传玺是我的学长，从我初进北大时就认识。因为他是历史系主任翦伯赞先生的助手和研究生，我跟翦老是湖南常德地区的小同乡，上学伊始就去拜访他老人家，自然也就认识了传玺兄。

翦老是著名的历史学家，也特别重视考古学研究历史的特殊作用。传玺兄也特别重视考古学发现和研究成果的应用。每当有重要发现的消息，总是向我询问更详细的情况和学术价值。我也经常向他请教中国古代史方面的有关问题。我们通常称呼他传公。大家都知道传公是著名的秦汉史专家，其实他对整个中国古代史都很熟悉，尤其对古代土地制度和农民战争有很深入的研究。还特别注意收集契约资料，出版了三卷本的《中国历代契约粹编》。此外他还特别重视中学的历史教育，受教育部委托主编并多次修改中学的历史教材。

21世纪初，北京大学启动了编写《中华文明史》四卷本的工作，有三十多位学者参加。传公是第二卷从秦汉到魏晋南北朝的主编，我则主编从史前到先秦的第一卷。这一卷除了大量考古研究成果外，对以文献为基础的先秦史应该有一个概略的叙述。我想写这段历史最合适的人选非传公莫属。他虽然在全力主编第二卷，还是抽出时间帮助撰写了先秦史的有关章节，即第三章的一、二、四节，让我非常感动。

传公是山东日照生人，老家在日照涛雒，与著名核物理学家丁肇中是同乡。日照两城镇、尧王城、东海峪都是龙山文化的核心遗址。我曾多次考察这些遗址，顺便到传公的老家看看。那里有一个大盐场，海盐堆积如山。许多人靠卖海盐为生。传公早年家庭人口多，全靠他一人不多的工资，日子过得非常艰苦。但他以顽强的精神克服困难，坚持正常的教学和学术研究，并取得了骄人的成果。但他为人特别谦和低调，从不以某某专家自居，不啻为当代学者的楷模。

2021年4月8日

（原载《耕耘记——流水年华》，文物出版社，2021年）

悼念童恩正

1997 年 4 月 23 日，忽然接到慕容捷（R. E. Murowchick）从美国发来的电子邮件，告知好友童恩正因急性肝炎已于 4 月 20 日去世，看到这个消息简直像晴天霹雳。他那时才 62 岁，风华正茂，怎么一下子就走了呢？记得我们最后一次聚会是 1989 年 5 月在长沙参加中国考古学会的时候，我们两人同住一间房子，有许多相谈的机会。后来他乘参加学术会议的机会到了美国，又陆续把妻子和儿女接了过去。我那时也应邀参加在美国西雅图举行的太平洋沿岸史前考古会议。如果成行，我们还会有见面的机会。当时我赴美的一切手续都已办好，只等对方为我买好的机票。其中有一项最诱人的安排是招待我到阿拉斯加西部海上看冰山以及到印第安人的居地参观和联欢。可是到了开会时期还没有拿到机票，不免心中纳闷。差不多一个月后才接到由校方转来的机票，简直哭笑不得。同年还曾应邀到印度尼西亚日惹参加印度—太平洋史前考古年会，同时安排到巴厘岛参观的事也告吹了。这两次会我都提交了论文，是与会外国朋友代为宣读的。那个时期总有些烦人的事，令人十分无奈。恩正一家到了美国首先遇到生活问题和孩子上学的问题。靠着朋友们的帮助总算找到了一份教职，但要让生活过得像模像样，就必须拼命地工作。他只好找别的学校兼课，最多的时候教六门课，还必须应对必要的社交和日常生活中的琐细事情。担子如此之重，他的身体怎么能吃得消！又有谁能经得起这样大的压力！一位铮铮硬骨的英才就这样倒下了，这实在是时代的悲哀！我抑制不住心头的悲愤，又无法去美国参加恩正的追悼会，就立刻给恩正的夫人发了一封电传，弟妹杨亮升也立即回了一封充满感情的信。在此特将电文和回信附上，再次表达对好友的悼念之情。

下面是我的电文：

哈特福德 Wesleyan 大学

童夫人杨亮升女士

惊悉恩正溘然长逝，不胜悲痛。恩正和我是高中的同班同学，那时我们都喜欢理科。人事沧桑，没有想到分离二十几年后，再见面时都成了考古学者。恩正的聪明智慧是人人称道的，但是他的勤奋刻苦的精神却很少人体会得到。他一生中经历了太多的磨难，使他对社会和人生都有深刻的认识，也使他成长为一位坚毅刚强的人。他是生活的强者，他已经获得了巨大的成功。他知识的渊博在我们这一代人中是少有的。他在考古学、人类学、民族学、美术史和文学创作等方面的成就，已经使他成为世界知名的学者。他是一位令人尊敬和爱戴的老师，他教育的学生已有不少人成了教授学者或社会活动家。他为人正直坦诚，热情豪爽，乐于助人，凡属接触过他的人都会留下深刻的印象。他给社会的贡献是那样多，我想社会也不会忘记他。现在他匆匆地走了，留下了许多业绩，也留下了一些未竟的事业。朋友们将永远怀念他，知道他的人也将永远记住他的名字。请夫人和侄儿侄女节哀。

严文明敬挽
1997 年 4 月 24 日于北京

童恩正夫人的回信如下：

严文明先生：

在这悲痛的时刻，非常感谢你的来电。你是恩正的真正知音，我将电文看了一遍又一遍，并嘱孩子们好好学习。前来悼念的张光直先生也从众多的电函中，将你的电文选出来仔细阅读。

恩正走得太快，未竟之事太多。他是那样充满活力，充满智慧。我难以接受眼前的事实，而又不得不去面对它。心中之悲痛无法表述。我很安慰恩正有你这样了解他的朋友和同行，我将把你的电文祭告于他，相信他也会感到欣慰的。

杨亮升泣草
1997 年 4 月 28 日于美国

（原载《足迹：考古随感录》，文物出版社，2011 年）

怀念俞伟超

伟超走了，考古学界的一棵大树倒了。我又失去了一位挚友，心里有抑制不住的悲痛。

我从步入考古学大门时起就与伟超相识相交，几乎是无话不谈。他是我敬重的师兄，为人豪爽热情，乐于助人，又特别健谈，有很大的感染力。在北京大学考古专业长期共事的岁月里，我们都以建设新的中国考古学相期许。考古专业的课堂教学、田野实习和研究课题，差不多都是围绕这个目标进行的。后来我们努力建设考古系也是基于这方面的考虑。很幸运我们的看法在许多方面都是相同或相近的。有时也有争论，甚至是很激烈的争论。不过他总是很有耐心，这次谈不成下次再谈，有的问题不知谈了多少次，这一切都是为了事业（图一）。后来他调到中国历史博物馆担任更加重要的工作，仍然关照北大考古系的建设，并且担负部分科研和教师培养的任务。北大成立中国考古学研究中心时他又应聘为学术委员。在中国考古学会和国家文物局专家组，我们也时常讨论中国考古学和全国文物工作的重大问题。他学识渊博，见解深邃，言谈中常常给人以有益的启迪（图二）。

图一　北大考古系资料室：与俞伟超先生在一起

图二　在北大赛克勒考古博物馆前（2001 年 2 月 25 日）
左起：高崇文、安田喜宪、俞伟超、严文明、李伯谦、张柏

　　伟超的事业心极强。为了事业总是勇于担当重任，并且不辞辛劳，尽一切努力把事情办好。他担任中国历史博物馆馆长时，馆里通史陈列的思想虽然有些陈旧，展品毕竟还是一流的，适当改一改陈列方式和说明也可以过得去。但是他鉴于当时全国各地已经有许多重要的新发现，为了更好地体现我国光辉灿烂的历史和考古学研究的成果，毅然决定到各地文物考古部门商调最好的文物充实展品，其难度可想而知。他排除干扰，硬是凭自己的人望和不懈的努力征调了大批高规格的文物，使通史陈列焕然一新。再如水下考古和航空考古是许多人关注的，不知议论过多少次，却没有人敢于吃第一只螃蟹。伟超自动肩负了这个重任，组织人员，设立机构，争取外援，很快地投入工作，并且取得了可喜的成果。至于长江三峡库区的文物保护规划工作，并不一定是他分内之事。可是大家觉得只有他最有能力做这件事，众望所归；他就毫不犹豫地挑起重担，吃尽了千辛万苦，出色地完成了任务。他的这种敬业精神永远是我们学习的榜样！

　　伟超对于考古学的认识往往是站在时代的前列，而且是逐渐深化的。年轻的时候就主张考古学要研究历史，研究古代社会，反对见物不见人的倾向。后来他认为研究社会不但要研究物质文化，而且要研究社会制度和精神文化。进而认为考古学应该像其他人文科学一样要研究人，研究人的社会和人的本质。而研究古代乃是为了现代，为了寻求人类进一步发展的理想的道路。他不仅在许多具体研究中努力贯彻这些思想，而且由于目标的深化，在方法论上也进行了不懈的探索。从最基础的地层学、类型学和考古学文化的解读到一系列现代科学技术的应用，再到所谓新的考古学理论与方法的探索，都是服务于考古学的终极目标。虽然他的某些看法暂时还不为人们所理解，但他为考古学所树立的崇高目标和为此目标孜孜不倦奋斗终身的精神与取得的丰硕成果，使他成为新中国考古学界引以为骄傲的一面旗帜。我们将永远怀念他，永远纪念他对我国文物考古事业所做出的巨大贡献！安息吧，伟超！

（原载《俞伟超先生纪念文集·怀念卷》，文物出版社，2009 年。后收录在《足迹：考古随感录》，文物出版社，2011 年）

痛悼周昆叔先生

　　惊悉周昆叔先生在今天早晨突然逝世，不禁愕然。上个月他还跟我长时间通电话，他知道最近要召开中华文明探源工程第四期的总结会议，谈了许多自己的想法和期望。他是那样的激动，不时咳嗽，接着又说。我劝他多注意身体。他说此事太重要了，一定要我把他的看法带到会议上去，我答应了他。不想第二天他又写了三张纸的意见通过快递送来。我从他的笔迹上看出是用颤巍巍的手写出来的，身体不好，还那样执着，令人十分感动。我当然遵嘱把他的意见书带到会上，讲了他的意见，又把文稿交给了主持人。一位终生致力于环境考古的学者，怀着炙热的爱国情怀，足迹踏遍了祖国的山山水水，每到一处都有一番思考。又处处关心考古的新发现和研究成果，并且把两者有机地结合起来，形成自己对伟大中华文明的独到的见解。晚年他把有关嵩山地区环境考古的文章编成文集，让我作序。想不到书还没有出来就匆匆走了！昆叔是我多年的老朋友和好兄弟，在此临别之际，不尽哀思，并将《嵩山文化序》一并发表，以表悼念之情。

2016 年 7 月 17 日

（原载《丹霞集——考古学拾零》，文物出版社，2019 年）

忘不了的忆念

　　南京走了，悄无声息地走了。我每天傍晚在蓝旗营小区院子里散步，以前总能见着他由爱妻搀扶着漫步的样子。他看到我空手走路，总是很关心地叮嘱我说："年纪大了，身子不大稳，要拿根拐杖才好。"可是现在见不着了，感到无比的失落。

　　回忆六十多年前，我们是北京大学历史系 53 级的同窗，他是我们班唯一的华侨，平常话语不多，普通话说得不大好，却是一位满腹经纶的才子。所幸以后又一同留校。南京是世界史专业毕业的，就留在亚非史教研室当助教；我是在考古专业毕业的，也就在考古教研室当助教。好在都还在历史系，还能经常见面。我在考古专业教授新石器时代考古，听课的学生中有一名华侨女生叫郑允飞。1962 年我带领 59 级学生到河南安阳殷墟进行考古实习，学生中就有她。那时生活极为困难，吃的是又黑又硬的高粱榔子。我有胃病，她身体也不好，同病相怜，相互照顾。我们发掘的地点在大司空村旁，是一片商代晚期的墓地。她运气很好，挖到了最大的一座墓，里面有彩绘漆棺的残片和许多器物。她工作认真，一丝不苟，得到当时任中国科学院考古研究所安阳工作队队长郑振香的夸奖。因为都是华侨，又都在历史系，很容易跟周南京相识相交。回学校后不久，她就跟南京结婚了。因为这层关系，我跟南京也走得比较近了。

　　1969 年，北大和清华的几千名教师被下放到江西鄱阳湖边的鲤鱼洲，说是走五七道路，实际是劳动改造。那里本来是鄱阳湖水下的沙洲，由人工筑堤排水建农场，即所谓围湖造田。堤内地面比堤外湖面还低，又是血吸虫病的疫区。我和周南京以及历史系的同仁都被按照部队编制编排在八连。住在自己搭建的茅草棚里，每天下田干繁重的农活，晚上还要"斗私批修"。我那时因为过度劳累，胃病大发作，多日饮食不进。那里又没有任何医疗条件，实在无奈。周南京和几个同事看到我那个样子，觉得拖下去很危险，提出要把我送回北京医治。尽管遭到军宣队的反对而未果，但我心里是十分感激的。后来找了一位老中医扎针治疗，才慢慢恢复过来。

作为华侨，他热爱自己的祖国，经过多少艰难困苦和恶风恶浪也矢志不移。他对海外华侨华人的命运又极为关注。几乎穷毕生的精力完成了 12 大卷的《华侨华人百科全书》《世界华侨华人词典》及《华侨与华人问题概论》等一系列著作。他炙热的情怀和无限牵挂的心情在《一言难尽南国相思豆》的诗篇中表达得淋漓尽致，真正是感人肺腑。

南京胸怀宽广，他热爱自然，热爱人类，热爱祖国，热爱一切美好的事物；又不留情面地鞭笞腐恶。为了抒发感情，他晚年大量写诗填词，不拘格律，五言、七言、长短句、自由体、仿马来亚民歌，怎么方便怎么来。他主张"裸诗"，要循其自然，发肺腑之言。从诗中你可以看到一个活灵活现的周南京。他诗兴大发，简直像涌泉一样，几乎一天一首。可是你看他写诗的日期，绝大部分是在他得病以后写出来的。他早就知道自己患了前列腺癌，却仍旧处之泰然。他多彩的人生实在令人欣羡和赞叹，可是他又知道谁都会有最后的一天，他是那样地坦然面对，写出了如下的诗句：

> 如果那一天终于来到
> 不要悲泣，更不要嚎啕
> 我最不喜欢的就是这一套
> 悄然地
> 任何仪式都不要
> ……
> 最后静静地
> 请把我的骨灰撒向大海
> 让他自由自在地沉浮流漂
> 到那遥远的虚无缥缈！[1]

多么感人的最后遗言啊！他是一个巨人，他的人生是那样地完美，能够做他的同学、同事和朋友实在是三生有幸。得知南京离世，心头忍不住悲痛，随即写了一首短诗，以作永恒的纪念。兹特抄录如下：

---

[1] 周南京：《如果那一天终于来到》，《柳暗花明诗词集》，香港生活文化基金会有限公司出版，2015 年，315 页。

哭周南京

耕啊耘啊白了头〔1〕，白头耕耘仍不休。不休迎来大丰收〔2〕，丰收之余忆红豆〔3〕。

红豆相思赴燕都，燕都风雨度春秋。有话就说沥肝胆，书生赤诚誉神州。

忆昔同窗同留校，同日发配鲤鱼洲。老来同住蓝旗营，同话当年情意投。

诗词泉涌为自乐，亦庄亦谐亦自由。不意好友先期走，远望沧海涕泪流〔4〕！

（原载《丹霞集——考古学拾零》，文物出版社，2019年）

---

〔1〕《周南京诗集》中有一首《耕耘曲》云："人生坎坷异彩添，数场惊险处泰然。残阳如血欲何为？依旧耕耘观西天。"不啻为他自己一生的写照。

〔2〕南京著作甚丰，有《华侨华人问题概论》《世界华侨华人词典》等多部。尤以主编12卷本的《华侨华人百科全书》用力最多，影响也最大。

〔3〕2013年，南京八十周岁，已是耄耋老叟。写长诗《一言难尽南国相思豆》，回忆历历往事，感人至深。

〔4〕南京有诗《我的故乡是大海》。现在他的骨灰已经撒到大海里去了，祝愿他海阔天空任遨游！